自我成长入门课
Philopsychy Trilogy

哲学之树

通往自我认知的哲学课

Tree of Philosophy

A Course of Introductory Lectures for Beginning Students of Philosophy

【美】庞思奋 / 著　翟鹏霄 / 译

生活·讀書·新知 三联书店

图书在版编目（CIP）数据

哲学之树：通往自我认知的哲学课／（美）庞思奋著；翟鹏霄译．—北京：生活·读书·新知三联书店，2022.3
（自我成长入门课）
ISBN 978－7－108－06930－6

Ⅰ．①哲…　Ⅱ．①庞…②翟…　Ⅲ．①哲学－高等学校－教材
Ⅳ．①B

中国版本图书馆 CIP 数据核字（2021）第 241780 号

责任编辑　李　佳
装帧设计　刘　洋
责任印制　卢　岳
出版发行　生活·讀書·新知 三联书店
（北京市东城区美术馆东街 22 号 100010）
网　　址　www.sdxjpc.com
图　　字　01-2022-0186
经　　销　新华书店
印　　刷　河北松源印刷有限公司
版　　次　2022 年 3 月北京第 1 版
2022 年 3 月北京第 1 次印刷
开　　本　635 毫米 × 965 毫米　1/16　印张 26
字　　数　323 千字
印　　数　0,001－6,000 册
定　　价　59.00 元
（印装查询：01064002715；邮购查询：01084010542）

……我从不可能占有一朵花……

——Elaine Chen Wan Lung（1967—1990）

献给四位富有洞识的研究哲学的学生：

CWLE，MSOM，CLF 与 WWKP

——以及我在香港浸会大学开设的哲学入门课上的其他学生。

他们为今天这样一本教材贡献了自己的洞识。

新版译序：成长之书

我一直在想象，天堂就是图书馆的模样。

——豪尔赫·路易斯·博尔赫斯

1955 年，诗人博尔赫斯被任命为阿根廷国家图书馆馆长。不幸的是，诗人此时已经近乎双目失明，“上帝将书籍与黑暗同时赐予了我 / 白昼徒劳地将浩繁卷帙呈现给失明的双眼 /……希腊古老传说中的那位国王 / 死于饥饿和干渴 / 在果园与清泉中间”（《天赐之诗》，1960）

如果说，图书馆代表着人类对知识与文明世代相传的渴望，那么互联网的出现似乎就是对这渴望的应答。然而，今天的人们在被赐予了浩瀚无际的云中图书馆的同时，却并没有被赐予天堂中无穷无尽的时间。在知识的盛宴面前，我们每个人都像传说中的那位国王：在果园与清泉之间，却感到永远无法满足的饥饿和焦渴。

在今天这知识扑面而来、知识压倒一切的时代，我们也许比以往任何时候都更需要《哲学之树》，一本“关于知识之知识”的书——更确切地讲，一本超越了知识，指向成长的书。

《哲学之树》通过苏格拉底的故事告诉我们，“智慧”就是“认识到自己的无知”。从这个意义上讲，信息时代的我们似乎理所应当地比过去时代的人们都更有智慧：网络让我们暴露在人脑无法处理的信息和知识面前，我们无时无刻不感觉到自己的无知，迫切地想要吸收更多的知识，我们因此而更有“智慧”。然而，事情真的如此吗？

什么是知识？在“知识为王”的时代，“知识”成了我们想当然地加以信靠的东西：当我们遇到了问题，我们就去寻找知识，如果这种知识不能解决问题，我们就去寻找下一种。我们仿佛相信，在万能的互联网上、在大千世界中，总存在着一种知识，能够告诉我们答案，能够解决我们的问题。我们也许会拒绝某种具体的知识，但我们绝不怀疑作为抽象概念的“知识”本身。

知识为我们赋能，能力让我们提升事业表现，事业的成功为我们换来财富，财富带来自由，自由带来梦想中的自我实现。从知识到“自我实现”，到“人生价值”的通路就这样被贯通了起来。如果说金钱是现实生活中物质财富的等价物，那么知识则是人们深信不疑的精神世界的硬通货。在我们的日常话语中，“知识”有着不言而喻的正当性、正确性和权威性，代表着认知的抵达和完成，代表着绝对价值——“知识”成为我们不加怀疑的神话。

当你拿起《哲学之树》，很难不把它当成又一本提供知识的书，在我们事业上升的阶梯上，它所提供的知识甚至不是那么的“有用”。然而事实上，《哲学之树》做的一切，都是力图把我们从知识砌成的褊狭的“有用性”陷阱中解救出来，让我们重新回到“存在”的丰富经验中和“意义”的神秘世界里。

好的哲学教给我们审视一切事物的边界：学科的、历史的、观念的、商业的，还有知识本身的。《哲学之树》教授的并不只是关于哲学的知识，也不只限于哲学思想发展的历史以及学科体系，它在这一切基础之上，教授我们如何“做哲学”，如何以“哲学的（philosophia，爱智慧的）”方式面对向我们敞开的世界：人，自然，事物，事件，关系，社会结构，道德伦理，情感与意义，历史与幻象，永恒与虚无……哲学反思我们意识中出现的一切，包括知识本身。“做哲学”意味着，意识到一切认知都有特定的边界，识别、审视、尊重这些边界才能恰如其分地运用这些知识，并对永远无法抵达的“最终的真实”保持敞开的态度。《哲学之树》传递的正是这种“做哲学”的方式，通过这种方式，每个人都可以成为“哲学家”：以爱智慧的方式去经历自己的生活。

今天的人们，与其说出生在“真实”之中，不如说出生在“知识”之中。一个孩童沐浴在阳光里，还没来得及在跳跃的光线中编织自己与太阳的秘密，就被清楚地告知：太阳是一颗恒星，上面没有生命，而你脚下的地方是地球，它其实是圆的，正在围着太阳转。如果你想探寻“真实”，请你先穿过堆积如山的知识。知识的神话，成了将我们与“真实”隔离开的最大障碍。对知识无穷无尽的追求，取代了人们对最本质的问题的追问。我们就像转笼里的仓鼠，不舍昼夜地狂奔，相信自己最终可以抵达终点。而通过哲学的思考，我们能够看到，知识其实只是“真实”的一种特定切面。今天的我们只有穿过知识的神话，才能重新回到真实的生存经验里。

知识时代的另一个神话是“进步的”历史神话：新知识意味着最先进的知识，新知识的出现自动报废所有的旧知识。我们要终生学习，我们永远追逐最新的事物，历史只是一种档案。而《哲学之树》让我们看到，传统并不是指过去若干事实的堆积，传统里面蕴藏着人类精神世界的种子，携带着世代累积的生命力量。

只有在哲学式的观照之中，我们才能从“知识”洞穴中抽身出来，以更丰富多元的视角理解我们的世界。

＊＊＊

庞思奋教授是我遇到过的最好的教育者。在他的办公桌上，摆着一块粗糙的石头，那是他在 1988 年第一次教授《完整之梦》时，在狮子山的溪流中捡到的："它象征着我未来的学生，提醒着我的责任：向年轻的未经打磨的灵魂展现爱与关心。"

无论是做学术研究，还是教课，哲学对他而言从来不是一门孤立的学科，而是被他称为"爱灵魂"的态度的一部分。"philopsychy（爱灵魂）"这个他生造的词，正是读者面前这套"自我成长入门"丛书的英文标题。对灵魂的爱，就意味着灵魂的自我创造：精神的成长。

《哲学之树》《完整之梦》与《如水之爱》这三本书结合在一起，告诉我们：在对人生意义的追寻中，我们不仅需要哲学提供的关于外部世界的洞识，还需要心理学带来的自我理解，两者结合起来，最终将帮助我们在与他人的关系中发现自己——发现"爱自己"与"爱他人"的意义。爱灵魂，就是成长。

我们如何认识这个世界？我们如何认识自己？怎样实现人格的完整？怎样与他人建立有意义的关系？相比于本世纪初，这样的主题对我们来说或许变得更有意义了。如果说，二十年前互联网的兴起主要冲击着我们的头脑的话，那么，今天的社交媒体则深深地交织在我们的生活中，改变着我们最基本的生存状态。社交媒体让人与人之间实现了最为广泛的连接，而每个人却前所未有地"原子化"；人们愈加地孤独，却无法真正地独处；人们在追求自我发展、个性独立的同时，却比以往任何时候都对自己感到陌生。而这也必然意味着，人们追寻完整人格、追寻真实关系的愿望比以往任何时候都强烈。

这套书最早完成于十五年前，距离中译本首次在大陆出版（2010 年）也已经过去了十年。这十多年间，互联网不仅重构了我们的商业模式、社会组织方式和日常生活，也影响着人类大脑感知信息、处理信息和做出反应的方式。甚至可以说，人类的"心智 / 心理 / 灵魂"（psychy）也许都发生了相应的改变。然而，是什么让这套书对于今天的读者而言仍然有着重要的意义？我想，答案也许正在于它的英文标题：对灵魂的爱（philopsychy）。而“爱”就是将疏离的事物统一起来的力量。在这人人互联，又人人疏离的时代，这种统一也许是我们每个人所渴望的。

卓越的书总是带着将人们汇聚起来的力量，正如博尔赫斯写下的：“书不是一种孤立的存在：它是一种关系，是难以计数的关系的轴心。”

翟鹏霄

2020 年 7 月 14 日，上海

总　序

Philopsychy Trilogy 三卷本中的每一本，最初都是我为24年来在香港浸会大学教的几门公共课而写的教科书。然而，我从一开始便没有认为我所写的是绝对标准的教材。这些书是对我多年的授课内容的提炼和润色，它们的首要角色应该是资源图书；“philopsychy”是一切真正的“完整个体教育”注重的主题，这三本书的目的是为这个主题的三个重要方面提供参考。〔“philo”在希腊语的“哲学”（philosophy）一词中意思是爱，而“psyche”在希腊语的“心理学”（psychology）一词中意思是灵魂。〕因此我希望，无论是对独自进行自我教育的个人，朋友间的非正式的互助学习小组，还是相关领域的老师讲授的正规课程，这些书都同样适用。

尽管这三本书是按照《哲学之树》《完整之梦》和《如水之爱》这样的顺序写的，而且我认为读者最好也能按照这样的顺序阅读，但每本书都可以独立成篇。因此，如果读者跟作者的兴趣和偏好有所不同，那么他们可以按照自己喜欢的顺序来读。不过，我想谈谈我所建议的顺序的理由。《树》是对哲学的介绍，主要致力于培养读者通过有意识的反思来获得洞识的能力。《梦》采取了与之相对的、心理学的视角，重在培养读者倾听自己的梦所传递的无意识的消息的能力。这两本书通过不同的途径促进我们的个人成长，但它们又是互相支持的（就好像“阴”和“阳”）；然而读者在哲学方面的素养（学会创造性地、严格地思考），对读者学习心理学（学会以有意义的方式释梦）可能会有很大的帮助，而不是反过来。《水》与前两者的不同在于，它最大程度地把哲学追问和心理学追问结合起来，寻求对“人们在有意义的关系中的相互作用”的理解；跟孤立地研究“爱”的读者相比，事先对哲学和心理学有初步了解的读者更有可能从这种研究中获得最大的收益。

这三本书的结构都是按照同一种“建筑蓝图”构建的（即按照“部分、章、节”之间预先设定的有逻辑的系统关系安排的）。首先，每本书都分为四个主要部分，都以一个有机的隐喻（或“神话”）为基础对四个部分之间的关系进行了界定。树的四个部分（树根、树干、树枝和树叶）和蝴蝶发育的四个阶段（卵、幼虫、茧和蝴蝶）尽管有着不同的内涵，把我们分别引向不同的洞识，但就根本而言，它们是在以不同的方式描述同一种四分的逻辑关系：一方面描述的是静态整体（树）的四个部分，另一方面描述的是动态进程（蝴蝶的生命周期）的四个阶段。于是，第三本书为类似的结构提供了两个版本：以水为隐喻，一个版本包含了水的四种静态形态（H_2O、蒸汽、冰和液态水），另一个版本包含了水的四种动态循环（海洋、云、雨和河流）。我采用的这些隐喻都是为了加强并深化我们对这些主题所产生的洞识，而不是要用它们来传递关于“哲学洞识、梦的意义和我们对爱的丰富经验”的本质的绝对真理。每本书的四个部分都包含了三章内容（或者说三“周”的课程），每章又包含了三节（或者说“讲”）。之所以会采用“周”“讲”这样的名称，是为了帮助读者把自己想象成这些课程中的一员。（每学期至少有十二周，每周一般有三个课时。）总章数和每章三节这种安排的逻辑基础（即共有 $3 \times 4 = 12$ 章；每章的前两讲是对立的，最后一讲是综合的），我在《树》的第五章做了详细的解释。

自从我大约12年前开始教“爱的哲学”以来，我一直盼望着这门课的教材有朝一日能够出版，跟《树》和《梦》一起，成为《爱灵魂自我教程》三卷本的一部分（《树》最早出版于1992年，2000年出了第四版；《梦》最早出版于1997年，2008年再版）。当《水》在2003年出版时，我的期望变成了现实；但这三本书的英文版在今天仍然是三本独立的书，一直没有以三卷册的形式面世。跟这三本书对应的课程都是在香港讲授的，听讲的大部分学生都是中国人，因此，中译的三卷本先于英文三卷本成形，这显得非常恰当。（这一里程碑的完成完全归功于翟鹏霄，她第一次读到《树》时，就发现了《树》与中国读者的相关性，我不仅要为此感谢她，还要感谢我们围绕着书中主题展开的很多有趣的对话，以及她为完成这些精确的译本而做的认真工作。）今天，中国人正处在他们的集体历史的关键时刻，中国正在转变为有益于世界的重要力量，中国人作为个体正在转变为受过良好教育的世界公民；我希望这三卷书可以为这样的转变作出建设性的贡献。怀着这样双重的目标，我要说，这些书不仅仅是为研究哲学和心理学的人而写的，它们也是为梦想着更好的世界、梦想着自己成为这个更好世界的创生过程之一部分的每一个人而写的。

庞思奋

2010年10月20日

英文第四版序

给学生的第四版说明

1987—2000年间，我先后31次在香港浸会大学讲授“哲学入门”这门课，《哲学之树》(1992、1993、1995、2000)正是根据我的授课讲稿撰写而成的。它是三卷本的“Philopsychy”系列丛书中的第一卷。(“philopsychy”意为“爱灵魂”。对鼓励人们进行自我觉知[self-awareness]的学问——尤其是在哲学和心理学领域——所做的任何既富创造性，又有规范性的应用，都可称为philopsychy。)丛书的第二卷由我开设的“为个人成长释梦”这门课程的讲稿组成，书名为《完整之梦》(*Dreams of Wholeness*，1997)。计划中的第三卷，书名暂定为《爱之元素》(*Elements of Love*)[①]。它们每一卷都独立成篇，而合在一起又构成一门有着三个组成部分的课程：爱灵魂(philopsychy)。

与以往的版本相比，第四版做了更为彻底的修订。除了新增8幅图、重画了原有的76幅图之外，还增加了8讲新内容，并对原有的28讲做了实质性的改进。新增8讲的主题(及章节号)分别为：洞识论文(2)、后康德形而上学(9)、几何映射何以能激发洞识(15)、诠释哲学(18)、

① 该书已于2003年在香港出版，书名为*The Waters of Love*。

视角主义相对于相对主义及解构主义的优越性（24）、理念怎样被歪曲为意识形态（27），以及康德对于"有宗教信仰意味着什么"这个问题所持的观点（32、33）。我还重新组织了本书的编排形式（见目录），使其与编排得更为系统的《梦》保持一致。在以往的版本里，书中的四大部分每部分由七讲组成，现在每个部分划分为三周的课程，每周包含三讲。在新世纪（也是新千年）之始出版第四版，给了我一个机会，使我能及时更新书中涉及年代的说法，并对哲学的现状重新作出概括性的评价。

与《梦》以及计划中的第三卷一样，《树》主要是作为课本编写的。考虑到那些积极主动的学生，我在每周的"推荐读物"中列出了更新过的8条书目，并附有8个"供深入思考/对话的问题"。"推荐读物"通常包括了前面的章节中引用和（或）讨论过的文本，并补充以其他的有益文献，供那些对该周的主题特别感兴趣的学生参考。每周所附的问题分为四组，每组包含A、B两个问题。教授这门课的老师如果觉得合适，可以选其中一套题目（比如，所有的A问题）供学生个人思考，而另一套（比如，所有的B问题）供小组讨论（辩论）（即"对话"）。

正如我以往的学生在第一周的课程结束时往往会意识到的，这门课最主要的挑战在于学习如何唤起、表达并批判自己的"洞识"（insight）。你们要在整个学期里记录自己的洞识，并提交"洞识论文"。应该怎样做呢？通过学习本书所阐述的以往哲学家的富有洞识的理论，我们可以找到很多范例。在新版的《哲学之树》中，我就如何获得并表达自己的洞识提出了一些建议，并将它们融合在正文里。有关这方面的内容，请留意本书的第2讲以及第2讲列出的其他有关章节，我们将在那些章节里更深入地探讨洞识的本质。课堂讨论时，我常常会朗读一些有代表性的洞识论文，以便让大家了解我们在那一周的学习中提出的各种各样的观点。理论上讲，对于这些论文，除了"通过"或"未通过"之外，不应再有其他的评定，以便让你们有最大的表达观点的自由——尽管这也许在某些教学制度中并不可行。

所有的学生——尤其是那些以本书为教材，却并未由作者本人教授的学生——都应该记住：没有一本教科书能代替你发展你自己对各种哲学论题的视角，或是代替你发展你自己对以往哲学家的批判性评价——它们是使人成为好哲学家的两条引线，而且两者结合起来才最为有效。你将在这门课上学到的“树的神话”就是要从这两个方面（尤其是从第一个方面）帮助你，但也仅限于你的哲学发展的早期阶段。在你对以往的哲学家做个别研究时，应该读一本好的文选，以此作为补充，比如，沃尔夫的《十部哲学杰作》(*Ten Great Works of Philosophy*, Wolff)，或者这类作品中的任何一本，并尽可能经常参考推荐书目。

给非学生读者的建议

没有老师指导，自学《哲学之树》的读者要注意，应当缓慢地阅读这本书，仔细揣摩，大约保持每周一章（即 3 讲）的进度。想象自己真的在上一门为期 12 周的课程：每周花时间全神贯注地独立思考并撰写批评论文——与一目十行地读完整本书的人相比，以这种缓慢方式进行学习的读者一定会因为着力发展洞识而获益良多。要点并不在于你不能快速地看这本书，而是在于：除非读者在自己的哲学思考与写作中逐渐将书中描述的种种观点和理论付诸实践，否则这本书就无法发挥它最大的作用。

选择以这种更具挑战性的方式学习本书的读者，除了每周大约阅读 3 讲之外，还要设法每周都读一些推荐读物。要弥补没有老师这一不足，一个好办法就是与你的朋友或家人同时阅读，或是参加一个学习小组，大家可以在相互信任的气氛中分享彼此的进步。另外，每周要花一两个小时思考和（或）讨论为实现这个目标而准备的各个问题或主题。这听起来有点傻，但遵循这些建议是加强你的阅读，从而使你的哲学学习获得显著进步的最好的办法。采用这种较慢的12周方式，能够使读者的洞识在与书中论及的主题的交互作用中变得成熟、深入。加快进度或是浮光掠影地读完本书肯定会限制读者的学习能力，妨碍他们学习获得并批判洞识的技能。

关于参考书目的说明

参考书目列出了每一讲的引文的详细出处，标注了每部著作的书名缩写。在正文中，引文的出处通常只以原著的书名缩写加页码的形式标出（除非在参考书目中另有说明）。如果几段引文连续出自同一著作，那么后出现的引文将省略书名缩写，只标出它所在的页码。大多数引文出自每周课程末尾的“推荐阅读”中列出的8部著作。

致　谢

我要向我的祖父母Herman和Margaret致以特别的谢意，我在儿时去看望他们时，他们常常和我分享他们的洞识；还有Tom Soule，他以自身为典范引导我走向做哲学的开放道路。我还要感谢十年来阅读了本书并提出过意见的无数学生，他们中的许多人提出了有益的改进建议，其中，Man Sui On和Christopher Firestone做出了最富实质性的贡献。向我的妻子Dorothy致以最深的谢意，她十分细致地阅读了较早的手稿，尤其令我感激的是，她还根据我煞费苦心的描述为封面绘制了草图——尽管在以她富有洞察力的反思吸引了我之后，她很快就失去了对哲学的兴趣。

2000年7月3日

中译本序

2002 年 12 月，当我第一次收到翟鹏霄的来信，请我允许她将《哲学之树》翻译成中文时，我真是高兴极了。自从 1987 年我在香港开始教授“哲学入门”以来，很多学生都表示，他们希望能以中文的形式读到我的讲义。尽管我学会了说粤语，可以用他们的语言向他们表达我的想法，但一旦牵扯到书面形式的讲义，他们就不得不接受用英语写成的教材。学会用汉语来写作，这对我来说似乎太不可能了。

很多读过本书的英文版（第一版由 Philopsychy 出版社于 1992 年出版）的人都注意到，我研究哲学时的东方“倾向”使这本教材非常适合中国读者。我的思维为何会具有这种东方视角，这对我而言有些神秘。也许是因为我出生在北美大陆最靠近东方的一端——阿拉斯加的诺母镇，这使我天生具有东方的思维倾向。当我还是婴儿时，我见到的大多数人也许都有东方血统。因为这些深植于心中的原因，我可以不夸张地说，这本书的中译本的出版实现了我一生中的一个梦想。

我真正接触到中国哲学是在 20 世纪 80 年代中期，当时我的博士论文已经接近完成，那是关于康德哲学的论文。我的一位好友（他在此之前曾引导我进入荣格的心理学，他是帮助我做哲学研究的非正式的导师）坚持认为我应该读一些中国的典籍，因为他意识到，我的综合逻辑的概念与中国的思维方式之间存在着联系。《易经》《庄子》和《老子》足以让我明白他是多么正确。这些书让我相信，对于任何完备的哲学方法而言，综合逻辑都是至关重要的组成部分，而在西方的大多数哲学教育中，这一部分在很大程度上被忽略了。

刚刚读过的中国典籍依然活跃在脑海中，难怪我第一次教“哲学入门”时，就带着明显的东方风味。我相信，无论我在哪里找到我的第一份教职，我都会这样做。而事实上它恰恰是在香港（这不是我计划好的，我只是在这里找到了我的第一份工作），这简直是神意。在接下来的十年中，我思维中的东方的一面不断成长，以至于当地大学的一位行政官曾对我说：“你比我更像一个中国人！”我把这当成夸奖，尽管从当时的语境看，他是在批评我（而且在我看来，他还有些难过）。他指的事情是，我似乎很没有逻辑地乐于同时认为两件相互矛盾的事情都是真的。

我相信，这本书不仅会在中国广受欢迎，它也会吸引全世界的众多华人。我之所以会相信这一点，一个最重要的原因是：我发现，中国人一旦在西方的语境中接受教育，最终往往会认为自己的哲学传统不是很有价值，而这本书提供了一种研究哲学的方法，它能使读者超越东西方之间表面的差异。因为我们在这本书里看到的哲学，是某种对全人类而言共同的东西——只要我们正确地看待它。

《哲学之树》的这个中译本是基于英文的第四版完成的。我说“基于”，是因为译者为了完成一个忠实的译本，工作得很仔细，有几次她发现英文版本身有错误，于是我们一起讨论如何改进。我们通常会达成共识：她应该改正这些错误，以便中文读者能知道我想要表达的意思（或我应该表达的意思），而不是我实际所写的内容。我对所有这些改动都做了记录，当编写英文的第五版时，我会基于这些记录做出一些小却有意义的改进，而这些改进应归因于译者的勤奋。除了感谢鹏霄提出翻译此书并花了两年的时间目睹它得以完成，我还赞赏她对哲学的态度，她不仅愿意将哲学内化为特殊的思考方式，还愿意将其内化为一种生活的方式。

2005 年 1 月 26 日

香港

目　录

第一部分　树根

形而上学与认识无知

第1周

洞识：为生活做准备

1. 什么是哲学?

什么是哲学？我想请你们试着回答这个问题，以此作为这门课的开始。

“这很滑稽。”你们也许在想，“我们来上这门课，就是因为我们不知道什么是哲学，你怎么能指望我们在第一天的一开始就回答这么基本的问题呢？”

相信我，在这门课的开始，花上短短的10或15分钟时间试着回答这个问题，将为我们理解“什么是哲学”带来一个很好的开端。好，如果你的脑海一片空白，那么不妨想一想，我们现在正在做什么？我们现在在做的事情，与其他课上做的有什么不同？

学生们：嗯……

来吧，谁愿做第一个？别害羞……要知道，我第一次教这门课的时候，第一个站出来回答这个问题的人最后得了“A”！好，谁愿意做第一个？

学生A：思考。我们正在思考。哲学是关于思考的吗？

是的。这实际上是哲学家的核心任务。顺便说一下，我第二次教这门课的时候，第一个站出来回答这个问题的学生最后得了“D”——

所以，不要指望能轻松地拿到“A”！你的回答存在着一个问题：我们通常的思考方式实际上往往并不能称作“哲学式的”。那么，哲学思考与其他类型的思考有什么不同呢？

学生B：它是抽象的。没有明确的答案，每个人对各种哲学论题都有自己的看法，没有人能声称自己掌握了绝对真理。

这是一种非常常见的观点。许多哲学论点确实是抽象的，但有时哲学不也是很具体、很实际的吗？事实上，我更愿意说，大部分哲学问题都有太多确定的答案了。但无论我们怎样表达，你无意中已经触及了一个使哲学论题有别于其他大多数知识探求的特点，即，无论一个问题被回答了多少次，似乎总有某种事物依然保持着神秘。这使哲学，至少是第一眼看上去，与科学相当不同。

让我们继续观察我们正在做什么，并设法获得与哲学的本质有关的更多线索。有些哲学家说过，置身于哲学就像置身于生活本身，“我们是在建造承载我们的漂泊之舟”。那么，我们在……好的，请。

学生C：提问与回答。哲学跟提问与回答有关吗？

确实有关。事实上，通过观察不同的提问方式，我们可以区分不同的哲学分支乃至不同的哲学学派。但是，同样地，所有的学科都不可避免地涉及提问与回答。那么，是什么使哲学提问不同于其他方式的提问呢？通过让你们思考“什么是哲学”这个问题，我正在努力做什么？为什么像“哲学就是思考”这样的简单回答无法让我满意呢？

学生D：因为你想让我们透过事物的表面看问题。每个人都知道哲学家思考得很多，但你试图鼓励我们看到更深的含义。

完全正确。大多数其他学科提出的问题可以得到确定的回答，这是因为非哲学的回答通常只关心事物的表面。而哲学家，至少是好哲学家，如果对自己提出的问题没有探索到最深入的地方，是不会满意的。事实上，有时哲学理念之所以难以理解，并不是因为它们太抽象、太脱离日常生活，而是因为它们太具体！有时，哲学家如此之深地探究司空见惯的事物，以至于我们已经无法理解，因为研究对象离我们太近了。你试过用你的左眼去看你的右眼吗？

学生 E：你能给我们举一个哲学提问的例子吗？

我要做得比这更好。我会给你们举出好哲学家提出的四个问题，同时由它们引出我所认为的哲学领域的四个主要分支。前两个分支都是理论性的。第一个分支是形而上学（metaphysics），它的任务由这个问题所规定："什么是最终实在（ultimate reality）？"研究对这一问题的各种回答是我们这门课的第一部分的任务。第二部分研究的是哲学的第二个分支——逻辑（logic），对它要回答的问题可以表述为："我们如何理解语言的意义？"

后两个分支都是实践性的。第三个分支可以叫作"应用哲学"。既然对有意义的词语的应用可以把我们引向知识，而且英语的"科学"（science）一词来自拉丁语的 sciens，意思是"有知识的"，那么我们可以将第三个分支称为"科学"，只要我们记住："科学"在这里的用法与它在日常用语中的一般用法有所不同。这种哲学性质的科学要回答的问题是："知识与无知之间的恰当界线在哪里？"第四个分支是存在论（ontology），问的是像这样的问题："生存（to exist）意味着什么？"哲学家希望通过提出和回答存在论的问题，提高我们对不同种类的事物（例如，动物、人类或神）的本质特性的理解，或是提高对各类经验（例如，美、爱或死）的理解。

在这门课上我们将有机会依次考虑这些问题，因此，将它们视为整体来了解它们之间的相互关系也许大有裨益。你们很快就会发现，我在教学中特别喜欢的辅助方法之一，就是通过采用图示——尤其是十字、三角和圆圈这类图示——将我们讨论的观点以简化而又系统的形式表达出来。我们将在第 5 周看到，每一种图示都是根据特定的逻辑模式建立起来的。但现在，我们权且将其视为观察多组术语之间的关系的简便方法。让我们用十字图形作为这门课的一种“映射”，将哲学的四个分支分别标在十字的四个端点上。如图 I.1 所示。

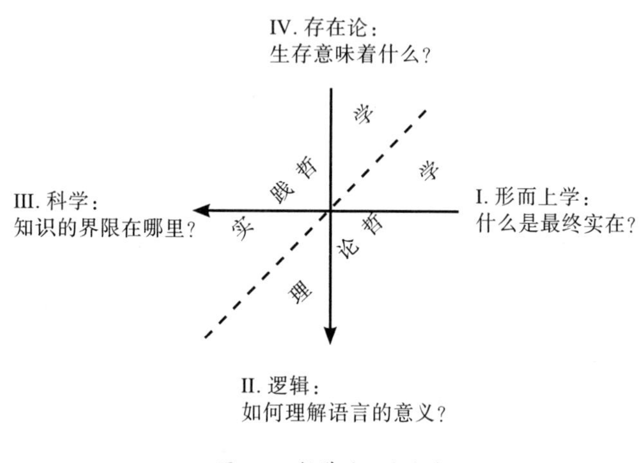

图 I.1　哲学的四个分支

当然，我们还会在这门课上提出许多其他的哲学问题，但可以认为这四个问题是最基本的。

学生 F：今天你在几个地方提到“好哲学家”，这听起来有些专断。你是在有意暗示我们还存在着“坏哲学家”吗？是什么赋予你权力去判断他人观点的好坏呢？毕竟，每个人都有权持有自己的意见（opinion）。

是这样。但是好哲学家与坏哲学家之间的区别与“意见”无关，而是与理性（reason）有关。理性赋予我们每个人辨别好坏的能力，尽管区分好坏时不必带着谴责的态度。因此我会说：是的，的确有一些坏哲学家。遗憾的是，事实似乎表明坏哲学家往往比好哲学家还要多！所以，如果你在这门课上听到我自始至终都采用这种表达，请不要觉得惊讶。我希望你不要觉得受到冒犯。这里的“坏”与“好”并非是要用作道德判断。相反，对我而言，“好哲学家”指的是那些以平衡的（balanced）方式看待哲学任务的哲学家，他们与那些要么相信哲学的影响很狭窄，要么相信哲学的影响很广阔的哲学家是对立的。让我更充分地解释一下我的这种区分的意思。

可以以三种方式来理解做哲学的任务。第一种方式认为，哲学是运用逻辑思考、通过澄清我们的概念来解决难题的过程。“分析哲学”学派以这种或那种形式在 20 世纪的大部分时间里统治了西方哲学的英语世界，它通常采取上述观点作为自己的标志。分析学派的哲学家倾向于认为哲学是一种专门的科学职业，他们有时会明确反对“哲学应该与日常生活紧密相连”这个观点。

第二种哲学则采取了相反的途径，认为哲学是一种生活方式，因而哲学任务的焦点在于理解人类存在的本性及目的，穷尽其复杂性。“存在主义”学派以这种或那种形式在 20 世纪的大部分时间里统治了西方哲学的非英语世界，它通常采取了上述这种观点作为自己的标志。存在主义哲学家倾向于将哲学视为一种普遍的学科，几乎涵盖了一切能够帮助我们过更真实或更“可信”的生活的事物。然而，他们对“这样的生活涉及什么”这一问题的说明过程往往过于晦涩，以至于普通读者要理解他们在说什么相当困难。

第三类哲学家认识到，上述两种观点对于哲学任务的恰当构想都是必需的。好哲学家追随着这第三条道路，他们坚持认为：澄清概念是为了指明某种特定的生活方式；而对这种生活方式的说明一定要清晰地表达出来，避免它们容易陷入的晦涩。因为，不被视为生活方式的哲学，更像一种技术性的科学。而对澄清概念没有严格要求的哲学，则更像一种神秘的宗教。而哲学——至少是好哲学，既不是科学，也不是宗教，而是综合了两者的某些方面的独特学科。因此，哲学就好比存在于科学与宗教之间的界线上。因而，我们可以通过将这三种哲学映射到一个简单的三角形上，描绘出它们之间的关系。如图 I.2 所示。

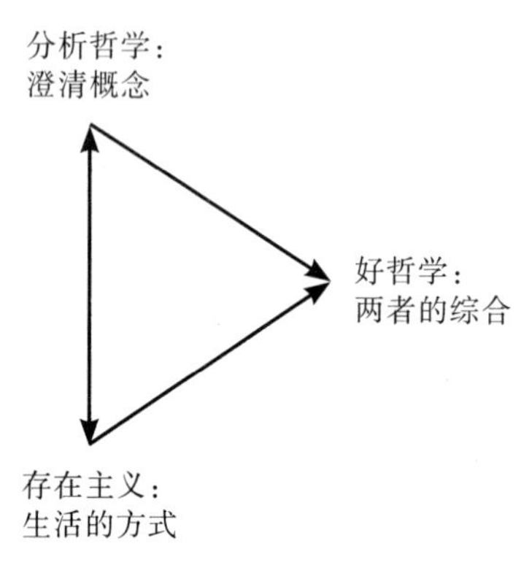

图 I. 2　三种哲学类型

顺便一提，“好的”分析学派哲学家也许与“好的”存在主义哲学家一样多（或者是一样少）！一个好的分析哲学家能澄清概念而不迷失最终目标：学习更好地生活。反之，一个好的存在主义哲学家能将我们的注意力引向这个最终目标，而不会因为使用含混或误导人的语言而遮蔽真理。我的要点是，最好的途径是这样看待哲学：它并不单独植根于这两个任务中的任何一个，而是必然要平衡地包含这两方面。

现在，第一个小时快要结束了，但关于如何回答我们的主要问题，我们还来得及再提出一种意见。我想知道是否还有人持有与我们以上考虑过的不同的回答。因为哲学意味着很多东西，而我们实在只是划过了众多可能答案的表面。

学生 G：我一直认为哲学与惊奇（wonder）有关。

哪一种惊奇？你指的是仰望天空、胡思乱想吗？或者你想到的是将自己送到一个纯粹的想象世界里，就像《爱丽丝漫游奇境》的故事一样？

学生 G：我不能确定。我只是想到惊奇是对真理感到好奇的一种方式。设法弄清事物为什么是它们所是的那样，不正是哲学家感兴趣的吗？

他们的确如此！事实上，“哲学”（philosophy）这个词本身来自两个希腊语单词，意思分别是“爱”（phileo）和“智慧”（sophia）。因此，按照字面的意思，哲学指的就是满怀激情地探寻真理以及真理在生活中的恰当应用。正如你所提示的，这种探寻要凭借“惊奇”之火才能燃烧。顺便说一下，当我提到爱丽丝的时候，我并不是在开玩笑，她的故事里充满了有趣的哲学理念！

嗯，我们显然还没有完成对我们的问题的回答。其实，在这门课的整个过程中，“什么是哲学”这个问题应该始终保留在我们的头脑里。如果我们今天就能彻底回答这个问题，那么我们就可以全部离开这里，剩下的三十五讲就将是多余的。事实远非如此。相反，我想告诉你，当这门课结束时，对于哲学，你所知道的将（有望）比你今天来上课之前知道的还要少！

我这样讲是因为，正如我们将会看到的，事实上哲学始于对无知的认识（recognition of ignorance）。从研究形而上学入手来讲授哲学入门课，正是因为形而上学能教我们学习区分什么是我们能知道的，什么是我们不能知道的。只有当我们学会了这一点，才可以从逻辑那里学习如何获得对语言的理解。特别地，逻辑应该教我们区分这两者：当语言指称的事物能为我们所知时，它的含义是什么；当语言指称的事物必然不为我们所知时，它的含义又是什么。我们一旦具备了这样的理论基础，就可以以实践的方式运用自己的新理解。我们的做法是去找寻与人类生活有关的真理和知识，而这种对真正的“科学”的探寻，被人们恰当地称为“对智慧的爱”。可以说，通过爱智慧，我们就可以进入哲学任务的第四个阶段而不致“迷失在惊奇的国度里”。因为哲学的最终任务就是真正学会欣赏“静默的惊奇”（the wonder of silence）。在某种意义上，所有的哲学都始于静默的惊奇。然而，正如我们在这门课的第四部分将要看到的，它也结束于静默的惊奇。

这为我们的第一堂课留下了很多可供思考的问题。做个简单的总结：将我刚才描述的四个任务准确地对应着图 I.1 列出的四个哲学“分支”，可以将它们映射到同样的十字上。如下所示：

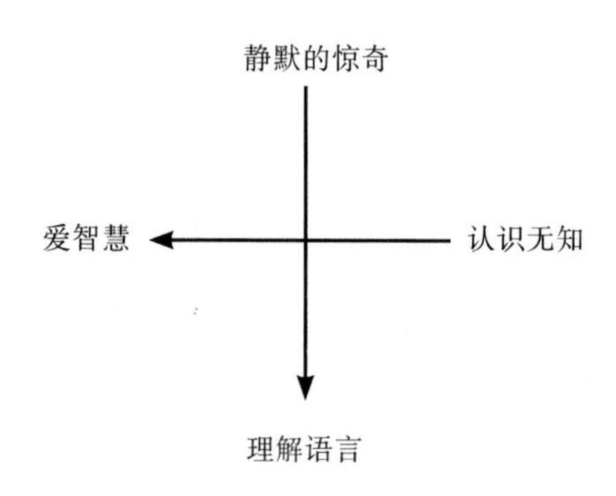

图 I.3　研习哲学的四个目标

我们最好将每个任务都视为永无止境的，而不要认为必须完全实现前一个阶段的目标，才能进入下一个阶段。因此，我们可以将它们视为我们应该在研习哲学的每个阶段为自己设定的多个互补的目标。

2. 写洞识论文的几个原则

洞识（insight）是所有哲学理念的基石。没有洞识，人们就会完全缺乏创造性，就会几乎永远处在相对而言没有思想的世界里，与动物的世界并无分别。动物具有本能，而人类具有获得洞识的潜能。因而在任何哲学学习中，我们要学会的最重要的课程之一就是：什么是洞识，以及如何发展自己获得洞识的能力。我们将在这门课上多次论及洞识的本质。最重要的讨论见于第 12、15、18、20、24 及 28 讲，你应该在开始写第一篇洞识论文（insight paper）之前先阅读它们。然而，获得洞识的技能只有通过实践才能产生。因此，作为这门课的学生，你的主要职责首先是写一系列“洞识论文”。就你所读到的东西写下自己的一些想法是非常重要的，无论你是把这本书当作哲学课的课外作业来读，还是仅仅出于自己的兴趣，我都希望你重视这种做法。这将给予你机会，通过记下自己对某个特定的哲学问题或观点的反思结果，去研习哲学。我将在今天这一讲中提出几条原则，旨在帮助你选择合适的主题，写好洞识论文。

我在每章或者说是每“周”（即本书中包含三讲的每组课程）的末尾，给出了四对“供深入思考 / 对话的问题”，并留出了空白，以便你随手记下自己的思考要点。你也许会将这些问题用作某些洞识论文的主题，然而只要你以哲学的方式思考，任何主题都是可以的。但无论是哪种情况，你都不应寻遍全书，试图为你选好的思考与写作主题找“一套”解答。洞识论文记录的是你自己的洞识，而不是我的——尽管你可能会发现，以我的授课内容为跳板非常有助于你发展自己的独特的思考方式。

迄今为止，洞识论文是这门课最重要的方面，因为它以真实的、个人的哲学思考经验补充了我们的课文与课外阅读文本。因此，在相关的地方，你们的洞识论文也会被用作课堂讨论的基础。讨论各种论文所提出的论题的含义，往往是一件非常有趣的事情，足以占据大部分给定的课堂时间。剩余的时间会用来讨论课本以及为当天的讨论指定的其他读物里提出的问题。这就是说，从第二次课开始，每位同学都应该在上课之前阅读课本中相应的章节。每周至少阅读“推荐读物”中列出的部分文本，也是很有益的。它们往往会依序排列：前面是讲课时提到的篇幅较短或者更具体的文本，后面则是篇幅较长的而且（或者）较全面的文献，它们会帮助你更深入地探索该周所讨论的主题的内涵。这些读物也会激发洞识，并往往能为洞识论文提供良好的主题。

记住下面几条指导原则能帮助你富于洞识地阅读：

1. 如果你不是对每个单词、每个句子都理解，不必担心。
2. 相反，应该集中精力找出要点并设法理解它们。
3. 标记出要点，并设法抓住论证的总体思路。
4. 画线过多会适得其反，而且不易于重温。
5. 关键术语的简要定义，请参照课本末尾的术语表。
6. 与文本互动：如果不同意，就在页边写下你的理由；如果同意，就写下“是的”之类的字眼；如果它让你想起了其他什么，就把它简要地记下来；如果觉得困惑，就画个“？”，等上课的时候问清楚。
7. 当你在文本中发现了让你感兴趣的段落，就在上面多花点时间，然后在“推荐读物”中找出相关内容，或者请老师推荐更多参考文献。
8. 如果某段文字让你厌烦，就试着读得快一些，或者直接跳过，直到遇到让你感兴趣的部分。你可以通过阅读开头和结尾的几个段落以及每个中间段落的第一句，快速了解文章的内容。（将这种方法用于额外的“推荐读物”，而不是课本！）
9. 最重要的是，对自己的理解力要有信心。用启蒙运动的格言来做你的座右铭吧：*勇于运用你自己的理性！*

对哲学的学习必须是自由的，必须把外在的强制降到最低，因此，这门课并不把广泛阅读经典文本当作绝对的要求。然而，后面的章节常常会涉及这些文本的很多内容，所以我设想，任何受到（或重新受到）内心的驱动想研习哲学的人，都会设法尽可能多地熟悉这些额外读物。

当学生们想要理解洞识论文的本质及其写作目的的时候，他们通常会问一些问题。下面列出的是对最基本、最有代表性的问题的简要回答：

是什么？洞识论文是你自己对任何主题的思考、想法和推理的简短记录，前提是你以哲学的方式对待这一主题。准备和撰写这样的论文是这门课极重要的方面之一。因而你应该至少用 15 分钟时间聚精会神地思考或沉思某个哲学问题，在经过一次或多次这样的思考之后，再来写你的洞识论文。除了每周的课程末尾给出的问题之外，这里还有一些例子，你可以从中选出你想思考的主题：任何在讲课或讨论时提出的问题或论题，关于某种事物的意义或本质的问题，你读到过的某位哲学家提出的理论或论点，你认为美的事物或是不同寻常的观点，你认为有深远的哲学意义的经验，等等。

怎样写？要简洁！不要以为更长的文章总是能得到更好的结果。事实并非如此。有时几个句子就足以表明你具有不同寻常的哲学洞识。任何与洞识本身没有直接关系的内容都应该概述或者省略。你的论文应该用尽可能短的篇幅来描述背景信息，比如，其他人的观点。大部分篇幅应该用于你自己的反思、批评、分析以及对可能的答案的看法，等等。总的原则是，写满标准纸的一面就足够了。如果你需要两页纸，为了保护树木，请写在一页纸的两面（正面和背面）。

写多少篇？多多益善！如果这本书是你上课的教材，那么你可以查看教学大纲的详细说明：必须完成的洞识论文篇数、提交时间以及其他更具体的要求。

为什么？写洞识论文的目的，是为了让你通过对哲学理念的深入探究，去实践做哲学的技能。因此，你应该在撰写论文时记住这一点。要提一些能把你的思考引向深入的问题，比如“为什么”“这意味着什么”“我如何知道”“它是什么”，等等。不要只是重复别人的观点，你可以提及别人的观点（比如，你研究过的一些哲学家的理论），但要尽量简洁。论文的大部分篇幅应该用来阐释和分析你自己的看法。创造性与谨慎的论证，同时还有清晰性和条理性将得到高度的评价。只陈述自己的意见而没有推理加以支持是不能让人满意的。观点的提出可以作为深入探寻的起点，但真正的洞识并不只是未经论证的观点。

接下来呢？洞识论文应该用作课上及课外讨论的基础。前者要求我们在课堂上把一些论文（匿名地）读给全班同学听。（如果你写了一些不愿在课堂上公开的内容，你可以在论文的某个地方写明：“请不要在课堂上读这篇文章，因为……”）通常，论文会在下一次课结束时发还给大家；我会在你的论文上标出要点，并写下相关的问题和评论。这些反馈并不一定是老师自己的观点，而是意在帮助你更深入地思考提出的论题。

此时，大多数学生读者脑海里的问题也许是：洞识论文会怎样评定？（非学生读者可以跳过这一段和下一段。）当然，不同的老师肯定会用不同的标准来评判这类作业的相对优劣。我自己的做法是寻求创造性、清晰性以及批评的严密性（从正反两面来检验种种可能的视点）之间的平衡。如下所述，可以直接以这三项标准为基础来建立一个粗略的评分等级。三项都很强的论文，评为“A”。任意两项强而第三项弱，或者一项强而另外两项一般，可以评为“B”。类似地，一项强而其他两项弱，或者三项都很一般的论文，评为“C”。三项都不强，而且有一项或两项有明显不足的论文，评为“D”。如果三项都很弱，论文就会不及格，这通常意味着文章的大部分或者全部内容都抄录自其他来源，或者整篇文章只是描述了一个故事、事件等，而没做任何反思其含义的尝试。

在教授“哲学入门”的时候，我有时采取“通过—未通过”的方法来给洞识论文评级：如果论文包含了充分的至少可以得“C”的哲学内容，就可以得到一个“√”，如果达不到这个标准，就会得到一个减号。（在这种评级方式里，我也会用一个加号奖励那些出人意料的高水准论文。）这种评定方法的优点在于，它降低了有些学生可能会感到的压力，使他们不必仅仅为了给老师留下印象而特意写一些东西，从而让学生感到他们可以更自由地挑选自己真正感兴趣的主题。当然，它的缺点在于，如果知道一篇普通论文和一篇优秀论文得到的评级是一样的，有些学生也许就不会那么努力地做练习。

我设想，大多数读者都会对如何写好洞识论文感兴趣，无论自己的论文是否（或者怎样）被评定，因此，我要在今天剩下的时间里提出一系列有助于你提高这方面技巧的建议。首先，除非你对给定的主题进行思考时真正经验到洞识，否则就不要用它作论文的主题。如果你还不曾有过这种经验，那么就要在你的反思上多花时间：发展对洞识的接收力是一项颇费时日的训练！我在这里强调的要点是，你应该抵制将洞识论文仅仅当成随笔来写的诱惑——为了使论文看上去不错，随意选一个题目，然后把所谓“洞识”调和进去。如果你的心智（mind）始终对你所关注的论题保持开放并坚持思索，那么洞识最后总会到来；从这些论题中选出的论文的主题，一定会比那些随意挑选的或是偶然碰到的哲学问题或论题更让你感兴趣。

一旦有了洞识并在此基础上选好了主题，你接下来要做的并不仅仅是在论文中陈述自己的洞识。就是说，你不能只满足于提出问题，然后给出“正确”答案，而是要分析你的洞识的可靠性：考虑别人可能提出的反对意见，并提供能支持你的命题的理由。这样做可以使你的洞识不至于看起来仅仅是你的意见的表述。同样的道理，你也应该考虑多种可能的角度——甚至是所有可能的角度，如果你能做到的话。就是说，你应该从尽可能多的不同的视角（perspective）来考虑论题。

“视角”这个词，会成为整个这门课最重要的术语之一。视角是对某种事物的观看方式，或是对某个论题进行解释的总语境，它在很大程度上决定了会给出什么类型的回答。在你的哲学教育中应该尽早学会的重要一课是：如果假定不同的视角，同一个问题会有不同的正确答案。随着课程的进行，关于这一点我们会谈到更多。

我在你们的洞识论文上写的评论，通常是想在以多个视角看论题的过程中给你以协助。因此，我写的并不一定代表我自己的观点，多数情况下，我只是在问一些我认为该论文忽略了的问题，而且我认为如果要更深入地反思论文的主题，就应该对此予以考虑。如果这本书不是你的上课用书，那么我建议你找一个可以与之交换洞识论文的有哲学头脑的朋友。你们可以定期阅读并评论彼此的论文，从而帮助对方对所讨论的论题进行更深入的思考。

我将很多注意力集中于如何获得对不同的视角的觉察（awareness），因为我相信，在所有的哲学技能中，这种技能对于我们如何为过更好的生活做准备，意义最为深远。只有当一个人能够有效地省视他（或她）的生活时，苏格拉底的名言“未经审视的生活是不值得过的”（参见第5讲）才是成立的。这种自我省视有两个不同的方面，分别关涉人的本质中有意识的一面和无意识的一面。我们这门课只涉及跟前者有关的洞识与视角。我还单独开设了一门关于梦的解释与个人成长的课程，涉及的主要是后者（参见《完整之梦》[*The Dream of Wholeness*]）。在目前的这门课和它的续篇里，对视角的觉察是进行有效的自我省视的关键。没有它，我们的洞识就无异于一套片面的预判，我们对它们坚信不疑，却不知道究竟为什么要相信它们或者另外的选择是什么。但如果有了对视角的觉察，当我们能看到某些预判所支持的视角优于其他选择时，我们甚至可以学会将它们作为合理的预判接受下来。事实上，关于预判的这个论题，对于理解哲学的本质与功用具有根本的重要性。因而，我将用下一讲的全部内容来更详细地研究这个主题。

3. 作为神话的哲学

从前有棵树，她的名字叫“哲学”……

我希望在这门课上，我们始终都把上面这个只有一行的小故事当作理解哲学之本质的关键所在。我们也可以用一种更具哲学形式的类比来表达这个意思，说：“哲学像一棵树。”在这两个说法里，我们都假设了一个当然的事实（即一切探寻的不可质疑的起点）：树的本质与组成部分，为我们理解哲学的本质与组成部分提供了线索。像任何一个真正的预设一样，这个起点是无法用不可辩驳的证据来证明的；我们所能做的最好的事情是相信它的真实与价值，然后探究它的各种含义。如果最终得到的结果不能令人满意，那么就放弃这个预设并以新的假设重新开始。但与此同时，我会在讲课的过程中一再回到这个“哲学与树”的类比，希望借此获得对这门叫作“哲学”的学科的更深入、更清晰的洞识。

这意味着，“从前有棵叫‘哲学’的树”这个假设将充当一个神话，引导我们将要讨论的各种问题，并把它们聚集在一起。“神话”这个词在这里的用法与日常英语中的一般用法不同，它在这里的意思并不是“不真实的故事或信仰”。其实，它在这里的用法，与某些人类学家用它描述宗教的原始起源时的特殊用法相同。今天我想探讨这种新的意义上的“神话”，这不仅能使我们更清楚地理解，说“‘哲学之树’将充当我们的神话”的意思是什么，而且正如我们将要看到的，这样做的另一个原因是，哲学自身的起源在很大程度上正是根植于这种特殊的神话式思考。

米尔恰·伊利亚德（Mircea Eliade）是20世纪对宗教进行科学研究的最有影响的学者之一，他在《神话与现实》（*Myth and Reality*）的第一章里，很好地解释了神话在原始社会里的作用方式。因为他赋予“神话”一词的意义与我希望我们设定的意义非常相似，所以我想要指出他的几个重要观点。首先，他将神话定义为关于世界与万物之起源的古老故事，它们以某种方式来解释为什么人类以这样的方式存在，或者是他们自己的文化规范为什么会如此发展。比如，普罗米修斯的神话告诉了我们火的起源以及许多其他事情。某个社会中与性、家庭关系以及死亡有关的习俗，是这个社会最常见的神话主题的一部分。

这些神话中的人物通常是神、其他超自然的存在者（beings）或者是拥有超人力量的英雄。遗憾的是，对现代读者来说，这种超自然性往往模糊了一个事实：这些故事的主要作用是为人类行为提供典范。尽管如此，在20世纪人们还是做了大量尝试，力图表明：古代神话讲述的可以说是每个人的故事。比如，心理学家西格蒙德·弗洛伊德认为，命中注定要弑父娶母的俄狄浦斯的神话，讲的是每一个小男孩的童年经验，而不仅仅是生活在古希腊的人的经验（详见《完整之梦》第8讲）。同样，每当我们阅读古代神话时，如果将所有的人物都在某种意义上视为是在讲我们自己，将是非常有益的。如果我把一个神话当作自己的故事来读，那么原本疏远的、不相干的事物便会突然获得新的意义。

按照伊利亚德的说法，原始部落的人认为，他们的神话是一切真实故事中最真实的。用祭仪的形式重演神话能赋予人掌控自然的力量这一事实，一再证明了神话的真实性。同时，故事在祭仪中重复，使神话一直活在人们的心灵和头脑里。其实，人们似乎有两类明显不同的故事：与日常生活里发生的事情有关的故事以及与特别的“神话时代”（有时也被称为“梦幻时代”）里发生的事情有关的故事。德语分别用两个词来区分这两种故事：historie 指的是普通故事，而 geschichte 则被用来描述那些特殊的、有更深含义的故事。heilsgeschichte 这个词指的就是某种特殊的“神圣历史”，它仿佛与普通历史不存在于同一个层面上。

尽管作为对原始文化中的神话的描述，伊利亚德的说明是非常准确的，但我仍然想指出：只要对他的描述作轻微的改动，我们就能在任何一种人类文化中认出神话的因素，包括我们自己的文化。首先，不必把神话限定为古老的故事。我建议，任何信仰、故事或命题，只要它们起作用的方式跟古老故事对原始人起作用的方式是一样的，都可视为神话。换言之，任何我们用来解释万物为何如此的事物，或者任何被我们当作行为典范的事物，都可以视为神话。这样就不必要求神话里的人物一定是与我们相距久远的人，那种久远使他们的故事在现代科学的耳朵听来，具有内在的不可信性。

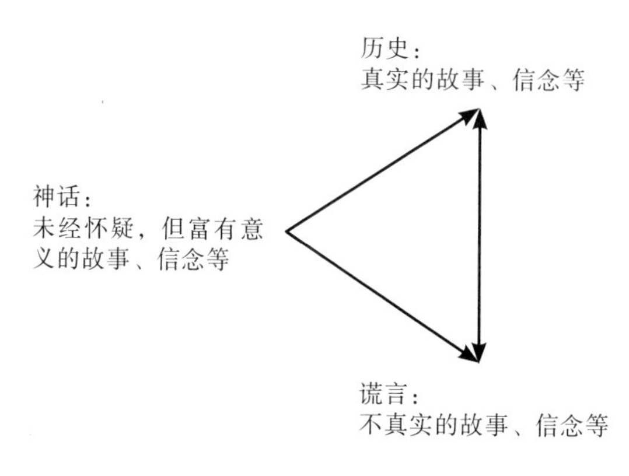

图 I.4　神话的真值

当然，并非每种对现实的解释都是神话的，因此，重温伊利亚德提出的与神话的真值有关的标准，是很重要的。然而，我想我们应该拒绝他所声称的：神话代表了所有真理中最真的真理。而我相信，如果从神话的真值这个角度来考虑，那么定义神话信仰的特征是：神话的意义使神话超出了疑问。就是说，对一个“生活在神话里”的人而言，神话的故事、信仰或理念究竟是真是假这样的问题，完全是不相关的。人们觉得神话就是如此这般。换言之，人们如此深地接受神话，以至于从未想过质疑它们。（图 I.4 描述了这种修改过的对神话的真值的看法。）这并不意味着，生活在神话中的人不能对神话的意义提出任何问题。相反，在特定神话支配下的社会里，对神话意义的讨论往往扮演着很重要的角色。但唯一未被问及的问题，正是那个最基本的问题：神话本身是真的还是假的。

当生活在神话中的人被问及自己信仰的真假的时候，他们的典型反应是困惑、吃惊。伊利亚德声称人们相信神话是所有真实故事中“最真实的”，正是基于对这种反应的误解。因为原始部落的人本能地知道，用“真”这样的概念去论及神话，其实是不适宜的。向一个人问及他的神话的“真实性”，就是对“什么是神话”的误解。像伊利亚德这样的主张，更多地来自人类学家按自己的预设对他们的资料进行的曲解，而不是来自原始人的本意。因此在我们这里，“神话”这个术语指的是任何一种这样的信仰：它的意义与人们的生活方式如此密切地关联在一起，以至于人们从未想过要问：它是真的还是假的？

我希望现在你们能更清楚地理解，当我说“名叫‘哲学’的树的故事将成为引导这门课的神话”时，我的意思是什么。我的意思是想让你们不加质疑地将“哲学像一棵树”这个类比作为真实接受下来。此外，我还希望哲学之树的画面能充当一个模型，引导你们反思什么是哲学。因为这样一来，你们就会发现自己拥有了某种理解哲学洞识的能力，这是大多数初学者经验不到的。但在我们开始探索这些洞识之前，我想谈谈哲学自身的神话起源。

大多数文化的历史都有关于原初的“黄金时代”的记忆，那时，人类的生活方式与现在有着巨大的不同。而对重返黄金时代（与前面提到的“梦幻时代”或是“神话时代”通常有密切的关联）的渴望，是许多文化变迁的推动力。对早期的希伯来人来说，黄金时代就是伊甸园，在那儿，亚当和夏娃“与上帝一起在傍晚的凉爽中散步”。对孔子（公元前 551—前 479）时代的中国人来说，黄金时代就是以明德与仁政来治理中国的“圣王时代”。既然我们这门课的主要焦点——西方哲学——起源于希腊，那么我们就最有必要知道，希腊人也相信一个“黄金时代”。因此，为了对哲学如何诞生于神话有所理解，让我们简要地看一下古希腊的历史。

有些学者相信，古希腊人所梦想的黄金时代，就是结束于特洛伊战争（约公元前 1200 年）的克里特-迈锡尼文明。这个时代是古希腊神话的灵感来源（参见 *MM* 87-89 页及 *BM* 213-215、278 页）。希腊历史接下来的一个重要发展，是“取材于错综复杂的神话的荷马史诗的创制（约公元前 900 年）”（*MM* 88 页，*BM* 464 页）。这些史诗把庞杂的神话转化成诗歌的形式，使它们的含义变得更为明显（*BM* 256 页）。但在当时，人们的意识还没有发展到我们今天所知道的形式。杰尼兹（Jaynes）认为，较为原始的思维方式被我们的现代“主体意识思维”所取代是发生在“公元前 6 世纪”（259—260、285—286 页），这与古希腊第一位哲学家——泰勒斯（Thales，约公元前 624—约公元前 546）——的出现大约在同一时期。接下来是古希腊哲学活动极度繁盛的三个世纪，并在哲学家亚里士多德（Aristotle，公元前 384—前 322）的著作中达到了顶峰。亚里士多德的著作意义深远，因为正如我们将在第 6 讲看到的，他是第一个发展出类似于现代意义上的

“科学”视点的希腊大哲学家。如果将这几个主要发展放在时间轴上，我们就可以粗略地勾画出古希腊的历史：

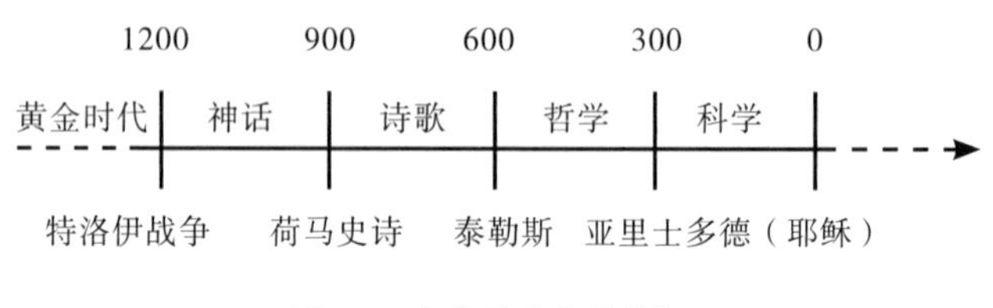

图 I.5　古希腊历史的周期

当然，图中表现出来的每个重要变化之间的三百年间隔，只是变化的实际发生时间的近似值。然而，历史本身向我们揭示了这个规则的发展模式，仍然是颇有意味的。事实上，这个模式让人想起时钟的盘面：包含了分成四等份的十二个部分（小时／世纪）。（我们将在第5周研究这个模式的逻辑结构，这种结构也为本书章节的系统组织提供了基础。）有意思的是，古希腊文明时代本身，也被一些人视为“黄金时代”——这一事实暗示了，这个模式可以周而复始地无限重复下去。如果是这样，那么描画这四个发展之间的关系的一种好办法，就是将它们映射到时钟的盘面上（一个分为四象限的圆）。

如果此时我们想起我们的现代历法（公元纪年）正是开始于图 I.5 结束的地方（即耶稣诞生的那一年，虽然不是在希腊），那么我们就会发现，将这个时间轴映射到圆周上的最好的办法是让它沿着逆时针的方向前进（即将 9 点的刻度放在 3 点的位置上，反之亦然），就像我们用与公元纪年相反的顺序来计数公元前的日期一样。这样我们就得到了四种相互关联的人类思想形式的映射，如图 I.6 所示。

神话、诗歌、哲学与科学，这四种理念是如何彼此联系的呢？如果认为它们的关系只是历史的偶然，那就错了。因此我想提出一个较为一般性的途径来理解这个问题，以此作为这堂课的结束。事实上，它们之间的关系存在着某种逻辑基础，就如同图 I.7 所描述的那

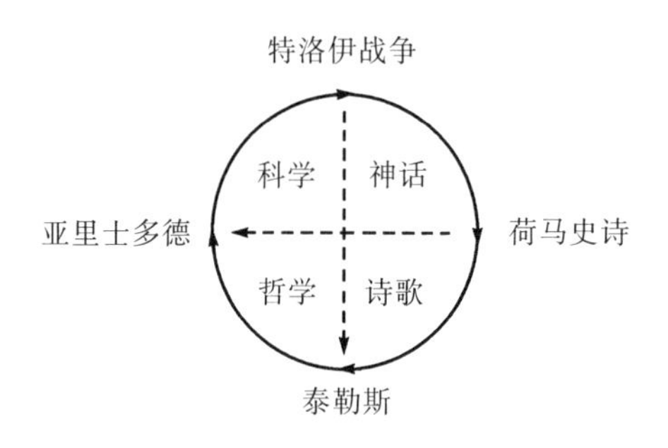

图 I.6　古希腊的四种思想形式

样。生活在神话里的人，就像生活在一个圆圈里，对圆圈本身的存在一无所知。这是因为神话思维对所有的界线都一无所知。诗人将自己从圆圈里拉出来，来到刚好能够认识到界线之存在的地方。诗歌力图用某种方式表达神话，使它们的意义可以被完全生活在界线以外的人理解。因而，诗人生活在分界线上。而哲学家则不然，他们完全走出了界线，但仍然待在与神话的“圆圈”足够近的地方，使他们能在神话的诗歌表达中辨认出“隐含意义”所蕴含的真实与深意。哲学家力图更平实或客观地解释这些意义：诗人们可以写下诗句而不必明确地质疑神话，而哲学家却必须质疑神话。这其实正是哲学家的主要任务之一。科学家与哲学家不同，他们把自己远远地带离神话王国，以至于再也看不到任何隐藏意义在场。哲学家质疑神话的真值（即对从中发现真理的可能性仍然保持着开放的态度），而科学家拒绝神话，认为那不过是“不真实的故事”（见图 I.4）。科学家住得离神话太远了，即便他们看到了神话的整个圆圈，那似乎也只是相距甚远的一个点，没有任何实质内容。

显然，我们平常使用“神话”这个词时，它的意思源于现代文化对科学的绝对信任倾向。然而有讽刺意味的是，我们对这个关键词的使用方式，恰恰揭示出科学本身与神话共有的某些特点，比如，对界

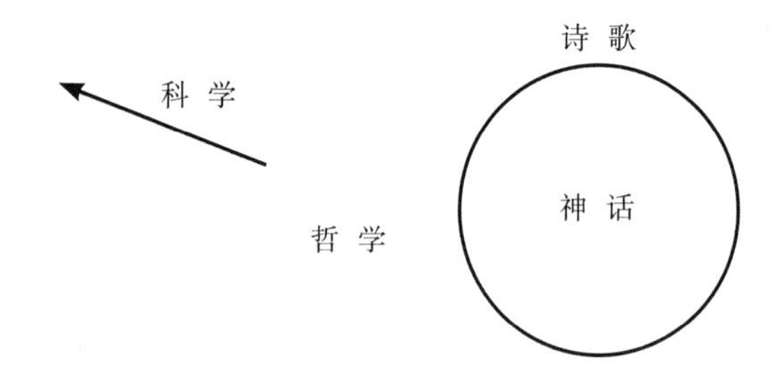

图 I.7 四种思想形式的映射

线的无知。这就引起了这样一个问题：这四种基本的思想形式是否可能构成了一个循环，从而当科学本身走向极端时，就变成了另一种形式的神话呢？考虑到这一点，那么，如果我们要在当代氛围中成为一名好哲学家，这门课的主要任务之一就应该是：质疑科学世界观独占我们的心智的权利。因而，在下周我们将以此作为开始，更为详细地研究人类的四种思想形式的循环性质。随后我们将特别关注古希腊的发展，两种最有影响的哲学体系就诞生于那里，它们如此有力地代表着研究哲学的两种主要途径（参看图 I.2），直至今日仍能不断结出洞识之果。

供深入思考 / 对话的问题

1. A. 什么是哲学？

   B. 哲学如何像一棵树？

2. A. 什么是提问，为什么在哲学中它们很重要？

   B. 哲学式的自我省视与其他类型的自我省视有何不同？

3. A. 有了哲学理念就足以使你成为哲学家吗？

   B. 什么是洞识？

4. A. 在哲学存在之前，人类可能有意识吗？

B. 举出我们的现代神话的一些例子。

推荐读物

1. Shel Silverstein, *The Giving Tree* (New York: Harper & Row, 1964).

谢尔·希尔弗斯坦：《给予树》。

2. Gary E. Kessler, *Voices of Wisdom* 3 (Belmont, Ca.: Wadsworth Publishing Company, 1998 [1992]), Ch. 1, "What Is Philosophy? ", pp. 1-11.

G. E. 凯斯勒：《智慧之声》第 3 版，第 1 章"什么是哲学？",1—11 页。

3. Richard Osborne, *Philosophy for Beginners* (New York: Writers and Readers Publishing, Inc., 1992).

理查德·奥斯本：《哲学初学者教程》。

4. Robert Paul Wolff, *About Philosophy* 5 (Englewood Cliffs, N. J.: Prentice Hall, 1992 [1976]), Ch. 1, "What Is Philosophy? ", and Appendix, "How to Write a Philosophy Paper", pp. 1-37, 452-472.

R. P. 沃尔夫：《关于哲学》第 5 版，第 1 章"什么是哲学"，以及附录"如何写哲学论文"，1—37、452—472 页。

5. Roger L. Dominowski and Pamela Dallob, "Insight and Problem Solving", Ch. 2 in R. J. Sternberg and J. E. Davidson (ed.), *The Nature of Insight* (Cambridge, Mass.: MIT Press, 1995), pp. 33-62.

R. J. 斯顿伯格与 J. E. 戴维森（编）：《洞识的本质》，第 2 章"洞识与解决难题"（R. L. 多米诺斯基与 P. 德拉伯著），33—62 页。

6. Mircea Eliade, *Myth and Reality* (London: George Allen & Unwin,

1964)，Ch. 1，“The Structure of Myths”，pp. 1-20.

米尔恰·伊利亚德：《神话与现实》，第 1 章“神话的结构”，1—20 页。

7. Richard A. Underwood，“Living by Myth：Joseph Campbell，C. G. Jung，and the Religious Life-Journey”，Ch. 2 in D. C. Noel (ed.)，*Paths to the Power of Myth* (New York：Crossroad，1990)，pp. 13-28.

D. C. 诺埃尔（编）：《通往神话之力量的道路》，第 2 章“与神话一起生活：约瑟夫·坎贝尔、C. G. 荣格与宗教性的生命之旅”（R. A. 安德伍德著），13—28 页。

8. Julian Jaynes，*The Origins of Consciousness in the Breakdown of the Bicameral Mind*，Chs.I.3 and II.3，“The Mind of *Iliad*” and “The Causes of Consciousness” (*BM* 67-83，205-222).

朱利安·杰尼兹：《心智两分过程中的意识的起源》，第 1 章第 3 节“《伊利亚特》的心智”与第 2 章第 3 节“意识的起因”（*BM* 67–83、205–222）。

第2周

哲学的起源

4. 形而上学祛神话的哲学

在第1周我们看到，哲学诞生于神话，但现在我们必须承认，那样的神话不是哲学。相反，从神话经由诗歌与哲学而到达科学的道路，恰恰可以被称为“祛神话”之路。“祛神话”这个术语指的是将“神话”（即现代意义上的“错误信仰”）从神话中分离出来——就是说，对未经质疑的信仰发问，以期把这些信仰转化为对真理的更加可靠的表达。那么，举例来说，当我在上一讲里提议把“哲学之树”当作我们这门课的神话时，我并不是真的在做哲学，而是在准备用于种植这棵树的土地。在上完这门课之后，我希望你花些时间，不仅认真地对这个神话发问，也对“哲学好像一棵树”这个（诗意的）类比进行发问。然而，如果你在一开始就质疑这个预设，也许会发现你心智的地面过于坚硬，使你无法获得这个神话所能激发的洞识。

这样的洞识之一就是，正如一棵树是由四个主要部分（树根、树干、树枝和树叶）构成的有机体，那么哲学，即便不是大多数，至少也有很多组理念是按照这样的模式组织起来的。我们已经在前面的两节课上看到过几个这样的模式。但在考虑古希腊的祛神话例子之前，我想再举出几个有趣的四重模式。

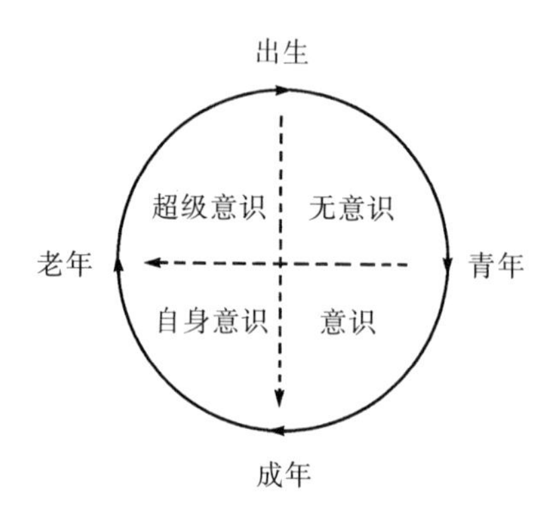

图 II.1　个体的发展

如果我们认为“神话—诗歌—哲学—科学”模式是对人类思维的发展方式在宏观层面上的（即人类文化层面上的）描述，那么，当我们在微观层面上（即人类个体层面上）发现与之相似的运行模式时，就不应该感到惊讶。描述个体的发展阶段的最常见的方式之一，是将它划分为一个人的出生、青年、成年和老年。将每个阶段与日渐提高的意识（consciousness）水平关联起来，就出现了图 II.1 中的模式。正如一个人从出生到长成青年的过程，伴随着孩童的无意识的心智（mind）的觉醒；从青年到成年的过程，也要求意识逐渐变得敏锐，直至产生关于“自性”（self）的清楚的觉察（awareness）。一个对自身有意识的人，如果他的自然发展过程不被打断的话，就会最终进入一个新阶段——因为没有更好的术语，我们权且称之为“超级意识”（super-consciousness）阶段。在所有的传统社会里，年长者都被视为有智慧的，这主要不是因为他们年深日久的经验，而是因为一种新的思考方式已经向他们敞开；如果能善加运用，他们就能超出自身，看到事物广阔的含义。

来自一个人的“黄金年华”的智慧，与我们想象中的、生活在许多文化记忆中的所谓“黄金时代”的人的情形（见第 3 讲）惊人地相似。

但后者对应的不是（个体的）老年阶段，而是婴儿出生之前、在母亲的子宫里的经验。将这些关系恰当地映射到一个圆上，就可以揭示出我们所讨论的发展的循环特征：超级意识也许紧密伴随着对一个人出生时丧失的事物的再次赢取——这是我们将在第 5 讲看到的柏拉图所支持的观点。

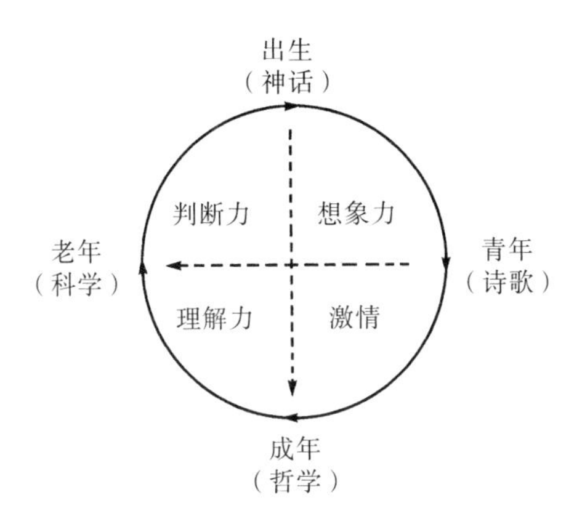

图 II.2　心智的四种力量

这四个阶段的每一个也可以跟人类心智的某种特定的“能力”，或者说是“力量”，联系起来，如图 II.2 所示。想象力（imagination）是在生命的最初几年支配着我们的力量，就像神话支配着生活在原始文化中的人的思想。众所周知，在一个真正的小孩子的心智里，幻想与现实的区分是不那么明显的。然而在青年时代，这种力量就被激情（passion）所战胜：随着身体进入青春期，心智也改变了它适应世界的方式。诗人正是被这种激情所驱使，把对孩子来说只是梦想的事物付诸言辞。而哲学家与之相反，他们往往并不以激情著称。这是因为与成熟的自我意识相应的力量是理解力（understanding）。当这种力量发展到最为充分的程度，就会转变为判断力（judgement）。科学家的任务是超越自身的视点，以判断世界的真实情况是怎样的。同样，真正称得上“长者”的人，是那些心智主要被判断力所支配的人。

弄清楚每种思维模式运用相应的力量想要表达什么事物，有助于我们更完整地理解这些观念之间的相互关系。神话用想象来表达信仰，诗歌用激情来表达美，哲学用理解来表达真，科学则用判断来表达知识。我们可以将这四个最终目标映射到一个正方形上，环绕着图 II.2 的圆周，如下所示：

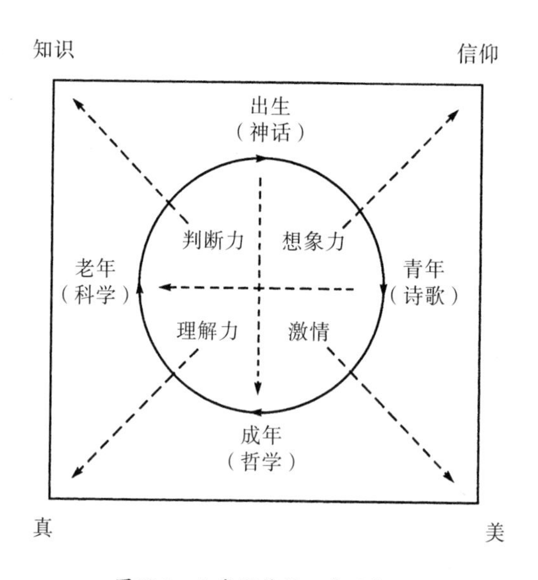

图 II.3　人类思维的四个目标

我花时间让你们看这些模式，不光是因为我认为它们很有趣，也是因为它们能帮助你们在哲学的适当背景中看哲学。对这个背景的理解越透彻，你自己的哲学之“树”的根就会越健壮。图 II.3 描绘的是逻辑模式，因此，其中的很多含义要等到我们在这门课的第二部分（尤其是第 5 周的课程）学习了逻辑之后才会变得清楚。然而，既然恰当地运用逻辑对于祛神话是必需的，那么此时我们简单地看一下逻辑自身的起源也许是有益处的。

英语 logic（逻辑）来自希腊语的 *logos*（逻各斯），意思是“word”（言、道）——包括口头语言（“言说”[speech]）、书写语言（“书”[book]）以及思想语言（“理性”[reason]）。但在古希腊，逻各斯有时也用来指我们所说的神话中的隐含意义。在这个意义上，某种事物的逻各斯就是它的最终目的或根本性质。《圣经》就是在这个意义上使用这个词的，比如，《约翰福音》的开篇宣称：“太初有道（logos），道与上帝同在，道就是上帝。”[①] 生活在神话中的人直接经验逻各斯，因此无须对它进行解释。对逻各斯的经验为人注入激情，诗人最先发现了用语言（words）表达这种激情的需要。哲学家试图通过把真实与虚构相分离的方式理解逻各斯。而科学家在对可操控的具体事实的探求中完全遗忘了逻各斯。这种“遗忘”正是“无意义”或是“异化”这样的现代问题的根源，我们会在后面的多个地方（比如，第 18 讲）关注这个问题。

从对逻各斯的亲密经验，发展到逻各斯的在场已被忘却的状态，这一过程就是祛神话的过程。在某种意义上，忘记逻各斯是人类的灾难，而在另一种意义上，正如我们将在第 9 讲里看到的，这样的忘记（或至少是忽视）又是产生知识的必要条件。科学要我们忘记隐藏的逻各斯，因为事实性的知识只承认被公开揭示出来的事物。其实，我们在思考逻各斯时遇到的困难，正是我们生活在这样一个由科学世界观统治的时代的直接结果，这种世界观找不到逻各斯的适当位置。然而，一个人重获神话之意义的可能性始终是存在的，即便是当你在获取知识的过程中忘记了逻各斯之后。在我们自身中培育哲学之树，是唤醒对那已被遗忘的实在（reality）的记忆的最好办法之一。

古希腊最早的祛神话者，是生活年代处于泰勒斯与亚里士多德

① 有学者认为，这里的 logos 可以译作“言”，以便和中国古代思想中的“道”相区别。（本书的注释除另有说明，均为译者所加。）

之间的哲学家（参见图 I.5）。除了两位重要的哲学家（我们会在下一讲中讨论他们）之外，他们全都被称为“前苏格拉底”哲学家，因为他们生活在一位名叫苏格拉底的极有影响的哲学家之前。前苏格拉底哲学家关心的主要问题之一，是如何描述“最终实在”的本质（the nature of *ultimate reality*）。正如我在第 1 讲提到的，这个问题是我们现在称之为“形而上学”的哲学分支的主要任务。一些早期的祛神话者把传统意义上的四大“元素”（或与之类似的某种东西）中的一种当作组成最终实在的元素。泰勒斯本人认为任何事物最终都可以还原为水。阿那克西美尼（Anaximenes，约公元前 585—前 528）不同意这一点，他声称最基本的元素实际上是气。此后不久，赫拉克利特（Heraclitus，最为活跃的时期：约公元前 500—前 480）提出，就基本的形而上的建构单元而言，火是最佳选择，他还提出了一些有趣的关于对立逻辑的观点（见第 12 讲）。后来，德谟克利特（Democritus，约公元前 460—前 371）成为最初形态的“原子主义”（atomism）的支持者，他把这一基本的元素当作“存在物”（being），或者是“在”着的东西（*what is*）。被他视为基本元素的事物，与我们用“物质”（matter）这个词指称的事物相似。由于土元素显然不仅仅指土壤，而是指所有的固体物质，所以可以说德谟克利特至少提出了一种与土元素大致对

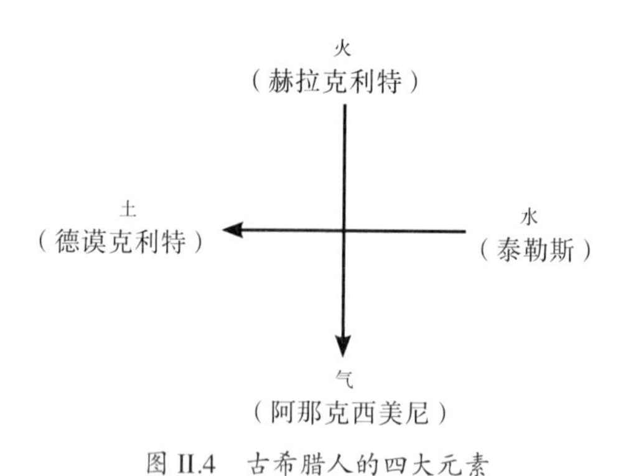

图 II.4 古希腊人的四大元素

应的东西。这四种早期的形而上学立场可以映射到一个十字上，如图 II.4 所示。

正如这幅图向我们所提示的，对“最终实在”问题的最好的早期回答是由阿那克西曼德(Anaximander，约公元前 610—前 546)给出的，他认为，将这四种元素的任何一种作为基本元素都是不恰当的，因为它们必然互相对立（就像湿与干、热与冷）。如果某种元素是“无约束的”，那么它就会毁灭其他所有元素。因此，他就好比是站在十字的中心，认识到四种元素必须要在一种创造性的紧张中结合起来。恩培多克勒（Empedocles，约公元前 495—前 435）进一步发展了这种观点，认为这四种元素都是基本实在，他将这种紧张解释为被两种对立的力——“爱”（*philia*）与“斗争”（*neikos*）——结合在一起的状态。

对于这个问题，无论你认为哪种回答是最好的，都一定要注意，不能误以为它们是在试图解释物理（physical）世界的性质。因为“形而上学”（metaphysics）这个词的意思是：在物理（即自然）“之后”的，或者是“超出”物理的。因此我们一定要注意，不要以为这些哲学家完全是在字面意义上论证世上万物都是由（比如说）火组成的。这显然不是真的，否则我们早就全部燃尽了！而且，对物理世界的这类解释是科学的任务，不是哲学的任务。相反，我们应该这样看待这些哲学家的理论：它们是力图在我们日常经验的多样性外表后面发现唯一的、不可约减的真理的最早尝试。换言之，他们竭力从外在于神话本身的角度，来把握他们继承的神话遗产所隐含的意义。其结果，我们今天也许可以称之为对如何解决形而上学问题的“象征主义”解释（我们会在第 31 讲讨论象征主义的本质）。然而，正如我们将在下一讲看到的，所有这些解决办法都注定是要失败的。

5. 理性对话的哲学

古希腊哲学中有一条重要的分界线，它把那些所持观点听起来离我们既遥远又陌生的哲学家，跟那些所持观点与当代关心的哲学问题有着更清晰的关联的哲学家区分开来。这条分界线是一位哲学家，但据我们所知，这位哲学家从未写过一本书。他——苏格拉底（Socrates，约公元前470—前399）——对哲学的任务给出了全新的解释，其全部内涵在两千多年的时间里才逐步展露出来。我们对苏格拉底的生平和观点的了解主要来自柏拉图（Plato，公元前427—前347）——他的紧密追随者之一——的著作。他们二人与亚里士多德（柏拉图的杰出弟子）一起，形成了古希腊哲学传统的核心。尽管没有必要记住他们生活的确切时期，但了解他们生活年代的顺序是很重要的。于是，下面的时间轴能让我们记住：当苏格拉底对年轻的柏拉图产生影响时，他已经相当老了，而且他是在亚里士多德出生之前去世的。

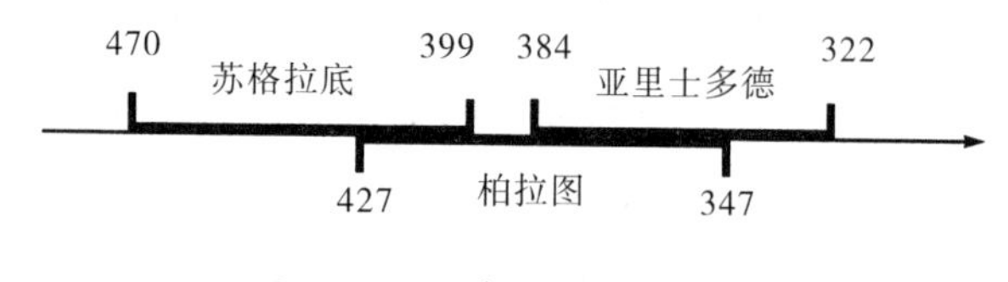

图 II.5　三位伟大的希腊哲学家

关于苏格拉底的生平我们知之甚少，一些学者甚至怀疑这样一个人是否真的存在过；但就我们的目的而言，我们可以忽略这样的争论。因为即便这个人物只是柏拉图与跟他同时代的人的杜撰，他很快就作为一个“神话”引导了西方哲学两千多年的发展。苏格拉底是一位有着高度初创性的思想家，一个践行他所宣扬的学说的人。尽管他是地位优越的雅典政治精英中的一员，但为了去过一种“极度贫穷”

的哲学家的生活，他在中年时自愿放弃了自己的地位（*PA* 23b）。在那个时期，他整日四处奔走，他与人们一起谈论各种各样的问题。他时常与"智者"（the Sophists）发生冲突。智者是风行一时的职业哲学家，他们有偿地分发自己的"智慧"（对细枝末节的没有任何普遍适用性的辨析，是这种"智慧"的代表）。尽管苏格拉底坚持说他不是一位导师（33a），但是一群年轻人（柏拉图就是其中的一个）还是很快就聚集在他周围，想要学习这种新的做哲学的艺术。

根据柏拉图在《申辩篇》（*Apology*）中的记述，苏格拉底的哲学生涯最重要的时期，始于他的终生朋友海勒丰去问德尔斐神谕：是否有人比苏格拉底更有智慧？当苏格拉底听说女祭司的回答是"没有"时，他觉得自己被带到了一个有待解答的谜语面前，因为他相信自己不配被称为"有智慧的"。于是他周游四方，去拜访所有那些享有智慧声誉的人，比如政治家、诗人与手艺人，希望能从他们那里获知智慧究竟是什么。但是每一次，他们解释自己的"智慧"的尝试都被苏格拉底的持续追问给粉碎了。不仅他们无法解释自己的"智慧"包含什么，苏格拉底也公开地向他们"证明"：他们实际上并没有智慧。质疑权贵所信奉的所有传统神话，自然给他带来了很多敌人！但是对苏格拉底来说，这并不重要，因为这样做使他发现，"那些［因为有智慧］而获得了最高声誉的人，几乎是全然缺少智慧的，而那些被认为低他们一等的人，在实践才智上却更胜一筹"（*PA* 22a）。

苏格拉底的最终结论（*PA* 23a–b）是，那个神谕的确包含了一个谜语，但是，对于那些其社会角色要求他们去捍卫人类智慧之荣耀的人来说，它的谜底是一粒苦涩的药丸：

> ［有些人］把我［描述成］一位传授智慧的导师……然而，

> 可以完全肯定的……事实是，真正的智慧是神的财富，这个神谕是在以神的方式告诉我们，人的智慧是微不足道的，或者是毫无价值的。在我看来，他并非真的在指苏格拉底，而只是用我的名字作例子，就好像他要对我们说：在你们人类中间最有智慧的，就是认识到自己毫无智慧可言的人，像苏格拉底。

如果我们要理解哲学，尤其是形而上学在此之后的两千年的发展，那么理解这个洞识的内涵至关重要。因为在这段陈述里，苏格拉底清楚地告诉我们，成为一位好哲学家的第一条标准就是：我们必须认识到自己的无知。

苏格拉底为这个洞识付出的代价是他的生命。因为雅典的势力强大的公民将他带上了法庭，指控他“腐蚀青年的心智，并且信仰自己发明的神，而不是城邦公认的神”。在审讯中，苏格拉底为自己辩护的方式不是乞求怜悯，也不是承诺以更符合城邦标准的方式行事，而是坦率且严厉地对指控者讲话。他向大家解释，为什么哲学生活是值得为之去死的生活。哲学家就是遵循铭刻在德尔斐神庙上的训谕——“认识你自己”的人。没有接受这一挑战的人就生活在可悲的状态里，因为“未经审视的生活是不值得过的”(38a)。实际上，苏格拉底明确认为，自我审视的生活，就是一个人侍奉神的生活：尽管针对在当时的习俗中神越来越多的现象，他故意提出怀疑，但他自己却仍然认为，哲学是为神所启示的天职。只有过这样的生活，一个人才是有德性的，才能有助于开创一个公正的社会：

> 因为我用我的全部时间到处奔走，试图说服你们——年轻的和年长的——让你们最先关心、最为看重的，不是你们的身体，也不是你们的财产，而是你们的灵魂的最高幸福……财富不带来

善［即美德］，而善却带来财富和其他福祉，无论是对个人，还是对城邦。（30a–b）

这样的言论自然像是打在听讲人脸上的一记耳光，他们中的许多人本来会把苏格拉底当作朋友，因为苏格拉底本人曾是那个法庭中的一员。所以，并不出人意料，清点完票数，苏格拉底被判死罪（尽管是以令人惊讶的微弱多数通过的：281 对 220）。然而，苏格拉底并没有被这个决议激怒，他以始终如一的平静接受了它。他预言，因为他的死，决意质疑现状的人的数目——哲学家的人数——将会增加，而不是减少（*PA* 39c）！他没有蜷缩在对死亡的恐惧里，而是无畏地讲述：为什么他作为一个哲学家的任务，就是学习如何去死。于是柏拉图以苏格拉底的呼喊作为《申辩篇》的结语："现在是我们分别的时候了，我走向死，而你们走向生，但是谁的前路更幸福，除了神，没有人知道。"

苏格拉底关于哲学发展的预言是正确的。因为在苏格拉底之死的推动下，柏拉图在其著作中保留了苏格拉底的许多关键洞识。遗憾的是，"后苏格拉底"哲学家往往都不再愿意去质疑那些在社会中操控权力的人了。这部分是因为，自苏格拉底时代之后，哲学家与"城邦"之间的关系发生了根本变化。如今，哲学往往会作为现状的一部分而被接受下来，被认为是以追求"完整个体"教育为研究目标的诸多学科中的一门。而颇有讽刺意味的是，这个转变是从柏拉图本人开始的。

柏拉图以《对话录》（*Dialogues*）的形式展现他的哲学思想。这些著作将苏格拉底持续追问的习惯转化为特定的哲学方法。就某一层面而言，一篇"对话"只是一卷记录了一次谈话的书，谈话是在一个主角——通常是苏格拉底——与一个或多个配角之间进行的。谈话的过程中，主角扮演的角色是“助产妇”，帮助等待降生的潜在洞识在配角的心中“诞生”。（顺便一提，苏格拉底的母亲就是个职业助产妇。）换言之，就像一个好的助产妇会指导产妇，让她自己把婴儿生出来（而不是助产妇自己用力把婴儿取出来），那么苏格拉底依次提出问题、给出建议的做法，也像是在“指导”配角自己发现想要的结论，而不是把结论告诉配角。但就更深的层面而言，这种新方法的深远意义在于，它诉诸更高的权威——理性，将其作为所有争论的恰当仲裁者。就像图 II.6 所描绘的，对话是在这样的假设下进行的：理性，这个所有的参与者都可以平等地接近的更高权威，能够给予我们对最终实在或真理的更深理解。

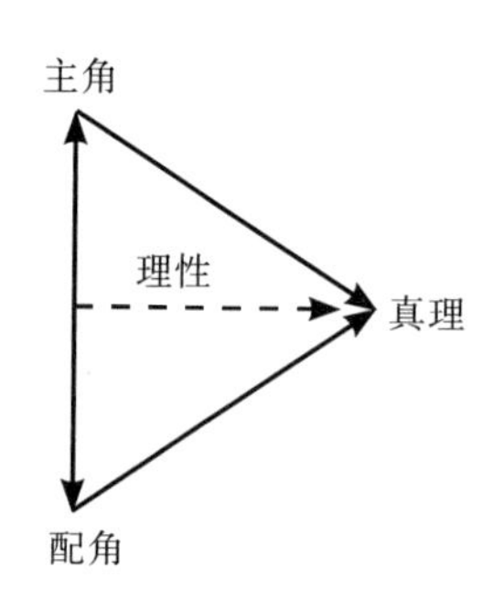

图 II.6　对话的方法

柏拉图以他对苏格拉底的理念的理解为基础（毫无疑问，他在某些方面超越了它们），用对话的方法建立了第一个有着现代标志的完备的形而上学体系。他的哲学为所有的“理念主义”（idealism）[1] 形而上学体系提供了原型。就入门课而言，对它进行任何程度的深入研究都过于复杂了。尽管如此，简要地熟悉一下他关于知识（knowledge）和人类本性（human nature）的理论，还是会为我们提供一个很好的例

① 理念主义：idealism，又译“唯心主义”。

子，让我们了解他的理念主义是如何运转的。

对人类知识的本质与来源这类问题的回答，从属于叫作“认识论”（Epistemology，来自希腊语的“*epistemos*”，意思是“知识”和“逻各斯”，在这里最好理解为“对……的研究”）的哲学分支。形而上学和认识论总是密切相关，因为一位哲学家对“实在（reality）最终是什么”的理解，会不可避免地影响到他（或她）对“我们如何知道什么是实在的”这个问题的解释；反之亦然。因此，在我们接下来对形而上学的研究中，每当我介绍一位重要的哲学家时，都会把他们的认识论也包括进去。

柏拉图的认识论基于这样的形而上学假设：只有“普遍”的东西（或者他有时称之为“型相”［forms］或“理念”［idea］的东西）才

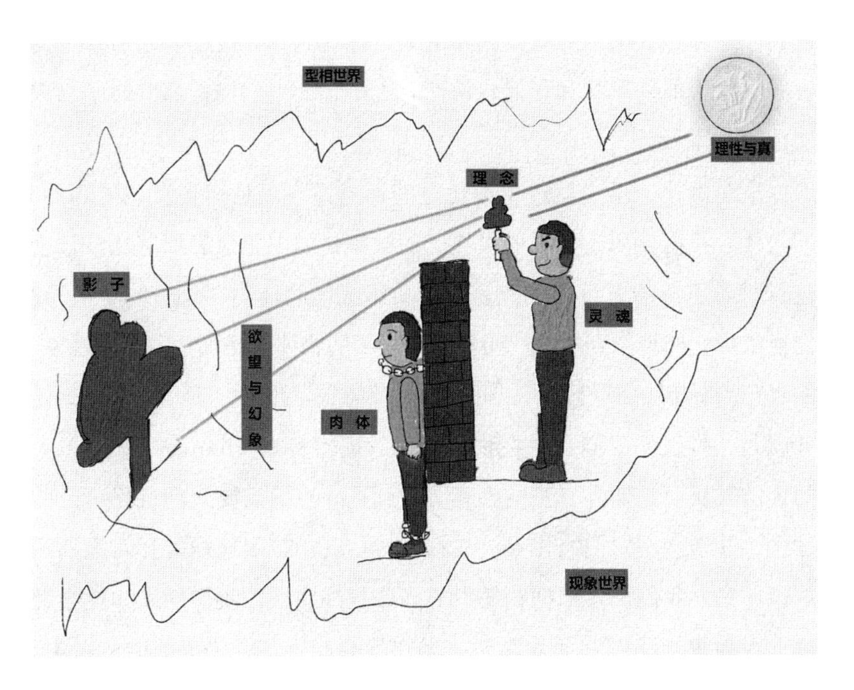

图 II.7　柏拉图的洞穴（波小兔 绘）

是真正的实在，而“具体”的东西（即“物质”或“事物”）只是这个实在的表面现象（appearances）。因而，我们在大量的日常生活经验中都为这样一种幻象所苦：我们周围的物理世界中的事物和物体构成了最终实在。然而，在柏拉图看来，人类的实际状况是：我们的理念不仅向我们揭示主体的内部状态，也揭示出实在本身的真正本质。因而，哲学家的根本任务，是越过事物纯粹的表面现象去了解那些理念。

柏拉图在《理想国》（*Republic*）——他最杰出的对话——的第七卷中描述，苏格拉底把人类的处境比作从小就被囚禁在洞穴里的一群人。他们的腿和脖子被锁起来，使他们无法朝洞口的方向看。他们身后有一堵墙，墙的另一边有另外一些人，这些人拿着各种各样的物体举过墙头。在所有这些人的背后是光，是由一团大火发出来的，后来人们知道那是太阳。那些被囚禁的人只能看到物体投在洞穴后壁上的影子。除了那些形状和影像，他们一无所知，他们错把那些影子当成实在的物体。

这个类比，至少就这个简化过的形式而言，是相当直截了当的。洞穴代表我们生活于其中的世界，而被锁住的囚犯代表那些还没学会进行哲学思考的人。影子代表由物质组成的物体（“表面现象”），我们通常把它们当作真实的。而投射出影子的物体才是那些“表面现象”的真正“型相”，其性质可以通过哲学反思揭示出来。于是哲学家的任务就是，打破把我们束缚在物质世界的虚幻实在（illusory reality）上的锁链，从而觉知到真正的型相。做到这一点，需要我们反思自己的理念，并学会将它们当作最终实在来对待。柏拉图这样解释对无知的认识：只要我们仍然错把物质世界当作最终实在，我们的无知就会继续。因为每当我们背朝太阳时，无知就会产生。在柏拉图的体系中，太阳代表着所有理念中的最高者——“善”（the good）的理念。“善”

是理性与真理之光从中向外闪耀的实在，它因此使我们看到其他所有的永恒型相。

柏拉图建立了一个理念的层次体系，从与物质世界联系得更为紧密的理念（比如与人类的欲求相联系的理念），直到那些能把我们几乎完全带出洞穴的理念。在后者中，真、美与善一起组成了三个最高的理念。尽管在物质世界里，我们有时能发现近似于它们的事物，但这些理念从来也不可能在现象世界里完美地自行显现出来。我们绝不能指着世界中的某个事物说："它在那儿，那就是我们称为'真'的东西。"这是因为"真"是一个永恒存在的型相，它从不变化，也不会死去。柏拉图建议年轻的哲学家从认识较为初级的型相开始，努力攀升至对最终实在的全面识见（vision），它（就像第 4 讲讨论的"超级意识"状态一样）似乎只发生在生命中相当晚的时期。他论证说，在这条道路上，能够担当最可靠的向导的知识型相，是数学；而在数学中，是几何学。为什么使用图表有助于我们理解难懂的哲学理念？也许这就是一个很好的理由。

柏拉图相信，那些获得了全面识见的人最能胜任理想城邦（republic）的治理工作。柏拉图认为这样的"哲学王"应该强制推行的各种政策，往往因为各种各样的原因遭到激烈的批评。我们将在第 9 周对政治哲学做进一步的思考，而现在指出这一点就可以了：柏拉图的哲学王理论值得认真考虑——因为，谁更有可能以公正而仁善的方式来施行统治呢？是一个渴望占有权力与权威的人，还是一个看到并理解了权力与权威的真正理念的人呢？

像大多数杰出的哲学家一样，柏拉图在建构他的型相理论时，也把人类的最终实在的问题当作他的形而上学理论的最重要的方面之一。因此，让我们简要地看一下柏拉图的理念主义所蕴含的对人类本性的看法，以此来结束对它的讨论。如果物质世界是一种幻象，那么人类的肉体显然不是能定义人类本性的实在。正相反，在柏拉图看来，恰恰是人类的肉体把我们锁在洞穴里，把我们的识见限制在实在的影子上。我们的真正实在存在于“人性”的理念（或是型相）中，用“灵魂”（*psyche*）的理念来表达它是最好的。灵魂是一个人刚一降生到这个世界上就被囚禁在肉体里的最终实在。如图 II.8 所示，它由三个主要部分（或是三种主要力量）组成：“欲望”是最低的部分（对应着身体的腹部），“理性”是最高的部分（对应着头部），而“灵性”是中间的部分（对应着心）。

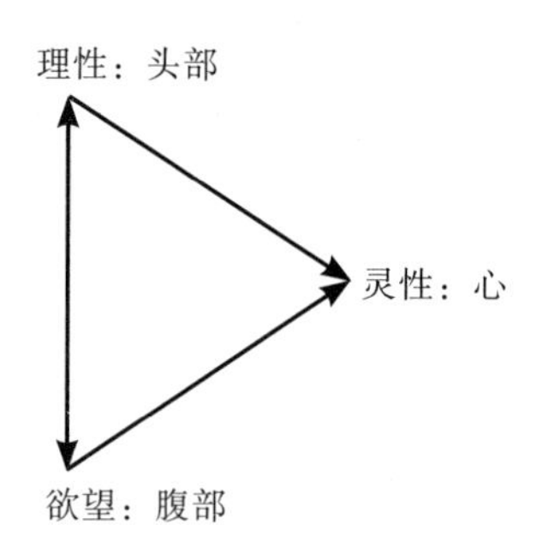

图 II.8 灵魂的三种力量

按柏拉图的说法，既然灵魂是永恒的，那么灵魂就没有不存在的时刻。在我们出生之前，我们的灵魂就在理念王国以永恒的型相存在着；我们死后，它又将重返那里。在理念王国里，灵魂很容易获得所有的知识，因为永恒的型相不会被洞穴的黑暗与限制遮蔽。出生使我们忘记了自己曾经知道的东西。于是，柏拉图的形而上学为他解答认识论的最难回答的问题之一——“我们如何能知道我们现在还不知道的东西？”——提供了基础。柏拉图的理念主义对它的回答很简单：我们在这个世界上的所有学习，实际上都是在回忆我们在出生以前就知道的东西。

今天我只来得及浮光掠影地介绍柏拉图（和苏格拉底）提出的观点。我们可以把这门课剩下的所有时间都用来研究他的错综复杂的理念主义，但即便如此，我们能做到的也只是刚刚开始理解他的思想的深度。柏拉图本人相信，他的永恒型相体系能够将哲学转化为科学，即一种建构完备的知识体系——这是自柏拉图起很多哲学家的共同目标。然而，人们始终为如何完成这一目标争论不休。其实在下一讲里，我们就要研究柏拉图的一位学生的观点，他认为：只有沿着一条与之截然不同的道路，才可能建立科学的哲学。

6. 目的论科学的哲学

我们在上一讲讨论了苏格拉底及其追随者柏拉图的一些观念。苏格拉底对普遍理性的诉求，以及柏拉图基于苏格拉底的教导，以对话方式建立的理念主义体系，彻底改变了古希腊哲学的发展。我以柏拉图的主张——“理念主义可以通向对普遍科学的建构”——结束了上一讲。今天几乎没有哪个科学家会追溯到柏拉图的理念，认为它是现代科学的源头——这一事实表明：柏拉图在这个任务中失败了（至少，就科学的现代概念而言是这样的）。然而，正如我们今天将看到的，由柏拉图的最有影响的学生提出的迥然不同的体系，以柏拉图的理念绝不会采用的方式，在这一目标上取得了胜利。

亚里士多德曾在柏拉图创建的著名学校［“学园”（Academy）］里学习，然后又在那里执教，直到柏拉图去世之后。显然，他在那 20 年里完全熟悉了柏拉图的理念。然而，他后来离开了学园，为亚历山大大帝当了大约 3 年私人教师。他一返回雅典就创立了自己的学校，在那里发展、教授一种许多人认为与柏拉图的体系直接对立的哲学体系。遗憾的是，所有留存下来的亚里士多德的著作都是他的授课笔记以及供他的学生使用的课本。他的著作因而很枯燥，与柏拉图的生动活泼的《对话录》相比显得相当乏味。柏拉图的著作有时因为写作风格过于松散而意思不明，而亚里士多德的意思却往往由于刻板生硬而变得晦涩。毫无疑问，介于两者之间的风格更适于表现哲学洞识。

亚里士多德体系的基础，是与柏拉图的理念主义几乎针锋相对的形而上学：他认为，特殊的东西（particulars），而不是普遍的东西（universals），是最终实在。他把特殊的东西与一个特定的术语"*ousia*"联系起来，这个术语本身的意思是"实在"（reality），尽管它通常被翻译成"实体"（substance）。因而他的"第一哲学"（他以此指称形而上学）的基本问题就是："什么是实体？"他对这个问题的回答是：实体是"作为个体而存在着的事物"（*AC* 1b–4b）。这样的"事物"不仅仅是型相，也不是一大块质料（matter），而是必须始终在自身中结合质料与型相两者。实体以这样的方式将型相与质料相结合：质料能实现一种必要的功能，而不仅仅是一个偶然或幻象。因为实体的材料赋予了实体"区分标记"，就是说，通过材料的变化，"实体可以拥有相反的性质，而仍然保持数上的同一性"。比如，现在我手中的这支粉笔，即便它由具有白粉笔的性质转变为具有红粉笔的性质，它仍然是"粉笔"这种实体的一个实例。人们通常将这种看待实在之特性的方式称为"实在主义"（realism）。

亚里士多德通过区分"第一性"实体与"第二性"实体，进一步发展了他的实在主义。"第一性实体……是其他任何事物之下的基础存在物（entities）"，而第二性实体是那些能够被我们用来"谓述"（predicate）个别事物的东西[1]，尤其当它是那个别事物的定义的一部分

[1] 原文的叙述是"第二性实体是……的特征"。但按照亚里士多德的划分，第二性实体不是"特征"，因此经作者同意，改为"……的东西"。

的时候（*AC* 2a–b）。严格地讲，应该把第二性实体限定为个体所属的“种”和“属”。比如说，作为人类个体，我是一个第一性实体；而我是人（属），并且是动物（种），这里的“人”和“动物”就是第二性实体，它们描述了我是何种实体。[①] 因而，在同一个句子中，第一性实体通常出现在句子的主项（subject）部分，而第二性实体通常出现在谓项（predicate）部分。

亚里士多德在《范畴篇》（*Categories*）的起始部分发展了他的实体理论，在这里，“范畴”一词被定义为“事物的最概括的种类（kind）”。可以认为“型相”一词本身的意思是“这样一个种类的”，因此一个范畴就是一个非常概括的型相。亚里士多德在《范畴篇》里列出了十种最概括的型相，第一种就是实体本身（即通过参与到质料中而变得实在的那种型相）。其他九种是能帮助我们理解某个个别的实体是什么样子的一些特征。我们不必在此深入这些范畴的本质与功用的细节，只需按照亚氏的陈述次序列出它们就可以了：数量、性质、关系、地点、时间、姿态、状况、活动和受动[②]（*AC* 1b）。亚里士多德对这些范畴的许多讨论都涉及我们在语言中使用这些术语的方式（因而预示了当今对语言分析的强调，我们会在第 16 讲进一步讨论）。但他也明确地认为，它们为人们理解实在本身（即实体）提供了有序而系统的方式。

亚里士多德在将他的实在主义应用于个别事例的过程中，运用了目的论的（teleological）方法：他论证说，发现事物之型相的最好办法是探寻事物的目的（purpose）。希腊词 *telos*（目的）也指事物或事件的终点（end）或目标（goal）。它为什么存在？它被用来做什么？这样的提问有助于我们解释为什么特定的质料具有了它所有的那种特

① 经作者同意，这里删除了一句容易引起误会的陈述。
② 受动：affection，又译“遭受”。

殊的型相。在对无数自然的和有智力的客体进行分类的工作中，亚里士多德把目的论的方法当作他的工作的不可缺少的一部分。因为他的哲学方法有着对逻辑（语言学的）分类与目的论（经验的）观察的双重强调。这种双重强调对后来那些遵循所谓“经验主义”传统的人有着深远的影响。

现代科学当然是经验主义传统的果实之一。因此，我们不应该对此感到奇怪：如今我们为不同的科学分支以及其他学科取的许多名字，都源于亚里士多德的这种目的论分类建立的。他的很多著作都致力于为许多学科命名，并为它们奠定了基础，比如“心理学”“动物学”，甚至“形而上学”本身。举例来说，他通过阐述数学、物理学和神学要处理的问题分别是形式的、物质的和神性的，将这三门学科区分开来（*AM* 1026a）。他还确立了许多我们今天习以为常的区分，不仅是在哲学领域（比如本质—实存［essence-existence］、原因—结果［cause-effect］），还包括经验科学的领域（比如种—属、植物—动物—人）。这说明，将亚里士多德视为现代科学的“始祖”是无可非议的，尽管如今大多数科学家认为他的目的论的方法不足为信。（大多数，但不是所有的。近年出版的《人类宇宙论原理》［*The Anthropic Cosmological Principle*］一书就是一个重要的例子，这本书是由某些的确认识到目的论方法的价值的科学家撰写的。）

让我以这支粉笔为例，解释一下亚里士多德的实在主义（realism）与柏拉图的理念主义在认识论上的不同。我们何以知道这支粉笔就是一支粉笔？是什么使它成为粉笔？柏拉图会说，是粉笔的理念，是它的“粉笔性”赋予这个客体以实在（reality）。因为即使我们在全世界发起一场圣战，毁掉现有的每一支个别的粉笔，我们也丝毫无法因此而改变“粉笔性”的实在。即便是我们系统地抹掉了世界上所有文献中一切涉及粉笔的部分，等着每一个曾见过（或用过）粉笔的人死去，粉笔的理念也依然像今天一样实在：它仍是一个永恒存在的型相，等待着被将来的某代人重新记起。被我们称为粉笔的这一块质料是实在的，仅仅是因为它参与了一个实在的理念——“粉笔性”的理念。

与此相反，亚里士多德会说：我手中拿着的这个被称为“粉笔”的特殊实体的实在性，不仅取决于它对“粉笔性”这个型相的参与，还取决于它能聚集起质料，在我们经验到的世界中例示（即为……充当实际例子）那种型相的能力。这就意味着，那种质料必须能实现粉笔的目的。“粉笔性”将什么目的赠予了一小块质料？粉笔是用来做什么的？显然，当它出现在教室里的时候，它至少可以用来在黑板上写一些东西。因此，如果我让这支粉笔掉在地上，然后把它踩碎——就像这样（别告诉清洁工这是我干的），那么亚里士多德就会说我毁掉了实体，毁掉了那支粉笔的实在。在这个例子里，质料仍然在这儿，而它作为粉笔的型相却不存在了。

因而，柏拉图和亚里士多德都认为事物的型相是决定它的实在性的必要因素。然而，对柏拉图而言，仅有型相就够了，而亚里士多德却认为，与质料的一定联系也是必需的。他们的观点可以用以下方式非常简洁地加以概括：

柏拉图的理念主义	亚里士多德的实在主义
型相 = 实在	型相 + 质料 =
质料 = 幻象	实体（实在）

上面的概括仅仅触及了亚里士多德关于实体性质的说明的表面，但我们入门课的介绍目的已经达到了。

亚里士多德关于人类本性的看法是什么？他的新的形而上学立足点、他的实在主义如何影响了他理解“人之为人的实在”的方式？他同意柏拉图的看法，认为灵魂（*psyche*）是身体的型相。如此一来，描述灵魂的主要功用的术语就是："维持生长①、欲求、感觉、运动［力］以及思考的能力。"（*DA* 414a）现在身体不再仅仅被认为是要被超越的偶然或幻象，而是人类实体所必需的要素，（灵魂的）那些能力通过身体才得以实现。你们中的大多数人可能会觉得这种观点比柏拉图的理念主义要自然得多，然而它的一些推论却未必那么合人心意。因为如果身体是成为人的必要元素，那么当身体死了，现存个体的实在也就死了。单独的灵魂并不比"粉笔性"的纯粹理念更实在，也不比地板上的这堆粉笔灰对于"在黑板上写字"这一目的更有用。对每个相信死后生活的人来说，亚里士多德的实在主义的消极含义，开始使柏拉图的理念主义看起来根本没有那么糟！（绕开这一问题的另一种途径是：相信身体自己会以某种方式在我们死后复活，尽管是以某种转化了的状态。我们会在第35讲进一步讨论这种可能性。）

当亚里士多德论证说，人类的灵魂有一个使我们区分于尘世间所有其他实体的独特目的时，他也许是想要为他的实在主义的不如人愿的潜在推论做一些补偿吧。植物的灵魂以维持生长和欲求的力量为特征。动物的灵魂也有这些特征，但是又加上了感觉和运动力（即运动的能力）。定义植物与动物的灵魂的那些目标或目的，人类的灵魂都有，但人类的灵魂借助理性（rationality［*nous*］）的力量上升到它们之上。亚里士多德将神视为纯粹的理性存在者（rational being），认为人性中理性的一面揭示出存在于我们每个人之中的"神性的火花"。因此他把人类的灵魂描述为"理性动物"（rational animal）的灵魂——这已经成了最为人们接受的定义人性的方式。通过将理性本身当作神性灵魂的特征，我们可以把亚里士多德（对四种灵魂）的区分映射到一

① 维持生长：nutritive，又译"营养"。

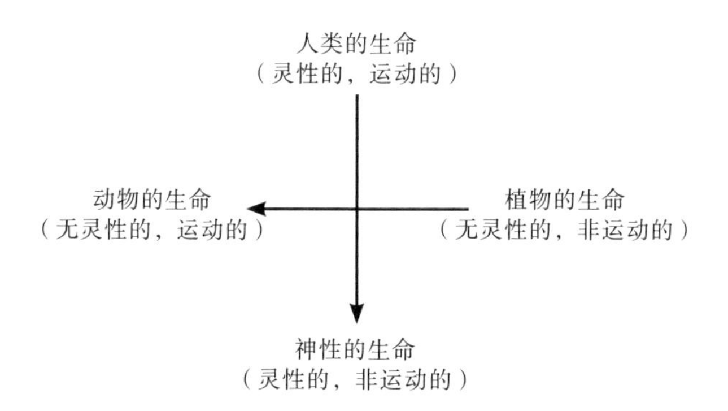

图 II.9　亚里士多德的四种生命（灵魂）形式

个十字上，如图 II.9 所示。

这种灵魂观为亚里士多德承认某种死后的生存提供了一条通路。他在《论灵魂》（*DA* 430a）中说：当灵魂“从它现在的状况中被释放出来时”（就是说，当一个人的身体死亡时），留下来的理性的核“是不朽而永恒的”。这暗示着个体灵魂中的理性“火花”将最终返回到它的来处——神的“火焰”中去。虽然这仍然没有允诺个体的不死，但它至少给了我们一个普遍的目标，使我们能够继续向前，并使人生值得一过。如果人生的目标就是最大程度地扩展和发展理性，那么哲学显然是一个人所能从事的最有意义的事业。因为在亚里士多德看来，你的具有普遍性和哲学性的那一部分，而且仅仅是那一部分，将在你的死亡中存留下来。

如果有更多的时间让我们讨论，那么亚里士多德哲学的许多其他方面会让我们觉得很有意思。最后，让我简单提一下他的另一个观念，以此结束我们的讨论：他认为世界上所有的运动都源自一个“第一推动者”，而这“第一推动者”自身却是“不动的”。这个**大写的存在**（Being）也是所有运动的“终极因”（即最终目的）。换言之，我们周围的世界里发生的一切变化都在冲向一个终极的休止点，它们将在

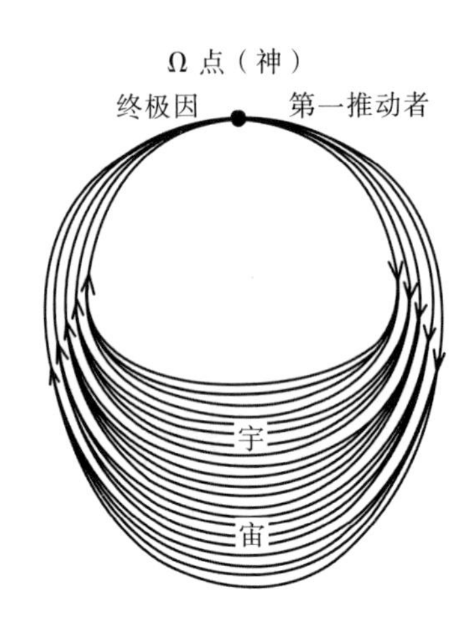

图 II.10 作为终极因的第一推动者

那里返回它们在不动的推动者中的源头，就像图 II.10 所画的那样。

夏尔丹（Pierre Teilhard de Chardin，1881—1955）是 20 世纪的一位古生物学者、耶稣会教士和神秘主义哲学家，他相当详尽地发展了一种类似的观点。他论证说，整个宇宙都在向着一个最终的、“多样性的统一”的目标运动，这个目标叫作“Ω 点”——Ω 是希腊字母表的最后一个字母，也是永恒命运的象征。亚里士多德之后的很多哲学家，尤其是在基督教出现之后，发展了亚里士多德的观点，就“宇宙如何与通常被称为‘上帝’的**大写的存在**（Being）联系起来”这个问题做出了有趣的说明。夏尔丹只是他们中的一个。

供深入思考/对话的问题

1. A. 四大元素中你认为哪一种是最基本的？为什么？

   B. 为什么只有四种基本元素？

2. A. 一个神话可以被完全地“祛神话”吗？

B. “永恒的型相”可能发生变化吗？

3. A. 质料（matter）是幻象吗？

B. 哲学为什么很难将自己建设为一门科学？

4. A. 什么是目的？

B. 非理性有目的吗？

推荐读物

1. Hans Peter Duerr, *Dreamtime*: Concerning the boundary between wilderness and civilization, *tr. Felicitas Goodman* (Oxford: Basil Blackwell, 1985).

H. P. 杜尔：《梦幻时代：论荒野与文明的界线》。

2. Frank N. Magill (ed.), *Masterpieces of World Philosophy* (New York: Harper Collins, 1990), "*Anaximander" and "Heraclitus", pp*. 1-5, 12-16.

F. N. 麦吉尔（编）：《世界哲学名篇》之“阿那克西曼德”与“赫拉克利特”，1—5、12—16 页。

3. Reginald E. Allen (ed.), *Greek Philosophy: Thales to Aristotle* (New York: The Free Press, 1966), "*Presocratic Philosophy*", pp. 25-54.

R. E. 艾伦（编）：《希腊哲学：从泰勒斯到亚里士多德》之“前苏格拉底哲学”，25—54 页。

4. Plato, *Apology (PA) and Book Ⅶ of Republic (PR) (CDP* 3-26, 747-772).

柏拉图：《申辩篇》与《理想国》第七卷（*CDP* 3–26，747–772）。

5. Aristotle, *Categoriae (AC), Book Ⅲ of De Anima (DA), and Book*

V of Metaphysica（*AM*）（*BWA* 3-37，581-603，752-777）.

亚里士多德：《范畴篇》，《论灵魂》第三卷，以及《形而上学》第五卷（*BWA* 3–37，581–603，752–777）。

6. Allan Bloom，*The Closing of the American Mind*（New York：Simon and Schuster，1987），"From Socrates' *Apology* to Heidegger's *Rektoratsrede*"，pp. 243-312.

A. 布鲁姆：《走向封闭的美国精神》之"从苏格拉底的申辩到海德格尔的就职演说"，243—312页。

7. John D. Barrow and Frank J. Tipler，*The Anthropic Cosmological Principle*（Oxford：Clarendon Press，1986），Ch. 2，"Design Arguments"，pp. 27-122.

J. D. 巴罗与F. J. 蒂普勒：《人类宇宙论原理》，第2章"论点设计"，27—122页。

8. Pierre Teilhard de Chardin，*The Phenomenon of Man*，tr. Bernard Wall（London：Collins，1959 [1955]），Book Four，Ch. Two，"Beyond the Collective：The Hyper-Personal"，pp. 254-272.

P. T. 夏尔丹：《人的现象》，第四卷第2章"超越集体：超个人"，254—272页。

第3周

现代遗产

7. 沉思怀疑的哲学

想象一棵树。也许我画在这里的这幅画（见图 III.1）会对你有帮助（尽管它也证明了：你不必非得是个画家，才能成为哲学家）。哲学究竟怎么样像一棵树呢？事实上，运用这个类比的方式有很多，我们今天要讨论的这位哲学家，就提出了一种很有意思的方式。对于引导我们这门课的这个神话，他提出了自己的解释：哲学像一棵树，形而上学是树根，物理学是树干，其他科学是枝条。这个解释也许很准确地反映了哲学在 17 世纪的动态。在这里，树的叶子也许最应该与知识关联起来，尽管这位哲学家并没有把他的类比推进到这一步。就我们这门课的第一部分的任务而言，我们至少可以同意，形而上学的确起着类似于树根的作用。我希望当我们学完前面的九讲之后，这一点会变得十分清楚。但稍后，我会建议对这个神话版本的某些其他方面作出修改，使它符合现代的情况（见图 VII.1）。

因为勒内·笛卡尔（René Descartes，1596—1650）在数学领域的建树，你们当中有些人对他的名字已经很熟悉了。他不仅为代数的进一步发展做出了贡献，还发明了我们在学校里学过的几何坐标系。当他把注意力转向哲学时，他发现了哲学传统中的一个固有的问题。

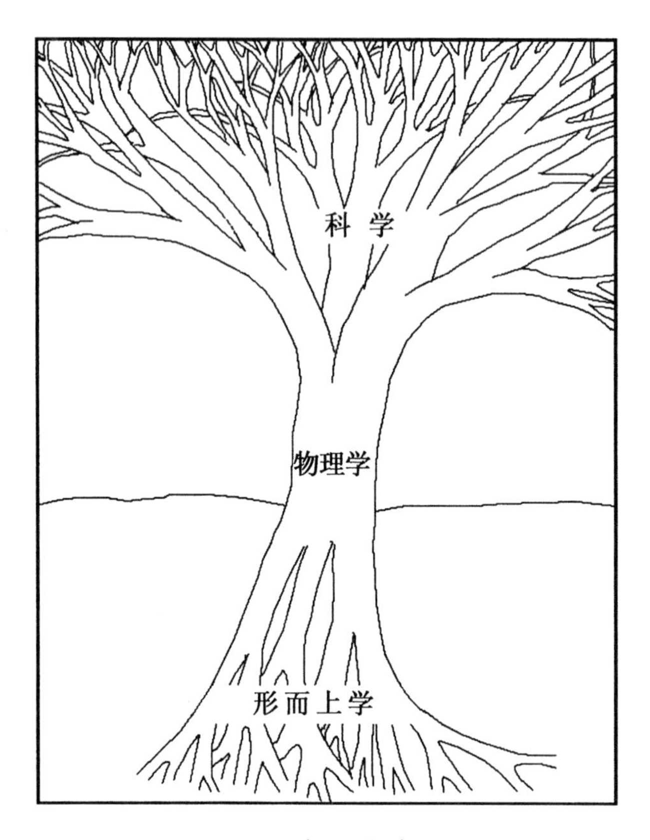

图 III.1 笛卡尔的哲学之树

两千年来，柏拉图和亚里士多德的哲学体系，以这样或那样的方式统治了西方几乎所有的哲学思想。当基督教登场时，大多数早期教父采用柏拉图的理念主义的某种版本作为他们的神学基础。这一趋势在圣奥古斯丁（St. Augustine of Hippo，354—430）建立的哲学与神学体系那里达到了顶峰。在所谓“黑暗时期”的大部分时间里，奥古斯丁的影响保持着统治地位，以至于亚里士多德在欧洲几乎被遗忘了。所幸的是，很多阿拉伯学者在此期间保存了亚里士多德的著作，并以它们为基础建立了各种形式的伊斯兰哲学与神学。亚里士多德的实在主义最终重返欧洲，主要是通过圣托马斯·阿奎那（St. Thomas Aquinas，1225—1274）的工作。阿奎那的庞大的神学体系至今仍是天主教神学最有影响的源头。在笛卡尔出场之前，没有人提出过其他重要的观点可供理念主义（柏拉图-奥古斯丁主义）及实在主义（亚里士多德-托马斯主义）学派的人选择。是不是这两个体系出了什么问题，妨碍了其他哲学家在哲学领域的进一步发展呢？笛卡尔相信，这两个传统都受到同一个缺陷的损害。他认为，这一僵局的产生是因为缺少完全确定的真理，只有有了这样的真理，才可以用它作为无可争议的起点，在此之上建立真正的知识体系（即一门科学）。这一洞识在笛卡尔的头脑中引出了一个新问题：如何建立这种绝对的确定性呢？无论是柏拉图的对话方法，还是亚里士多德的目的论方法，都不能单独为真正严格的科学建立起坚实的基础。那么如何才能找到这样的基础？在对这个问题进行反思的过程中，笛卡尔偶然发现了一种新的哲学方法，能使我们一劳永逸地建立起确定性。他的新方法就是怀疑（doubt），是用孤独的沉思（solitary meditation）代替对话。他希望通过系统地怀疑我们自以为知道的关于世界和自身的一切事情，最终就能到达不可能被怀疑的事物。那么这个事物就可以作为绝对确实的起点，进而建立一套确实的哲学体系。

那么我们可以怀疑什么？我们的感觉怎么样？你能相信自己的感觉吗？搬到香港之后不久的一天，我和家人一起去本地的一家商场购物。时间很晚了，我们开始找吃东西的地方。当我们走进一家前厅堆满了食品的超市时，我注意到摆在远处售卖的日本食品非常好看。我很饿，立刻觉得口舌生津。尽管很拥挤，但我们一致同意就在那儿吃。离得更近了，那些样品看上去那么好，真让我动心。但走到柜台时我才发现，那些样品根本就不是食物，而是塑料！我的感官完全被营销代理商的精巧设计给愚弄了。而且你们的笑声告诉我，你们中有很多人也犯过类似的错误。

笛卡尔在《第一哲学沉思集》（*Meditations on First Philosophy*）里描述了六个“沉思”。在第一个沉思中，他对确定性的寻找正是从这类几乎普遍存在的被愚弄的经验开始，怀疑感官的可靠性。如果我们这一次被愚弄了，我们怎么知道自己没有更经常地受愚弄呢？的确，如果此时此刻感官给我们的任何印象都可能是假的，那么看来就不可能在感官中发现任何确实性。这就使亚里士多德的实在主义变得不可信，因为它是以这样的假设为基础的：主要通过感官而感知到的实体，最终是实在的。

那么我们的理念又如何？也许柏拉图终究是对的，理念是所有知识的恰当的基础。但笛卡尔发现，将怀疑投向这一领域也很容易。只要我们想那么做，即使是那些看起来很确定的理念，那些大多数人从未想过要加以怀疑的理念，都是可以被怀疑的。例如，我们可以通过很多方式对日常经验的时空特性进行怀疑。很多人会梦到空间定律被打破了，例如重力（比如当我们在梦中飞的时候）；或者在梦中，时间似乎比我们醒着的时候走得更慢一些，或是更快一些。我们如何知道现在的日常经验不是一场随时都会从中醒来的梦？也许有一个邪恶的魔鬼在欺骗我们，让我们都错把这个长长的梦当作真实世界。即使没有这样的魔鬼，我们也都有过这样的经验：我们突然意识到，某个自己长期以来信以为真的理念，事实上却是假的。任何理念最终都有可能被证明是这样的幻象，因此没有什么能使我们的一切理念免于成为幻象。因而，在对绝对确定的事物的寻找中，柏拉图的理念主义并不比亚里士多德的实在主义更有用处。

数学呢？笛卡尔自己就是数学家，他当然相信数学是真的。的确，他那个时代的很多哲学家都在哲学研究中运用数学的方法。比如，有可能怀疑“2 + 2=4”吗？为了鼓励你独立阅读笛卡尔的著作，我请你自己去思考这个问题。但在此指明这一点就可以了：笛卡尔相信，即使是数学，也不能为知识提供绝对确定的基础。

那么，有不可能被怀疑的事物吗？当笛卡尔在漆黑的房间里，躺在床上做这个漫长的思考试验时，突然发现了他一直在寻找的答案。他无法怀疑此刻他正在怀疑。因为，没有人进行怀疑而怀疑却存在，这样的事情只有在荒谬的情况下才可能发生！笛卡尔在第二个沉思中论证：怀疑是思考的一种形式，因而思考必定是他本人之实存（existence）的确定性能得以证明的基础。于是他得出了如今非常著名的格言："我思，故我在。"（拉丁语就是：*Cogito ergo sum*。）这个"思考着的存在者"（thinking being）的实存是一切知识的绝对确定的基础。这个"我"或是"自我"（ego）作为基本的形而上学前提，置身于历史与文化之外，它不依赖于任何信念，因为只要我知道我正在思考，它就不可能不存在。

笛卡尔一得出这个结论，就马上意识到它带来了有待解决的新问题。他拒绝跟柏拉图站在一起，认为身体不过是幻象。因为作为一名科学家，他相信身体跟人的心智（mind）一样真实。于是他采取了一种被称作"二元论"的形而上学视点，认为心智与身体都是同样真实的，前者是一个"思考实体"（*res cogitans*），后者是一个"广延实体"（*res extensa*）。然而，他现在已经证明了：关于身体以及关于整个广延本质的知识，永远都不可能像关于思考本质的知识那么确实。那么，相信身体的实在性的基础是什么呢？另外，心智又是怎样与身体联系起来的呢？

在第三个沉思中，笛卡尔求助于"上帝"来回答第一个问题。他先是建立起一种论点，它如今被称作对上帝之实存的"存在论论证"（ontological argument）（即一种只依赖于对"上帝"概念的正确理解的论证）。他的证明过程大致是这样的：我们每个人都有"完满"

（perfect）这一理念；人类存在者中没有谁是完满的，那么，完满的**大写的存在**（Being）[①] 就不是那个其实存为我所确信的“我”；而这个完满的**存在**（Being）必须真正实存，否则它就不是完满的。就是说，如果关于最完满的**存在**（Being）的概念，指的是一个并不真正实存的存在，那么这个**存在**就不如一个的确实存的**存在**那么完满。笛卡尔接着论证说，既然我们可以以这种方式确定完满的**存在**（“上帝”）是实存的，既然这样的**存在**为实现其完满必须是善的（good），那么我们也可以相信，这样的**存在**不会欺骗我们。有些哲学家认为这是循环论证（即预先假定了它想要证明的东西）。笛卡尔诉诸“天赋理念”（在出生时就出现在我们心智中的理念，因而是不证自明的）来回应这种批评，声称“上帝”理念是天赋的，就像我自己的“自我”理念是天赋的一样。

如果我们的心智（mind）与身体（body）的确是根本不同的实体，那么，即便接受了笛卡尔对“为何能确信外部世界的实在性”这个问题的神学解释，也依然无法解决“心智实际上怎样与身体相联系”这个问题。笛卡尔对这个问题的解答从未赢得过很多哲学同行的认同。他猜想，是大脑底部一个叫作“松果腺”的小腺体负责保证心智和身体之间的因果联系。当时流行的观点认为：人体是一架活机器，因此，只要人体的一部分在运动，那么一定是由仿佛跟它“嵌连”在一起的其他部分的某种机械过程引起的。因此笛卡尔声称，当心智想让身体做事情的时候，就以某种方式影响松果腺，在那里引发连锁反应，直到完成想要的动作。就是说，如果我的头脑（mind）告诉我把这支粉笔扔到空中，这个想法就在我的头脑中转啊转啊，直到聚集起

① 大写的存在：Being，以下简称“存在”，并用黑体标识，以便与小写的“being”（“存在”或“存在者”）相区别。

的力量足以产生明确的影响，于是它就撞进我的松果腺，通过脖子，来到胳膊，发出一系列动作，直到我的胳膊真的服从了这一命令，就像这样！

以上我们解释了笛卡尔为形而上学二元论进行辩护的两个主要途径，现在可以用下图（图 III.2）来概括他的理论：

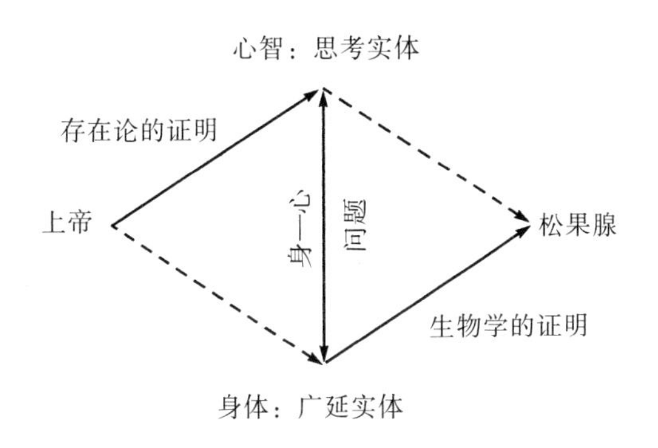

图 III.2　笛卡尔对“身—心”问题的解答

笛卡尔的二元论有几个重要推论。首先，它用“人是深植于肉体机器中的心智”这样一个概念，取代了亚里士多德的人是“有理性的动物”这个定义。这一观点对自然科学产生了深远的影响，它为科学家提供了一种世界观，使他们能够获得（或者至少使他们相信自己能够获得）对外部世界的完全客观的视角，全面排除了观察者自己的心智对他要加以认识的对象可能产生的任何影响。在这个意义上，可以认为笛卡尔的二元论为牛顿的科学铺平了道路。“人类自我”控制物质世界的看法，尽管如今受到很多现代思想家的怀疑（见第 18 讲），然而正是它，使技术得以在过去的三百年中如此迅速地发展起来。

就形而上学而言，笛卡尔二元论的最重要的结果是它引发了一场新的论争，通常被称为“身-心问题”。笛卡尔本人的立场看上去非常没有说服力。然而，对于心智与身体表现出来的相互影响，有没有更好的解释途径呢？对这个问题的争论几乎立即就展开了，事实上，直到今天，这种争论在某些哲学群体里仍然很活跃。比如，分析学派哲学家吉尔伯特·赖尔（Gilbert Ryle）撰写的20世纪最有影响的著作之一《心的概念》（*The Concept of Mind*），在一开篇就提出：笛卡尔的二元论建立在“范畴错误”的基础上；恰当地理解我们对“心智”“身体”这类词的使用方式，就能一劳永逸地解决整个“身–心问题”。

笛卡尔的《沉思集》一出版，那个世纪的“身–心”之争就达到了高潮。我们没有时间对当时提出的众多观点进行详尽的分析，但不妨简要了解一下不同于笛卡尔的最著名的五种立场。让我们分别通过它们最有影响的代表人物，来展现它们的主张。如下所示：

（1）唯物主义（Materialism）：托马斯·霍布斯（Thomas Hobbes，1588—1679）认为，只有物质真正存在。心智只是大脑物质的特殊组配。因此不存在交互作用的问题，因为整个系统都是物理性的。尽管这种观点绝非亚里士多德的实在主义，但比较相似。

（2）非物质论（Immaterialism）：乔治·贝克莱（George Berkeley，1685—1753）认为，只有感知是真正存在的。没有理由相信，物质能够在有感知力的心智之外独立存在。因此也不存在交互作用的问题，因为整个系统都是灵性的。尽管这种观点绝非柏拉图的理念主义，但也比较相似。

（3）平行论（Parallelism）：尼古拉斯·马勒伯朗士（Nicolas Malebranche，1638—1715）认为，心智与身体是互相分离的实体，但实际上它们没有交互作用。每当心智的思考与身体的动作碰巧并行发生时，它们看似在交互作用，但这种相应性是由上帝直接控制的。

（4）双面理论（Double Aspect Theory）：斯宾诺莎（Benedictus de Spinoza，1632—1677）认为，心智与身体（像所有的灵与物质一样）是同一个根本实在的两个方面；根据主体看待这种根本实在的不同方式，它可以被叫作“上帝”或“自然”。“实在”就像一枚硬币，有截然不同的两个面，但任何一面都同样真实地描述了这枚硬币。

（5）副现象论（Epiphenomenalism）：大卫·休谟（David Hume，1711—1776）认为，心智只是身体里产生的一束感知。后来的哲学家提炼了这一理念，认为身体（特别是大脑）是第一性的实在，但它能产生心智，或是给心智以生命。有人认为，心智一旦产生，就有了自身的实在性。

我要指出的是，笛卡尔的形而上学与柏拉图和亚里士多德的形而上学有一个非常显著的区别，就让我以对这个区别的讨论来结束今天的课程。对柏拉图、亚里士多德以及接下来的两千多年的大多数哲学家而言，对认识论的基本问题（“什么是我能知道的？”）的回答，依赖于对形而上学的基本问题（“什么是最终实在？”）的先行解答。而笛卡尔的观点却相反。正如我们已经看到的，他是以追问“什么是我们能确实地知道的”这个问题开始的；而且，对这个问题的回答，恰恰是他建立形而上学二元论的唯一基础。

如我们将在下一讲里看到的，我们要讨论的下一位形而上学家也把认识论放在优先的位置上。提前涉及一点下一讲的内容，我们可以将这门课第一部分里考虑的四位形而上学家所采用的不同哲学方法之间的关系，映射到一个十字上，如图 III.3 所示。

任意给出一个主题（如形而上学）就会有那么多的观点和争论，哲学初学者遇到的最大危险之一，就是容易被观点与争论的巨大繁多性所压倒。尽管像图 III.3 这样的映射，必定过度简化了这些哲学家之间的复杂关系，但它仍然能帮助我们探究他们之间的基本的相似与差

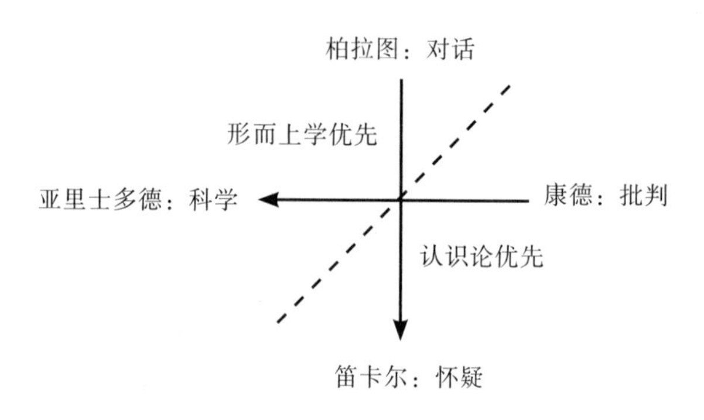

图 III.3　四种主要哲学方法

异，也能向我们提示各种更深入的洞识。例如，这幅图提示我们：可以将西方哲学的发展视为逆时针的缓慢运转过程——像是从最高、最超然的洞识，向着人类理性的最深基础发展。它为我们描述了康德为我们的哲学之树的根基做出的贡献，而这种描述的精确程度，我们将在接下来的两讲中看到。

8. 先验批判的哲学

今天要讨论的哲学家，是我们在第一部分详细考虑其形而上学观点的最后一位哲学家。近两百年来，这位哲学家对哲学的影响，无论在东方还是在西方，都难以被低估。他几乎被公认为是亚里士多德之后最伟大的哲学家：这位思想家的观点必须要么被接受，要么被反驳，但不能被忽略。其实，有人理由充分地声称：过去两百年的哲学，都像是这个人的著作的一系列注脚！也有人注意到，他的哲学体系之于现代世界，正如亚里士多德体系之于经院哲学家，是一个无形的智识参考体系。（经院哲学家是用哲学来诠释基督教的中世纪神学家，他们甚至会玄思这样的论题：一枚针头上有多少个天使比较合适？经院哲学在托马斯·阿奎那的著作中达到顶峰，而在笛卡尔之后其影响大大减弱。）像亚里士多德一样，这位思想巨人几乎在任何哲学主题上都有著述，而且对人们——哲学家与非哲学家——的思想方式产生了直接而持久的影响。今天的课程只涉及他的哲学中与形而上学最为相关的部分，但以后我们还会多次回到这位思想家。

伊曼纽尔·康德（Immanuel Kant，1724—1804）出生于普鲁士港口城市哥尼斯堡（现在俄罗斯的加里宁格勒）的一个工人家庭。他过着宁静而有规律的生活，终生未婚，也从未到过离他的出生地三十英里以外的地方。康德经常成为一些不太公道的漫画式描述的主人公，比如，有人说他的日常生活节奏太严格，邻居们甚至可以根据他每天来去的时间对时钟！但我更愿意认为，这类故事反映了根据自己的理念生活的完整性。因为正如我们将会看到的，康德的哲学理念正是：哲学应该是一个系统化的整体，由相互关联的理念的有序模式来统辖。他去世的时候，碑文上简单地写着："哲学家"—— 一个恰如其分的称呼：哲学循环始于苏格拉底，在很大程度上完成于康德。

促使康德去构想一种新的哲学方法的原因，与笛卡尔的几乎相同：他问自己，为什么其他科学都发展了，而形而上学却停滞不前？然而他的回答不仅忽略了整个"身—心问题"，而且也怀疑笛卡尔的另一个主要贡献，即对外部世界的绝对客观性的信心。康德问了一个新问题：笛卡尔（以及其他大多数哲学家）假定，我们经验并加以认识的客体就是自在之物[1]（*things in themselves*），这是对的吗？"自在之物"是康德的一个术语，被用来谈论最终实在的本质，意思是"这个世界中的事物，我们设想中的，它脱离了使它能被认识的任何条件的那种存在"。在这个定义下，康德声称"自在之物"是不可知的。

① things in themselves，另译为"物自体"。

这与笛卡尔截然相反：笛卡尔要求他的起点必须是一项绝对确实的知识，而康德却在不可知的“自在之物”的实在性中安置了一种哲学信念，以此作为他的体系的起点。这仅仅是康德与笛卡尔之间众多的直接对立的哲学方法中的一个。

康德将自己的哲学方法称为“批判的”（critical）方法。他用以建立自己的哲学体系的三本主要著作，书名都冠以“批判”（critique）一词。每本书都采取一个不同的“立足点”，就是说，每本书都分别从特定的视点出发处理它所有的问题。我们今天这堂课的焦点——第一《批判》（《纯粹理性批判》），假设了一种理论的立足点。这意味着，它对它提出的所有问题的回答，都与我们的知识有关。正如我们以后会看到的，其他两本《批判》有时会以不同的方式对同样的问题作出回答，因为它们假设的立足点不同。因而，认识到这些立足点之间的差异对于正确理解康德哲学是至关重要的。康德体系的三个部分之间的相互关系可以这样图示出来：

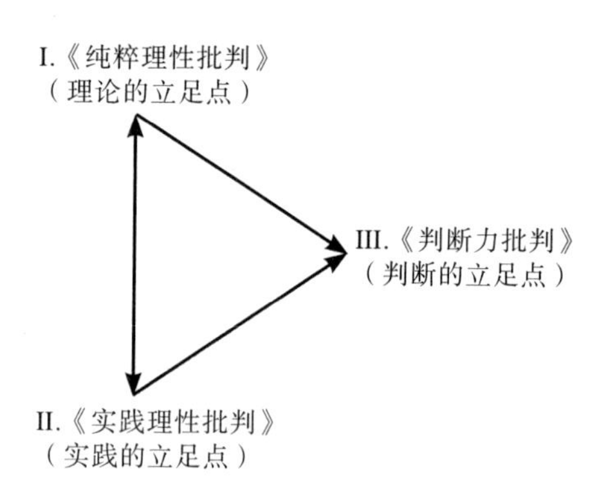

图 III.4 康德的批判以及它们的立足点

图 III.4 与图 II.6 的比较表明，批判的方法是苏格拉底方法的新形式。苏格拉底最关心的，是在寻找智慧的过程中仔细审视自己与他人，而康德的批判方法则要求理性进行自我省视。换句话说，对康德而言，真正的“批判”，就是理性向自身询问自身力量的范围与限度的过程。这种自我省视的目的，是彻底发现人类理性能达到的与不能达到的事物之间的界线。我们从理性的能与不能中获取关于界线的“知识”，这些知识让我们了解到康德所说的经验性知识的“先验条件”（transcendental conditions）。因此，康德的批判方法要求“先验反思”（transcendental reflection），意思是，对使经验成为可能的必要条件进行思考。先验的东西必定是真实的，否则我们的经验本身就不可能。界线之外的任何事物，康德称之为“超验的”（transcendent）：既然我们永远不能获得对这种事物（本体［noumena］）的经验，那么它们就永远不能被人类的理性所认识。但是，任何在界线之内的事物，都是向普通的“经验性反思”（empirical reflection）开放、能被“经验性反思”发现的东西。康德将这种经验上可知的客体称为“现象”（phenomena）。对经验事物、超验事物以及先验视角（transcendental perspectives）的区分（如图 III.5 所示），是康德的整个理论体系最重要的区分之一。

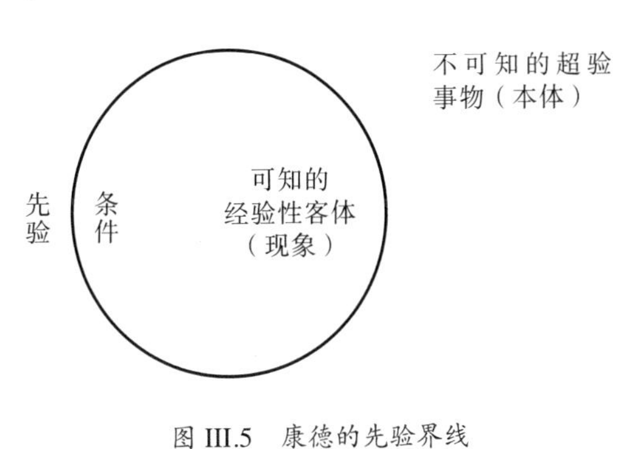

图 III.5　康德的先验界线

康德在每一本《批判》里对理性进行了一种不同类型的自我省视，他分别探寻这些界线：我们能知道的与不能知道的事物之间的界线（理论区分），我们应该做的与不应该做的事情之间的界线（实践区分），以及我们可以希望的与不可以希望的事物之间的界线（判断区分）。康德说，可以将这三个问题概括为：为理解“人是什么”而做的尝试。因此，图 III.6 所列出的四个问题，描述了康德的哲学规划中各个不同部分之间的系统关系。当我们讨论康德的时候（尤其是第 22、29、32 和 33 讲），记住这四个问题之间的关系非常重要，因为康德自己就曾这样告诫过：为了正确理解他的种种观点，读者一定要对他的哲学有一个“完整的概念”（*CPR* 37）。

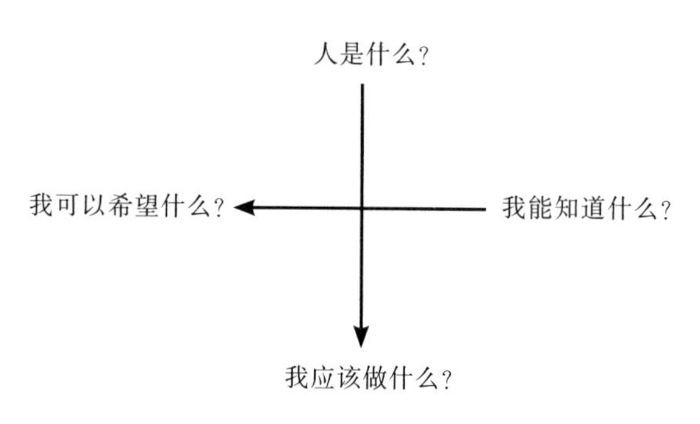

图 III.6　康德的四个哲学问题

康德的新方法要求我们，在任何辩论中都要看到两个极端中的真理，认识到一个如何限制了另一个，从而采取一个能肯定双方的合理观点的立足点。我希望你们能回忆起上一讲的内容，即康德的方法与笛卡尔的方法是截然对立的：后者假定柏拉图和亚里士多德都错了，而康德的方法却假定他们都是正确的，如图 III.7 所示。

在康德看来，像大多数西方哲学家一样，柏拉图和亚里士多德都犯了这样的错误：采取极端的立场而忽视了对手的视点，最终只表达了一半真理。如果康德关于“自在之物”的观点是正确的，那么，柏拉图认为我们的经验的客体只是自在之物的表面现象，就是对的，因为当他这样讲时，他采取了康德的“先验”视角。同样，亚里士多德

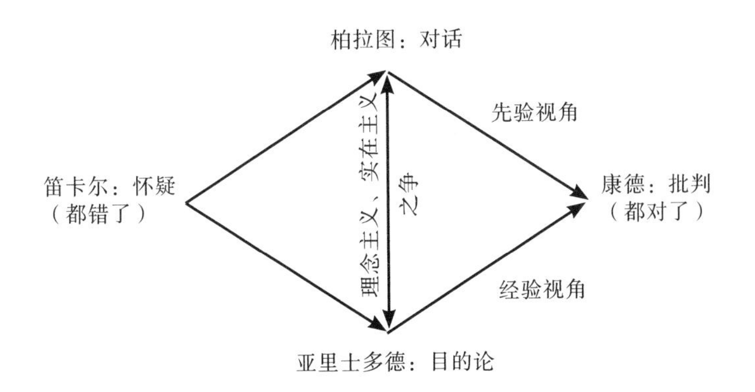

图 III.7 笛卡尔 vs. 康德：关于柏拉图与亚里士多德

认为表面现象就是科学（即知识）的真实客体，也是对的，因为当他这样说时，他采取了康德的“经验性”视角。在这两种情况里，他们的错误都在于没有认识到自己对自在之物的无知。由于无视这一点，柏拉图错误地相信我们可以获得对纯粹理念的绝对知识；也同样是由于无视这一点，亚里士多德错误地相信实体就是最终实在。因此，批判的方法不仅鼓励我们综合柏拉图的理念主义与亚里士多德的实在主义，还鼓励我们解释使它们长期保持活力的真理性以及令它们先天不足的错误。现在，让我们研究一下康德是怎样完成这一任务的。

在第一《批判》的第二版序言中，康德把注意力转向已经确立的科学，希望能在它们的成功中发现线索。他发现：逻辑，只有当它的研究领域被清晰地限定时，才能成为一门严密的科学（*CPR* 18）。只有当人们开始探寻我们赋予数学客体的必然性与普遍性，而不是只注意这些客体的偶然性时，数学才取得了进步（*CPR* 19）。而且，只有当人们依照某种预定的设计（plan）（*CPR* 20）行进时，自然科学才会取得进步。有了这些提示，康德把目光转向一位特殊的科学家，并在他那里找到了最终的线索。这位科学家的大胆洞识深刻地改变了我们观察宇宙的方式。

哥白尼（Nicolaus Copernicus，1473—1543）是波兰的一位天文学家。他大胆地质疑长期存在的假设：地球是位于宇宙中央的一个静止的天体。他相信，这个假设使得人们无法解释为什么有些行星看上去是这样的：当它们一夜夜穿过天穹时，会掉转运动的方向，然后再掉转方向，继续沿着恒星的方向运动。于是他决定试验这样的假设：太阳才是宇宙真正的中心，而地球和其他行星都是围绕着太阳旋转的圆球。用这个新假设，再加上地球绕着自己的轴转动这一主张，他发现他能在数学上解释这种情况：实际上，所有的行星都一直在沿着（近似）圆周的轨道运动——尽管从以地球观察者为中心的观测点上看出去，它们显得是在改变方向。

康德建议人们对形而上学也做一个类似的试验（见图 III.8）。过去的哲学家不仅总是假定自在之物是可知的，而且也假定我们的知识必须使自身符合这些客体，而不是反过来。为什么不试一下相反的假定呢？也许形而上学也正像天文学一样，对显得为真的事物的正确描述，不同于对实际上为真的事物的正确描述。换言之，康德提出，对形而上学而言，更准确的说法也许是：客体使自身符合主体的认知（即符合人类的心智）！

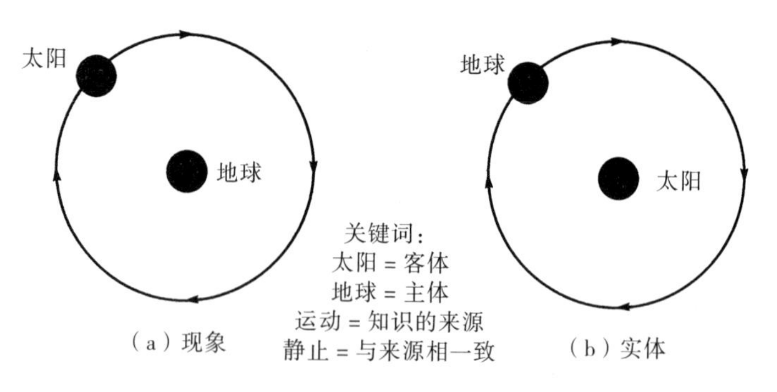

图 III.8　康德的“哥白尼革命”

这种新的“先验视角”听起来也许很奇怪。例如，如果我说“我对这支粉笔的认知不取决于粉笔自身，而是取决于我自己的心智（mind）"，这样的话怎么可能有意义呢？根据我们普通的（经验性的）思考方式，我对"这支粉笔是白色的"的认知显然不是来自心智的任何发明，而是来自每个人都能明白无误地看到的事实：这支粉笔显得是白的。康德从未否认这是真的。他否认的是这类表面现象与粉笔的形而上学实在之间有任何关联，他认为这类表面现象相反地是属于物理学和其他科学领域的。他的要点是：有另外一种同样合理的对客体进行思考的方式，它揭示更深的、先验的实在；而且当我们以这种方式来思考"就我们对这支粉笔的经验而言，必定为真的东西是什么"这个问题时，我们会发现，认知中的这些要素[1]来自我们的心智，而不是来自客体本身。因此，可以认为"经验的"与"先验的"是同一枚硬币的两面，是两种视角，它们为我们提供的都是真实而又受限的看待真实世界的方式。

那么，那些使经验成为可能的先验条件是什么？即康德声称的其"运动"形成了一条界线、把我们的"可能认知"与"必然无知"分开的那些绝对必需的要素是什么呢？《纯粹理性批判》的前半部分力图发现并证明一系列这类条件的必然有效性。在此过程中，康德论证说，所有的经验性知识都是由两个要素组成的：直观与概念。直观是任何"被给予"我们的感觉的东西，是知识得以产生的材料。考虑到我们的目的，我们可以认为"直观"指的是"感觉的运作方式"。而一个概念就是一个词或想法，通过它，我们可以根据各种思考法则将我们的直观积极地组织起来。

康德想证明：空间与时间是先验的"直观之形式"，而一组特定的十二范畴（twelve categories）则是先验的"概念之形式"。如图 III.9

① 这些要素，即上文提及的"必定为真的东西"。

所示，这些范畴每三个一组，分为四组，分别叫作“量”“质”“关系”和“模态”。今天我们可以放心地忽略康德理论的这一部分的细节，因为第 21 讲的内容将包含对最重要的范畴——因果关系——的更为详尽的讨论。此外，我们还将在第 5 周的课程中看到，理解这组范畴的逻辑形式，比理解康德之所以选取这特定的十二个范畴的理由更为重要。这里的关键是，要理解这些范畴的作用以及与这些范畴相对应的“直观之形式”——空间与时间。

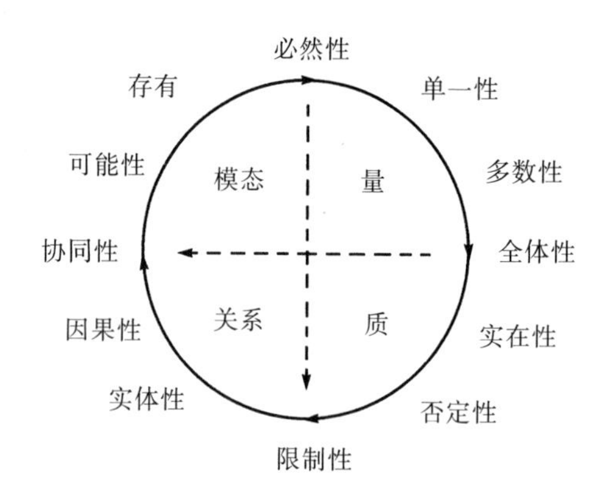

图 III.9　康德对范畴的十二分法

为了避免对康德的“直观与概念之形式”理论产生误解，当我们问“我怎样才可能知道关于这支粉笔的事情”这类问题时，一定要谨慎地澄清：这是一个经验性的问题，还是一个先验的问题。如果是后者，那么根据康德理论，回答就是：是我们自己的心智将时间与空间的框架放在这个客体上，通过这个框架我们能感知到客体的存在；而且，心智也将范畴的框架放在这个客体上，通过它我们才能思考客体的本质。我想我们都会同意：如果这支粉笔不在空间与时间中向我们显现，那么我们就永远不可能知觉到它；而且，为了获得对这一（或任何其他）知觉的知识，我们需要一个概念（“粉笔”）和众多一般的思维规则。对这类思维规则的研究，是这门课的第二部分的主要任务之一。

康德的最有争议的主张是：认知的这两个必要条件是不可能被解释的，除非将它们视为扎根于人类心智自身中的东西。既然哲学家们就这个所谓的哲学的“哥白尼革命”究竟是否有意义争论了两百年，那么我可以肯定，我们在这里也无法解决这个问题，但我仍然希望你们能独自对这个问题进行更为彻底的思考。下一讲，我将讨论第一《批判》的一些形而上学内涵，并简要概述一下，康德如何影响了过去两百多年的形而上学。我认为，苏格拉底表达的洞识是一粒种子，而康德的立场，则体现了这些洞识的完全成熟的形态。

9. 后批判哲学

康德的认识论遗产几乎立刻影响了哲学研究的近乎每一个领域，结束了人们通常所说的西方哲学的“现代时期”，带来了众多“后现代”或“后批判”哲学的兴起。在讲述康德对形而上学后来的发展的影响之前，我想简要探讨一下康德本人所相信的他的认识论对形而上学的意义。

康德论证说，认知的先验条件（即空间、时间与范畴）建立了一条绝对的界线，它使我们能判断：对于“什么是真实的”这样的问题，什么是我们能知道的，什么是我们不能知道的。任何没有直观与之对应的概念，或是任何无法概念化的直观，都不能用于建构知识。然而，每当一个人获得了某种经验性的知识，他（或她）的理性就会不可避免地形成关于这样的事物的特定“理念”：这些事物超出了我们所能知道的事物的界限。康德认为，其中最重要的理念，就是关于“神、自由、不朽”的形而上学理念：理性驱使我们假定它们，然而我们无法证明其中任何一个是能够知其为真的客体。如图 III.10 所示，对人类生活的这三个最重要的方面的必然无知这一事实带来了一个问题，解决这个问题是哲学的基本任务。

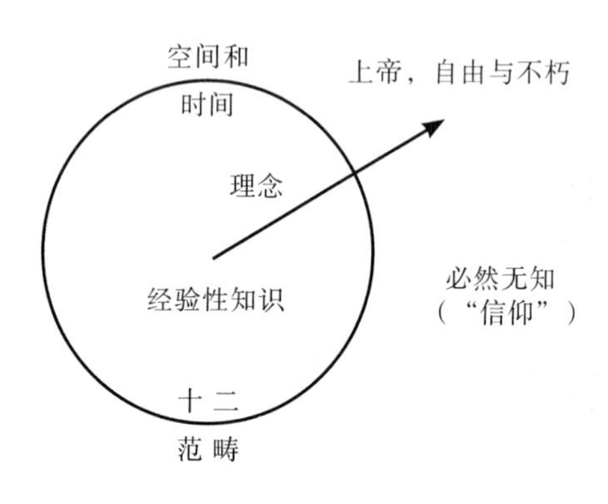

图 III.10　康德的“理念”的问题

康德本人认为，解决这个问题的办法是：要想证明对这些理念的信念的正确性，就一定要转变思考的立足点。怎样做呢？我们会在第 22 和 29 讲研究康德建议的解决办法的两个例子。而现在只要知道这一点就可以了：康德本人相信，认识到知识的局限性对于形而上学是非常有益的。正如他在书中承认（*CPR* 29）：“我……发现：为了给信仰（faith）留出空间，拒绝知识（knowledge）是必要的。”诚实而勇敢地认识到理性的局限性，也许会使哲学变得更加困难而危险，但正如我们将在第 32 和 33 讲看到的，这恰恰是维护人类生命之有意义性的最好方式（如果不是唯一方式的话）。

现在，我们可以用以下四个基本原则概括康德的形而上学的主要特征：

1. 最终（“超验的”）实在——独立于使我们能对其进行了解的限制条件的实在——是不可知的“自在之物”。
2. 经验性实在——知识的特殊方面——由我们经验到的“表面

现象”决定（参照亚里士多德）。

3. 先验实在——我们的知识的一般方面（尤其是作为“直观之形式”的空间和时间，以及作为“思考之形式”的十二范畴）——由认知主体决定（参照柏拉图）。

4. 认知不可避免地会产生关于“假如我们能够知道最终实在，那么它会像什么？”这个问题的理念，但是，试图证明这些理念会使理性陷入自相矛盾，因此，这些理念永远不能成为科学知识的内容。由这些原则产生的哲学体系，内涵非常丰富。在这里，让我们仅就形而上学看一下它的四个重要内涵。

首先，如果将苏格拉底的理念——哲学家的起点必须是“认识到什么是他们所不知道的”——看作他为西方哲学播下的一粒种子，那么可以说，由这粒种子长成的树在康德这里最先结出了果实。康德也同意哲学始于对无知的认识，事实上，他甚至宣称，他的第一《批判》的“无法估量的益处”就是：“在这种苏格拉底风范中，即在反对者之无知的最清晰的证据面前，一切对道德与宗教的异议都可以永远地沉默了。”（*CPR* 30）然而，通过彻底划分“必然无知”领域与“可能有知”领域的准确界线，他远远越过了苏格拉底：我们也许能思考某个我们直观不到的概念，或是感觉到某种无法被概念化的直观，但我们能认知的却仅限于那些以“把自身给予直观和概念两者”的形式向我们显现的事物。康德还区分了两种类型的无知（*CPR* 605-606）：我们对经验性事物的偶然无知应该能激励我们扩展自己的知识，而对超验事物的必然无知则应该能激励我们超越知识的领域，走向研究哲学的实践目的，即过更好的生活。我们将在第三部分回到这一点上来。

因此，形而上学在康德这里终于成年了。在哲学家们试图以形而上之知对抗必然的无知，为此奋斗了两千年之后，康德完成了西方哲学史的循环，并由此展开了一系列全新的问题。因为康德哲学的第二层含义是：现在我们必须找到一种方法来应对必然的无知。如果我们对最终实在一无所知，那么又怎么能做哲学呢？怎样才能最好地解决这个问题？近两百年来的哲学就是对这个问题的各种各样的建议。康德本人的解决办法——比如他的“哥白尼”理论：主体将认知的先验条件置于客体之上——遭到了后来的大多数哲学家的反对。然而，我想我们不应该过早地拒绝这种听起来很古怪的理论。因为，正如笛卡尔的*cogito*（我思）为牛顿物理学铺平了道路，我相信，康德的“哥白尼革命”也为相对论与量子力学铺平了道路，因为，它们在“观察者参与知识的形成”这个问题上，有着非常类似的观点。

因为康德为人类的认知定义了一系列如此分明的限制，我们可以说，哲学在康德那里达到了前所未有的完整。康德本人也非常清楚地意识到了这一点（*CPR* 10）：

> 我的主要目标已经圆满完成。我冒昧地宣称：已经不存在尚未解决的形而上学问题，或者说，至少解决它们的钥匙都已经给出来了。

有意思的是，回想我们在第3讲对神话的讨论，你也许会记起：神话也是封闭在限制中的某种东西。因此，我想这样讲也许是对的：西方哲学在康德那里经历了一个如此重大的“范式转换”（paradigm shift），以至于我们可以说，康德赋予了哲学一个新的“神话”——“自在之物”的神话。当然，只要我们将它当作“被照亮了的”神话，就是说，只要我们始终记住它是一个神话，因此并不将它当作绝对真理，而是当作一个凭着信念而自由地采用的基本假设，我们就能避开因为“生活在神话中”而可能落入的许多陷阱。

康德哲学的一个决定性的意义是，它坚持认为存在着人类必然无法认知的领域，这使哲学家保持了谦卑。这听起来也许令人惊讶，尤其是那些读过康德的某些著作的人，因为康德对自己取得的成就之伟大肯定不是无所察觉的，他多次骄傲地宣称，他的体系超出了以往所有的哲学家。在这里我的要点是：大多数哲学家都诉诸某种玄思的理念，要求获得某种特殊的、普通人无法获得的超验知识，而康德哲学却用假设代替了那些理念，这样一来，当论及一个人对最基本的形而上学问题的认知能力时，康德将哲学家放在与非哲学家大致相当的位置上。由于康德表达观点的术语非常复杂，所以康德哲学的这一层含义常常被人忽略，甚至被那些多年研究康德著作的人所忽略。然而，康德自己曾多次清楚地阐述过他的批判体系会“使人感到卑微”的一面。一个最好的例子出现在第一《批判》接近结尾的地方（*CPR* 651–652），值得全文引述：

> 然而，人们会说：在［为人们］揭示超出经验限制之外的景观的努力中，这就是纯粹理性取得的一切吗？……普通的知性也一定能取得这样的成绩，而不必求助于哲学家们来商讨这些事情。
>
> 在此，我不打算过多地论及哲学以它不辞劳苦的批评为人类理性所做的工作，因为我认为那最终也只是消极的……但我可以马上回答：对于一种关系到每个人的知识，你真的要求它的形式应该超出普通知性的范围，而只能由哲学家来向你揭示吗？你所批评的，恰恰就是对［批判哲学］之正确性的最好肯定。因为我们已经由此向自己揭示出了在一开始无法预见到的东西，即在毫无区别地关系到每个人的事物上，自然是无愧于心的——她毫不偏袒地分发礼物；而关系到人性的最终本质的最高哲学，不可能超出自然给予那些哪怕是只有最普通的知性的人的指引所能达到的［范围］。

换言之，哲学的特别之处，不在于它允许我们骄傲地宣称自己有高于普通人的认知水平，而在于它向我们展示自己的所有认知的局限，从而使我们谦卑。

遗憾的是，康德之后的许多哲学家都拒绝接受他的体系的这个重要暗示。相反，过去两百多年的形而上学史，在很大程度上正是试图回避这一令人痛苦的暗示（只有做到谦卑，才能成为好的哲学家）的种种努力的历史。为了逃避这一结论，哲学家们拒绝、压制或是曲解康德在脆弱的平衡中努力保持的某个或某些立足点。在今天剩下的时间里，我们将简要地看一下四种后康德潮流中的主要人物，这四种潮流是：德国唯心主义（German idealism）、存在主义（existentialism）（包括"悲观的/无神论的"形式以及"乐观的/有神论的"形式）、语言分析（linguistic analysis），以及诠释哲学（hermeneutic philosophy）。

德国唯心主义哲学家（最著名的是费希特、谢林和黑格尔）是后康德主义哲学中最早，也是最声名狼藉的试图重获人类对最终实在的认知能力的哲学家。最初，很多人认为费希特（Johann Fichte，1762—1814）是注定的康德的继承人，然而，他不久就明显地脱离了康德哲学：他论证说，实际上，是"先验自我"（transcendental ego）从自身中产生了整个自然世界。既然不再有存在于人类心智之外的事物，那么那个成问题的"自在之物"也可以扔掉了。谢林（Friedrich Schelling，1775—1854）既属于唯心主义哲学家，又属于当时的浪漫主义运动，他对艺术、情感以及个体的多样性的强调明显地表明了这一点。他的著作《先验唯心论体系》（*System of Transcendental Idealism*，1800），勾勒出与费希特的观点非常相似的立场：自我"设定自身"（即将自己放入客体中），于是创造了外部世界，并把自身设定为认知的任务。这两种观点都拒绝康德十分看重的经验实在主义

(empirical realism)。

德国唯心主义在黑格尔（Georg Friedrich Hegel，1770—1831）那里达到了顶峰。黑格尔最主要的贡献是将历史带到了形而上学的舞台中央。他论证说，费希特与谢林采用的“三步过程”(它在康德哲学中有着的强壮的根基 [参看图 III.1]) 建立起了一个确定的逻辑模式，这个模式确切地告诉我们历史是如何发展的。它使我们有可能以黑格尔所说的“绝对精神”(Absolute Spirit) 的形式，获得对最终实在的验前认知(a priori access)[①]。(我们将在第 12 讲更详尽地研究黑格尔的逻辑。) 卡尔 · 马克思（Karl Marx，1818—1883）可以被视为这一传统的总结性人物，这是因为他建立的整个哲学体系是对黑格尔体系的反动。有讽刺意味的是，这要求他接受黑格尔的很多潜在假设，其中包括最基本的神话：可以通过历史的发展认识最终实在。但由于马克思的哲学更多地集中于政治哲学，而不是形而上学，所以对他的学说的进一步讨论将推迟到第 9 周。

美国哲学家 C. S. 皮尔斯（C. S. Peirce，1839—1914）和约翰 · 杜威（John Dewey，1859—1952）虽然不是德国唯心主义的一部分，但他们在发展实用主义哲学的过程中也受到过黑格尔的影响。实用主义是一种强调常识甚于形而上学理论的哲学方法。他们认为，什么是实在的，更多地取决于找出“在经验世界中能起作用的是什么”，而不是取决于哲学推理。最终实在的论题事实上被忽略了。这样，实用主义不一定是反康德主义的，但它也没有完全采取康德的立场 (参阅第 22、29 讲)。

黑格尔绝对否定康德主义的限制，在对他的这种哲学观作出反应

① a priori，另译为“先天的”；与之相应的 a posteriori (验后)，另译为“后天的”。

的另一条道路上产生了存在主义——尽管黑格尔的历史中心神话本身受到存在主义的更加根本性的怀疑。存在主义的两个重要代表人物是阿瑟·叔本华（Arthur Schopenhauer，1788—1860）与索伦·克尔凯郭尔（Søren Kierkegaard，1813—1855），他们分别发展了不同于黑格尔哲学的悲观主义与乐观主义。叔本华远比黑格尔信守康德哲学，但是他对康德体系进行了修正。他认为，“自在之物”的领域与囊括一切无意识的“意志”（will）是一致的，这种意志关联到的事物远远超出康德论及的道德论题（参看第22讲）。他相信，意志与外部世界的冲突带来了无法避免的痛苦（suffering），而且这种痛苦构成了人生的真正意义。克尔凯郭尔也通过返回康德来抨击黑格尔，然而是以一种比较积极的方式：他认为人生的痛苦是指引我们走向上帝的力量，因此我们应该超越痛苦。我们将在第34讲集中讨论他的立场。

这两位先驱先后强烈地影响了两位哲学家，这两位哲学家发展出更为明晰的存在主义。弗里德里希·尼采（Friedrich Nietzsche，1844—1900）深受叔本华的黑暗的悲观主义的影响，建立了与康德截然对立的道德哲学，成为盛行于20世纪的大多数无神论存在主义的苗床。保罗·蒂里希（Paul Tillich，1886—1965）是一位哲学—神学家，他更多地受到克尔凯郭尔的影响，在“乐观”的（即神学肯定的）方向上最充分地发展了存在主义框架。本书的第23讲将集中讨论尼采，第17、30、31和34讲将集中讨论蒂里希。

20世纪的大部分时间里，与存在主义相对立的是分析哲学。正如我们将在第16讲看到的，伯特兰·罗素（Bertrand Russell，1872—1970）与路德维希·维特根斯坦（Ludwig Wittgenstein，1889—1951）是这一学派的两位主要代表人物。该传统中的很多人认为自己是在紧紧跟随康德的足迹，然而，这种声明的基础，是从极端反形而上学的立场对康德进行解释：他们以为，康德摧毁了形而上学，却没有用更好的东西替代它。所幸的是，越来越多的英美哲学家正在认识到：哲学方法中旧有的“存在主义—分析学派”的两分是不合理的。——我相信，对这一发展的最好描述莫过于一个字：“好”！（参看图I.2。）

哲学家马丁·海德格尔（Martin Heidegger，1889—1976）往往被认为是一位存在主义者，尽管他本人努力使自己与存在主义运动相分离。我们将在第17、18和34讲中简要涉及他的哲学方法。这种方法引发了20世纪后半叶最有影响的发展之一：诠释哲学。伽达默尔（Hans Georg Gadamer，1900—2002）如何发展了至今仍有很大影响的诠释理论，我们将在第18讲详细讨论。诠释学的影响仍在不断增强的一个主要原因，我相信是由于它把注意力集中在其他问题上，而不是仅限于形而上学的传统问题。事实上，诠释哲学的最极端的部分引发了一场由雅克·德里达（Jacques Derrida，1930—2004）等哲学家领导的、被称为“解构主义”的运动。德里达认为，不仅是形而上学，哲学本身也已经走到了尽头。既然我们要在第18、24讲里更全面地讨论这些观点，在此就不必概述了。

如果你要上一门形而上学课，作为哲学专业课程的一部分，那么你的老师也许会将注意力集中在某些为当代形而上学家所关注的基本难题上。在典型情况下，它们都与“实在”的四个方面之一联系在一起：（1）物理事物的本性以及我们对它们的知觉（如颜色）；（2）心智的本性以及对心理客体的正确识别；（3）空间、时间以及“时—空”中的关系的本质（如因果性、必然性和自由）；（4）抽象实体的本质（例如数字、可能世界、上帝）。这些并不是新问题。其中的大部分，我们已经在过去两周的对古典与现代形而上学的讨论中遇见过，尽管有时冠以不同的标题如严格意义上的形而上学（如“理念主义—实在主义”之争），人的本性（如“身—心”之争），等等。它们的名称变了，而且当代哲学家处理这类问题的工具也趋向于更加复杂，但基本论题并没有改变。

那么，当我们进入新千年之际，哲学之根的未来是什么呢？在20世纪，被人们当作形而上学的东西，大部分令人遗憾地退化为某种经院哲学（中世纪盛行的最有代表性的哲学）。对于学院围墙之外的人而言，形而上学直接意味着“无意义”。我相信，避免这一悲剧性结果的唯一道路，就是学习康德在第一《批判》中想要告诉我们的教训。他之所以要发展出至今仍被很多学者视为完备与严密之最的认识论体系，正是为了将形而上学置于“科学的可靠道路上”（*CPR* 21）。他的意思是：认识到我们对最终实在的无知，是研究形而上学的唯一目的。一旦实现了这个目的，我们就一定要抵制继续在错误的地方寻找答案的诱惑，否则，我们就会要么将这棵树连根拔起（从而杀死这棵树），要么将自己的头埋在土里（从而扼杀获得更深入的洞识的潜力）。要想获得关于“生命如何才是最有意义的”这类问题的“知识”，唯一的办法就是承认答案不在形而上学里，而是位于哲学之树的其他部分。那么怎样才能找到它？对这个问题的理解，是本书下一部分的内容，也是我们这门课始终关心的一个基本内容。

供深入思考/对话的问题

1. A. 有什么事情是你确信的吗？

   B. 有可能怀疑 2+2=4 吗？

2. A. 有可能知道关于最终实在的任何事情吗？

   B. 哲学家诉诸信仰（faith）适当吗？

3. A. 被康德哲学取代的旧神话是什么？

B. 心智真的将某种东西置于我们的经验客体之上了吗？

4. A. 理想的哲学方法是什么？

B. 什么是谦卑？完全的谦卑是可能的吗？

推荐读物

1. René Descartes, *Meditations on First Philosophy* 2nd ed., tr. Laurence J. Lafleur (New York: Bobbst-Merrill, 1960 [1951]).

勒内·笛卡尔：《第一哲学沉思集》第2版。

2. Gilbert Ryle, *The Concept of Mind* (New York: Barnes & Noble, 1949), Ch. I, "Descartes' Myth", pp. 13-25.

吉尔伯特·赖尔：《心的概念》，第1章"笛卡尔的神话"，13—25页。

3. Immanuel Kant, *Critique of Pure Reason*, "Preface" (both editions) (*CPR* 7-37).

伊曼纽尔·康德：《纯粹理性批判》之"序"（第1版及第2版）（*CPR* 7–37）。

4. Immanuel Kant, *Prolegomena to Any Future Metaphysics*, tr. Lewis White Beck (New York: The Bobbs-Merrill Company, 1950).

伊曼纽尔·康德：《未来形而上学导论》。

5. Stephen Palmquist, *Kant's System of Perspectives: An Architectonic Interpretation of the Critical Philosophy* (Lanham: University Press of America, 1993), Chs. IV-VI, pp. 107-193.

庞思奋：《康德的视角体系：对批判哲学的建筑性诠释》，第4—6章，107—193页。

6. Will Durant, *The Story of Philosophy: The Lives and Opinions of the*

Great Philosophers 3rd ed.(New York : Simon and Schuster, 1982 [1928]) .

威尔·杜兰特:《哲学的故事：伟大哲学家的生活与观点》第3版。

7. John Passmore , *A Hundred Years of Philosophy* 2nd ed.(Harmondsworth : Penguin, 1966 [1957]).

约翰·巴斯莫尔:《哲学百年》第2版。

8. Michael Jubien, *Contemporary Metaphysics : An Introduction* (Oxford : Blackwell Publishers Ltd., 1997) .

M. 朱比恩:《当代形而上学导论》。

第二部分　树干

逻辑与理解语言

第4周

从形而上学到逻辑

10. 什么是逻辑？

今天，我们进入这门课的四大部分中的第二部分。在第一部分，哲学之树的根给了我们关于形而上学的一个重要洞识。最先发现它的人是苏格拉底，而康德以更为完备的形式将它表达了出来。正如一棵树的根部几乎完全埋在土里，我们看不到它们的样子（至少不把树连根拔起是看不到的），因而，支撑我们的知识的形而上学地基，也是由本质上不为人类心智所知的事物构成的。有了这一洞识，我们就可以从形而上学的黑暗深处抽身出来，上升到哲学之树更愿意被人看到的部分。

正如我们在第1讲看到的，树干之于树，正如“逻辑”之于哲学。然而什么是逻辑（logic）？我马上会让你们分享彼此的答案。我猜，大多数人在上这门课之前，对逻辑的本质的了解总体上要多于对哲学的本质的了解。因此，我希望今天的讨论要比第1讲的容易些。谁想第一个谈谈看法？什么是逻辑？

学生H：我想，逻辑就像科学，它应该教给我们这个世界中的事实，这样我们就不必仅仅依赖自己的意见。

逻辑的确与帮助我们超越个人意见有关。然而，你将逻辑与科学事实如此紧密地联系起来，我恐怕不能赞同。不过我很高兴你把它说了出来，因为这是很多哲学初学者都会有的对逻辑的误解。其实，逻辑跟教给我们新事实毫无关系！实际上，在教授新事实这个问题上，逻辑更像形而上学，而不是物理学。至少在康德看来，形而上学根本不会拓宽我们的知识，但它可以防止错误——就像树根不会结果子，但为了确保果子的健康我们必须照顾好它。对于树干——逻辑——而言也是如此。我们研究形而上学和逻辑的理由，不是我们能因此知道得更多，而是我们能因此学会更清晰、更准确地表达我们从其他来源获得的知识。否则，当我们"咬开"自己培育的洞识之果时，也许会发现它们竟是"金玉其外，败絮其中"！那么，什么是逻辑？

学生I：逻辑是循序渐进的思考，就像科学家一直使用的那种。

你的回答暗示了科学思考一定是合逻辑的，我想这是对的。而且你说到"循序渐进的思考"，你假定各个步骤要按照某个明确的顺序前后相随，这的确是任何合逻辑的事物的主要特征之一。"序"这个词意味着，有一种明确的关系存在于我们思考时遵循的不同步骤之间。我想这就是你说的"循序渐进"的意思。但你的回答表明，你误解了我的问题。有谁知道为什么吗？如果一个初学历史的人问我"什么是历史"，而我说"历史是关于过去的一些重要的事情"，这样的回答充分吗？你们当中正在学历史的同学能不能告诉我，这个回答是否准确描述了你们正在学的东西？

学生J：我们的确学了很多过去发生的重大事件。

然而那就是你们学到的全部吗？毫无疑问，每个学科的学生都会学一些关于过去的重大事件而不必真正研究历史。例如，在前几讲里，我们通过研究过去的哲学家的观念来学习形而上学。然而，采用历史的方法，并不意味着我们在以那样的方式研究历史。你们在历史课上还学了什么呢？

学生 J：有些老师介绍了不同的理论，解释历史变革实际上是如何发生的，比如，关于“历史像一条线还是一个圆周”的争论。还有，我们不仅要学习关于过去的事实，还要学习它们为什么意义深远，以及我们怎样才能用最好的方法解释它们。

很好！既然所有的学科都会教给人们一些关于过去的事情而不必教授历史，那么所有的学科也都是（或至少应该是）合逻辑的，而不必教授逻辑。不仅是自然科学，历史学、经济学、政治学、宗教学，甚至是音乐与艺术，通常也都是以有序的（当然是以不同类型的顺序）、合逻辑的方式来教授的。因此，我现在问的是：逻辑作为一门学科，是什么使它有所不同？当我们把注意力转向逻辑时，我们要研究的是什么？

学生 K：是有序思考的原则吗？

是的！这甚至可以充当逻辑的一般定义的基础。逻辑与其他学科有所不同，是基于这样的事实：逻辑学家并不只是运用有序思考，他们还以有序的方式对有序思考进行思考。对逻辑的最一般的定义，也许是将它视为“关于思考法则的科学”。

这个定义让我想起康德的一个术语，它描述的是构成人类理性的主要部分的模式。康德把好哲学家比作建筑师——他们按照既定的设计来构建体系（概念的“建筑物”）。理性自身的“建筑性”（architectonic）结构提供了一套既成的模式，康德相信，哲学家应该以此为工具，更有序地表达哲学观念。康德本人从未花很多时间解释这些模式究竟是什么，但我们这门课的第二部分会把相当多的注意力放在这个问题上。正如我们会看到的，正是通过逻辑，我们才能最充分地认识一个理念以及它的各个部分之间的秩序；而康德认为，这种认识是理解一个哲学体系的先决条件。

当然，为逻辑下一个简单定义，不是回答我们的问题的唯一方式。关于什么是逻辑，谁还有其他看法？

学生L：我记得您在前面的某一讲里谈到了一个希腊词——“逻各斯”（*logos*），它跟我们在今后的几周里要学的东西有关吗？

你大概也记得，当我在第4讲提到逻各斯时，我是想在一定程度上说明神话对哲学的重要意义。逻各斯有时可以指神话本身，或者某些未知的、隐含的意义。然而，我想最好还是将它解释为“用语言表达这种意义的最初尝试”。既然“逻各斯”的意思是“语言”，那么我们可以说：在这种意义上，“逻辑的”（logical）指的是“对语言的运用，使语言传达出某种意义”。正如我们将在本周看到的，有两种类型的逻辑：一种逻辑几乎忽略了任何隐含的（即神话的）意义，而另一种逻辑却几乎只关注如何让这样的意义彰显。

当一些词和另一些词合在一起使用时，通常会传达出某种意义。使两个或两个以上的词之间产生出一种有意义的关系的句子，在逻辑学里有一个专用术语，叫作“命题”。例如，我们在第5讲看到，对亚里士多德而言，“实体是型相加物质”这样一句话，可以是一个简单命题，它显示了“实体”“型相”与“物质”这三个概念之间的特定关系。我会在下一讲介绍一些专用术语，这样我们就可以直接用名字去指称命题关系中的那些最重要的类型。

我们为什么要了解语言是如何获得它们的意义的？这为什么很重要？如果已经知道了一个词的意义，为什么还要进一步了解决定这个意义如何产生的规则？这个问题应该很容易回答，其理由我今天一开始就提到过。

学生M：如果我们不知道这些规则，就可能会犯了错误而不自知。学习那些规则会帮助我们如实地思考、说话。一个有逻辑的人能避免说出任何错误的东西。

避免错误的确是我想到的答案。但我要重申：一定要小心，不要仅仅因为我们说的话是合逻辑的，就认为它总是真的。当你发现这一点时也许会感到吃惊：逻辑并不真的关心我们使用的词语的真实性，而只关心它们的真值。正如我们将会看到的，我们既可以用逻辑上正确的（或“有效的”）方式说出完全错误的东西，也可以用逻辑上错误的方式说出千真万确的东西。逻辑能帮我们避免的错误叫作“谬误”（fallacies），而不是“虚假”（falsehoods）。

谬误，是当我们根据某个事实得出结论时所采用的论证结构中的错误。你们要了解的最重要的一种谬误，与所谓的“自指问题”密切相关。我在学生的洞识论文里频频发现这类谬误，所以，我要在我们研究逻辑的一开始，就提醒你们这种谬误的危害。“自指”指的是任何指向自身的命题。大多数这样的命题都不会引发逻辑问题。例如，如果“这个句子是真的”这句话中的“这个”指的就是这个句子本身（即引号里的句子），那么我们不难理解它为什么可以是真的。然而如果我们稍作改动，把它变为“这个句子是假的”，那么，一旦我们假定“这个”一词指的就是这个句子，一个大问题就出现了：如果这个命题的真值为正（即如果我们想说它是真的），那么它要求我们相信这个句子是假的，因为这个句子就是这样说自己的；然而如果我们承认这个命题是假的，那么（根据这个句子要我们相信的事情来判断）说它是假的就一定是错的。就是说，如果它是真的，那么它是假的；如果它是假的，那么它是真的！这就产生了所谓的“怪圈”，即命题内涵的无休止的循环，使人无法断定命题意义。

这个问题在洞识论文里以各种各样的形式出现。最常见的形式之一，出现在探讨这类主题的论文里：“什么是真理”“我如何知道怎样做是对的、怎样做是错的”或者“美的标准是什么”。学生们通常会注意到，不同的文化（有时甚至是同一文化中的不同的人）对这类问题有不同的看法，他们于是得出结论：“没有确定的答案。”然而得出这样的结论是一个谬误，因为它通不过“自指”检验。我们一旦明白了这一点，它的谬误之处就很清楚了：这个命题本身为正在讨论的问题提供了一个明确的答案——（像所有真正确定的答案一样）一个可以使整个讨论结束的答案，因为它坚持认为，寻找明确答案是注定要失败的。既然“没有确定的答案”本身就是一个确定的答案，那么它就为它所声称的正确的东西提供了一个反例：如果“没有确定的答案”的确是真的，那么这个命题一定是假的，因为它表明至少有一个确定的答案！

这种谬误可以通过两种方法来纠正。第一种方法是，我们可以认识到，正在讨论的命题是这条规则的一个例外。在这个事例里，我们本质上是在允许神话的到场。就是说，一个人可以说：“对这个问题的唯一确定的答案是：没有确定的答案（除了这一个）。”这是在宣布一个神话，然而，自指问题的存在就表明我们永远不可能完全摆脱所有的神话。有时，觉知到我们的神话（我们无法为之辩护的预设）比假装我们没有任何神话要好。纠正自指谬误的另一种方法，是以更准确、更有意义的方式表达结论，比如“有太多确定的答案了”。无论一篇洞识论文讨论的是什么问题，如果我们明显地看到前面的论证对比了多种相互矛盾的确定答案，那么它的结论适合用这种方式来表达。其实，大多数（如果不是全部的话）哲学问题都表现出这个重要特征。它们不是没有答案的问题，否则就没有讨论的意义。相反，它们是有很多潜在的好答案的问题，我们无法确切地说出哪个是最好的。当然，第二种方法并不独立于第一种，因为我们其实是在说：“最好的答案是：有很多很好的答案，但没有最好的（除了这一个）。”

学会识别这种和其他多种谬误，是一项非常有用的技巧，尽管你们不必费心去记它们惯有的古怪的拉丁名字。你们写洞识论文时需要注意的常见谬误有：*ad hoc*（仅凭一个例子）、*ad antiquitatem*（诉诸传统）、*ad novitatem*（诉诸新事物）、*ad baculum*（诉诸强力），或 *ad hominem*（诉诸反对者或接受反对者的结论的人的人格弱点）；转移"举证责任"（即只要没有人证明你的观点是错的，你就宣布它是正确的）、语义模糊（即以两种不同的方式使用同一个词，却不指明两者的区别）、"稻草人"（即一种无力的、很容易反驳的反对意见）论争、"求助于论题"（即假定你想证明的东西是正确的）……这串名单可以一直列下去。然而，有些哲学家如此热衷于为每一种逻辑错误贴上一个谬误标签，以至于他们对谬误的搜索本身变成了它自己的谬误。每当一个人假定找到论证中的谬误是断定其结论错误（或无意义）的充分条件，并因此拒绝对结论做进一步思考时，这种谬误就会发生。这种对待谬误的方式，犯了我所说的"谬误谬误"（fallacy fallacy）（有意玩一个自指游戏）！就是说，它是由"论证中包含谬误，其结论必定不为真"这个论据推论出来的谬误。

让我用一个简单的例子来说明这一点。如果我说"历史与哲学没有共同之处，你是历史学家，而我是哲学家，因此我们没有共同的兴趣"，那么我的论证是有谬误的。即便前两个陈述（叫作"前提"）都是真的，它们也并不必然暗示着第三个陈述，因为你和我可能有一些与历史或哲学无关的共同兴趣。从另一方面讲，即使这两个前提中有一个是假的，或者都是假的，结论仍然可能是真的：历史和哲学也许在某些方面有密切联系，或者，你研究的是化学而不是历史，但我们可能真的没有共同爱好。逻辑本身无法告诉我们，这两种情境在实际中是否是真的；它能做的只是告诉我们：在什么条件下，一个特定陈述的真实性是可以被证明的。因此，因为我的论证中包含谬误，就断定我的结论必然也是假的，这是一种谬误。

关于这一点，逻辑学家有时会这样说：逻辑关心"形式的真"，胜过关心"质料的真"。命题的质料的真，是决定其真假的、特殊的外部事实。因此，如果我们想证明“这支粉笔是白色的”这样一句陈述的质料的真，那么对我来说最好的办法是像这样把它举起来，于是你们都能看到它是白色的。如果我手中的粉笔果然是白色的，那么这个命题就是真的。相反，命题的形式的真，是表达命题的普遍的、内在的方式。“内在”的意思是：不必借助命题以外的东西，就能确定它的形式的真值。让我们以这个复合命题为例：“如果这支粉笔完全是白色的，那么它就不是蓝色的。”在这个例子里，我们可以说：我们根本不看这支粉笔也能知道，如果命题的第一部分是真的，那么它的第二部分也是真的。

一个命题的形式的真，完全不依赖它所使用的词的特定意思。唯一起作用的因素，是我们知道命题的各个部分的真值。因此，逻辑学家往往发现，用符号代替命题中的词是很有用的做法。符号只代表每个词的一般的或形式的性质，所以能让我们更容易越过命题的具体内容，看到基本的逻辑结构。因而有些逻辑学家的理想是发展出一套完全符号化的逻辑，它可以成为（相当有讽刺意味地）没有语言的语言（即没有逻各斯的逻辑）。例如，上面的那个“如果……那么……”命题，我们可以用“a”代替“这支粉笔”，“w”代替“完全是白色的”，“–”代替“不”，“– w”代替“蓝色的”（即“非白色”），那么它的形式结构变得很清楚：“如果 a 是 w，那么 a 是 –（– w）。”无论我们用什么词来代替这些符号，它都是一个永真命题。

符号在逻辑课本里的大量使用，也许是把初学哲学的人吓得远离逻辑学的最主要的原因。但就像任何一种新的语言一样，我们一旦学会了如何运用这些符号，最初的笨拙与混乱就会消失。在这门课上，我只准备介绍少量的逻辑符号。但从你们对逻辑的本质的那些颇富洞识的见解来看，我想有些人会很有兴趣进一步阅读关于符号逻辑的书。接下来的 8 讲里，我的主要兴趣是帮助你们进一步洞察：逻辑本身究竟是什么？

11. 两种逻辑

在这一讲的开始，让我们通过一个简单的典型例子，看看逻辑如何能帮助我们明白词与它们构成的命题的真值之间的形式关系。正如我在上一讲解释过的，命题的真值，完全有别于它的实际的、质料的真实性。真值指的是：在任何一组给定的条件下命题将会具有的真实性或错误性。因此，如果我们知道一个命题所属的种类，那么根本不需要了解它的任何实际内容，就能知道它的真值。方法之一，是为这个命题建立“真值表”。让我们以这个命题为例：“如果你读了课本，那么你会在期末考试中取得好成绩。”（事实上，我更愿意没有书面考试或任何评级，因为，几乎不可能仅凭一次常规考试就能判断你们学了多少真正的哲学。这门课的目的，不是教给你们关于哲学的东西——这很容易测验出来，而是教你们进行哲学思考。尽管如此，大学还是要求老师给学生“评级”，所以，如果这本书是你正在上的、有评级要求的课程的一部分，那么，就让我们用逻辑来提示一个取得高分的好办法。）

创建真值表的第一步，是把要讨论的命题缩减为最简单的逻辑形式。在这个例子里，我们可以用“p”代替“你读了课本”，“q”代替“你会在期末考试中取得好成绩”，于是得到命题：“如果 p，那么 q。”它可以完全用符号表示为：“$p \rightarrow q$”。箭头的意思是“推导出”（它在逻辑上等价于“如果……那么……”）。第二步，用所有可能的“T”（“是真的”）与“F”（“是假的”）的组合来代替每个变量，并确定每一种组合得到的命题的真假。然后，如图 IV.1a 所示，把恰当的字母（T 或 F）写在最右边的一栏。如果“你读了课本”是真的，那么按照这个真值表，只有当你通过了考试时，这个命题才是真的。相反，如果 p 陈述是假的，那么，无论 q 是真的还是假的，这个命题在逻辑上都是真的。这个结果令人吃惊，但如果我们把这个命题转变为它的等价命题“要么……要么……”，理由就比较清楚了。如果 p 真的推导出 q，那么，要么 q 是真的，要么 p 是假的。因为 p 的真推导出 q 的真，所以 q 的假推导出 p 的假。这意味着“p → q”与“– p∨q”（即“要么 – p，要么 q”）是等价的。创建一个新的真值表，如图 IV.1b 所示，我们发现：只有第二行的两个选项都是假的，此时整个命题是假的；而其他三个命题里至少有一个选项是真的，因此可以判断整个命题是真的。（注意，图 IV.1a 的第一列与图 IV.1b 的第一列包含的值相反，因为前者是 p 的函数，后者是 – p 的函数。）

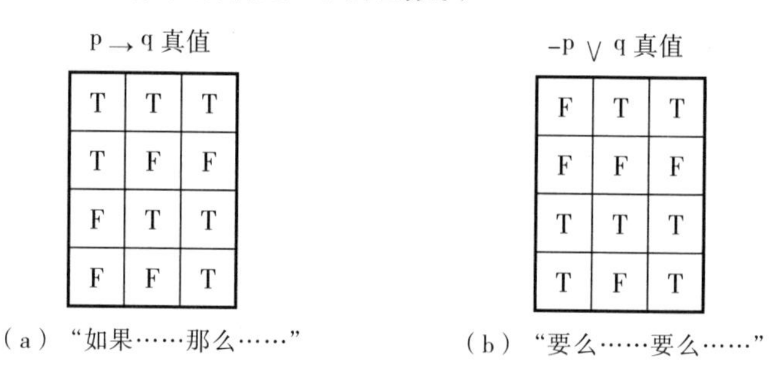

p → q 真值		
T	T	T
T	F	F
F	T	T
F	F	T

（a）“如果……那么……”

–p ∨ q 真值		
F	T	T
F	F	F
T	T	T
T	F	T

（b）“要么……要么……”

图 IV.1　两个真值表

认识到各种类型的命题的真值，可以帮助我们不至于被这样的论证愚弄：试图通过预设一个假的 p 来证明某件事情的正确性。因为无论 q 是真还是假，整个命题在形式上都是真的，所以我们可以利用这样的论证，把事实上是假的事情“证明”为真的。例如，如果我想让自己显得是你们最喜欢的老师，我可以论证说：“如果你们是香港特首，那么我就是你们最喜欢的老师！”既然前提是假的（因为你们谁也不是特首），那么无论我是不是你们最喜欢的老师，这个命题总是真的！因为这等于是说："要么你们不是香港特首，要么我是你们最喜欢的老师。"所以，当我们面对一个包含着假前提 p 的命题时，一定要记住：从整个命题的真值来判断 q 实际上为真，这是一种谬误。

现在让我们设想，你的确读了课本，但最后没通过考试。我们在图 IV.1a 中分析过其形式的那个命题，如果它事实上是真的，那么你可以来我这里，并仅从逻辑的角度证明你应该通过考试。例如，你可以提醒我，我在今天这堂课开始时说的那个命题，和这个命题是等价的："要么你没读课本，要么你通过考试。"图 IV.1b 表明，这个命题的真值要求：为了保证命题的真，它的两个部分中至少有一个必须是真的。因此，如果 p("你没读")是假的，而且如果我的原命题是真的，那么，如真值表所示，q（"你通过考试"）必须是真的。所以，不要总是说逻辑太抽象了，没有任何实用价值！

理论上，可以为任何一个命题建立这样的真值表，尽管对于有很多离散部分的命题而言，真值表会变得相当笨拙。但就我们的目标来说这些简单的例子已经足够了。在下面几讲里，我们会遇到一些别的模式，它们与真值表采用的模式很相似。但在今天剩下的时间里，我们的焦点将是逻辑学的基本区分："分析"（analysis）与"综合"（synthesis）之分——我相信，这是逻辑学最重要的区分。与其给这两个术语下一个普遍定义，不如让我来解释，如何用它们做三种关键的区分，即论证方法之分、命题类型之分与逻辑种类之分。

论证方法的"分析"与"综合"之分，往往被我们称为"演绎"与"归纳"之分。演绎是这样一种论证：先提出两个或多个命题（叫作"前提"），预设它们为真，然后得出这些前提必然会导致的结论。所有演绎论证的原型都有三个步骤，叫作"三段论"。最常见的一种是"直言"三段论（"categorical" syllogism）。它的范例是苏格拉底使用的，他劝他的朋友不要为他即将来临的死亡担忧，因为死是不可避免的。论证是这样的：

> 所有的人都是终有一死的。
>
> 苏格拉底是人。
>
> ∴ 苏格拉底是终有一死的。（符号“∴”代表“所以”）

在这个例子里，第一个命题（或“大前提”）提出了一个普遍的假设；第二个命题（或“小前提”）提出了一个特例；第三个命题（很自然地）得出了一个必然的（“直言的”）结论，也叫“推论”。除非命题的各项之间的形式关系存在着谬误，否则，证明这个结论为假的唯一途径，是看那两个前提是否有一个是假的。

要想检查演绎论证的各项之间是否包含谬误，一个很好的办法是将命题变成相应的逻辑符号。人们通常把上面的例子叫作“普遍性推演”（因为使用了“所有的”这个词），它用的词一般会变成这样的符号：

> 所有的 h 都是 m。
>
> S 是一个 h。
>
> ∴ S 是 m。

仅就形式逻辑而言，无论“h”指的是人还是马，无论“m”指的是“终有一死的”还是“有道德的”，无论“S”指的是苏格拉底还是圣诞老人，这个三段论的有效性始终是不变的！但要记住：即便证明了论证的有效性，“前提是否的确是真的”这个问题依然是悬而未决的。（这个例子中的其他词，“所有的”“是”等，也可以变成符号——但我不想在一开始就把你们吓跑！）

对于任何一个想要探究演绎论证的形式结构的人来说，还有另外一种重要的辅助工具，它是由形式逻辑的创始人——亚里士多德在两千多年前为人们提供的。亚里士多德发展了一套近乎完备的体系，涵盖了演绎论证的所有可能形式。直到 20 世纪初，几乎所有的哲学家都认为，这个体系对形式逻辑的所有基本命题做出了无法超越的阐述。这无疑使亚里士多德获得了极高的声望，人们认为他为哲学做出了绝无仅有的、举世公认而又最为持久的贡献。但就我们的目标而言，我们在此不需要了解亚里士多德体系的所有细节，这尤其是因为，他的学说的很多方面在过去的一百年里已经被其他观点所取代。

在这里更重要的一点是：演绎不是哲学论证中唯一受重视的形式。因为，这里的分析式方法与一种同等重要的综合式方法是互补的。这种综合式方法叫作“归纳”，它要求我们从多个质料的事实入手，将它们放在一起，指向想要的结论。就是说，与支配着有效演绎的必然性相反，归纳法总是包含着某种猜想；或者借用康德的术语（见第 7 讲），我们可以说演绎完全停留在概念的领域里，而归纳还要诉诸直观。也许举个例子会帮助我们澄清两者的区别。

假设我们想证明“太阳总是从东方升起”这个命题是真的。为了能演绎出这个陈述的真实性，我们至少要找到这样两个真假设：将它们放在一起，必然得出这个结论。例如，我们可以选择如下论证：

所有的行星都以这种方式围绕一颗恒星运行：这颗恒星看上去总是从行星的东方的地平线上升起。

地球是一颗行星，而且太阳是地球所围绕的一颗恒星。

∴ 太阳总是从东方升起。

而另一方面，为了通过归纳法得到同样的结论，我们要这样论证：

> 我父亲说，他第一次看到日出那天，太阳是从东方升起的。
> 我母亲说，我出生那天，太阳从东方升起。
> 我记得我第一次看日出那天，太阳从东方升起。
> 上星期，我早上醒来时，看到太阳正在从东方升起。
> 昨天也是这样。
> 我从未听任何人说过，他看到太阳从北方、南方或是西方升起。
> ∴ 太阳总是从东方升起。

我们将在第 21 讲讨论这个问题：我们能通过归纳法获得必然真理吗？但现在我只想阐明归纳法与演绎法之间的差异。

“分析”与“综合”，作为区分“演绎”与“归纳”这两种论证方法的标签，至少和欧几里得一样古老。欧几里得在《几何原本》里相当清楚地阐明：不应把这两种方法视为相互排斥的，而应视为互补的。他证明每条几何定理的方法是：先用分析（演绎）论证，再用综合（归纳）推理支持前者的结论。按照他的指引，我们可以用方向相反的箭头表示这两种方法导致的相反“方向”，如图 IV.2 所示：

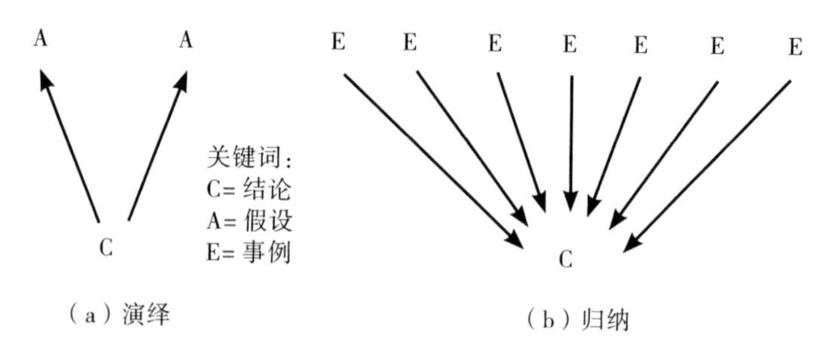

图 IV.2 两种论证方法

建立一个演绎论证的实际过程是（与它的书写形式相反）：先形成一个结论，然后找到两个或多个能成为该结论的基础的真假设，从而证明这个结论；而归纳论证的过程是：先收集大量事例，然后以它们为基础得出结论。

正如我在前面提到的，哲学家使用“分析”与“综合”这两个术语的方式有几种，相互差别很大。欧几里得用它们指称两种论证方法，这是长期以来人们普遍接受的用法。而康德发展出一种新用法——用它们指称两种不同的命题类型。根据康德的用法，如果命题的主项被“包含在”谓项里，那么该命题是分析性的；而如果主项在谓项“之外”，那么该命题是综合性的。例如，“红色是一种颜色”是分析命题，因为“红色”这个概念已经作为“颜色”概念的一个组成部分而被包含在“颜色”里。同理，“这支粉笔是白色的”是综合命题，因为如果我只告诉你我手里拿的东西是粉笔，那么你还无法知道它是白色的。[①] 以这两个命题为例，我们可以用两个映射图示康德对这种区别的初步描述，如图 IV.3 所示。

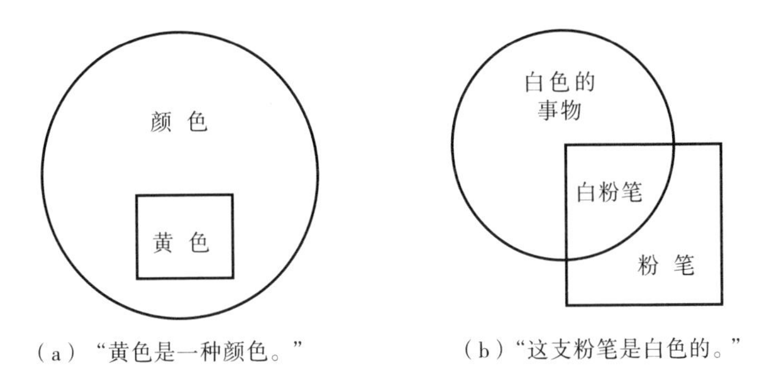

（a）“黄色是一种颜色。” （b）“这支粉笔是白色的。”

图 IV.3 分析命题和综合命题

① 这句话对应的原文有误，经作者同意，翻译时做了适当的修改。

康德还给出了另外几条更严格的原则，用来判定一个命题是分析性的还是综合性的。分析性命题的真，总是仅凭逻辑就能知道的；因此，如果词的意思是已知的，那么这个命题是不提供信息的。一个分析性命题是自我解释的。我要做的事情只是说“白色”，而任何一个理解“白色”这个词的意思的人都已然知道，我在谈论一种颜色。因此，就像一个好的演绎论证的结论，分析性命题的真是纯概念性的，因而是必然的。相反，综合性命题的真要诉诸比纯概念更多的东西。像归纳论证一样，综合性命题要诉诸某种直观，即事件的某种实际状态。所以，综合命题总是能提供信息的，而且其结论的真是或然的，它取决于持续存在的事件的给定状态。如果我告诉你“藏在我手里的粉笔是白色的”，我的陈述是否为真取决于我是否出于某种原因欺骗了你们——我让它滑进我的口袋，或者用一支蓝粉笔替换它，等等。

我希望你们自己列举一些命题，测验自己是否掌握了分析性命题与综合性命题的区别。当代有些哲学家认为，有那么多命题很难被确定为分析性的还是综合性的，以至于整个区分是没有价值的。而我相信，只有当我们忘记去看命题的语境，或是没有足够小心地运用康德的每一条原则时，这样的“灰色地带”才会造成问题。但无论如何，这不是一个我们能在入门课上解决的论题。

在这里我只想提及一点：康德将分析性命题（或“判断”——康德也用这个术语来指称命题）与综合性命题的区分，和另一种区分——“验前”（a priori）知识与“验后”（a posteriori）[①] 知识的区分——结合在一起。“验前”指的是不诉诸经验就能知道其真假的事物；相反，如果对该事物的真假的证明必须诉诸经验，它就是“验后”的。这两对区分产生了四种可能的知识，其中有两种是无可争议的：验前

①a posteriori，参看 77 页注①。

分析知识是逻辑知识，验后综合知识是经验性知识。康德相信没有验后分析知识，但我不这么认为，事实上，这个术语定义了一个非常重要，但往往被人忽略的认识论范畴。我已经在别处详细论证了这个观点（见 *APK* 与 *KSP* 129–140），因此在这里我只想肯定地说，把我们关于这个世界的假定的信念以这种方式划为一类，可以起到“拯救现象”的重要作用：它使现象避免遭到两种错误方式的对待，即要么被人骄傲地错当成最终实在，要么被当成纯粹的现象而舍弃。验前综合知识占据了康德的大部分注意力，因为他论证说，所有的先验知识（transcendental knowledge）都属于这一类。因此他说“验前综合判断如何可能”是所有批判哲学的核心问题。尽管我们没有时间讨论这些不同的逻辑类别的复杂之处，但你们应该尽力了解它们之间的相互关系，如图 IV.4 所示。

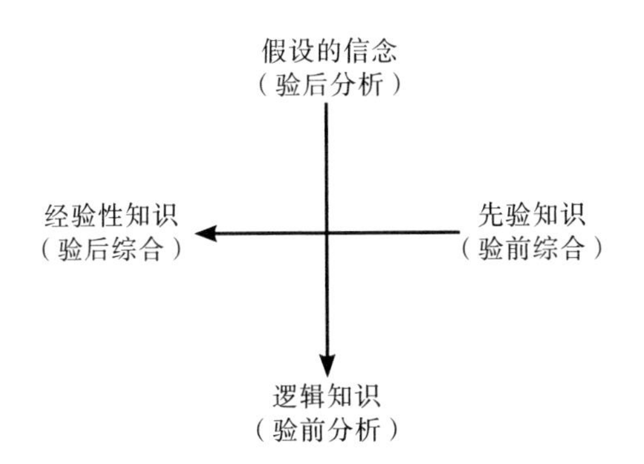

图 IV.4 关于知识的四种视角

下面我想介绍“分析”与“综合”的第三种用法，以此来结束今天的课程。据我所知，你们在任何逻辑课本中都找不到这种用法。然而，它是对它们的原有用法的有益增补。我发现，用这两个术语来区分两个不同种类的逻辑很有益处。“分析逻辑”指的是以亚里士多德提出的推理原则为基础的整个逻辑体系。所有这些原则中，最基本的一条通常被称为“矛盾律”（law of contradiction）。但由于稍后会清楚的原因，我建议我们把它叫作“不矛盾律”，尤其因为这条原则告诉我们的，是如何避免自相矛盾。亚里士多德在《范畴篇》里对它的陈述是：一样东西不可能在同一时间、就同一方面而言，既“是”又“不是”。换言之，一样东西不可能既是黑的，又是白的，既是“A”，又是“－A”，等等。这条法则的最简单的符号表达式是：

A 不是 － A

或 A ≠ － A

在过去两千三百多年里，这条法则对哲学的深刻影响怎么强调也不过分。因为西方哲学家提出的所有论证，几乎都是以它为基础的。而且，没有这样的假设（即当我们使用一个词时，我们希望听我们说话的人想到的是这个词所指的事物，而不是它的反义词所指的事物），我们将无法相互沟通！

演绎论证与分析命题是分析逻辑的两个方面。正如我们看到的，这两者和与之互补的综合性方法——归纳论证与综合命题——是成对的。这引出了一个很重要的问题：逻辑本身是否也具有一种与之互补的形式（即它与分析逻辑对等且对立，由它产生出这些以及其他非分析性的逻辑方法）？如果有，是否也有一条法则支配着这种逻辑？从现在起到我们下堂课见面的这段时间里，我希望你们都能独立思考这两个问题。我会在下堂课开始时回答它们。

12. 综合逻辑

上一讲结束时，我请你们回去后思考两个问题：与传统的“分析”逻辑对立的逻辑应该叫什么？这样的逻辑会以什么法则为基础？读过课程大纲的人很容易猜到：我认为，对于支配着归纳论证与综合命题这类方法的逻辑，最好的术语莫过于“综合逻辑”（synthetic logic）。但要找到一条与亚里士多德的“不矛盾律”相提并论的法则，可能会让你们觉得有些麻烦。因此在今天这堂课上，让我们先确定这条法则是什么。

找到综合逻辑的基本法则并不难。分析逻辑与综合逻辑的运作方式总是相反的，所以，我们只需确定亚里士多德的著名定律“A ≠ – A”的反面。有两种做法：把“≠”变成“=”，或者把“– A”变成“A”。这样，我们导出了以下两条法则：

A= – A

与 A ≠ A

我建议把新法则的第一条叫作“矛盾律”，因为它向我们显示了任何以“综合”方式运作的事物都遵循的固有的矛盾形式。第二条法则其实是分析逻辑那枯燥的、通常被称为“同一律”的法则（“A=A”）的反面，因此可以称之为“不同一律”。我们于是有了一套完整的逻辑基本法则，它包含四条，如图 IV.5 所示。

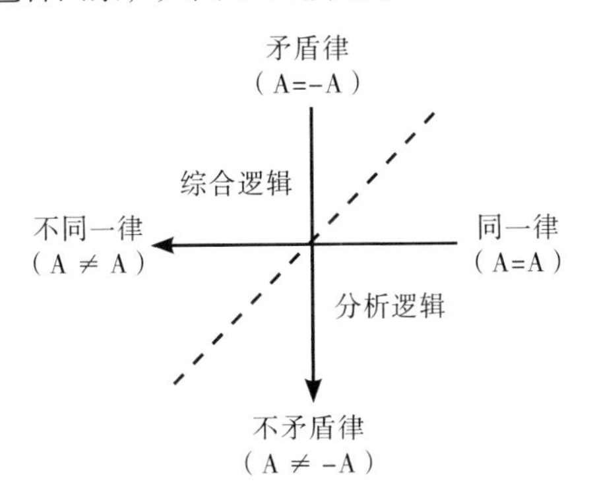

图 IV.5　逻辑的四个基本法则

显然，综合逻辑的法则要求我们作出解释。因为，“矛盾性”，或更有甚者“非同一性”，怎样才能成为任何有意义的命题的构建基础？

例如，一台计算机，如果编程使用的是综合逻辑而不是分析逻辑，它就根本无法工作。这无异于在水里启动它：整台机器都会短路！那么谈论综合逻辑到底有什么意义？例如，说“黑不是黑”，这究竟能有什么意义？幸运的是，尽管计算机技术在20世纪90年代取得了惊人的进步，但人类思维仍然超过了最好的计算机“思维”。因为，尽管在分析运算方面，哪怕是一台小小的计算机都能胜过人类最发达的大脑，但计算机却无法完成真正的综合运算。为了说明怎样才能有意义地使用综合逻辑，让我们看几个例子。

孔子之后，中国最有影响的哲学家之一是庄子（约公元前369—前286）。据我们所知，他著述不多，但他写的文章都很好地保存在一个文集里，共有33篇短文。其中最有趣的篇章之一《齐物论》，几乎每页都运用了综合逻辑。甚至连它的题目都暗示我们，庄子的主要目标是：要让我们瞥见，如果我们学会综合（“使……齐”）所有的对立事物，世界看起来将会怎样，从而鼓励我们打破普通的、“黑白分明”的思维方式。有这样一段，值得详细引述：

> 物无非彼，物无非是。自彼则不见，自知则知之。故曰彼出于是，是亦因彼。彼是，方生之说也。虽然，方生方死，方死方生。方可方不可，方不可方可。因是因非，因非因是。（*CTBW* 34–35）

到这里为止，庄子只是指出了人类进行分析性思考的普遍需要。他非常恰切地指出：在这类情况下，对立的事物其实都依赖对方而存在。然而他又写道：

> 是以圣人不由而照之于天，亦因是也。是亦彼也，彼亦是也。

> 彼亦一是非，此亦一是非。果且有彼是乎哉？果且无彼是乎哉？彼是莫得其偶，谓之道枢。枢始得其环中，以应无穷。是亦一无穷，非亦一无穷也。故曰莫若以明[①]。（*CTBW* 35）

庄子在这里解释说，圣人之道是遵循道（天"道"），而用语言表达道的唯一方式，是使用被综合起来的对立的自相矛盾的语言："是"与"彼"（等价于"A"与"– A"）必须相互同一；而且我们必须认为，它们自身都包含了通常被认为是矛盾的东西，例如，既是又非，既生又死，等等。

你们认为庄子写下这段话时，他是认真的，还是有意在开玩笑？在这段让人迷惑的章节的结尾，他为什么偏偏强调对"明"的需要？稍后他说："滑疑之耀，圣人之所图也……此之谓以明。"（*CTBW* 37–38）然后又说："今且有言于此，不知其与是类乎？……虽然，请尝言之。"接下来是一系列夸张的矛盾之词，比如："天下莫大于秋毫之末，而太山为小；莫寿于殇子，而彭祖（中国的玛士撒拉[②]）为夭。"当他说着这些古怪的话时，他真的是想"明"吗？

我想庄子不是在开玩笑——尽管真理往往会很好玩。而当他说出这样的话时，他的意图就更明显了：

> 夫大道不称，大辩不言，大仁不仁，大廉不嗛，大勇不忮。道昭而不道，言辩而不及……（*CTBW* 39–40）

① 对"莫若以明"的理解历来有很多争议。此处的英语译文为："the best thing to use is clarity"，直译成汉语是："（我们应）采用的最好的做法是加以澄清。"这里把"明"的意思理解为"加以澄清"。

② 玛士撒拉：《圣经·创世记》中的人物，据说享年 969 岁。

这番话暗示我们：他有意用不清晰的（或悖论的）方式说话，为的是引导我们的心和头脑超出普通区分的领域（在这个领域，分析逻辑是足够的），走向一个更深也更重要的领域——走向一种实在。当人们说起这种实在时，清晰性与真实性无法同时满足。换言之，庄子教给我们，如果我们一定要用语言描述不可描述的事物，那么综合逻辑的晦涩恰恰是最清晰的表达方式。生活，实在的生活，不会真的走到我们的头脑创造出来的、整洁的小盒子里。因此，真实可信的生活，是能够超出这些人为界线去看世界的生活：

> 是不是，然不然。是若果是也，则是之异乎不是也亦无辩；然若果然也，则然之异乎不然也亦无辩。……忘年忘义，振于无竟[1]，故寓诸无竟。（*CTBW* 44）

如果硬要把庄子塞进分析逻辑的笔直外套，除了宣布他精神错乱，我们几乎别无选择。然而我们一旦认识到，庄子的目标是让我们瞥见超越分析逻辑的界线的东西，他的话便开始有了新的意义。他推崇的“明”不是思考（即思考我们知道的事物）的明晰，而是识见（即看到仍然保持着神秘的事物）的明晰。具有反讽意味的是，他使用语言向我们指示这种识见。他这么做时已经意识到：在某种意义上，他是在伪造真正的道——至少，对任何一个把注意力放在他的语言上的人来说是这样的，他们以为这些语言是对庄子的意思的精准描述，而不去关注它们指向的东西。我们在研究庄子的语言时发现：他最常使用的指示方法，是故意矛盾。“是不是”——还有比这更好的不同一

① 振于无竟：本书引用的英译本将“振”译作“leap”（跳跃）、“无竟”译作“ boundless”（无限）。下文出现的“振”和“无竟”，都应按照英译本的意思（即跳跃、无限）理解。

律（$A \neq A$）起作用的例子吗？“是亦彼也”——还有比这更好的矛盾律（$A = -A$）起作用的例子吗？

分析逻辑给我们视见（即完备的知识）的明晰，而综合逻辑给我们洞识（即理解的深度）的明晰。当我们恰当地使用这两种逻辑时，无须再把它们视为竞争者，而应该把它们当成互补的，正如我们可以把演绎法和归纳法当作互补的论证方法有效地加以运用。图示这两种逻辑的互补关系最好的办法之一，是把它们跟我们从康德那里学到的区分——可知领域与必然无知领域之间的区分——联系起来，如图 IV.6 所示。每当我们描述落在先验界线之内的事物（例如，任何我们能看到的事物）时，可以运用分析逻辑产生知识；而一旦我们用语言去描述先验界线之外的事物，分析逻辑不但会失去解释力，还可能误导我们得出错误的结论。相反，正如庄子描述“道”时显示的那样，当我们处理必然会一无所知的论题时，只有通过运用综合逻辑获得相信某样东西所必需的洞识，我们才能发现我们要相信的东西。

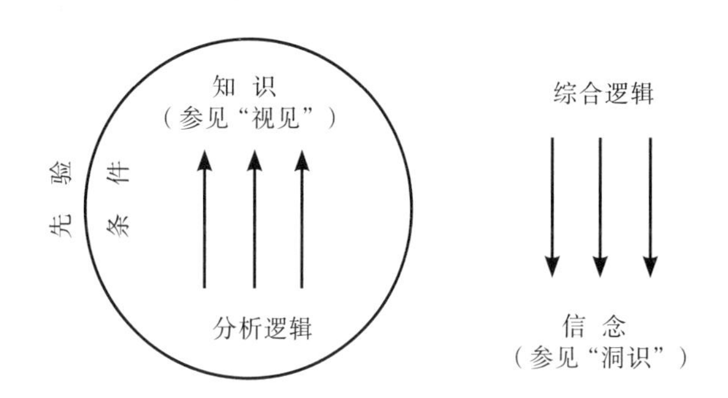

图 IV.6　分析性领域与综合性领域

庄子认为“振于无竟”是理解综合逻辑的真理的最好方式，这不是偶然的。这里的“振”，有时也叫“向信仰的跳跃”，在本质上，它是从单纯地思考最终实在（像学院式的形而上学那样）向真正经验最终实在的跳跃。而这里的“经验”指的不是经验性知识，而是康德所说的“直观”（intuition）。在康德看来，我们的直观力是一种“接受”力（receptivity），是“概念”能力的反面，是“自发”的力（见 *CPR* 92）。因此，庄子的“振”其实也是向“道”中的跳跃，跃入对静默有意识的被动的接受之中（intentional passivity of silence）。而“无竟”的这个方面，将是这门课的第四部分的焦点。现在指出这一点就可以了：分析逻辑与综合逻辑为我们提供了两个互补的视角——运用前者，我们主动地将严格的概念划分置于世界之上；运用后者，我们被动地从世界那里接受它的直观的统一的力量。因为这种统一无法用语言直接表达，所以只有将综合逻辑当作分析逻辑的寄居者，让它以否定分析逻辑的法则为基础，才可能谈论它。除了否定正确表达的法则，还有没有别的办法可以表达不可表达的事物？如果我们别无选择，综合逻辑就不可能在完全毁掉分析逻辑的同时而不毁掉自身！这就是为什么好的哲学家会认为这两种逻辑都是合理的哲学视角，并力图将二者发展为其哲学不可或缺的角度。

怎样运用综合逻辑帮助我们应对我们对最终实在的无知，在西方传统里这方面的范例相对较少。古希腊哲学家赫拉克利特以他富有洞察力的法则——“对立之物是同一的”（即“A= – A”）——触及了综合逻辑。但如何运用这个法则，他的著作的少量残篇不能给我们很多帮助。而另外有些哲学家将综合逻辑的形式发展成繁复得多的体系。黑格尔无疑是其中的典范。他把他的整个“辩证”哲学建立在这样的法则上：历史发展的发生，遵循着“正题”“反题”与“合题”的综合模式（见图 IV.7）。综合逻辑的这个版本，以“辩证唯物主义”的形式在 20 世纪产生了最大的影响——辩证唯物主义是卡尔·马克思的政治意识形态，如我们将在第 9 周看到的，他倒转了黑格尔的综合模式。

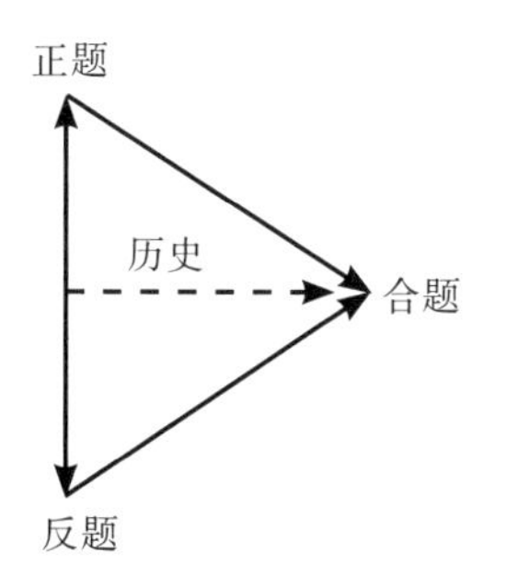

图 IV.7　黑格尔的辩证法

另一个有趣的例子来自《神秘神学》(*The Mystical Theology*),它由 4 世纪的一位僧侣假托“狄奥尼修斯”之名而作。作者让我们看到,描述最终实在(这里用“它”来指称)的任何努力都是徒劳的,他得出结论:

> 上升到更高的层次,我们再一次认为:它不是灵魂或心智,也未被赋予想象、猜测、推理或理解的能力;它不是任何推理或理解的行为;不能用理性描述它,也不能通过知性知觉它,因为它不是数,也不是秩序,既非宏伟,也非微小,既非相等,也非不等,还因为它既不是不可移动的,也不是运动中的或静止的,它没有力量,它不是力量或光,它不活,也不是生命;它不是人格的本质、永恒或时间;无法通过理解力把握它,因为它不是知识或真理;它也不是王权或智慧;它不是一,不是统一,不是神性,不是善……它不是人类或其他存在者能够知道的任何其他事物;它不属于不实存之物的范畴,也不属于实存之物的范畴;实存的存在者不知道它实际之所是,它也不知道实存的存在者实际之所是;理性无法达到它,从而命名它或知道它;它不是黑暗,不是光、错误或真理;任何肯定或否定都不适用于它……因为它以它是万

> 物的完满而唯一的“因”而超越了所有的肯定，并以它卓越的简单和绝对的自然而超越了所有的否定——免于每一种限制并超越了它们全体。（*MT* V）

这段文字揭示出一种深刻的觉知——对“我们对最终实在几乎只能一无所知”这一事实的觉知，它远远早于康德。但如果我们一定要用分析逻辑的法则来解释这些话，其中很多像是无稽之谈！例如，事物怎么可能“既不是不可移动的，也不是运动中的或静止的”？除非我们认识到要按照综合逻辑来解释，否则定会将它们当成浮华的矛盾之词加以拒绝；因为当我们采用综合逻辑时，同样的矛盾之词会指引我们朝向对**存在**（the Being）（我们通常称之为“上帝”）的更深的洞识。

尽管在大部分逻辑课本里很难找到综合逻辑的痕迹，但20世纪有些学者已经认识到它的重要意义，并力图描述它的作用方式。据我所知，还没有人彻底研究过，它究竟在多大程度上构成了一种完全不同的逻辑，但有人已经公开承认，以另一套法则为基础来运用语言是可能的。例如，有些人类学家在研究原始社会的人的思维方式时得出结论：原始人的心智，按照有时被人类学家称为“参与律”（意思是说，原始人认为相反的概念之间相互参与）的规则运作。而被我称作“矛盾律”的法则，有些学者提出了另外的名字，比如，“悖论律”。这个名字的优点在于它让这一点变得很清楚：综合逻辑的真正目的不是为了说无意义的矛盾的话，而是要将我们的想象力驱往发现新视角的地方，从新视角出发，那些显得自相矛盾的观点可以得到解决。

如何称呼这种逻辑和它的基本法则，不像学会如何运用它那么重要。想到这一点，我将在第5周讨论运用综合逻辑获得洞识的几种非常实用的方法。而现在，让我们用图IV.8的表格回顾一下迄今为止我们学到的关于逻辑的知识，当作一个总结。

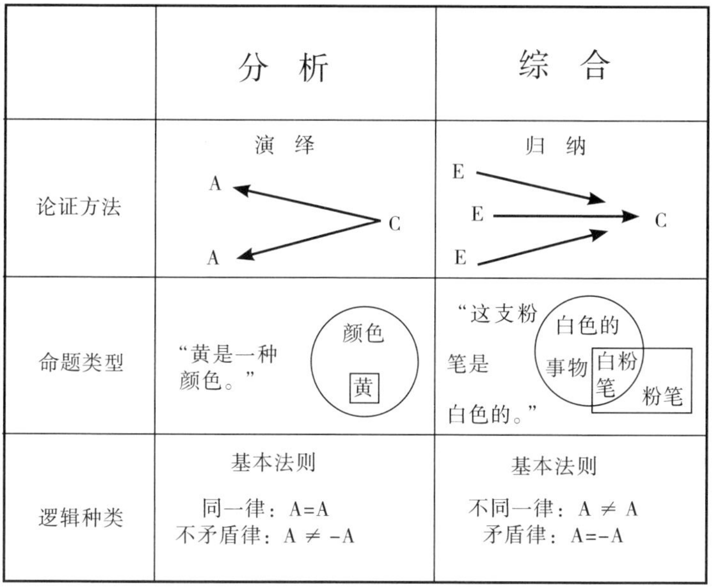

	分　析	综　合
论证方法	演　绎 A　A　C	归　纳 E　E　E　C
命题类型	“黄是一种颜色。” 颜色 黄	“这支粉笔是白色的。” 白色的事物 白粉笔 粉笔
逻辑种类	基本法则 同一律：A=A 不矛盾律：A ≠ -A	基本法则 不同一律：A ≠ A 矛盾律：A=-A

图 IV.8　“分析—综合”之分的三种类型

基本上有两种不同类型的逻辑：分析逻辑产生于同一律和不矛盾律，综合逻辑产生于与它们对立的不同一律和矛盾律。前者适合描述我们可能知道的任何事物，后者适合描述我们永远不可能知道的事物（这是由该事物的本质决定的）。分析命题是分析逻辑的一种表达，因为它将两个概念确认为同一的，而这两个概念在某种意义上的同一性是已知的；综合命题是综合逻辑的一种表达，因为它将两个本质上不同一的事物（即一个概念和一种直观）确认为同一的。最后，分析逻辑最恰当地体现在演绎论证的形式里，在演绎论证中，结论作为数学性（即非矛盾的）确定的事物，必然地由前提得出；综合逻辑最恰当地体现在归纳论证的形式里，归纳论证的结论总依赖某种程度的猜想（即依赖对我们不知道的事物的悖论式断定）。

现在，我已经介绍了逻辑学的三种最基本的区分。下周的课程将全部用于解释我在这门课上一直采用的各种图表的逻辑基础。再下一周，我们要看20世纪的两个哲学学派，它们一个倾向于过分强调分析逻辑，另一个倾向于过分强调综合逻辑；然后我们会看第三个学派，它力图综合前两个学派的主要方面。——我们将以对这三个学派的讨论结束第二部分。

供深入思考/对话的问题

1. A. 真理永远是真的吗？

   B. 逻辑永远是合逻辑的吗？

2. A. 可能有既是分析性的，又是综合性的论证吗？

   B. 可能有既非分析性，又非综合性的命题吗？

3. A. 说一个实存的事物“不实存”，有什么意义？

   B. 一个事物怎么可能既是“全黑的”，又是“全白的”？

4. A. 真的能有人以“无限”为家吗？

   B. 上帝用什么逻辑思考？（假定上帝实存）

推荐读物

1. Morris Cohen, *A Preface to Logic* (New York: Dover Publications, 1977 [1944], Ch. 1, "The Subject Matter of Formal Logic", pp. 1-22.

莫里斯·科恩：《逻辑学绪论》，第1章“形式逻辑的主要内容”，1—22页。

2. Susan K. Langer, *An Introduction to Symbolic Logic* 3 (New York: Dover Publications, 1967 [1953]).

苏珊·K. 朗格：《形式逻辑入门》第 3 版。

3．T. L. Heath，*Introduction to The Thirteen Books of Euclid's Elements*（Cambridge：Cambridge University Press，1956），§ 8，"Analysis and Synthesis"，pp. 137-140.

T. L. 希斯：《〈几何原本〉入门》，第 8 节"分析与综合"，137—140 页。

4．Immanuel Kant，*Critique of Pure Reason*，"Introduction"（*CPR* 41-62）。

伊曼纽尔·康德：《纯粹理性批判》，"导论"（*CPR* 41–62）。

5．Stephen Palmquist，*A Priori Knowledge in Perspective*（*APK*）.

庞思奋：《视角中的验前知识》（*APK*）。

6．Chuang Tzu，*Basic Writings*，Ch. 2，"Discussion on Making All Things Equal"（*CTBW* 31-44）.

庄子：《庄子文集》，第 2 章"齐物论"（*CTBW* 31–44）。

7．Dionysius the Areopagite，*The Mystical Theology*（*MT*）.

狄奥尼修斯：《神秘神学》（*MT*）。

8．G. W. F. Hegel，*The Phenomenology of Spirit*，tr. A. V. Miller（Oxford：Oxford University Press，1977），Preface，"On Scientific Cognition"，pp. 1-45.

G. W. F. 黑格尔：《精神现象学》，序言"论科学认识"，1—45 页。

第5周

逻辑的几何学

13. 分析关系的映射

我们在关于逻辑的第一讲了解到，逻辑（这里指分析逻辑）从命题的具体的真抽象出它的赤裸的（本质上是数学的）形式，它的真值，并把最主要的注意力集中在这种形式上。这一周我想探索一些途径，把这种赤裸的形式转变为更丰满的图画形式。

从亚里士多德开始（甚至在他之前），哲学家几乎普遍认识到逻辑学与数学密切相关。直到19世纪中叶，大多数哲学家仍然认为这种联系主要限于算术："加、减、乘、除"这样的函数，与"是""否"等逻辑运算之间的类似性是非常清楚的。但后来，一位名叫乔治·布尔（George Boole，1815—1864）的学者写了一本书，论证了他所谓的"逻辑的代数学"。他证明了代数关系在很多方面也与逻辑关系密切相关。

布尔的观点对于入门课而言过于复杂了，我之所以提到他的发现，是因为我相信一个类似的发现正在几何领域等着我们。因此，在前面的课程里，我一直在以符合我所谓的"逻辑的几何学"的方式使用几个简单的图形。这一周，我要详细解释这些以及其他图形如何真正充当了逻辑关系的精确"映射"。前两讲将研究如何建立分别与分析逻辑和综合逻辑相对应的映射；第15讲会给出很多例子，说明如何运用这样的映射激发并加深我们的洞识。

许多简单的几何图形的结构与最基本的逻辑区分之间，可以建立起一种全面的类比关系，然而过去很少有人（如果曾经有过的话）充分认识到这一点。这个类比的起点是分析性的同一律（A=A），它设定某物“就是它所是的”。为了选出一个能精确体现这个最简单的逻辑法则的图形，只需想一想最简单的几何图形：一个点。理论上，一个点仅仅作为一个位置而存在，不向任何方向扩展，但是很自然，图 V.1 中代表一个点的那个黑斑不得不有所扩展，以便让我们看见它的位置。

· A

图 V.1　映射“同一”关系的点

不矛盾律是将同一律的“A”与它的反面“– A”相对比。在一个方向上延伸一个点，使它超出自身，这样的几何图形叫作“线”。当然有两种线：直线和曲线。所以，用几何图形描绘“A”和“– A”的逻辑对立的好办法也有两种：一条线段的两端，或者一个圆的内部与外部。如图 V.2 所示。注意，我在图中只标了“+”和“–”。这两个符号直接来自不矛盾律，只要把“A”从等式“+ A ≠ – A”的两端去

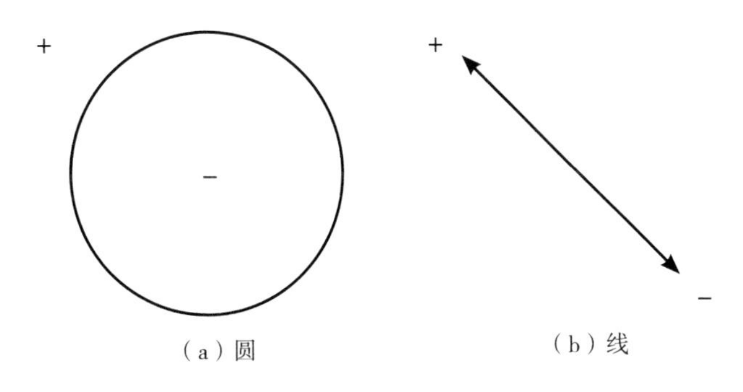

图 V.2　映射一个 1LAR 的两种方式

掉就可以了。“A”是“某项内容”的形式表示，因此，去掉这个符号恰恰意味着，在逻辑的几何学里，我们只关心我们使用的几组概念的纯粹的逻辑形式。因为这个简单的区分来自分析逻辑的法则，所以我把它叫作“第一级分析关系”（或“1LAR”）。我们会看到，用更简单的表达式“+ ≠ –”（即“正”不是“负”）代表这个法则，会使我们更容易处理更复杂、更高级的逻辑对立。

圆或线段几乎可以映射两个对立事物之间的任何区分。正如我们上周从庄子那里学到的，这种区分在我们思考世界的常用方法中是司空见惯的。我们自然而然地将事物分成一对对的对立物：雄与雌，白天与黑夜，冷与热，等等。我相信，大多数情况下，线段是体现这种区分的最恰当的方式。圆圈划出了“内部”与“外部”的界线，所以只有当两项事物之间的关系不平衡时（例如，当一个限制另一个时），才应该采用这种图形，反之则不然。

如果我们在此止步，逻辑的几何学就不是一门非常有意思的学科。任何人都能毫不费力地看出对立的两项之间的逻辑关系，更不必说单个项和它自身的关系。只有当各项之间没有规定明显的对立关系时，点、线段和圆形的这种运用才是有帮助的。圆形更是如此。例如第 7 讲（见图 III.5 与图 III.10），我们用圆形来体现康德对必然无知与可能有知的区分，它帮助我们牢记两者间的正确关系：前者限制着后者的范围。

无论如何，逻辑的几何学中最有趣也是最有用的工具之一，来自不矛盾律对自身的直接应用。我指的是这种情况：两个对立概念中的每一方，都进一步分裂为两个对立的概念。为了说明这一点，让我们以“一天”这个熟悉的概念为例。我们都知道如何完成简单的分析过程——把“一天”分为近乎相等的、对立的两半：“白天”和“黑夜”（即“非白天”）。这是 1LAR 的一个范例。然而，像大多数 1LAR 一样，如果我们试着将这个严格的划分应用于一天中的每个时刻，就会发现，一天中有些时刻我们无法确定它是“白天”还是“黑夜”，因此，我们要在“黄昏”与“黎明”之间作进一步的分析性划分。

为了把它转变成我们的逻辑工具的形式，用“+”“–”的组合代替这些区分的实际内容，我们只需为简单的 1LAR 原来的每一项，分别依次加上另外一个“+”和“–”，于是产生了“第二级分析关系”（或“2LAR”）的四个“成分”（即一个或多个 + / – 项的组合），如下：

– –　+ –　– +　+ +

我把第一个和最后一个成分（即“– –”和“++”）叫作“纯粹的”，因为它们的两个项是相同的；把中间的两个成分（即“+ –”“– +”）叫作“混合的”，因为它们都是一个“+”和一个“–”的组合。

如果一对对立的项用一条线段来表示，两对对立的项就最好用两条线段的组合来表示。正如我们多次见过的，十字的四个端点可以简洁而平衡地表现这种四重关系。但同一个 2LAR 也可以用正方形的四个角来表示（参看图 II.3）。我把这四个成分分别映射到十字和正方形上，如图 V.3 所示。

每个映射里的四个成分的位置和箭头的方向，在某种意义上讲是任意的。就是说，同样的成分可以用多种不同的方式进行安排，但它

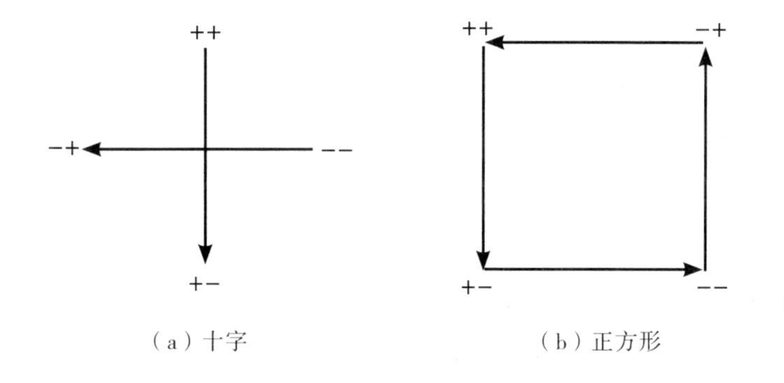

（a）十字　　（b）正方形

图 V.3　映射一个 2LAR 的两种方式

们依然准确地体现了一个 2LAR。然而，在试验了建立这种映射的所有方法之后，我得出结论，图 V.3 中的这两个例子体现了最常见、最适当的模式。而且，这两个映射都遵循一套固定的规则，这些规则能帮助我们避免建立映射时的混乱和不一致——尽管它们也许并不比其他规则更好。我选用的规则很简单：（1）优先考虑每个成分的第一项，尽可能把“+”成分放在“–”成分的上方和（或）左方；（2）第一项相同的成分之间的箭头，由纯粹成分指向混合成分；（3）第一项不同的成分之间的箭头，由混合成分指向纯粹成分；（4）只包含一个项（即简单的对立：“+”和“–”）的两个成分之间的线段，两端都要有箭头，以表明二者间的张力或平衡。

图 V.3a 中，四个成分按照它们的互补性对立关系映射到十字上。就是说，位于每条线段的两个端点的成分都有一个相同的项。例如，两个成分的第一项也许都是“+”，第二项却一个是“+”、一个是“–”。相反，映射到图 V.3b 的正方形上的成分，是按照矛盾性对立关系组织起来的。意思是说，位于正方形的任意一角上的成分，与对角上的成分完全没有交叠。例如，如果一个角上的成分的第一项是“+”，其对角上的成分的第一项就是“–”；第二项的关系也是如此。

事实上，在大多数逻辑课本里都能找到与上述正方形相当一致的图形。因为它是人们通常所说的“逻辑方阵”的形式基础。已经证明，这种方阵非常有助于逻辑学家澄清以不同方式（即以“矛盾”[contradictions] 或“反对”[contraries] 的方式）相对立的命题之间的形式关系。但我不想在此详述这种广为人知的应用。相反，既然我已经在讲课中多次使用十字映射，就让我们更为详细地看一下它如何能体现互补性对立的事物之间的关系。

十字映射使我们能把四个对立概念之间的四种不同类型的“第一级”逻辑关系（即简单的“+ / –”对立）形象化。前两种可以被称为“主要”类型。第一种体现在每个成分的第一项，如我们可以在图 V.3a 中看到的，位于同一根轴的两端的成分，第一项是相同的。因此，每个成分的第一项实际上标注了它所在的轴：于是可以把垂直轴称为“+”轴，水平轴称为“–”轴。第二种类型体现在每个成分的第二项，它表示每根轴的两端之间的对立。因此，映射到 2LAR 十字上的每个成分的第二项体现了“极性的”（即互补的）对立——有某些共同之处的两个概念之间的对立。共同因素体现在位于同一根轴的两个成分的第一项上：垂直轴是“+”，水平轴是“–”。

十字映射上可以看到的第三、第四种“第一级逻辑关系”，可以被称为“次级”类型，因为它们不像“主要”类型那么明显。因此，当我们想让人们注意它们时，一个有效的办法是穿过十字的中心画一条斜线——从右上角画到左下角，或者从左上角画到右下角。前一条斜线让我们注意到次级的互补关系（如图 I.1、III.3 与 IV.5 所示），它存在于第一项不同而第二项相同的成分之间（即存在于“– –”与“+ –”之间、“– +”与“+ +”之间）。后一条斜线突出了第四种“第一级逻辑关系”，它存在于矛盾性对立的成分之间（即纯粹成分“+ +”和“– –”之间，以及混合成分“+ –”和“– +”之间）。迄今为止，我还没有把这种斜线放进我使用的映射里，然而，每当我们想让人格外注意 2LAR 的两对直接对立的概念时，加上这条斜线是非常合适的。

构成一个 2LAR 的任何一组概念之间都存在着这种复杂的逻辑关系网络，理解这个网络有助于我们明白：十字图形并非对任何一组随意选出的“四概念”关系都构成恰当的映射。或者至少，如果我们这样做了，它体现的也不是 2LAR 的逻辑形式。那时，它最多只是一幅不错的图画，而在最糟的情况下，它会成为过于简化的误导。因为，只有当一组概念能够显示出上面定义的那套关系，而且可以用 2LAR 的四种“+ / –”成分来体现时，才应该被映射到这样的十字上。

提醒过这一点之后，我现在可以补充说，实际上，有一种很简单的办法，可以测试任何一组我们认为可能是按 2LAR 的形式联系起来的四个概念。我们只需找到这样两个可以用“是或否”来回答的问题：当我们把它们的答案放在一起时，能产生对这四个被测概念的简单描述。例如，为了证明上面提到的四个概念——“白天”“黑夜”“黄昏”和“黎明”——构成了一个 2LAR，我们只需设置两个问题：（1）它是明显的白天或是黑夜（过渡时段的对立面）吗？（2）它比在此之前的那个时段更亮吗？由此产生四种可能的情形，对应着 2LAR 的四个成分：

+ +　是，它是明显的；是，它更亮（=“白天”）

+ −　是，它是明显的；否，它不是更亮的（=“黑夜”）

− +　否，它不明显；是，它更亮（=“黎明”）

− −　否，它不明显；否，它不是更亮的（=“黄昏”）

这证明这四个概念可以恰当地映射到 2LAR 十字上，如图 V.4a 所示。

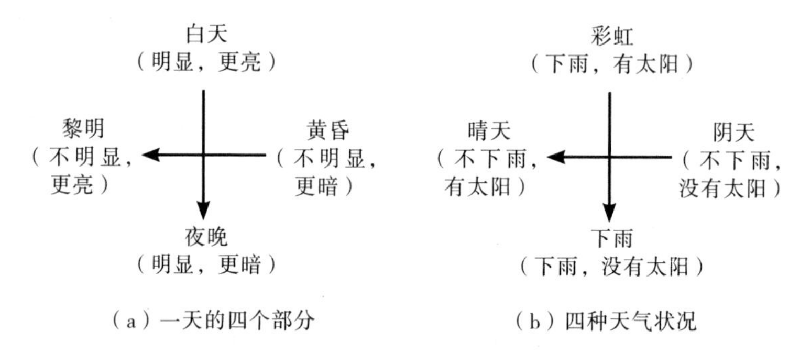

图 V.4　映射到 2LAR 十字上的两个例子

或许我也应该提到，我们不可能把随意挑选的任何一对问题结合起来产生一个恰当的 2LAR。或者我们至少要有这样的准备：当我们想建立一个 2LAR 时，在所有可能的回答组合中，也许有一个或多个组合描述的是自相矛盾的概念或不可能存在的情形。因此，当一个 2LAR（或任何其他逻辑关系）所有逻辑上可能的成分都体现了现实的可能性时，我称它为“完美的”。例如，考虑这两个问题：（1）在下雨吗？（2）在出太阳吗？第一眼看上去，四种回答组合里只有三种像是描述了现实的可能性。如果对这两个问题都回答“是”，那么我们似乎是发现了一个不可能的组合，因为，（至少是在地球上）只要在下雨，就一定是阴天，没有太阳。如果真是这样，那么这两个问题将构成一个不完美的 2LAR。然而，如果我们进一步思考第四个选项，就会认识到，它的确代表了一种现实的可能性。（正如我们整整一周都将看到的，当我们运用逻辑的几何学来帮助我们思考时，这种让人惊奇的事情经常突如其来地发生。）因为，太阳有时的确在下雨时出现：那是我们看到彩虹的时候！因此，即便是这个例子也体现了一个完美的 2LAR（如图 V.4b 所示）。这个例子同时也说明了：这样的映射可以怎样帮助我们获得新洞识。（顺便一提，如果第二个问题是“是阴天吗？”，那么这将是一个不完美的 2LAR，因为对它的否定回答，无法与对第一个问题的肯定回答结合起来。）

还记得我在第 4 讲给出的四大元素的映射吗？（图 II.4）既然我们已经分析了映射到十字上的一组区分的形式结构，那么我们可以实际测试一下这组传统概念，看它们是否体现了一个完美的 2LAR。如果火是“+ +”，而水是“– –”，那么我们可以认为它们是矛盾性对立的事物。而它们的确如此：水扑灭火，而火把水变成蒸汽。同样，如果土是“– +”而气是“+ –”，那么我们可以认为土与气之间也有类似的对抗性。它们也的确如此：土和气不会混合！互补性对立又怎样呢？我们发现了同样合适的结果：火需要气和土（即燃料）来维持燃烧，水可以与气（像在苏打中那样）、土（像在泥浆中那样）相混合。所以，尽管古希腊人没有发展出逻辑的几何学，但他们能够凭着直觉，选出在现实生活中对应着完美的 2LAR 形式的物质，作为他们的四大基本元素。

当然，宇宙中的物理“元素”实际上不止四种，同样，一天可以被分成不止四部分，天气也远远不止四种变化！分析性划分可以以同样的方式不断进行，形成多组概念之间的越来越复杂的关系模型。我们没有时间在这门课上研究由“更高级”的分析性划分产生的复杂关系，但我还想提最后一个例子。不过首先我应该指出，无论我们在做分析性划分时走出多远，那些模型始终遵循着这个非常简单的公式：

$$C=2^t$$

“C”指的是不同的可能成分的总数，“t”指的是每个成分中的“+ / –”项的数目。顺便提一下，“t”总是与分析关系的级数相同。因此，正如我们已经看到的，为建立一个 2LAR，要进行 2 次划分，得到的每个成分的项数是 2，成分总数是 4（$2^2=4$）。同理，为建立一个 3LAR，要进行 3 次划分，得到的每个成分的项数是 3，成分总数是 8（$2^3=8$）。

分析关系的级数越高，为精确描绘它所有的逻辑关系而建立起来的映射就越复杂。我们可以在古代中国的一本关于智慧的书——《易经》中找到这种复杂体系的范例。这本书描述了 64 个“六线形”（即有 6 个部分的图形），每个图形都代表某种生活情境。这本书最初主要用来预测未来事件：问卜的人以随机的方式（比如掷骰子）选出 64 个图形中的两个，于是，从一个图形到另一个图形的转变成为回答问题的基础，人们的问题通常是：现在的情形在将来会如何转变。（因而这本书也叫“关于变化的书”。）就我们的目的而言，《易经》的预测能力当然不是吸引我们的主要原因，它的逻辑形式更让我们感兴趣。因为 64 个六线形实际上起着 6LAR 的成分的作用，每种成分有 6

个项。这个逻辑可能性体系的传统表示方法，是用一组实线和虚线来定义每一种图形。我们只要用“+”代替实线、“–”代替虚线，就可以把这个体系直接转变为我们在前面建立的那种体系。如果按照成分间的矛盾性对立关系来安排它们的位置（就像《易经》通常做的那样），可以把这些六线形之间的错综复杂的关系映射到一个球体上，当我们把这个球体投影到平面上时，球体的对立的两极用圆心和圆周来体现，像这样：

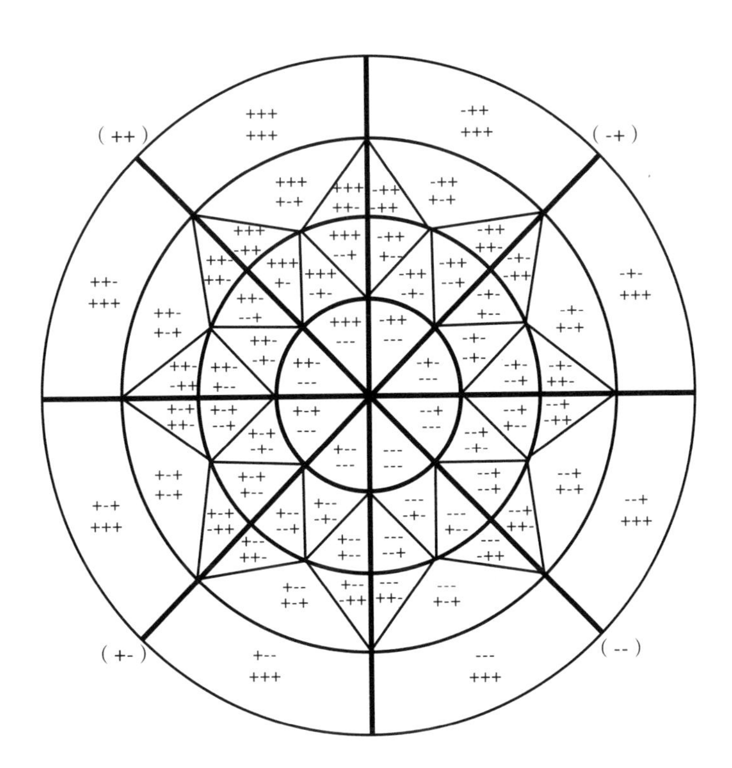

图 V.5 《易经》中的 6LAR 映射

如果这个映射让你觉得困惑，不要担心。我只是想让你看一眼一种高度复杂的概念体系的逻辑形式。如果你不熟悉这个体系，这个映射对你来说就不是很有意义。尽管如此，在这一讲快要结束时，我还是想指出，这个映射与某些东方宗教使用的对称图形（叫作“曼荼罗”）有着惊人的相似。建立曼荼罗不是为了澄清概念的逻辑结构，而是被一些人用作静心[1]的工具，用来激发新的洞识（并最终达到“开悟”）（见 *DW* 157–159）。正如我们将在下一讲看到的，逻辑的几何学同样也不仅限于这种分析性应用，它可以真正触及我们的生活方式。

14. 综合关系的映射

我们在上一讲看到了当我们以分析逻辑进行思考时建立逻辑模式的有序方法。我们发现，这种模式可以与某些简单的几何图形展现出来的模式直接联系起来。我们不应对此感到惊讶，因为无论是逻辑还是几何，这样的模式都产生于人类的心智。康德认识到这些有序的模式，他提出，理性自身包含着一个固定的建筑性结构。他提高了他所说的“理性的‘建筑性统一’”的地位，这是他的验前方法的一个不可分割的方面。因为，他对“为使人类的任何经验成为可能，要有特定的必然条件”的肯定（见第 8 讲），假定了人类理性是按照某个固定的秩序运转的。因为理性为我们安装了这种秩序——这种建筑性，所以，每当哲学家在他们的哲学思考中采取验前视角时（即每当他们问“心智将什么加之于经验之上”，而不是问“心智从经验中得出了什么”时），他们应该尽力去理解并遵循这种秩序。康德相信，哲学家应该让这些模式充当建构哲学体系的验前“设计”，就像承建人把建筑师的图纸当作修建建筑物的设计一样。因此一点也不奇怪，康德把毕达哥拉斯（Pythagoras，约公元前 569—前 475）而不是泰勒斯视为第一

① 静心：meditation，又译“冥想”。

位真正的哲学家（参看 *OST* 392），因为毕达哥拉斯关注的不是形而上学论题，而是数学与数的神秘主义。

逻辑是一种验前视角（见图 IV.4），所以，当我们发现这种数字模式在哲学的这个分支中扮演着如此重要的角色时，不应该感到惊讶。然而，逻辑模式不仅与我们的验前思维方式有关。正如毕达哥拉斯认识到的，它们与我们的生活方式也有很密切的关系。这正是我用一个取自中国哲学的例子来结束上一讲的一个原因。在古代中国，人们从未把《易经》仅仅当成一张验前思维形式的逻辑表。大多数（也许甚至是所有的）使用它的人，甚至没有意识到它作为一个完美的 6LAR 的洗练的逻辑结构。确切地说，他们直观地使用它，认为它是日常生活情境中的恒在的变化的反映。现实世界里，事物不像我们的概念可能让我们相信的那样，永远保持相互对立。相反，对立的事物会经过无穷多个阶段，逐渐向对方蜕变。一旦认识到这个事实，我们也许不愿意再把图 V.2b 中的直线看作绝对分离的体现，要求我们在两个离散的种类之间选择，而是希望它体现了一个连续的统一体，包含了无穷多的阶段。

事实上，来自中国传统的另一个符号也执行着同样的综合功能，尽管它也可以充当分析关系的映射。我想到的是著名的“太极”符号，它描绘了阴（黑暗）、阳（光明）两种力量之间的对立。如图 V.6 所示，我们可以把这个符号仅仅当成映射 2LAR 的另一种方法。然而在中国传统里，它的基本的象征意义却远非如此，因为人们把它当作对这样一个事实的图形表达：现实生活里，对立的概念、经验、力量等，不仅相互依赖对方而存在，还会经过时间的通道融入对方。这就是为什么图中的两个半边都是泪滴状的，它意味着运动。而且，在每个“泪滴”的较大部分的正中心，我们发现了对立的力量。这就像 2LAR 十字里的每根轴上的箭头，体现着对立事物向对方汇聚的方式。

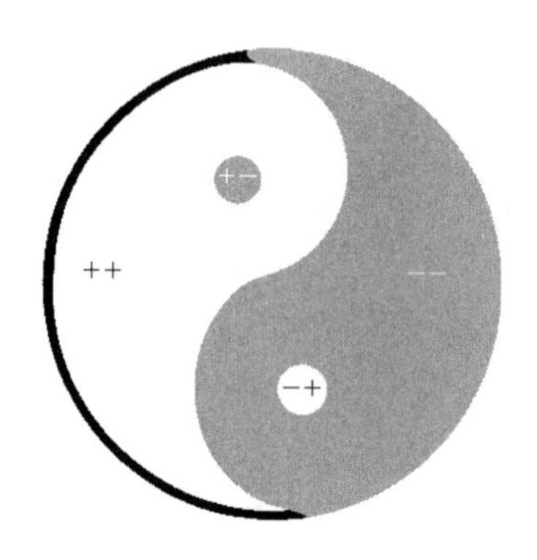

图 V. 6 太极中暗含的 2LAR

我们在第 12 讲看到，正如赫拉克利特所说，对立事物的“同一”趋向实际上是综合逻辑而不是分析逻辑的主题。所以现在我想探讨的是，如何运用逻辑的几何学为逻辑的综合关系建立精确的图形。像分析逻辑一样，综合逻辑也是从一个点开始的，但现在我们认为这个点已经在自身中包含了一对矛盾。为什么？因为综合逻辑的基础不是同一律和不矛盾律，而是不同一律（A ≠ A）和矛盾律（A= – A）。因此，为了画出它的延伸线，我们要做的不是在一个方向上引出一条线（从 A 到 – A），而是必须在两个方向上各引出一条线（从 x 同时到 A 和 – A）。因此，能最好地体现这种“简单的”或“第一级的”综合逻辑关系（缩写为“1LSR”）的几何图形是三角形。如图 V.7 所示，这个三重性过程既可以指原初的综合性分裂——一个非同一的点分裂为两个对立物，也可以指综合性结合——两个对立物结合成一个新的整体（参看图 I.4 与 I.2）。通常，当我们只使用一个三角形时，最好用“x”代表综合关系里的第三项。因为在某种意义上，第三项是从“+”和“–”这两个“已知”项里产生的“未知”项，它保存了前两者的本质，却又超越了它们。然而，当我们把两种综合三角画在一起时（参看图 III.2 与 V.7），描绘整个逻辑形式的最好办法是：用“0”标记原初的综合项，表示它是两个对立物的共同源泉；用“1”标记终结的综合项，表示它是一度疏远了的两个对立物的最终的再统一。

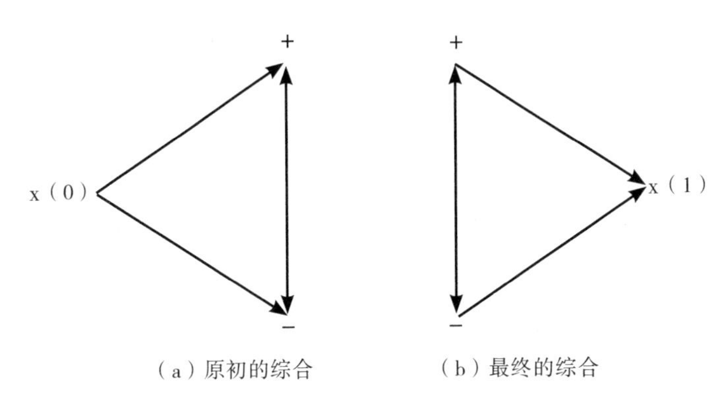

图 V.7　作为 1LSR 映射的三角形

映射 1LSR 的另一种方法是用图 V.2a 中的圆形，用“x”标记圆周。这么做的合理性在于，这条界线既参与了圆的外部，又参与了圆的内部，正如“x”既参与了“+”，又参与了“−”。因此，每当我们采用圆形作为逻辑映射时，标在圆周上的概念，应该能起到把被它分开的两个对立概念综合起来的作用。然而，像分析逻辑一样，综合逻辑也有更高级的关系。而对于更高级的关系而言，使用三角形要比使用圆形更自然一些。所以，我把前者当作 1LSR 的标准映射。

建立第二级综合关系（2LSR）的方法，是让“+”“−”和“x”这三项各自产生自己的综合关系。于是产生了 2LSR 的九个成分：

++　−+　x+

+−　−−　x−

+x　−x　xx

三个三角形交叉而成的九角星是对 2LSR 的很好映射，尽管也有其他可能的方式。就我们的目标而言，不需要再深入研究更高级的综合关系的细节，只要指出一个公式就可以了，它支配着出现在每一级上的模式：

$$C=3^{t}$$

这里的“C”指的也是所有可能的不同成分的总数，“t”既指不同项的数目，又指级数。我希望你们自己去试验一些更高级的综合关系。

为更高级的逻辑关系的规则性作出映射（如图 V.5 显示的那样），这种做法更适合分析关系而不是综合关系。因为，分析关系产生于把整体划分为离散的部分，而综合关系产生于把部分结合起来产生更大的整体。因为这些新的整体通常以神秘的方式将对立事物结合起来，所以更高级的综合关系容易形成复杂的关系网络，它们显得像是混乱的。在这里，我不准备为更高级的综合关系的例子做映射，而是打算讨论综合逻辑如何能对 20 世纪的最后 25 年中科学领域的最有趣的发展之一——“混沌理论”——做出新的解释。混沌理论也叫“非线性动力学”，它是数理物理学的一个令人惊讶的新领域，对人类生活的一些最神秘的方面具有巨大的解释潜力。简单地说，这种理论认为，秩序从混乱中产生出来：当我们观察整个系统时，各部分间的关系看起来是偶然的，然而在较低的层次上观察，同一个系统可以展现出高度的秩序。说明混乱能在世界上产生远程影响的典型例子是有人声称“一只蝴蝶在纽约扇动翅膀，也许会引起香港的天气变化”；当两者之间没有可观察到的“因果”关系时，这怎么可能是真的？而我相信，答案在于：把混乱视作一种更高级的综合关系。我在这个例子里说到的“因”，一定不能被解释为可以通过分析逻辑理解的普通的原因。它更像是一个巨大集合内部的相互作用，这个集合由众多交织在一起的 1LSR 三角组成，与这些三角结合在一起的综合性，不属于精确的分析的主题。

我们不必花更多时间研究更高级的综合关系，这样做的一个很好的理由，是1LSR有另外一种应用，而这种应用更易于映射，因此对哲学也更有用。正如我们在第11讲看到的，分析和综合最好被视为互补的方法，所以，当我们把分析逻辑与综合逻辑结合在同一个映射里时，就产生了它们在逻辑的几何学上的最有意义的应用。最简单的办法是把一个1LAR和一个1LSR结合起来——把两个相互交叉的三角形放在一起，形成一个“大卫之星”。得到的“六重混合关系”（或“6CR”）有六个成分（2×3=6），可以用图V.8的方式把它们放在一个映射上，每个成分的第一项体现着两个三角形之间的分析性对立。将图V.7中的两个三角平移到一起，然后将整个图形逆时针旋转90°，就得到图V.8中的图形。顶点“0”和“1”分别变为“– x”和“+ x”。

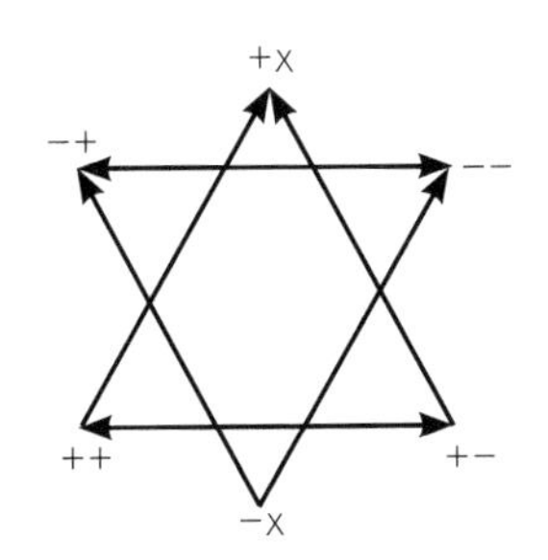

图V.8 作为6CR的大卫之星

任何两组我们相信能以上述方式关联在一起的“三概念”，都可以用这个映射研究它们之间的逻辑关系。例如，我的一位学生曾想到：把著名的哲学三概念“真、善、美”与著名的宗教三概念“信、望、爱”进行比较。这六个概念是否构成了一个合法的6CR，测试办法是看能否找到这样一种方法：按照这种方法把它们映射到图V.8的图形上，此时位于对立位置上的概念，真的具有使它们成为互补性对立事物的特征。这个任务的第一步，是把“–”三角与哲学概念联系起来，把“+”三角与宗教概念联系起来，于是定义了基本的1LAR。但我还是更希望你们自己去试验剩下的细节，或是试验自己做出来的例子。

把分析关系与综合关系结合起来的另一种方式，是把简单的1LSR和一个2LAR结合起来。得到的“十二重混合关系”（或“12CR”）的十二种成分（3×4=12），当然可以映射到一个十二角星上，但我认为更好的办法是把它们直接映射到一个圆上，尤其是因为，这样一来，这个映射会很像我们熟悉的钟表盘面。另外，使用圆形能使中心空出来，十二个成分之间有很多逻辑关系，当我们想特别强调其中的一组时，可以在圆圈里面填上体现这组关系的图形。例如，我在图V.9的圆里放了一个十字，于是把圆分成了四个主要部分（2LAR）。但我们也可以用一条线、一个三角形、一个正方形或是它们的组合来突出这个映射里暗含的其他逻辑关系。

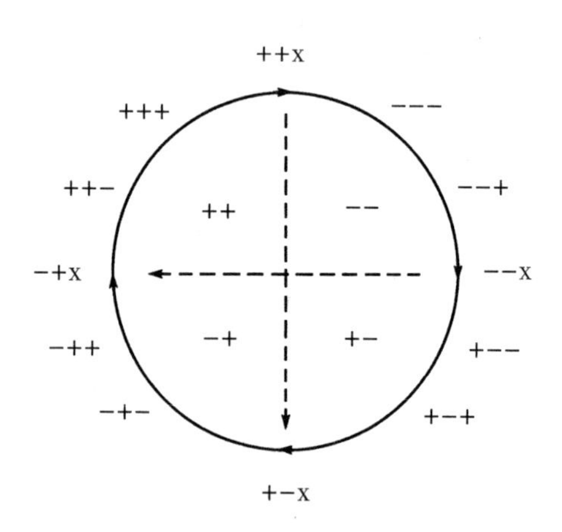

图V.9 映射12CR的大圆

这么复杂的映射有什么用？有一点是显而易见的：图V.9与传统的黄道十二宫的符号严格一致，它们以完全相同的方式分成“四个三”。这也许能解释这类古代“智慧”（它们通常被今天的哲学家嘲笑）

的理性根源，但即便不论及这一点我们也会看到，12CR运转在人类生活和思考的很多领域。例如，我们为什么把一年分成十二个月（四个季节，每个季节有三个月）？白天为什么有十二个小时？我们很容易把它们错当成纯粹的任意的惯例。但它们也许恰恰发端于理性思维的结构中。康德对此深信不疑，因为，正如我们在第8讲看到的，他列出的十二范畴也符合同样的“四个三”模式（见图III.9）。此外，如我在《康德的视角体系》（*Kant's System of Perspectives*）中论证的，康德在构建组成他的批判体系的论点时，也用了同样的十二重模式——其实，这个模式是他的“建筑设计”的基本形式。

其他学科也不乏与之结构相同的十二重区分。例如，一位名叫麦克斯韦的著名的物理学家在19世纪发现，有十二种不同形式的电磁力，它们可以被分成四组，每组包含三种电磁力。后来，量子物理学家发现“夸克”（构成物质的基本粒子）刚好有十二种类型。可以举出无数这样的例子。然而，12CR的这种应用实际上是如何运转的？对这个问题的详细解释超出了入门课的范围。下一讲，我们要把注意力转回综合逻辑本身，以便更好地理解它是如何运转的，以及逻辑的几何学如何通过把综合逻辑提供的新视角形象化，让新洞识的获得过程变得更容易。

15. 以新视角映射洞识

综合逻辑的主要功能，是震撼我们，让我们获得新视角。我们一旦认识到这一点，就不难理解为什么一个命题即便打破了不矛盾律也仍然可能有意义。因为这样的命题其实没有违反亚里士多德的最严格意义上的法则。亚里士多德已经认识到，如果从两个不同的视角看出去，“A”可以等于“– A”。这就是为什么当他定义这条法则时，要在“一样事物不可能既是又不是”前面加上“在同一时间、就同一方面而言”这个条件。事物在时间中变化，而且当人们以不同的方式看待它们时，会产生不同的描述，因此在这些情况下，法则“A ≠ – A”不成立。但大多数人会觉得很难用新方式看待熟悉的事物。综合逻辑要做的，是让我们直接面对反常的思考或看待熟悉主题的方式，并在此过程中用洞识点燃我们的想象力。

这是综合逻辑和逻辑的几何学都具有的功能。因为它们都能为我们提供一些手段，提高我们以新方式看待老问题的能力，并在此过程中深化我们对令人费解的问题的洞识。事实上，这两种逻辑工具结合起来也许就形成了哲学的最有用的实践应用。因为，正如我们将会看到的，清晰地理解这些工具几乎可以在任何领域帮助你更清晰、更有洞察力地思考、写作，而不仅限于处理哲学问题。因此，让我们先单独讨论综合逻辑，然后再讨论如何以类似的方式用几何映射来提高明晰性和洞察力。

事实上，已经有一些哲学家用综合逻辑来说明新洞识是如何产生的。例如，庄子的令人困惑的自相矛盾、托名狄奥尼修斯的僧侣提出的一系列否定陈述（见第 12 讲），它们都可以被视为刺激读者的方式，促使读者去发现关于“道”或“上帝”的新洞识。同样，这也是解释黑格尔的著名的“辩证”逻辑最有效的途径（见图 IV.7）。黑格尔的“合题”理念认为，在人类历史上，每当两种对立的力量相撞并产生出新的现实时，变革就发生了。我们最好把这种理念当作对人类视角的变化过程的描述。每当我们的视角发生变化时，新的洞识往往相伴而生。而遗憾的是，黑格尔的语言如此复杂，人们难以跟上他的论证，以至于很多人读完他的著作后反而更加困惑，而不是更有洞识。所以，就我们的目标而言，更好的办法是研究当代的一位学者，他在很实际的层面上发展了一些运用综合逻辑的方法。

波诺（Edward de Bono，1933— ）更多地是一位卓越的教育家，而不是专业的哲学家。尽管如此，他在很多著作中讨论的法则都与多种哲学问题密切相关，尤其是逻辑领域的问题。因为他关心的主要问题，是教人们如何创造性地思考。他在此过程中证明了：综合逻辑的法则并非只是抽象的理论，很难或不可能有什么应用；相反，它们是帮助我们解决多种现实生活问题的有效工具。例如，波诺在《水平思维法》（*The Use of Lateral Thinking*）里用几何术语区分了两种思维方式：我们常用的"垂直"思维和总是设法从新视角看待旧状态的"水平"思维。（显然，前者对应着分析逻辑，后者对应着综合逻辑，尽管波诺没有使用这两个术语。）他提出，每当我们感到自己被一个无法解决的问题给"粘住"时，往往不是因为眼前没有解决办法，而是因为我们的视角太狭窄了。这就是为什么在这种情形下，从埋头苦干中抽身出来稍事休息往往会很有帮助：当我们回来时，会比较容易自由地改变看待问题的方式——而我们经常发现，解决办法一直就在我们的鼻子下面！

让我讲一个自己的小故事来说明水平思维。小时候，我觉得用刀叉吃鸡很费劲，我总是更喜欢用手指。有一天，我发现爷爷用刀叉吃鸡灵活自如，就问他为什么能把这么费劲的事做得这么轻松。他的回答很简单："你一直想把鸡肉从骨头上弄下来，而其实你只要把骨头从鸡肉上剔出去就可以了。"这就是水平思维！而且它很奏效：骨头一直妨碍我享受我最喜爱的食物，而当我改变了看待任务的方式时，这个麻烦真的消失了！这也是一个运用综合逻辑的例子，因为爷爷的建议使我越过了本来像是绝对对立的事情："用手指很容易把鸡肉从骨头上弄下来"和"用刀叉很难把鸡肉从骨头上弄下来"。而新视角——"把骨头从鸡肉上取下来"——使我把第一个命题的"很容易"和第二个命题的"用刀叉"综合了起来。水平思维总是会以这种方式切过我们原来的思维方式，很像十字的横轴切过纵轴。[1]

波诺的另一本书——《Po：超越是与否》（*Po：Beyond Yes and No*）——提出了寻找新发现的另一个工具。正如书名向我们揭示的，这种新方法比水平思维更明显地根植于综合逻辑。波诺在这本书里造了一个新词“po”：当一个问题的正确答案既非“是”，也非“否”（或者，既是“是”，又是“否”）时，我们就用“po”来回答。他指出（POints out），很多在创造性思维中扮演着重要（imPOrtant）角色的单词都包含“P－O”，比如：假设（hyPOthesis）、诗歌（POetry）、可能性（POssibility）、潜在的（POtential）、积极的思考（POsitive thinking）以及设想（supPOse）。也可以把“PO”视为“预设对立面（Presuppose the Opposite）”的缩写。为了说明这个新词如何能真正帮助我们提高获得新洞识的能力——超越我们现有视角的地平线，看到新的可能性（POssibilities）、新的机会（opPOrtunities）——波诺建议我们试验各种“po情境”。为了完成这个试验，我们必须把“po”当作形容词，修改我们想要对其进行创造性思考的词，但此时我们对那个词的特征的描述，一定要预设为我们通常想到的跟那个词有关的事物、行为或情境的反面。波诺向我们保证，如果我们想：假如这种po情境是真的，事情将会怎样？获得新洞识会变得容易得多。

让我们做个试验。设想我对自己的教学方法不满意，打算思考一种新的、有创造性的授课方法。为了把它当成一个“po情境”，我必须对自己说“po老师是……”，并用一些通常与现实生活中的老师的真实情况不相符的特征来完成这个句子。我们会说什么？“po老师知道得比学生们少”怎么样？这只是从师生关系的众多可能特征中随

①英语原文中，作者将“垂直思维”误引为“水平思维”，将“水平思维”误引为“侧面思维”。经作者同意，翻译时做了相应的改动。

意选出的一种。但我们平时的确假设老师知道得比学生多，所以，上面的陈述通过故意与惯常的假设相反，可以成为“po 情境”的一个很好的例子。如果学生知道的东西真的比老师多会怎么样呢？嗯，一方面，如果我被指派在这样的情境下授课，我会很谦恭地做这项工作（如果不是吓得发抖的话），心里知道我学到的可能会比学生多。所以，我当然应该尊重我的学生，而“学生应该把我当作老师来仰望”这种常有的期望，显得不是那么有理由。另外，我会通过在课堂上向学生提问、让他们向我提问或者让他们分组讨论，尽力鼓励学生自己多讲。因为，既然“po 学生”最知道这门课在讲什么，那么“po 老师”如果不给他们充分的机会让他们分享彼此的知识，是很愚蠢的。

如果我现在从“po 情境”返回到“现实世界”，会发现我无意中找到了一些可以改善我的教学的新想法：我应该谦虚地向我的学生学习；在学习探索的过程中把他们视为与我平等的人来尊重；如果他们对我表现出某种不尊重，不要心烦意乱；要鼓励他们提问题、回答问题，要让他们有机会相互讨论。我第一次讲这一课时，事先没有想到这些洞识，当我在课堂上试验波诺的方法时，它们才进入我的脑海。而我认为它们真的是很好的洞识。你们觉得呢？如果是，那么记住这一点非常重要：它们出现在我的脑海里不是因为我特别聪明，而是因为我用“*po*”进行了水平思维，它促使我采取一个令人惊讶的新视角去看待一个熟悉的主题。你可以自己证明这一点，只需用同样的方法，反思任何你想有所提高的领域或是任何需要你以新洞识去看待的主题。只要记住：“po 思维”能激发洞识，是因为它促使我们有意采取与实际情境相矛盾的视角——如果曾经有过对综合逻辑的实际应用的话，这就是一个例子！

希望上面的例子已经帮助你们看到了运用综合逻辑的巨大价值——事实上是“必要性”。我相信它们已经奏效了，因为，这么多年来，我注意到初学哲学的人往往比专业哲学家更容易掌握综合逻辑！毫无疑问，这种现象的一部分原因是，西方哲学家往往被训练得偏爱分析逻辑的唯一有效性。在有些传统里，逻辑被定义为“分析”，所以，任何试着提出非分析性逻辑的人，当然被认为是在胡言乱语。然而正如我们已经看到的，综合逻辑表现出跟分析逻辑一样多的模式，因此，如果我们把逻辑定义为“语言的模式”，那么很显然，综合逻辑与分析逻辑应该被同等地称为“逻辑”。（顺便提一下，受了东方思维方式训练的哲学家有时会发展出对综合逻辑的偏好，但归根结底，这种偏好并不比西方哲学家的偏好更好。一位“好”哲学家应该能领会两者并用的价值。）初学者那么容易接受综合逻辑的另一个理由也许是，事实上，运用综合逻辑所要求的形式训练比分析逻辑的要少：分析逻辑是认知（尤其是思考）的逻辑，而综合逻辑是经验（尤其是直观）的逻辑。在这个意义上，我们可以把综合逻辑叫作“生活的逻辑”。

如果本书的读者是一位学生，那么你的生活很可能主要集中在学习、写论文和考试上。考虑到这一点，我将把这一讲剩下的时间用来讨论一个所有的读者都会感兴趣的主题，尤其是正在写洞识论文的读者：对视角的觉知如何能帮助我们提高写作技巧。我们已经看到，洞识往往会在我们学会转换视角时产生（就像在水平思维和“po 思维”里那样），而综合逻辑是支配着这种转换的逻辑；接下来我们要研究：根据逻辑的几何学的原则映射我们的视角的能力，如何能进一步提高我们对洞识的接受力。

首先让我提醒你，在你真的要在一篇论文或文章中使用逻辑映射之前，应该慎重估计：你的读者是否会接受图形思维？有些人天生偏爱这种思考方式，而另一些人却好像完全无法理解它。我在牛津的博士论文最初没有通过，因为一位主考对我使用图形反应过于敏感。他声称，我的论文只要不再充斥着以逻辑的几何学为基础的图表，就是一篇包含了“可供发表的内容”的论文。有讽刺意味的是，我在论文中为图表的使用进行论证的那一章（*KSP*的第三章），当时已经被一家著名的专业期刊接受了！尽管如此，我还是不得不重写论文，去掉图表，直到确信它能被那位主考接受。这个例子说明，一个人对图表的反应也许更多地与他（或她）对图形思维的偏见有关（例如，关于“学术论文应该是什么样子”的无可置疑的神话），而不是与任何有理性的、理由充分的反对意见有关。如果你认为你的读者也许有这样的偏见，你仍然可以用图表帮助你组织思路、激发洞识，但明智的做法是不要在文章的定稿中包含它们。但如果你的老师喜欢用图表，或至少对这类事物保持着开放的态度，那么，加入实际的图表是把好文章变得更好的、效果显著的方式。

逻辑映射的最基本的应用，是帮助你勾勒文章的总体流程，就像我在图I.1中为本书所做的那样。你也许没有注意到，那个2LAR映射提供了一个模式，它可以为建立清晰而完备的论证提供普遍的指南。如图V.10所示，在这个模式的最简单的应用里，纯粹成分（“– –”与“+ +”）代表文章的导言和总结。在一篇组织得很好的文章里，导言和总结不仅仅是对其他部分的内容的“一前一后”的概述。相反，好的导言应该勾勒出文章主题的基本限制条件，正如“认识无知”在我们这门课中所起的作用。同样，好的总结应该给读者留下清晰而有趣的实践应用和（或）供进一步研究的观点。我们将在第四部分看到，“静默的惊奇”恰恰为我们的哲学研究起到这样的作用。相反，混合成分（“+ –”与“– +”）要提出关于文章主题的两个对立的视角。在我们的例子里，思考（逻辑）与行动（智慧）是这门课的第二、三部分关注的一对矛盾。如果一篇文章的第二、三部分研究的观点，容易被看成是相互竞争的理论或方法，那么把这对矛盾的观点视为两种视角，可以使文章变得格外富有洞识。如果你能有效地证明这两者实际上是如何相容的，并（或）清晰地阐明特定的不相容为什么是不可避免的，那么你会写出一篇令人印象深刻的文章。

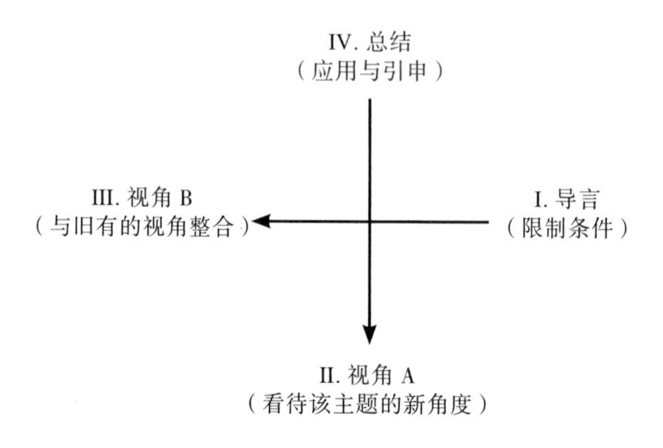

图 V.10　有组织的文章的四个部分

预先设计你要写的东西的格式，这个程序乍看起来似乎不合理：既然现实世界没有划分得那么整齐，我们怎么能事先知道这个主题是否真可以装进这么整齐的逻辑模式？康德会回答说，这个问题忽略了“理性自身具有不可或缺的建筑性”这个事实。就是说，我们的思维是（或应该是！）有序的、模式化的，因此，任何一篇包含了理性思考的文章，都不应该把秩序交给偶然性。当然，不能用这种方法预先决定文章的内容。但如果你要写的是一篇能因清晰而有序的写作方式而获益的文章，那么选择一种像 2LAR 那样常见的模式，几乎可以保证你的文章的清晰性和说服力会有所提高。有些文章也许非常细致，以至于需要更复杂的模式，比如，为了组织这门课（以及它的续篇 *DW*，还有 *KSP* 和 *KCR*）而采用的 12CR。大多数作者（甚至是高度抽象的哲学论文的作者）采用的另一种做法是：不遵循任何规则，只是将文章随意地分成若干部分。但这样会使读者完全没有文章的划分线索，无法知道它为什么偏偏是以这种方式而不是其他方式划分的。

运用逻辑的几何学预先设计一篇文章，这种做法到目前为止带给我们的最大益处，是使我们注意到各个主题之间的差距和事先未曾察觉的联系。我在这一周的前两讲举过几个例子，说明几何映射可以帮助我们提高洞察力。（还记得彩虹吗？）这类潜在例子太多了，我能轻而易举地用它们写满整本书！但就我们的目标而言，再举一个例子就可以了，它可以说明：映射如何能让我们发现对熟悉的老问题的新视角，从而帮助我们加深洞识。

当我着手编写本书的现在这个版本时，我教“哲学入门”已经有三十多次了。每次开课的第一天，我总是采用与图 I.1 和图 I.3 相似的图表，作为学生将要学到的东西的预览。后来有一天，在香港的一次哲学咖啡聚会之后，我跟一个参加聚会的人讨论静默的本质。我在说话时突然认识到，这门课的第二部分和第四部分可以被描述为人类经验意义（meaning）的两种方式。因此“意义”这个词可以用来标识图 I.3 的纵轴。晚上回家时，想象着有了标识的纵轴，我很想知道：应该怎样标识横轴呢？如果我没有用逻辑的几何学来组织这门课，这个问题绝不会出现。而它现在变得那么明显，以至于我对自己 13 年来从未想过这个问题而感到非常吃惊！我想了几个星期仍然没有答案。后来，在跟以前的一位学生谈话时，我最后坐下来，画出图表。我看到横轴的一端标着“无知”，另一端标着“知识”，刹那间，它刺激我想到两个很好的答案：第一部分和第三部分涉及的都是实在（reality），但分别来自两个不同的视角（最终的与非最终的），然而，让它与“意义”相对照的更自然的做法，是把它指称为“生存”（existence）。我的新洞识现在完成了：这门课的总目标是分享对这一问题的识见——生存（to exist）的意义是什么？

供深入思考／对话的问题

1. A. 怎样映射比 12CR 更高级的混合关系？

   B. 可不可能有半级分析性划分（例如，1/2LAR）？

2. A. 可以用十字映射综合关系吗？

   B. 可以用三角形映射分析关系吗？

3. A. 可以把“x”与“+”（或“x”与“−”）综合起来吗？

   B. 真的存在着有魔力的数字吗？

4. A. “po 水平思维”会是什么？

   B. 有可能获得根本无法被映射的洞识吗？

推荐读物

1. George Boole, *An Investigation of the Laws of Thought on Which Are Founded the Mathematical Theories of Logic and Probabilities* (London: Dover Publications, 1854).

乔治·布尔：《关于逻辑与可能性的数学理论之基础的思维法则的研究》。

2. Stephen Palmquist, *Kant's System of Perspectives*, Ch. III, “The Architectonic Form of Kant's Copernican System” (*KSP* 67-103).

庞思奋：《康德的视角体系》，第 3 章“康德的哥白尼体系的建筑形式”（*KSP* 67–103）。

3. Stephen Palmquist, *The Geometry of Logic* (unpublished; working draft available at http://www.hkbu.edu.hk/~ppp/gl/toc.html).

庞思奋：《逻辑的几何学》（未发表，草稿见于：http://www.hkbu.edu.hk/~ppp/gl/toc.html）。

4. Underwood Dudley, *Numerology: Or, What Pythagoras Wrought* (Washington D. C.: The Mathematical Association of America, 1997), Ch. 2, "Pythagoras", pp. 5-16.

安德伍德·达德利:《数字命理学——或毕达哥拉斯的成果》, 第 2 章 "毕达哥拉斯", 5—16 页。

5. Robert Lawlor, *Sacred Geometry: Philosophy and Practice* (London: Thames and Hudson, 1982).

罗伯特·劳勒:《神圣的几何学——哲学与实践》。

6. Edward de Bono, *The Use of Lateral Thinking* (Harmondsworth, Middlesex: Penguin Books, 1967).

E. 波诺:《水平思维法》。

7. Edward de Bono, *Po: Beyond Yes and No* (Harmondsworth, Middlesex:Penguin Books, 1972).

E. 波诺:《Po:超越是与否》。

8. Jonathan W. Schooler, Marte Fallshore, and Stephen M. Fiore, "Putting Insight into Perspective", Epilogue in R. J. Sternberg and J. E. Davidson (ed.), *The Nature of Insight* (Cambridge, Mass.: MIT Press, 1995), pp. 559-587.

R. J. 斯顿伯格与 J. E. 戴维森 (编):《洞识的本质》之 "后记": "将洞识放入视角" (Jonathan W. Schooler, Marte Fallshore, 与 Stephen M. Fiore 著), 559—587 页。

第6周

语言哲学

16. 分析哲学：实证主义与日常语言

现在，我们已经研究了“分析”与“综合”的逻辑区分的三种应用方式，并对它在逻辑几何学上的应用做了一些详细探索；我们在第二部分剩下的任务是考虑，对分析或综合的过分强调如何造就了某些哲学家的理念发展方式。回想一下，我在第1讲对比了两个对立的哲学运动：语言分析（linguistic analysis）与存在主义（existentialism），它们在20世纪的大部分时间统治了西方哲学（见图I.2）。前者的大部分版本强调分析的重要性，后者的大部分版本强调综合；他们都特别强调自己的立场，以至于会忽略甚至明确拒绝承认对方的取向的重要意义。然而，考虑到分析与综合的互补关系，正如我们已经料到的，这两种哲学取向的任何一方的持续存在都有赖于对方的存在，因为它们是同一个运动的互补的两极。因此我们应该毫不惊讶地发现：20世纪即将结束时，这两种取向开始一起消亡，并逐渐被其他思想方式代替，诠释哲学是其中最重要的一种。有意思的是，这三种主要的哲学方法都强调了一个共同的主题：语言在哲学探索中的中心地位。因此，本周我们将为这三种哲学各分配一讲。

我们今天要讨论的是“语言分析”学派的主要原理。“语言分析”是20世纪一直统治着英语哲学世界的运动，又叫“分析哲学”（analytic philosophy）、“语言学哲学”（linguistic philosophy），或“关于语言的哲学”（philosophy of language），这取决于所讨论的哲学家的偏好。但一般而言，这种哲学方法的特征可以被概括为：把对语言的分析视为哲学家的基本任务。应该采用什么样的方式精确地分析语言，对“什么是分析”的准确定义，甚至对“什么算是语言”的恰当界定，这些都是这个学派的学者们公开争论的话题。尽管有很多分歧，语言分析学家仍然由共同的信念结合在一起，那就是：处理哲学问题，最重要的（如果不是唯一的）是必须以它们在人类语言中的根基为出发点去看待它们。有些人相信，通过支持这一信念，他们真正继承了康德对人类知识的伟大限制——以至于有很多当代哲学家认为，哲学研究中的“先验转向”的概念就等同于“语言学转向”。

语言分析的根，是由一位名叫弗雷格（Gottlob Frege，1848—1925）的数学家培育的。他发起了一场（分析的）逻辑学的革命，当代哲学家至今仍在不断发掘这场革命的意义。弗雷格认为逻辑实际上可以约减为数学，而且他相信证明过程都应该显示为表达清晰的演绎步骤。更重要的是，他相信，倘若逻辑学家能发展出完全用逻辑符号表达语言学意义的方法，逻辑能够完成的任务会远远超出亚里士多德的任何想象。他的最有影响的观点之一，是区分了命题的“含义”（sense）和“指称”（reference）。他论证说，只有当一个命题既有“含义”又有“指称”时，才是有“意义”（meaning）的。（顺便一提，这个观点与康德的主张——知识只产生于概念与直观的综合——非常相似。）弗雷格还发展出一套新符号，使量词（如“所有”“一些”等）也可以用符号表达。他希望哲学家能用这套符号完善论证过程中的逻辑形式，从而使我们前所未有地接近“使哲学成为严格的科学”这一理想。

最先认识到弗雷格逻辑学新发现的重大意义的哲学家里有伯特

兰·罗素——他也许是20世纪最著名的英语哲学家。他与怀特海（A. N. Whitehead）合写了《数学原理》（*Principia Mathematica*）（这是完成于20世纪的最重要但读的人却最少的哲学著作之一），他们在书中运用了弗雷格的很多洞识。罗素在他漫长的职业生涯中发展出大量既有趣又有影响的观点，它们涉及了大批学科。遗憾的是，罗素曾几次改变自己的看法，在一篇文章中反对自己在较早的文章中支持过的立场。因为他从未发展出一套单一的、前后一致的哲学体系，我们很难在这里研究他那些数量庞大的观点。然而，另一位与罗素同时代但比罗素年轻的哲学家的情况却非常不同。这位讲德语的哲学家在曼彻斯特研习了几年工程学之后，给在剑桥的罗素寄去了一篇文章，说自己很想在他的指导下研究哲学——如果行不通，他将继续从事航空领域的研究。值得哲学界庆幸的是，罗素邀请这位年轻人来剑桥做他的学生。于是这位哲学家以罗素的学生的身份开始了自己的哲学生涯。

如果弗雷格可以被视为语言分析之"父"，那么语言分析最杰出的"儿子"，无疑是路德维希·维特根斯坦。维特根斯坦到剑桥后不久，开始了自己的独立研究，并成为20世纪最有影响的两三位哲学家之一。他的大部分影响是通过他的授课和辅导、通过与他一起讨论的学生和其他哲学家向外传播的，因为他生前只出版过一本书，写这本书时他还是个年轻人。而他去世时留下的第二本书的手稿，最终在他去世两年后出版。这两本书的每一本，都是语言分析的一种主要形式的奠基之作。让我们在这一讲剩下的时间里，依次看一下这两种取向。

维特根斯坦的《逻辑哲学论》（*Tractatus Logico-Philosophicus*, 1921）被认为是语言分析的最早形式之一——"逻辑实证主义"——的宣言。书的开头用以下这套基本命题定义了语言世界的界限：

1　世界是一切发生的情况（case）。

1. 1　世界是事实（facts）的总体，而不是事物（things）的总体。

1. 11　世界为诸事实所规定，并为它们即是全部事实所规定。

1. 12　因为事实的总体规定着发生的情况是什么，也规定着发生的情况不是什么。

1. 13　逻辑空间中的诸事实就是世界。

1. 2　世界分解为诸事实。

1. 21　每项事实都可以成为发生或者不发生，而其余各项仍保持原样。

全书始终遵循着和引论相同的严格的数学形式，每个连续的段落都按层次编上数字。这种逻辑形式反映了全书的总目标：建立一套分析性命题，让它成为理解关于世界的全部“事实”（即有意义的命题）的框架。维特根斯坦关注的分析性焦点是显而易见的，例如：他说，每一项事实都可以“发生”（+）或者“不发生”（–）。

维特根斯坦在他的书里，先在“什么算作‘世界’”和“什么不算‘世界’”之间（即“事实”和“事物”之间）设置了固定的界线，然后在第2—6部分编织了一张错综复杂的逻辑命题网。他想用这些命题建立一个哲学框架，用它来理解“世界”（即一切有意义的命题）呈现给我们的任何一个合法事实。然后，他用一个段落做了总结，值得详细引用：

6. 522　确实有无法诉诸语言的事物。它们使自身显现。它们是神秘的事物。

6. 53　正确的哲学方法其实是这样的：除了我们能说的，即除了自然科学的命题（也就是与哲学完全无关的命题），什么也不要说。因此，每当别人想说些形而上学的事物时，就向他证明，他无法为他在命题中使用的特定符号赋予意义。尽管这种方法无法令他人满意——他会觉得我们没有在教给他哲学——然而，这却是唯一绝对正确的方法。

6. 54　我的命题以如下方式起着阐释作用：任何一个理解我的人，当他以它们为梯子攀越了它们时，最终会认识到它们是毫无意义的。（可以说，他攀越了梯子后，必须抛掉它。）他必须超越这些命题，然后才会正确地看世界。

7　对无法言说之物，我们必须保持沉默。

分析哲学家为如何正确解释《逻辑哲学论》这段令人惊讶的结尾之谜，展开了长期而艰难的辩论。但如果我们记住了分析逻辑与综合逻辑之间的区分，这些主张的意义就一目了然了。让我们把"事实"与"事物"之间的区分跟分析逻辑与综合逻辑之间的区分联系起来（尤其是像图 IV.6 画的那样），它提示我们，维特根斯坦的这段论证的主要结构可以用图 VI.1 表示出来。

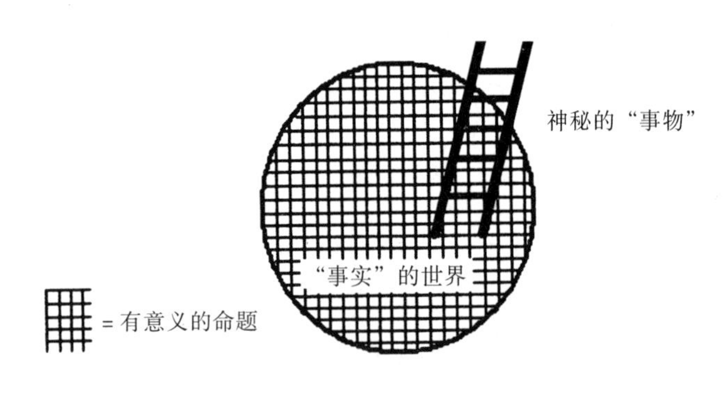

图 VI.1　维特根斯坦的"梯子"

维特根斯坦的看法是，任何只以严格的分析逻辑为基础的哲学，都必须把自己的研究范围限制在既成的“事实世界”内部发生的问题上，尽管这要求我们对很多传统的哲学问题置之不理，好像它们根本不存在。他十分正确地认识到，这个形而上学的领域（即，分析逻辑之外的“诸事物”的领域）是一个神秘的领域。因为综合逻辑一直是神秘主义者最喜欢的工具。然而，因为维特根斯坦坚信分析逻辑的普遍而唯一的有效性，所以他被迫得出结论：对神秘领域的正确回应是保持静默。他说，谈论这样的“事物”不是哲学的任务。如果他是对的，那么我在这门课上教给你们的大部分哲学根本不是真正的哲学，只是伪装的无稽之谈。

我们将在第四部分看到，静默其实是对神秘经验的很恰当的回应方式。然而，作为使用语言的动物，我们人类不可避免地力图用语言去描述这类经验。当维特根斯坦谈到那些希望以分析命题为“梯”攀越事实、达到对事物的直接理解的人时，他描述的正是这种努力。如果他的意思是说，在这种情况下，分析逻辑最终是“无意义的”，那么他是非常正确的；同样，他建议这样的人“应该在攀越梯子之后抛掉它”，也是非常恰当的。他坚持认为，我们必须“超越这些命题”以便“正确地看世界”，这也是完全正确的。因为神秘主义者对改变我们看世界的方式的兴趣，远远超过对改变我们描述世界的方式的兴趣。然而维特根斯坦没有考虑到的是，这一识见的领域也许有它自己的逻辑，通过这种逻辑，在分析逻辑里没有意义的语言最终可以有意义：使用综合逻辑的命题之所以会有意义，是因为它震撼我们，让我们以新的方式看待世界！

遗憾的是，最初追随维特根斯坦的哲学家无心探索他谜一般地提及“显示自身”的“事物”的含义，而是受到另一个想法的鼓动：建立一个分析性基础，使哲学第一次成为真正的科学。维特根斯坦的最有影响的追随者是艾耶尔（A. J. Ayer，1910—1989），他 26 岁时写了《语言、真理与逻辑》（*Language，Truth，and Logic*），普及了对维特根斯坦的思想的实证主义解释。艾耶尔远远没有为人们留出一个开放的空间，容纳对“神秘事物”的静默的领会。他论证说，神秘经验的无意义特征以及一切形而上学理念，应该促使我们把它们当作全然无用的东西加以抛弃。因此，在该书的第一章——“排除形而上学”的接近开头的部分，他写道：

> 因为我们应该主张：任何陈述，如果它所指的“实在”超越了感觉与知觉的一切可能的限制，那么它不可能有任何真实的意义。从这样的陈述出发，那些竭力描述这种“实在”的人，必定会把他们的努力全部贡献给制造无稽之谈。（*LTL* 34）

艾耶尔用来切除所有这类“幻想”的刀子，是他所谓的“可证实性”原则。他把这个原则描述为一个问题的形式。他假定，对任何一个关于世界的可能“事实”的命题，我们都要问这样一个问题：“是否有某些观察跟该命题的真假判定有关？”（*LTL* 38）艾耶尔推导说，如果回答是“否”，那么我们就无法证实该命题的真假；而在这样的情况下，命题必定是没有实际意义的。因此，如果我试图为“上帝实存”这样一个命题辩护，艾耶尔就会要求我描述某个潜在的、可经验到的情境，这种情境会使我放弃对上帝的信仰。例如，如果我说：“如果我母亲悲惨地死去，我就放弃对上帝的信仰”，那么艾耶尔会承认，我的信仰里有些有意义的内容，但现在它已经首先是关于我母亲，而不是关于上帝的信仰了。一个声称拥有不可动摇的信仰的人，只会被认为是在相信完全无意义的东西。艾耶尔在这本书的其余部分继续沿着这样的思路论证下去，以证实之刀切除了大部分哲学研究传统上最为看重的领域。不仅形而上学命题被切除了，大多数对人们来说最亲近、最珍贵的关于道德、宗教以及审美价值的命题，也被解释成最多只是个人感情状态的表达（所以是无理性的），因而要加以排除。

然而，正如任何想在逻辑的地基上为哲学研究建立一套所谓“实证”限制的尝试，艾耶尔的规划里有一个严重的问题——整个学派的基础命题恰恰无法通过可证实性检验。换言之，如果艾耶尔今天站在这里，我们请他指出某种观察——任何一种观察，要求这种观察能成为反对“可证实性原则”的证据，他将无法做到这一点！为什么呢？因为这个原则不像艾耶尔以为的那样，只是一个“逻辑工具”；它本身是一个不折不扣的形而上学信念，一如被他当成无稽之谈而抛弃的命题。这意味着：要么这个原则是真的，于是这个原则本身是无意义的；要么这个原则是假的，于是逻辑实证主义的基础就垮下来，摔成碎片。我们可以用下面这个更严格的形式来表达可证实性原则的自相矛盾的特征（假定“VP”代表“可证实性原则”，“– v”代表“无法由某种观察加以证实的命题”）：

所有的 –v 都是无意义的。（=VP）

VP 是 – v。

∴ VP（如果是真的）是无意义的。

你应该会觉得这种论证形式很熟悉，它正是素有恶名的“自指”问题，曾在第 10 讲出现过；它是一种谬误。

尽管逻辑实证主义有一个时期（主要是 20 世纪 30 年代和 40 年代）有望在很多哲学家中间获得支持，但不久，它的基本主张的自相矛盾性就变得很明显了。事实上，它变得那么显而易见，以至于艾耶尔本人最终也不再继续维护这种极端的实证主义立场。我们从这次相对短命的哲学实验里学到的一课是：某种类型的“预设”对于任何哲学努力而言都是基本的，而这类预设就像我们在第一部分遇到的神话，总是会超越它们所定义的知识的领域。一般而言，必须凭“相信”来接受这样的超越原则，因为它无法在它所支持的系统内部得到证明，然而如果没有它，系统就不会有界线，于是根本没有知识可言。换言之，在某种意义上，逻辑实证主义在使哲学成为科学这一点上，也许已经获得了成功，但它不得不付出的代价是承认深深困扰着现代科学的基本的不一致性：相信人类可以不立足于任何潜在的神话就能获得知识。我们一旦认识到这样的信条是无益的，就会看到，维特根斯坦的“事物”跟他的“事实”同样重要：没有前者我们甚至无法论及后者！

20 世纪哲学史上最有趣的对比之一，是维特根斯坦的两部杰作之间的对比。为实证主义哲学发展出框架之后没过多久，维特根斯坦开始走向另一条构想哲学任务的道路。他在《哲学研究》(*Philosophical Investigations*，1953）里发表了新的看法。这部遗世之作被视为语言分析的另一种形式——“日常语言哲学”的宣言。这两本书差异显著，连它们的标题都是如此：《逻辑哲学论》是严格地逻辑化的，而且完全是分析性的；《哲学研究》则以非常松散的、更富综合性的风格写成——并非不像一部侦探小说。日常语言哲学的基石（取代了逻辑实证主义的可证实性原则）是这样一条原则：词或命题的意义取决于它的用法。有了这条原则，分析哲学家开始把注意力转向对词语在日常语言里的使用方式的研究。他们相信，一切形而上学问题，最终都可以回溯到对它所包含的某些关键词的误用。

除了“用法决定意义”这条原则，维特根斯坦还就哲学家应该如何研究日常语言提出了另外一些指导原则。在结束我们对语言分析的讨论之前，有必要提到其中两条。第一条是，词语通过参与特定的“语言游戏”获得它们的意义。就像不同的游戏有不同的规则，但它们都可以被称作“游戏”，语言的不同用法也有不同的规则，但它们也都可以产生意义。这意味着，科学（逻辑实证主义者唯一认可的知识领域）现在只是被当成很多可能的语言游戏中的一种。我们在非科学语境里使用的词，比如，我们在进行道德说理、形成美学判断乃至建构宗教信仰体系时使用的词，最终都可以认为是有合法意义的。尽管我们在每种情况下都无法从外部理解这样的意义，要想领会正在发生的事情，只有参与这个游戏。因此，理解“游戏”这一概念，对日常语言哲学家而言至关重要。事实上，我在牛津大学学习时，曾听过一位哲学家的系列讲座，他曾是维特根斯坦的学生。无论你们相不相信，他用了整个学期来与我们讨论“什么是游戏”——而我们从未达成一套可以适用于一切游戏的定义原则！

维特根斯坦引入的第二个指导原则再一次以类比为基础，它是这样的：词语组群内的各个组之间，以及某个组群与另一个组群之间，有时会有一些“家族关系”。他相信，通过追踪这些关系并意识到日常语言里展现出来的错综复杂的模式，哲学家可以避免重复以往哲学家的很多错误。试图把一个在日常语言中不属于某个家族的词当成这个家族的词来使用，会破坏语言的游戏规则，因此，如果它们引发了看似无法解决的问题，是毫不奇怪的。运用这两条和另外一些原则，维特根斯坦在哲学家喜欢采用的对待语言的方式中发现了大量错误。尽管这种探测工作得出的结论，有时与《逻辑哲学论》的逻辑思考得出的结论并无不同（例如，把哲学问题归因于对语言的误用），但它那开放而灵活的语调与他早期著作的僵硬风格相去甚远。

如果说逻辑实证主义试图把哲学变成一门科学，日常语言哲学则要把哲学变成一门艺术。这样一来，语言分析学派在某些形式上其实已经更充分地领会到综合的重要性——尽管它们仍然认为分析更有优先权。对分析的强调带来的益处是，它让哲学家注意到澄清语言的重要性。然而整个运动的最严重的问题之一是，在很多情况下，有些分析学者声称，他们是在说“我们只是在竭力帮助你澄清你在使用语言时已经做过的事情”，而实际上他们暗示了另一个非常不同的主张。事实上，有些分析学者在做哲学时抱着这样的态度：“我们知道整个传统错在哪儿，而且我们再也不需要它了！”当然，说这样的话总是很危险的，因为正是哲学传统构成了土壤，哲学之树的形而上学之根从中汲取着营养。

17. 综合哲学：存在主义与言说上帝

正如我们已经看到的，哲学上对分析逻辑的过分强调，往往会使人们在追求科学体系的过程中走到忽视一切神话的地步。一位哲学家越是认为某种形式的综合逻辑是分析逻辑的合理补充，就越会允许神话的思维方式在他的哲学研究中扮演一个合法的角色，后者与前者似乎直接成正比。我在第16讲提到过，今天的焦点是存在主义，它的代表人物更倾向于强调综合逻辑而不是分析逻辑。存在主义运动在所谓的“欧陆”（即不含英国的欧洲）哲学中占统治地位，尤其是20世纪上半叶。存在主义哲学家想要运用哲学思考来提高我们对人类的具体经验的理解力，他们提出了很多问题，事实上，处理这类问题是我们这门课的第四部分的主要内容。因此，今天我们可以把注意力限制在与逻辑更直接相关的论题上，即宗教语言以及它的特别形式——“言说上帝”[1]——怎样获得意义。（当然，分析学派的哲学家也非常关注这个论题，但我们现在的焦点是存在主义者处理这个论题时倾向于

① 言说上帝：God talk，泛指谈论神（或上帝）的语言。又译作“谈论上帝”“谈论上帝的语言”“神谈”等。

采用的方法。）这个主题与语言分析形成恰当的对比，因为，关于上帝的语言不仅不排斥神话，还被有些人当作“神话的语言”。

宗教语言像神话一样，在最好的情况下，往往会运用综合逻辑帮助我们应对我们对最终实在的无知。换言之，它在本质上是一种努力——言说不可言说者的努力。在大多数宗教里，这个“不可言说的实在”被指称为“上帝”，因此有“言说上帝”这个短语。但很多哲学家更喜欢采用不那么武断的字眼，使用“**存在**”（Being）就是一个很好的例子。远在存在主义成为独立的哲学运动之前，很多哲学家和神学家采取惯用的区分：人类（以及日常世界里实存的一切其他事物）是“存在者”（beings），而作为一切实存的基础的最终实在是“**存在**”。麦奎利（John Macquarrie）是当代的一位存在主义神学家，深受海德格尔的存在主义哲学影响，他在《基督教神学原理》（*Principles of Christian Theology*）中描述了存在者和**存在**的区分（*PCT* 138）：

> ……**存在**不令其在而在的存在者是不可能有的；但**存在**在存在者中出现并显明，而且一旦与存在者分离，**存在**就变得与“无”没有区别。因而，**存在**与存在者，尽管不能相互吸收，但也无法相互分离。

存在与存在者的这种区分是很多存在主义者的基本起点，尽管不那么神学化的哲学家往往更喜欢从更基本的区分开始：**存在**（和/或存在者）与“无”。

存在主义（无论哪种形式）的首要区分，在其基本形式上对应着康德的“可能有知领域”与“必然无知领域”的区分。这两种区分并不是一回事，它们的应用方式也有很大差异，但我们还是可以通过我们已经熟悉的方式，用同样的圆形图示这一存在区分（参看图 III.5 与

VI.2）。用同根词[①]指称“实在”的两个层次，这样做的一个好处是：它暗示人们（正如任何有过宗教经验的人愿意证实的），**存在**在存在者中揭示自身。但这引起了一个问题：如果存在者与**存在**之间有着根本的差异，那么，对这个既在存在者之中显明自身，又超越了所有存在者的**存在**，我们怎样才能有意义地谈论它？这是宗教语言的中心难题，传统上有两种解决途径。

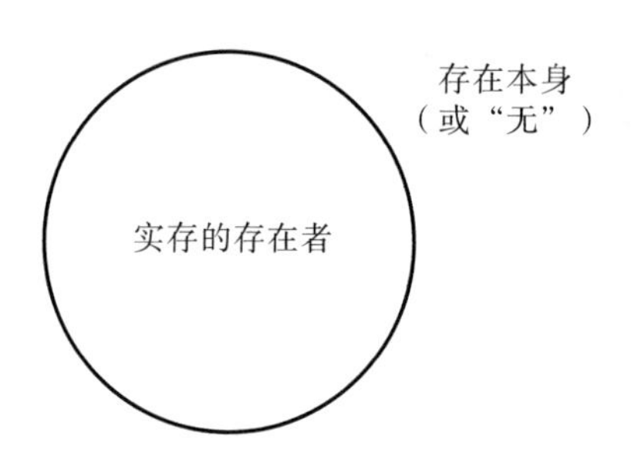

图 VI.2　首要的存在性区分

第一种可以被称为“否定的途径”。采取这种途径的人坚持认为，描述**存在**的任何文字必须在字面意义上是真实的，即同样的语言，它描述存在者有多真，描述存在就要有多真。结果，按照这种方式处理“关于神的语言”，要么产生对最终实在的极度严格的描述，要么不作任何描述。这种方式的典型代表，我们已经遇到过几次。第 12 讲引述的托名狄奥尼修斯的僧侣的大段文字，是最早也是最好的例子之一。如我们所看到的，他的命题如果只用分析逻辑来解释，它们就几乎完全是空洞无意义的，但如果用综合逻辑来阐释，它们却可以指向更深的意义。而康德的认知理论（我们在第 8 讲概述过）也常常被解释为：暗示了对语言的限制，将语言严格限制在存在者的领域。当然

① 同根词：“大写的存在”和“存在者”的词根都是“be”。

还有维特根斯坦的《逻辑哲学论》，它在结尾直截了当地建议：当涉及超越了“事实世界”、向我们“显现自身”的“神秘事物”时，我们应当保持沉默。

对“怎样用语言建立关于最终‘**存在**’的有意义的表达”这个问题的第二种解决途径，叫作“肯定的途径”。有意思的是，上文提到的每一位哲学家，都在某种程度上不仅提倡否定的“途径”，也提倡与之互补的肯定的“途径”——这是他们堪称“好”哲学家的佐证。维特根斯坦的《哲学研究》可以被认为是铺设“肯定途径”的努力。我们要在第 22 讲研究的康德的道德哲学，是康德有意建立起来的肯定性的补充物，是对他的认识论建立的否定性限制的补充。而托名狄奥尼修斯的那位僧侣，其实是为这两种“途径”命名的第一位哲学家；事实上，与他的极度朴素的否定神学相比，他以肯定方式进行的精心著述可以说是惊人地丰满、繁盛。

采用肯定途径的哲学家和神学家，往往运用所谓的“存在者类比”发展出一种方法。这种类比的陈述很简单：在特定情况下，“**存在**”对于“存在者”，就像“存在者 x”对于“存在者 y”。或者我们可以用数学等式表达这个观点，如下：

$$\frac{\textbf{存在}}{\text{存在者}} = \frac{\text{存在者 x}}{\text{存在者 y}}$$

这个类比并不意味着，两种存在者之间的每一种关系，都与**存在**和所有存在者之间的关系有某种相似性。只有在一些特定情形下，这种相似性才会进入我们的脑海，让人觉得这是用语言解释我们对**存在**的经验的恰当方式。例如，耶稣以某种方式经验到**存在**对存在者的关系，这让他想起父子关系，因此他教给他的追随者向他们“天上的父”祈祷。这里的类比是：

$$\frac{\text{上帝}}{\text{人类}} = \frac{\text{父亲}}{\text{儿子}}$$

这里的“父”指的当然是理想中的完美父亲。

存在者类比可以为我们解决一个有趣的悖论，这个悖论是由**存在**与存在者之间的首要的存在性区分引起的。保罗·蒂里希是德国的一位存在主义哲学家，他一生中的大部分时间在美国度过。他论证说，如果我们将“上帝”视为“存在者本身”或“存在者的根据”，即如果我们将“上帝”视为**存在**，而不是我们周围的、实存的存在者中的一个，那么，说上帝“实存”其实是完全不恰当的！我的一位老师曾说，这个主张表明蒂里希是个真正的无神论者！然而，这种解释完全没有领会蒂里希的立场的要点。我们一旦认识到下面这一点，一个更好的解释会自动浮现：各种类型的存在主义者都乐于指明，“实存”（exist）这个词来源于拉丁语的 *ex*（“出来”）和 *sistere*（“站”），因此它意味着（正如神学化的存在主义者会很快补充的）一个存在者要实存（exist），就必须从其扎根的**存在**中“站出来”。

我们将在第四部分更详细地看蒂里希的一些观点，但现在只要指出这一点就可以了：蒂里希坚持认为，既然上帝只是实存的存在者从中站出来的**存在**，那么严格地讲，我们不应该说“上帝实存”。蒂里希这样讲，是在采用“否定的途径”。如果我们从“存在者类比”这个更为肯定的视点来看待这个问题，就可以说：上帝的实存状态（或者可以说上帝的“实在”）对于人类的实存状态（或“实在”）而言，就像山峰对于低谷、太阳对于月亮，或者我们知道的任何更高、更本原的力量对于更低、更派生的力量。这样的比较没有给予我们关于上帝的知识，但它们的确给了我们一种运用语言的方式，表达我们对“怎样才能最好地描述我们对上帝的经验”这个问题的确信。换言之，**存在**与存在者之间的区分并不意味着上帝不是实在的，而是说上帝的“实在”与我们知道的任何其他存在者的“实在”有根本的差异。蒂里希会说，严格地讲，说“上帝实存”或“上帝不实存”都是不对的，而我要补充说，从更为灵活的综合逻辑的视点看，更好的说法是：这两个命题都是真的、有意义的——分别以它们自己的方式。因为，上帝不仅是所有实存的存在者中的最伟大者，而且，我们存在者拥有实存，而上帝是实存——或者，像麦奎利说的那样，上帝“使—在”（*PCT* 141）。这一定是蒂里希的主张——上帝并不“实存”（在“实存”的字面意义上）——的要点。

存在者类比，几乎像语言的任何形而上学式使用一样，从综合逻辑获得意义。因为，每当我们运用已知关系描述未知关系时，我们以分析逻辑永远无法证明其合理性的方式，在两个对立物之间画上了等价符号。如果我们想完全用分析逻辑来理解“上帝是我的父亲”这个命题，将不得不认为它是无稽之谈。因为“父亲”是一个男性个体，他通过与女性个体发生性关系，促成婴儿的降生。如果上帝只是一个“伟大的存在者”，那么这个命题可能是真的；而且，以这种方式看待上帝的教徒不难把上帝想象成（例如）一位睿智的老人，他（以某种超自然的方式）与童女玛利亚发生了性关系，使她生下圣婴耶稣。但如果上帝超越了存在者的受限的领域，那么用严格的分析逻辑来解释，把上帝当作父亲的概念就是荒唐的。不过，如果我们把综合逻辑当作建立有意义的命题的合法工具，就会认识到，“上帝为父”的概念并不是想对上帝进行精准的描述，而是一种震撼人的方式，让我们更深入地洞察我们对上帝的经验。今天的基督徒很容易忘记这一点：当犹太人第一次听到耶稣宣称“上帝是我们的父亲”时，他们是多么震惊。如今有人想以同样的方式引起传统基督徒的震惊，他们宣称："上帝是我们的母亲！"这样的提议很可能会冒犯那些只接受分析逻辑的人：上帝怎么可能既是父亲，又是母亲？而综合逻辑却向我们表明，为什么这两个命题都可以是真的（以它们自己的方式），每个命题都培育着对**存在**的本质的合理洞识。

麦奎利（顺便一提，他是我在牛津大学的导师）在《基督教神学原理》中一般性地讨论了宗教语言的有意义性，并具体讨论了言说上帝的有意义性，这些讨论很有帮助。他论证说，言说上帝并不只是在表达某种抽象的类比，它来自一个人对存在本身的某种具体经验的生存性反应[①]（*PCT* 139）。例如，麦奎利确信，如果一个人有过这样的经验，即虔诚的敬畏让自己感到卑微，并被它击倒，仿佛某种更伟大、更高的力量出场了，这种力量无限超越此人以往经验到的任何力量，那么，当这个人将这种经验的神秘源泉（即上帝）指称为"至高者"或是"至高的**存在**"时，他（她）表达的命题是有意义的。即便是对于不再相信上帝居住在字面意义上的"高天之上"的人，"高"的隐喻仍然可以恰当地表达当上帝在场时他们的反应（即"低"的感觉）。

"言说上帝"指的往往不只是个体对**存在**的个人经验，而是每个人都应该承认的教理。在一个特定的宗教团体里，假如宗教语言反映了团体成员对**存在**之显现的共同经验的生存性反应，那么对宗教语言的教条化使用也可以有合法的意义。麦奎利在对维特根斯坦的后期哲学作出肯定的一个章节中提醒我们：教理或教义的意义最终取决于它在宗教团体中的使用（*PCT* 124–125）。一个宗教团体里，如果表达教义的语言与团体成员对经验到的**存在**的生存性反应不再有关系了，教

① 生存性：existential，又译"存在性"。简单地讲，意思是"能对一个人的存在之根本基础产生影响的"，或"关系到一个人的存在之基础的"。

义就失去了意义，应该被丢弃或采用新的表达形式。换言之，宗教信徒应该这样看待自己的信条：它们包含的不是固定的、分析性的意义，它们不是在任何时候、任何地点都同样有意义；它们是可变的、综合意义的表达，直接关联着生活中常变常新的实在。

麦奎利还提到，言说上帝在神话语言中有其历史根基（*PCT* 130–134）。他描述了一些存在主义者的观点：神话是一种叙述性努力，它想以客观化的形式回答一个从根本上而言是主观性的问题："我是谁？"但他提醒我们，神话也有完全客观的方面（134）："神话其实是在谈论人类的生存，然而是在联系着**存在**谈论这种生存，直至**存在**揭示出自身。"换言之，这种经验是对某种客观事物的经验，尽管它揭示的知识主要是关于有这种经验的人的情境的知识。虽然我们今天"生活在后神话时代"（132），但理解神话语言的本质仍然很重要，因为它跟宗教语言密切相关：它们都深深地依赖对象征的使用。

我们在这门课的第四部分要详细地考虑这个问题：特定的象征是怎样起作用的，从而使我们能应对我们对最终实在的无知？因此，如果我预先简要说明象征如何在宗教语言中起作用，将会很有帮助。在麦奎利看来，象征，是存在者领域中的任何一种揭示**存在**的领域并因此将我们的注意力引向那里的事物。当他提到它们不可避免地包含着"悖论"时（*PCT* 145），他提醒我们注意象征的综合性特征："正是因为象征是象征，就是说，它们既代表它们所象征的，又达不到它们所象征的，所以它们必须同时既被肯定又被否定"，麦奎利在有些地方（如135—136页）也间接提到蒂里希对象征的定义。我们将在第31讲看到，蒂里希将象征定义为：一个符号，它参与了其所指之物的实在。换言之，象征在某种意义上是实在本身（A），尽管在另一种意义上，作为纯粹的经验性对象，它不是实在（–A）。因此，有些作者将矛盾律称作"参与"律，它支配着这种情形：A参与了–A。

神话语言与宗教语言的不同之处在于：神话式理解仍然没有觉知到神话语言的象征性，而真正的宗教式理解已经把象征当作象征。麦奎利将前者比作做梦，将后者比作释梦（*PCT* 134）。他接着讨论了象征的很多重要特征。例如，他观察到象征通常只在“或多或少有限的人群中”起作用（136）。因此，也许“没有个人的象征”，也没有“普遍的象征”，因为同一个客体在不同文化中往往有不同的象征意义。另外，麦奎利还认为：“尽管**存在**是在场的，并因此在每个个别的存在者中潜在地显现，但有些存在者会比其他存在者更充分地显现**存在**。”（143）就是说，有一个“参与**存在**的序列”：从参与得较少的非人客体，到参与得较多的人格的存在者。人格的象征在宗教语言中那么普遍，是因为他们“对存在的参与范围最广，因此最能象征**存在**”。我们知道这是真的，因为人格的存在者“不仅仅在（are），而且使—在（let-be）”（144）。因为人类作为特别的存在者，不仅像石头那样实存，他们还创造。而创造正是宗教概念中“存在本身”的基本特征之一。

在这一讲结束之前，我应该提醒你们：综合哲学（比如存在主义）的表述形式，有时也像分析哲学的典型做法一样排他、片面。实际上，这两个思想学派都使用了分析逻辑和综合逻辑：语言分析学派有逻辑实证主义者和日常语言哲学家，存在主义也有否定的“途径”和肯定的“途径”之分。尽管如此，分析学者还是更容易过分强调分析逻辑，而存在主义者更容易过分强调综合逻辑。后者有时会导致这样的方式：他们好比是在说，“只有个体的经验是真正要紧的，而哲学传统，就其对这种经验的忽视而言，应该被抛弃”。但正如我在第16讲结尾提到的，传统恰恰是滋养这种经验的土壤，我们无法丢弃传统而不使经验本身变得无从解释。

18. 诠释哲学：洞识与返回神话

古希腊神话中有一位神，他在帮助人类理解逻辑的本质与目的这方面，往往显得比其他诸神更有象征意义。他是赫尔墨斯，是宙斯与迈亚（阿特拉斯与普雷奥涅的女儿、普勒阿得斯七姐妹中最年长的一个）秘密幽会生下的私生子。迈亚躲在山洞里生下他，他几乎立刻长成了一个孩童，在晚上溜了出去，偷走了阿波罗的五十头牛，并把它们藏在另一个山洞里。为了迷惑追踪者，他用鞋印盖住了牛的蹄印，让留下的踪迹显得像是牛群去了相反的方向。他在洞里生起了火，然后把两头牛切成十二份，分别向十二位神献祭。他用龟壳和那两头牛的皮做了第一把七弦琴。当阿波罗最终找到赫尔墨斯的藏身之地时，被他的琴声给迷住了，阿波罗用他的全部牧群来换这件乐器，而且他们成了好朋友。为了在牧牛的时候用音乐来慰藉自己，赫尔墨斯制作了第一支牧笛，并开始学习被禁止的预言艺术。他的预言才能最终打动了宙斯，宙斯委派他担任永生的神的信使——他的主要责任之一是将梦带给凡人。

赫尔墨斯不同于大多数希腊诸神，那些神往往只掌管生活的一两个方面，赫尔墨斯却关系到生活的很多特性。由于最初的那些举动，他成了窃贼和骗子的神，狡猾是他的主要性格之一。但他也被尊为音乐家、牧人、商人和手艺人的神，也是性爱与魔法（尤其是用来吸引爱人的魔咒）之神。在他的所有特征中，最能把他的角色与其他诸神区别开的，是他担任的信使工作。（有意思的是，希腊语中的“天使”的字面意思，也是“上帝的信使”。）他是被允许自由往返于人、神王国之间的少数的几个神之一，我们可以把他视为界线之神——图 VI.3 充分表明这是一个恰当的头衔。

20 世纪的第三个主要哲学学派——诠释哲学（hermeneutic

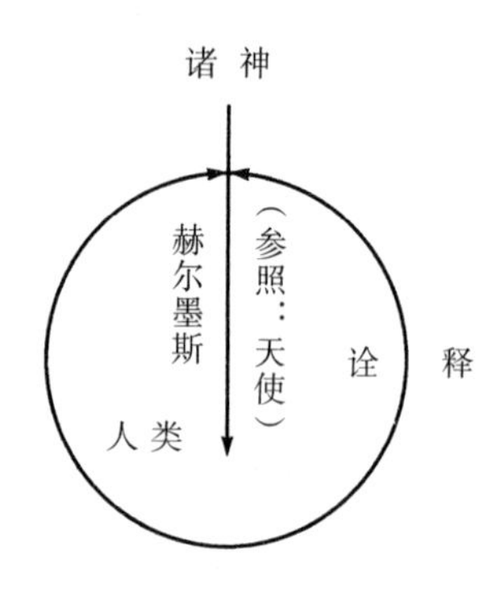

图 VI.3 作为神的信使的赫尔墨斯

philosophy），以很好的理由从这个神话人物那里引出自己的名字①。正如赫尔墨斯的工作是向人类揭示来自神的秘密消息，诠释哲学也想通过对逻辑或语言哲学的一般研究，找到对这个最基本论题的理解：当我们诠释口头或书面消息时，理解本身是如何发生的？同样，我们可以认为赫尔墨斯象征性地代表了哲学家，（我们一旦认识到，作为人类，我们对最终实在是无知的，那么）哲学家的主要任务就是诠释语言的意义。

诠释哲学在西方文化里有很深的根基。其实，亚里士多德本人曾写过一本题为《解释篇》的书，但这本书处理的更多的是逻辑学的基本问题，而不是与现在的诠释学相关的论题。对奥古斯丁、阿奎那以及经院哲学家而言，诠释学之所以意义重大，主要是因为（如果不是唯一原因的话）它关系到应该如何诠释《圣经》。为了得出可以客观地使用的诠释原则而写的第一本书，是克拉顿尼乌斯（Johann Chladenius，1710—1759）的《对理性论文与书籍的正确诠释导论》（1742）。他将诠释学定义为：完整理解言辞（无论是口头的还是书面的）的艺术。他提出了三条必须一直遵守的原则：（1）读者必须把握

① “hermeneutic”的词根“herme”来自赫尔墨斯的名字“Hermes”。

作者的文体或者说“风格”（genre）；（2）应当用不变的亚里士多德逻辑把握每个句子的意思；（3）一定要记住作者的“视角”或“视点”，尤其是当我们比较对同一事件或观点的不同说明的时候。

18、19世纪（尤其是19世纪），诠释学逐渐发展为学院研究的一个规范领域，对神学家尤其如此，因为它对于辅助诠释《圣经》具有重要意义。施莱尔马赫（Friedrich Schleiermacher，1768—1834）将诠释学当作专门的大学科目来讲授，引入了很多新的洞识与区分，它们在今天看来仍然相当重要。他的最有影响的理论之一是：我们对文本的理解能力受到“诠释循环”的限制。“诠释循环”指的是，文本的各个部分（例如，从最初的语言和它的语法出发，考虑到的每个词、短语等的意思）与被当成有意义的整体来考虑的全文（它往往要求很多东西，例如，对作者的文化和心理背景的理解）之间的互动关系。这里的悖论是：为了把握整体，我们必须理解部分；然而如果不理解整体，我们就不可能理解部分。实际上，这意味着诠释者的任务是永远无法完成的：我们对部分理解得越多，对整体的看法就越精确；反之亦然。我想，把这个永无终点的“循环”看作螺旋更为恰当：随着每一次“部分—整体”的旋转，我们对文本的理解越来越广。图VI.4提示我们，“诠释循环”为我们理解诠释学如何将综合与分析结合起来，提供了一种途径：综合是将部分结合起来产生整体的过程，而分析是它的逆向过程，将整体分解为部分。

很多对哲学有不同程度的兴趣的学者，比如威廉·狄尔泰(William Dilthey，1833—1911)，为我们理解诠释学贡献了更深入的洞识，但我们本周的主要焦点是20世纪。关注20世纪其实是很恰当的，因为诠释哲学真正成为独立的研究哲学的方法（不再只是诠释《圣经》的一套原则），完全是由于20世纪的一位杰出哲学家的工作。因此，我们要更为详细地讨论这位哲学家的观点，以便进一步理解，这些观点怎样把分析哲学和存在主义综合了起来，从而说明，在20世纪，什么样的哲学最接近于“好”哲学。

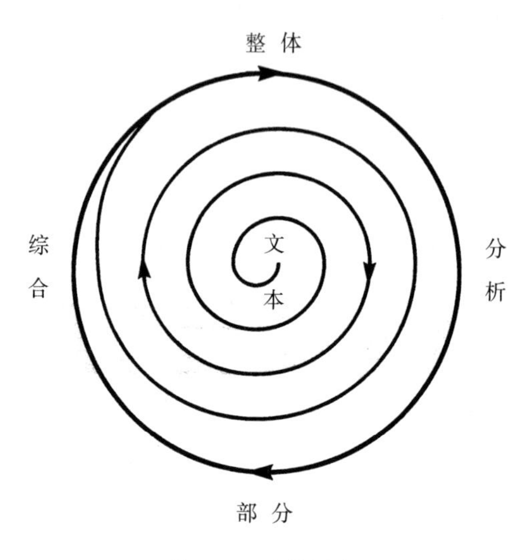

图 VI.4　诠释螺旋

伽达默尔在思想形成过程中受到胡塞尔（Edmund Husserl，1859—1938）和海德格尔哲学的影响。胡塞尔发展出一种被称为“现象学”的哲学方法，它包括一个叫作“先验悬搁”（transcendental epoche）的过程，胡塞尔想通过这个过程将任何非本质的事物“括起来”（bracket out），从而把现象还原为它们最本质的特征。他关注“说话行为”，力图解释语言如何超出自身、指向一个客观的实在。海德格尔是胡塞尔的学生，他以胡塞尔的观点为跳板，发展出一种新的哲学。这种哲学认为，诠释学是哲学的核心任务。海德格尔在他的极有影响的著作《存在与时间》（*Being and Time*，1927）中论证说：“此在”（Dasein，一个术语，意思是“being-there”，但海德格尔把它当成一个名字，用来指称“人类本性的核心本质”）比所有其他的存在者，具有更高的“存在论的优先性”，因为人类内在地具有朝向**存在**的“敞开性”（或对**存在**的“前理解”)。海德格尔指出，问题在于，经历了一个“关闭”的过程，我们“忘记了”我们与**存在**的亲密联系。而只要**存在**一直隐藏着，不在我们的视野中显现，我们就始终与我们最深的根基相“疏离”。这种“关闭”发生的原因，是我们的大部分言谈（即词的用法）都来自与**存在**的“不真实的”关系。所以，哲学家的任务，是通过“自我觉悟”（self-realization）的过程来解决这个问题；这个过程要求我们首先认识到我们如何被限制在我们的时间性里，这也是最重要的。海德格尔曾在这本书中说，他将在《存在与时间》的第二卷诠释**存在**，但遗憾的是，他再也没有写第二卷。

伽达默尔是海德格尔的学生，是个大器晚成的人。像康德一样，当他写完《真理与方法》（*Truth and Method*，1960）时，已经快到退休的年龄了。这本书有时被称为现代德国诠释哲学的“圣经”。伽达默尔在书中评述了哲学的启蒙时期与浪漫时期的历史性对比。启蒙时期的哲学家抱着天真的观点，认为理性能解决人类所有的问题——只要我们学会放弃所有的预设，从普遍真理的客观立场看世界。浪漫时期的哲学家拒绝这个“以偏见反对偏见”的立场（*TM* 240），以拥护传统的偏见取而代之，与之相伴的是对神话的新的尊重。因此，浪漫主义者从个人真理的主观立场看世界。伽达默尔论证说，浪漫主义运动只是向对立的立场说“不”，这犯了跟启蒙运动同样的基础性错误：这两种传统中的哲学家都容易意识不到自身的偏见。诠释哲学家却宣称，持有一些偏见是不可避免的，从而超越了两者。伽达默尔认为，一个预判，只有当它是过于草率地看事实的结果时，才是不好的。如果一个偏见的基础是对合法权威的信任，那么它不仅不是不好的，反而是获取任何真正知识的必要步骤。关键是要认识到，这个“权威”不是来自一个人的地位，而是来自一个人的知识。人们自愿服从他人，不是因为政治强力，而是因为人们自主地认识到：那个人知道自己在说什么。伽达默尔承认，传统是这类权威的最常见的可靠来源；然而当传统传递真正的知识时，我们应该也能运用理性来支持这种知识。伽达默尔再一次像康德一样警告人们：不能总是相信理性（即逻辑）可以单独引导我们到达真理。

浪漫时期的悖论是：它在唤醒人类的历史意识的同时并没有认识到，作为时间中的存在者，我们的有限性限制了我们准确认识自身历史的能力。这是“诠释学难题”的核心（*TM* 245）：“历史不属于我们，我们却属于历史。”因为诠释者置身于历史之中，所以，对任何文本的诠释过程都是一项永无终点的工作。理解要求我们首先跨越对文本或客体的“陌生感”，为此我们要将它转化成我们更熟悉的事物、我们理解的事物。这就是为什么偏见是理解过程的不可避免的一部分，以及为什么意识到我们自身的偏见，对于诠释文本（或我们的经验的任何方面）是那么重要。无论诠释什么，都要觉知到诠释者和被诠释者存在于同一个历史性连续体中。这种觉知被伽达默尔称为“效果历史原则”（267）。

《真理与方法》的中心论点之一是，科学家对“科学方法的天真的信仰”（268）“导致一个人拒绝承认自身的历史性”。事实上，获取真理的任何努力都必须以某种方法为基础，而无论我们选择什么方法，都必定会悖论式地限制我们对真实事物的观看。这是因为，正如我在这门课上多次强调的，我们只有从某个视角看出去，才能认为某样事物是真的。（我将在第24讲对这个主题进行更为详细的研究。）而科学方法在这方面格外危险，因为那些声音最响亮的科学倡导者倾向于将它当作获得真理的唯一方法，然而，由于对自身的偏见（或者用我们在第一部分的称呼——“神话”）的无知，这类主张掩盖的真理，最终与它们揭示的一样多（如果不是更多的话）。相反，对“效果历史原则”的哲学领会，赋予我们“对诠释情境的意识”（268）。

按照伽达默尔的看法，“情境”（situation）是“限制识见的可能性的立足点”（*TM* 269）。我们的情境的限度叫作我们的“视域”（horizon）——一个从海德格尔那里借来的术语。我们要觉知到自己的视域，这种觉知的重要性在于：它让我们感觉到视角，这个视角关系到从我们的特殊立足点出发所能够看到的每一样事物。没有这样的觉知，一个人会倾向于只关心当时发生的、最切近的事物。诠释哲学家通过提供历史意识——“过去的视域”（271）——解决了这个问题，历史意识使我们能拓宽自己的视域，直到将他人（我们对其语言进行诠释的人）的情境包括进来。每当我们诠释另一个人的语言时，就会发生这种视域的融合。

我们可以在什么意义上说，诠释哲学（正如伽达默尔对它作出的最为完备而系统的表述）真正综合了较早的语言分析运动和存在主义运动？支持这个观点的途径有很多，其中之一，是着眼于考虑每个运动如何看待哲学的任务。分析哲学家认为自己（在理想情况下）是客观的语言形式的科学分析者；存在主义者则认为自己是先知，呼吁人类去获得对人类经验的意义（或无意义）的新的领会。而伽达默尔认为，哲学在本质上是一种需要被诠释的交谈，从而将维特根斯坦的分析性偏好与海德格尔的综合性偏好（正如公开宣称自己是存在主义者的哲学家——比如麦奎利——作出的诠释）结合起来：哲学是而且必须同时是两种努力——它既想要分析并理解表达的语言形式，又想要综合并经验这些形式（这些形式在由历史的调停而达成的团体中不断发展）的有意义的渐变。事实上，在我们进入21世纪之际，诠释哲学教给我们的关键一课，在本质上与“自指问题”（self-reference）教给我们的是一样的：我们能“把握”的真理的范围，止于我们愿意认识并承认的自己的神话。

要为我们的偏见留出空间。为了强调它的重要性，一个办法是区分“释义”（exegesis，读出文本中的意义）与“曲解”（eisegesis，将自己的意思置入文本）。大多数学者现在仍然认为，前者是唯一可靠的诠释方法。而伽达默尔的哲学证明，无论是分析地摘出文本的意义（释义），还是将自己的洞识综合地放入文本的可能意义（曲解），都是诠释过程的必要方面。对曲解不抱偏见的学者极少，康德是一个罕见的例子。他论证说，一切在宗教语境中进行的《圣经》诠释，都应该被赋予道德的诠释，即便文本的字面意思不包含道德意义——只要这种诠释与文本的字面意思不相抵触。我们将在第 11 周进一步讨论康德对宗教的看法。而这里的要点是：没有一定的曲解手段，我们的理解会缺乏洞识，并因此缺乏深刻的意义。在今天的课程结束之前，让我们联系分析逻辑与综合逻辑的区分，对洞识的本质做一番更为详细的探讨。

在我们对哲学之树的第二阶段的探索即将结束之时，我想确定，这棵树的树干——逻辑——已经给了你们一些关于如何理解语言的新的洞识。特别地，我希望你们现在已经看到，认识到分析与综合的各种形式的互补关系是多么重要。回忆一下我们在第 12 讲对“视见—洞识”作过的比较：分析逻辑往往能为我们看到并经验到的事物的表面现象提供最好的描述方法，而综合逻辑却把我们带到表面之下，进入新观点的深处。但新观点单凭自身无法确立。有了洞识之后，如果只是放在一边，它就不会结出果实。因此，对新洞识的综合式发现一定要继之以分析式批判，而只有完全浸润在传统里的人，才能正确地作出这样的批判。对分析与综合、视见与洞识、批评与发现之间的互补关系的这种描述，可以图示出来，只需对图 IV.6 做少许改动，如图 VI.5 所示

可以证明，记住这个映射对于学习第三部分很有帮助，它将引导我们反思智慧的本质。现在让我们为下一部分做些准备。在讨论“什

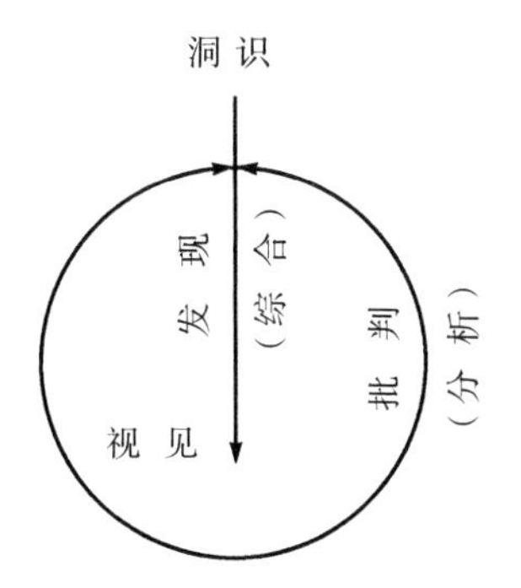

图 VI.5　功能互补的分析与综合

么是智慧”这个问题之前，我希望你们每个人都去读一个小故事——理查德·巴赫写的《海鸥乔纳森·利文斯顿》。尽管“智慧”这个词在故事里从未出现，但我希望你们在阅读时，寻找故事里可能包含的任何关于智慧的本质的线索。巴赫不是哲学家，所以他的书通常不会进入哲学课的指定读物，但他是个凭洞识写作的人，他的作品经常能在读者的脑海中点燃将熄的洞识。所以我希望，讨论巴赫这个寻找智慧的小鸟的脍炙人口的小故事，会带给我们一些洞识，这些洞识可以成为第三部分的恰当的导言。

供深入思考 / 对话的问题

1. A. 为什么数学真理跟自然界的真理往往非常一致？

   B. 一个词或命题的意义与它的使用有什么不同吗？

2. A. 如果综合在语言分析中起作用，它的作用是什么？

   B. 可能有一种完全分析性的语言吗？

3. A. 为什么总是有，而不是全然的无？

B. 否定与肯定途径之间有中间途径吗?

4. A. 关于上帝，我们能说出任何真正真实的东西吗?

B. 为了做好诠释，释义比曲解更重要吗?

推荐读物

1. Ludwig Wittgenstein, *Tractatus Logico-Philosophicus* 2, tr. D. F. Pears and B. F. McGuinness (London: Routledge & Kegan Paul, 1974 [1961]), §§1, 6.1–3, and 7.

路德维希·维特根斯坦:《逻辑哲学论》第2版，§§1，6.1–3，及7。

2. Alfred Jules Ayer, *Language, Truth and Logic* 2, Ch. 1, "The Elimination of Metaphysics" (*LTL* 33-45).

A. J. 艾耶尔:《语言、真理与逻辑》第2版，第1章"排除形而上学"（*LTL* 33–45）。

3. Ludwig Wittgenstein, *Philosophical Investigations* 2. tr. G. E. M. Anscombe (Oxford: Basil Blackwell, 1968 [1953]), §§1-25.

路德维希·维特根斯坦:《哲学研究》第2版，§§1–25。

4. Bertrand Russell, *The Problems of Philosophy* (New York: Oxford University Press, 1997 [1912]), Ch. 15, "The Value of Philosophy", pp. 153-161.

伯特兰·罗素:《哲学问题》，第15章"哲学的价值"，153—161页。

5. John Macquarrie, *Principles of Christian Theology*, Chapter 6, "The Language of Theology", (*PCT* 123-148).

约翰·麦奎利:《基督教神学原理》，第6章"神学的语言"（*PCT* 123–148）。

6. Paul Tillich, *Systematic Theology*, vol. 1 (Chicago: The University of Chicago Press, 1951), especially Part II, "Being and God", pp. 163-289.

保罗·蒂里希:《系统神学》第一卷，尤其是第二部分“存在与上帝”，163—289页。

7. "Hermes" (http://web.uvicca/grs/bowman/myth/gods/hermes_t.html), maintained by Laurel Bowman.

“赫尔墨斯”（见于http://web.uvic.ca/grs/bowman/myth/gods/hermes_t.html），维护人：Laurel Bowman。

8. Hans Georg Gadamer, *Truth and Method* 2, Second Part, § II. 1, "The Elevation of the Historicality of Understanding to the Status of Hermeneutical Principle" (*TM* 235-274).

伽达默尔:《真理与方法》第2版，第二部分，§ II. 1，“理解的历史性上升为诠释学的原则”（*TM* 235–274）。

第三部分　树枝

科学与爱智慧

第7周

科学哲学

19. 什么是智慧？

考虑到有些人还没机会读到我在上一讲结束时提到的《海鸥乔纳森·利文斯顿》，我准备先简要概述一下故事的内容，然后我想听一下读过这本书的人如何回答下面三个问题：

（1）飞行在故事里代表什么？

（2）关于追寻智慧，这个故事告诉了我们什么？

（3）在故事的第二部分，乔纳森去了哪里？

最后我会向你们解释，这个故事包含的启示与这门课的第三部分要研究的各种问题之间有什么联系。

《海鸥乔纳森·利文斯顿》这本小册子，就像它的名字告诉我们的，讲的是一只不同寻常的鸟儿——一只名叫乔纳森的海鸥的故事。起先，它不断试验各种不同的飞行方法。它的同伴只用飞行来满足生活的主要需求——觅食，而它却认为飞行技能本身应该值得追求。然而，当它试验出高速飞行的新方法时，却触怒了鸥群的领袖，它们把它放逐到“遥远的悬崖”上。乔纳森在那里过着漫长而孤独的生活，后来飞来两只神秘的鸟儿，把它带到了另一个地方。在故事的第二部分，乔纳森学习一种新的飞行方法，这种方法关注的不是翅膀和羽毛，而是思考和想象。他很快超过了这个新世界的所有其他鸟儿，这时他突然决定，他必须返回原来的世界。于是他回到那个遥远的悬崖。故事的第三部分（也是最后一个部分）告诉我们，他召集起一些被驱逐的鸟儿，开始教给他们如何飞行、如何理解飞行。那些鸟儿学会了一些基本技巧之后，就和乔纳森一起返回曾放逐他们的鸥群。他们在海边练习，鸥群中的一些鸟儿终于也表现出学习飞行的兴趣。当它们开始能够自学了，乔纳森就离开了。

现在让我们从第一个问题开始。有谁知道，飞行在这个故事里可能代表什么意思？顺便说一下，不要说“寻找智慧”，因为这太显而易见了。我说过，我希望你们看到，是整个故事让我们深入洞察如何寻找智慧。因此，我现在希望你们给出更具体的回答。这样，当我们讨论第二个问题时，就能把我们从飞行的象征意义中学到的东西应用于对“爱智慧的本质”的理解。那么，谁想当第一个？

学生N：自由。

是的，我想这是一个很好的起点。即便不读这个故事，我们也能相当肯定地说，“自由”是作者有意采用的象征意义的一部分，因为把飞翔的鸟儿跟自由联系起来是很常见的。也许正是部分地基于这个理由，作者才决定写一个关于鸟儿的故事，而不是关于一条鱼或是一只狗的故事。故事本身更证实了这一点，因为它告诉我们：乔纳森认为自己自由地摆脱了使其他鸥鸟陷入既不快乐、又无意义的生活的事物，比如：渴望食物、渴望被人接受、渴望政治权力。当他学习飞行时，他学会了让自己越来越自由地摆脱这样的陷阱，而且他在这个过程中也学会了怎样过真正有意义的生活。在故事的第二部分，他甚至学会了让自己自由地摆脱他一生的取向：认为单纯意义上的飞行（即身体的飞行）就是生活的最终目标。

但“自由”这个词几乎与“智慧”一样难以理解。那么有没有人在故事里发现了什么线索，可以帮助我们理解“什么是自由”？为了深入洞察自由的本质，乔纳森不得不做什么？

学生 O：在我看来，乔纳森像是在不断地探索未知。这总是要求他突破自己或是其他鸟儿先前设定的限制。

很好！我同意“未知”在整个故事中扮演着重要的角色。乔纳森一直心甘情愿地追逐自己的目标，即便他似乎从不知道在下一个拐角处等待着他的是什么——至少一直到故事的第三部分、在他返回鸥群之前。正如你提示的，他对“完美速度”的追求，其实是对不可企及的目标的追求。因此事情是悖论式的：只有当他愿意放弃一切关于如何才能达到这个目标的常规想法时，才能达到这个目标；尤其要放弃这样的假设：只有靠“翅膀和羽毛的飞行”才能达到“完美速度”。同样地，我认为，当你说他总是“突破……限制”时，你选择了十分恰当的词。事实上，鸟儿的飞行之所以象征着自由，原因之一是它们似乎发现了挣脱重力锁链的秘密，而这条锁链把我们人类牢牢地束缚在大地上。而故事本身也暗示我们：突破旧有的界线是自我发现的基本要点之一。你们注意到了吗？在故事的第一部分，乔纳森的确把他关于飞行的主要发现之一叫作“突破”。然后在第二部分，他对想象式“飞行”的发现不仅是技能层面上的突破，也是理解力上的突破。而故事的第三部分，他返回鸥群的行为代表着另一种突破，它跟“飞行”在故事里表现出来的象征意义也有联系。

有谁注意到了吗？乔纳森的最终突破如何为“飞行”的象征意义提供了另一种解释？

学生 P：他最后返回鸥群的举动像是真正的牺牲。如果仍然待在原来的地方，他可以继续学到更多的东西！飞行能代表这种自我牺牲吗？

它的确能。回想一下故事的开头，乔纳森仅仅为了追求完美速度，已经牺牲了很多东西。事实上，在我们这本教材中我最喜欢的一个章节里，我精确地表达了这个观点，只是我用的词跟你的有所不同。在故事的第二部分，乔纳森刚完成首次突破，老师江就告诉他，不久他就可以开始致力于所有突破中“最困难、最强大、最有趣的”一种，“你将可以开始垂直起飞，并懂得友善与爱的意义”（*JLS* 83）。同样，江对乔纳森说的最后的话是“不断为爱而努力”（84）。乔纳森让我们看到，当他自己变成了老师，第一次处在江所在的位置上时，他开始学习这一课。然后，在故事的第三部分，他回到遥远的悬崖上。但只有当他真正回到曾驱逐他的鸥群中时，他才充分证明他对“垂直起飞”的学习是多么彻底。

我们从“飞行”的象征里还可以学到什么？我以前的一些学生在一次哲学课上提出了一个显而易见的回答：飞行之于鸟儿，就像思索或者自我理解之于哲学家。或者另一种可能的解释是，整个故事讲的是学习的一般过程，从无知到认识的经过，当然，这也是我们这门课一直在发展的重要主题之一。在进入下一个问题之前，还有谁要对这些观点加以补充吗？

学生Q：我想，飞行代表着完美，因为故事里几次提到“完美速度”。尽管我们不会飞，但我们可以努力在我们能做的事情中做到完美。

也许是这样的，但我想我们不得不小心，不要误解这里的“完美”要说的意思。我认为，它指的并不只是“在任何时候都是对的或好的”，否则乔纳森就不得不遵守“鸥群的法律”，即便它有时与“自由”的“真正法律”相违背（*JLS* 114）。无论如何，“完美”是一个人为自己设定的非常高的理想。你认为乔纳森对完美的追求给他带来了什么益处吗？我们能从他的经验中学到什么？

学生Q：嗯，我想，没有这个目标，乔纳森的生活就不会很有意义。我认为飞行为他的生活赋予意义。

那么飞行代表的并不只是追求完美，而是追求能为我们的生活赋予真正意义的那种完美，没有它，我们的生活就是平庸的。是的，我想这是整个故事的要点之一。并非每样东西都能起到这样的作用，这意味着，我们必须十分谨慎地选择我们要追求的生活目标。正如我讲过的，乔纳森自己在故事里多次改变对飞行的看法，并随着每一次改变越来越接近最终的目标：参与一种有意义的实在。

其实我们已经开始回答第二个问题了：关于寻找智慧，这个故事能给我们的具体启示是什么？迄今为止提到的所有要点都牵涉第二个问题，不复述也应该很清楚。因此，与其重复它们，不如让我们看一下是否能从故事里得出关于智慧的本质的更进一步的洞识。如果我们认为整个故事讲述的是个体对智慧的追寻，我们能从中学到什么？

学生 R：那些真正认真地追求智慧的人，似乎过着艰苦而孤独的生活。

从乔纳森的经历来判断，当然像是这样。而且他们还很容易被人误解。乔纳森不仅在第一部分被鸥群里的伙伴误解，在第二部分还被朋友沙利文误解，在第三部分又被一些学生误解。但我们应该记住，一个人如果为自己设定了“追寻智慧”这么高的目标，这类困境造成的难题在某种意义上讲是“容易”应付的。（顺便一提，这跟耶稣的话很相似：尽管耶稣用了很多所谓“令人难以接受的话”描述那些注视着“上帝之国”的人，但他宣称，任何追随天国的人都会发现“我的轭是容易的，我的担子是轻省的”！《马太福音》，11：30）乔纳森之所以学得那么快，正是因为他不想让这种貌似沉重的担子长期把自己压下去。同样，尽管以通常的标准衡量，追求智慧的人的生活显得很孤独，但故事本身告诉我们，乔纳森在遥远的悬崖上过着“漫长而美好的生活”。毫无疑问，这是因为他的困境涤除了他的“厌倦、恐惧与愤怒”，而正是它们使“鸥鸟的生命如此短暂”（*JLS* 41）。如果这个故事对现实生活而言是真的，那么生活中显现出来的困境、失败与痛苦是非常值得的：没有它们，突破不可能完成。

学生S：看上去，乔纳森的追求即便不是永无止境的，至少也是持续不断的；他需要很大的意志力才能坚持下去。我想追求智慧也同样如此。

的确如此。但究竟是什么给予我们力量，让我们固守这永无止境的任务？是什么使我们不丧失希望、不索性绝望地放弃？故事给了我们什么线索吗？

学生S：我相信，乔纳森能坚持不懈地追求他的目标，只是因为他能看到一个超越时间与空间的维度。

这是很重要的一点。但事实上，你的回答直接把我们带到了第三个问题，所以在评论你的回答之前，我要问：有谁知道，乔纳森在故事的第二部分去的那个奇怪的地方是哪儿？

学生T：故事里不是说他去了天堂吗？我有这样的印象：在第一部分的结尾，可以认为乔纳森死了，两只像是天使的鸥鸟把他带上了天堂。

我不奇怪故事给你留下这样的印象。事实上，这当然是一种可能的解释，尤其是在第二部分的开头，乔纳森自己也以为这个新地方是天堂。他对自己说：“那么，这是天堂了……”（*JLS* 57）然而没过多久（64），在他认识到自己还没有达到最终目标之后，他问江：“这个世界根本不是天堂，是吗？”江回答说：“没有那样的地方。天堂不是某个地方，也不是某一时间。天堂就是‘是完美的’。”遗憾的是，江刚要更详细地解释天堂实际上是什么，却被乔纳森打断了（79）——但江还来得及告诉乔纳森：完美与爱有着密切的联系。

如果乔纳森在第二部分去的不是天堂——因为这个故事把天堂更

多地描述为一种存在的状态，那么乔纳森去的那个地方究竟在哪里？或者换言之，那个地方对我们来说象征着什么？

学生U：是不是“自己”或“心智”？

这是一种很好的看待方式，尽管我更愿意说，他进入了他的想象。因为他在那里做的事情，是我们只有在想象中才能做的。事实上，第二部分的要点之一看起来是：“想象”跟我们的心智的其他部分（那些能给予我们外部世界的知识的部分）一样真实。无论如何，不管我们想怎样解释那个地方，有一点是肯定的：在那儿，我们比大多数时候更容易获得超越时空的维度。因此，如果说，第一部分里，乔纳森在自己内部找到一个宝匣，但它是锁着的，那么第二部分就是他找到钥匙的地方：在想象里——或许你更愿意说，在他从自己的心智中找到的理念里。而在第三部分，他为了曾经驱逐他的鸥鸟的利益打开了宝匣。

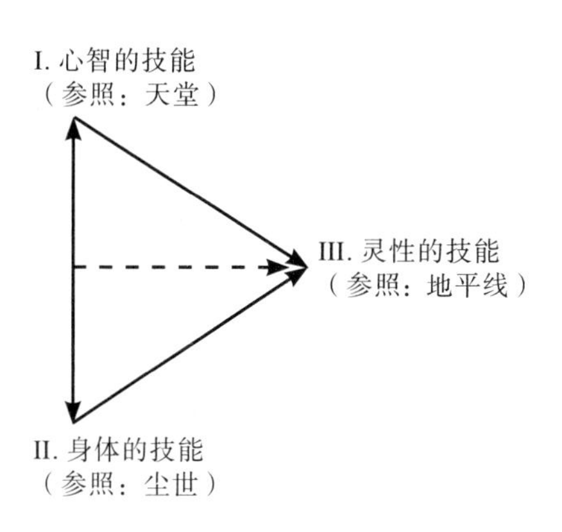

图 VII.1 乔纳森的三个生活阶段

作少许曲解，我们也可以把乔纳森在第二部分去的地方比作哲学课。第一部分像是迄今为止你们每个人在现实世界中度过的生活，你们在那儿已经学到了很多关于如何生活的知识。但在第二部分，乔纳森学习学习，这“第二步”行为是对哲学任务的一种描述。这种解释意味着：研究哲学的目的不是要成为职业哲学家，写着枯燥乏味、无人能懂的技术文章，以便在没有人读的学术期刊上发表；更确切地说，研究哲学的目的是为了让你做好准备，返回你以前待过的地方（或至少回到它的地平线上），但此时你有一种新感觉，感觉到自己跟一种更高的实在的联系，无论你从事什么职业，这种实在都将给予你力量去从事对智慧的研究，直到生命的终点。沿着相似的思路，如果我们认为这三部分对应着三种技能，分别来自人类本性中“身体的、心智的与灵性的”这三个方面（参看图 II.8），那么乔纳森的生命发展过程可以用图 VII.1 映射出来。

回顾今天的讨论，可以看出关于智慧的三个重要启示，我们在学习这门课的第三部分时应该始终想到它们。首先，智慧要求我们认识到，知识与无知之间有一条界线。关于这一点，我们在第一部分通过对形而上学的研究应该已经学到了很多。第二，智慧要求我们相信，尽管我们的无知是必然的，但仍有可能找到办法突破这条界线。我们在第二部分对综合逻辑的研究应该也教会了我们这一点。那么，最后的启示是：我们要认识到，即便我们已经成功地突破了先前的限制，也必须返回最初的家；只有当我们认识到这一点时，才真正开始理解什么是智慧。然而，初始状态与返回状态之间有着至关重要的区别，因为我们现在对界线的两侧都有所觉知（尽管我们不能称之为“知识”）。对这种状态的最好描述是：当我们回到最初的家，我们仍然仿佛生活在界线（或“地平线”）上，如图 VII.2 所示。

让我们简要地看另外两个故事，它们都有力地表明了返回先前世界、与他人分享我们通过突破界线而获得的洞识的重要性。第一个是柏拉图的洞穴人的故事（见图 II.7）的一部分，我在第 5 讲没有提到它。故事说，有些人千方百计地努力找到出路，来到阳光中，能够如世界所是的那样看到世界，学会了“根据事物的型相看事物”这种哲学技能。太阳的力量给了他们如此深的印象，以至于促使他们返回洞穴，希望解放那些仍然囚禁在影子世界里的人。所以，柏拉图的故事实际上遵循着与图 VII.2 相同的形式。而另一个故事改编自 G.K. 切斯特顿的作品（见 *CO*），它跟柏拉图和乔纳森的故事大不相同，但有相似的寓意。

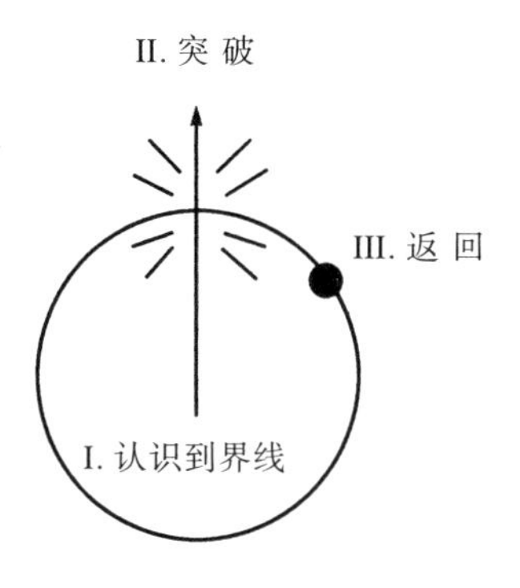

图 VII.2　返回界线的智慧

从前有个男孩，在一个遥远的群山环抱的小村庄长大。在童年时代，他常常听到村里的老人们说起一座大山的故事，那座大山的形状好像一张人的脸。这些传说使他心中充满好奇，于是他很早就离开了家，去寻找那座著名的大山。然而很多年过去了，他疲惫地走遍了整个国家，而他想要找的景象却一眼也没有瞥见。他觉得那只是他年轻时轻信的一个骗局，失望之际，他最终决定回家。然而，当接近故乡的村庄时，他被眼前的发现惊呆了：一座大山从村庄后面升起，它的形状分明就是一张人的脸！幼年时代，他从未走到过离家足够远、使他能看到“整个画面”的地方，而当他离开时，又从未回头看过。但如今，旅行自然而然地使他发生了很大变化，他再也不能适应这个村庄里他曾经习以为常的生活方式了：也许我们应该说，他将永远停留

“在界线上”。

有了这个新洞识，现在让我们回忆一下，这门课的第一、二部分主要处理了理论哲学的两个最重要的领域。而在第三、四部分，我们的注意力将转向实践哲学的两个最重要的领域。其中第一个领域可以被称为“应用哲学”，因为它要求我们把学到的关于逻辑的东西应用于人类的各种行为。但也可以称之为“科学”，因为在每种情况下，它的目标都是建立某种知识。在第三部分剩下的章节里，我们将研究哲学之树的三个主要枝条：自然科学、道德科学以及政治科学的哲学。我们对每个枝条的研究目标，都是发现这样的界线条件：它们能够被超越（例如，以综合逻辑的方法），但同时也为任何希望对这些学科进行反思的哲学家建立起合适的家。在这个过程中，我们其实很少会以这样的方式谈论智慧。然而我们对每个主题的讨论，始终都贯穿着一个隐含的假设：当我们为界线设定恰当的位置时，其实是在完成追求智慧的最重要的任务之一。

20. 科学与对智慧的剖析

我们从上一讲的讨论中学到的最重要的一课是：哲学就像学习飞行，它首先是一种技能。我想在这一讲的开头再次强调这一点，尤其是因为前面 18 讲涉及的主要是哲学之树的理论方面。如果迄今为止，你的哲学学习给你留下了这样的印象——哲学更多的是一套理论或教条，而不是行动，那么请马上忘掉它！哲学首先而且最重要的，是人们做的某种事情。而学习“做哲学”，在很多方面都很像学习踢足球或学说一门语言。在学习过程中，我们总是要学一些特定的理论或方法。但假如你不出去在场地上几小时几小时地反复练习，你永远也不可能成为一名出色的球员；假如你不去找说那种语言的人、同他们交谈，你也永远无法流利地说那种语言。

学踢球和学语言的例子提示我们：实践与模仿是学习一项技能的必不可少的两个步骤；而对于“做哲学”这项技能，它们也同样适用。这就是为什么我一直鼓励上这门课的学生，要他们定期花时间对课堂上提出的问题或每周最后的部分列出的问题进行反思，然后写出相应的洞识论文。洞识论文是你们“做哲学”的实践机会。然而，除非你是做哲学的天才，否则仅凭实践不足以带来成功。你需要一些人供你模仿。想到这一点，我希望你们上课的时候（或阅读这本书的时候），更加注意我做哲学的方法，而不是记住关于各位哲学家的“事实”。但正如踢足球有各种各样的策略，如何最有效地学习语言也有很多不同的看法，所以，正如我们已经看到的，关于做哲学的最好方式也有很多不同的概念。这就是为什么阅读其他哲学家的原著（比如，每周的“推荐读物”里提到的文本）对你们来说也很重要。当你阅读原著时，不要以为自己只是在学习哲学理念的内容，还应该学会模仿哲学家怎样做哲学。最后，通过积极采取适当的方法与你阅读的文本对话，你应该能够在阅读的时候做哲学。

哲学是一种技能，但它不是跟其他技能等量齐观的任何一种技能。事实上，我们很容易把哲学跟其他技能之间的比较推得过远。哲学其实可以被认为是最根本的技能，或者是技能的技能。换言之，在最好的情况下，哲学作为获得理念并在其中发现真理的技能，为其他所有技能提供了基础。这就是为什么几乎每一门学科都会附有“……的哲学”这个主题。除了我们要在第三部分考虑的哲学之树的三个枝条（科学哲学、道德哲学和政治哲学）之外，我们还可以研究宗教哲学、物理哲学（以及其他专门科学的哲学）、艺术哲学（以及个别艺术形式的哲学）、教育哲学……这个名单可以一直列下去。做哲学的技能是所有这些技能的基础，这也反映在我们的教育建制中：当一个人掌握了一门特定的学科时，通常会被授予“哲学博士”学位。尽管大多数博士学位并不真的要求学生们研究真正的哲学，但这个学位的名称的确是想表明，毕业生已经掌握了这门学科的基础——因此，至少从原则上讲，应该能对这门学科进行哲学思考。然而，即便与大学教育无关的技能也可以有关于它们的哲学，比如，下棋的哲学、烹饪的哲学、打猎的哲学，等等。此外，当然还有生活的哲学，更不用说死亡的哲学。我们将在第12周研究这两个主题，它们指的首先是技能，即学习如何去生，学习如何去死。

把哲学视为理解事物之理念本质的最高技能，这与这门课的基础神话有什么联系？换言之，如果哲学像一棵树，我们应该把做哲学的技能叫作什么？我们应该怎样描绘哲学家？哲学家对待哲学，就像园丁对待花园里的植物一样：正如园丁并不创造甚至构造植物，而是培育已被给予的东西（例如，以种子的形式），哲学家也不（或至少不应该）认为自己的任务是无中生有地发明论点，或以某种机械的式样建立体系，而是将其视为培育某种已被给予的实在（例如，以一个理念的形式）。记住这一点，让我们进一步思考这门课的基础神话。

我给大家看的哲学之树与笛卡尔描述的那一棵非常不同（见图III.1）。事实上，把形而上学与树根联系起来是这两个类比的唯一的共同点（参看图VII.3）。正如一棵树的根部几乎全部埋在土里，形而上学的主要内容也几乎完全隐藏了起来，避开了认知性头脑的探寻。因此，研究形而上学让我们学到的基本的一课是：如果一个园丁不断地把树拔起来，看它的根长得怎么样了，很快就会杀死这棵树；同样，拒绝认识我们对最终实在的必然无知的哲学家，以及坚持声称已经获得了对最终实在（或是对这一最终实在之不存在）的确定知识的哲学家，很快会不经意地杀死恰恰要他们负责培育的有机体。

图 VII.3 哲学之树（波小兔 绘）

正如我们已经看到的，哲学之树的树干和树枝对我们而言不是物理学和其他科学，而是逻辑和科学（我们在这里采用“科学”的原初意义：指任何论证充分的“知识”，而不单指按照自然科学的方法构建的多种类型的知识）。正如所有的树枝都是从树干里长出来的，我们的一切知识（即科学）都是用语言（即逻各斯）表达的。我们可以补充说：树皮就像分析逻辑，向我们显示思维方法的保护性外壳；而树干的核心就像综合逻辑，把我们带入思维本身的心脏和生命。

尽管笛卡尔没有让他的树的类比超出树枝，但我们将在这门课的第四部分看到，一棵树的叶子可以与通常被称为“存在论”（对存在［being］的研究）的哲学研究领域相比较。正如大部分树种每年都会落叶并在春天重生，历经出生、成长、死亡与再生的不断循环，我们要在第四部分研究的现象也往往是飞逝的、短暂的。然而，正如叶子让树有了鲜明的特征，人的鲜明特征也由这个人对美、爱、宗教和死亡的经验所决定。而且，正如死去的叶子落到地上，腐烂分解，以便构成滋养树根的土壤，人类世代积累的经验也构成了传统，人们不能毫无顾忌地忽视它，因为它恰恰形成了哲学之树成长的土壤。

现在让我们把哲学之树的神话推进一步——假定我们培育的是一棵结果子的树。如果这样，果实的性质是什么？我建议把它看作各门科学的起点。历史告诉我们，大多数现在被我们当作科学的学科，都曾经被认为是哲学的分支。例如，数学可以回溯到古希腊的一位名叫毕达哥拉斯（你们可能在学校里学过他的“毕达哥拉斯定理”）的哲学家那里。物理学、生物学、心理学、政治学，如此多的学科都发端于亚里士多德的经验主义哲学。甚至化学也是由“炼金术”这门准哲学发展出来的。炼金术士称自己为“哲学家”，他们竭力寻找能把普通金属变成黄金的方法。（炼金术士把“哲学的乔木”视为这种转化过程的象征，不过按照卡尔·荣格的描述［见*PSA* 420，又见图 122、131、135、188、221、231］，“哲学之树”的那种形式跟我们这门课所采用的非常不同。）社会学和经济学最初也属于哲学体系的不同方面。这个名单也可以一直列下去。科学为什么往往以这样的方式产生？哲学之树提供了一种看似合理的解释：这棵树的枝条在“爱智慧”的特定意义上代表了科学；各种各样的果实长在上面；当一枚果实落地，腐烂，然后生根，一种专门的科学就诞生了。顺便一提，这解释了为什么让哲学本身成为又一门科学是非常不可能的：哲学之树永远不可能成为一门科学，因为她是所有科学的母亲！悲剧是，尽管这些年轻的树在幼苗时期都受到哲学之树的荫庇，长成后却往往威胁到它们的母亲，使她窒息。

如果从哲学之树的果实里长出来的新树是专门的科学，那么我们在每颗果实中央发现的种子是什么？种子可以代表我们的理念或洞识。我相信，即便不是所有的人，至少也是大多数人，都会在一生中有很多有价值的洞识。问题是，当它们来到时，我们往往认不出它们的价值。于是我们会把意见（opinion）的甜美果实吃掉，满足自己的胃口，却把苦涩的种子扔掉了，尽管它们最终能生产知识（knowledge）。想让一个洞识成长为值得他人考虑的观念，而不只是我们持有的个人意见，就必须把它种在土壤里，不断地关注它，给它浇水、施肥。

在继续我们对科学与爱智慧的讨论之前，理解“知识”与“意见”之间的区别对我们而言很重要。康德在《纯粹理性批判》接近结尾的地方提出了一种很有意思的方法，对知识（knowledge）、信念（belief）与意见（opinion）进行了区分。他说，为了能宣称自己“知道”某事物，我们必须对它既有客观的（外在的）确定，又有主观的（内在的）确定。“信念”的确定性程度可以跟知识一样强，但它的确定性只是主观的。如果我觉得我能确定某样事物，尽管外在的事实不足以构成客观的证据（即能迫使他人同意的证据），那么此时，而且仅仅是此时，我应该说“我相信……”。相反，如果我对某样事物既没有客观的确定，又没有主观的确定，我应该认为自己持有的是一种意见。

康德的区分事实上以两个问题为基础：（1）p 的真是主观上确定的吗？（2）p 的真是客观上确定的吗？这两个问题形成了一个 2LAR，产生了四种可能性。康德解释了其中三种，没有评论第四种。他也许认为，思考客观上确定而主观上不确定的命题是无意义的。但我想我们不应该这么快就认为它是不完美的 2LAR。因为，如果是“无知”又怎么样呢？事物本身具有某种客观的确定性，而我们无法在主观上确定它，这种状态不正是无知吗？如果是这样，我们可以把认知的四种状态映射到一个 2LAR 十字上，如图 VII.4 所示。

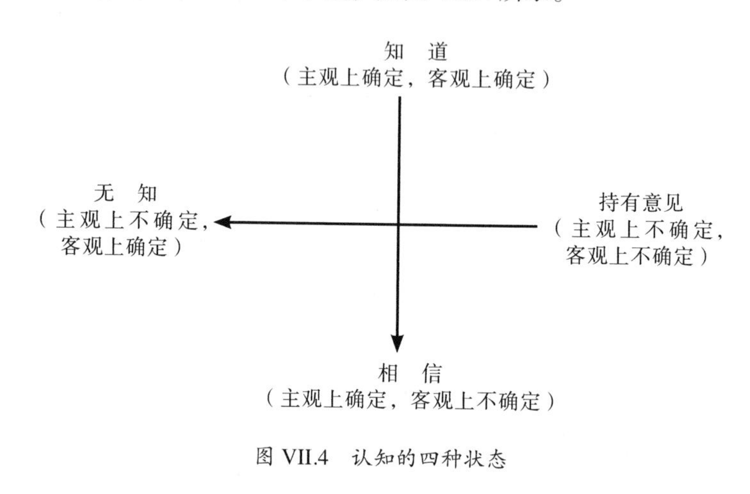

图 VII.4 认知的四种状态

洞识绝不只是意见，它更像是对某种新事物的突如其来的揭示，是对此前完全被忽略的事物的潜在知识的觉知。因此，我们一旦认识到自己的无知，哲学就会要求我们把注意力从意见转向知识和信念。相反，科学的目标永远只是知识——可以客观地证明其确定性的知识。科学家通过观察特殊的自然现象的一般结构，研究这些现象间的关系，并设法发现一些模式，这些模式最终使我们能理解现象所遵循的自然定律。如果某种现象总是以特定方式运转，它的活动就是可预言的；当然，科学的巨大魅力之一正是在于，每当它真正达到它的最终目标（即建立可以客观地证明其合理性的知识）时，它就使我们能知道未来！科学哲学则相反，它无意于建立个别的经验性知识，而是要研究科学的整体假设与方法的本质。因此，科学哲学不就个别现象提问，而是问：科学是什么？正确的科学方法是什么？是什么赋予科学可靠性？以及，科学真的为我们提供了关于“一种完全不依赖我们的心智的实在”的知识吗？

我们无法在这门课上十分详尽地研究这些问题。例如，我们对最后一个问题的讨论不会比第8讲的讨论更深入，我们在第8讲看到，至少康德相信，所有的科学知识都依赖特定的“验前综合条件”，是我们的心智将它们置于客体之上，以便使客体成为可知的。因此，康德的形而上学批判的这个方面跟科学哲学密切相关。我们将在下一讲更详尽地看康德的一个论点，它关系到科学的可靠性的哲学基础，也暗示了正确的科学方法的本质。但现在我愿意多谈谈科学自身的本质。

一种常见的看法是：任何事物要想是真实的，就必须是科学上可证明的。这种看法在科学家和学自然科学的学生中间尤其普遍，通常被称为“科学主义”。还有一个与之相似的叫作“自然主义”的观点，它走得更远，声称实存的每种事物都是物质的、被决定的、机械的。这两种观点通常结伴而行，因为，居住在完全“自然性”（“自然主义”意义上的“自然性”）的世界里的居民，不太可能通过不科学的方法发现真理。我们将在第21讲看到，科学家必须假定他们研究的现象是自然性的（与自然主义的“自然性”意义相近），否则就不可能获得关于它们的客观知识。然而，自然主义者进一步宣称，科学家所能观察到的领域之外别无他物。甚至在社会科学领域——在这个领域里建立起来的知识，往往是关于人们的意见和信念的知识——有时也会出现这样的倾向：假定科学家的客观知识不可思议地不沾有任何主观性的污点。然而，正如图VII.4提示我们的，真正的知识总是既包含主观因素，又包含客观因素。事实上，认为我们能获得纯粹的客观知识的看法是很危险的误导，因为这种状态其实是定义了无知，而不是知识！任何将科学知识绝对化的观点都伴随着无知，我们至少可以将这种无知描述为——对恰恰构成这类观点的基础的主观信念的神话特征的无知。

对于科学主义和自然主义这类观点，我的要点是：与很多持有这种观点的人的假设不同，它们不是科学的一部分，也不是由科学的本质所要求的；它们是关于科学的哲学。科学主义是，或应该被认为是，一种认识论；而自然主义是一种形而上学理论。然而在很多情况下，它们更多的是片面的偏见的结果，是无法从多个视点看事物的结果，而不是为科学提供的论证充分的哲学基础。事实上，另外一些科学哲学家认识到，组成世界的不仅仅是机械的、被决定的物质，科学只是发现真理的众多合法途径之一。这些科学观为科学研究提供的良好基础，不亚于那些思想狭隘的科学观。一旦认识到对科学的绝对信任与科学本身毫无关系，我们就解除了科学主义和自然主义这类哲学的大部分武装。

科学与科学哲学之间的差异让我们看到，应用哲学的学科是怎样与本书第三部分所涉及的智慧联系起来的。因为我们已经是在一般意义上看待“智慧”，把它当作这样的认识行为：认识“如何断定什么算是实在的”；或者认识“在哪里放置知识与无知的界线，以及何时穿越界线”。换言之，爱智慧不要求我们尽可能多地收集科学事实，而是要求我们认识可以被称为“科学之道”的东西。其实，“智慧”的一个最常见的定义暗示了同样的观点，那就是：“知道如何运用我们的知识（*scientia*）。”

这引发了一个问题：如果应用哲学以这种方式与“爱智慧”相联系，有些人可能会认为它没有用。事实上，我以前的一些学生曾经这样抱怨过：“如果我们能研究事物本身，为什么还要研究‘它的哲学’？”“科学事实使我们取得了各种各样的技术进步，而科学的哲学为我们的技术社会带来了什么改进？”“学习这种神秘的‘道’完全是浪费时间，我们本可以用这些宝贵时间学一些真正有用的东西！”

中国哲学家庄子是“道”之集大成者，我们讨论综合逻辑时涉及过他的观点。正如我们可以料到的，他敏锐地意识到“研究‘道’是无用的”这种责难。他在几个地方回应了这个问题，他指出，一棵被我们认为“有用”的树很容易短命。木质坚硬，会用于建筑；木质柔软，会用于雕刻；气味芬芳，会用于装饰。而如果它是没有用的，我们很容易任它独自留下。他从中推出：“无用”可以是非常有用的，看起来“无用”的树更容易活得久！综合逻辑的这次运用也许不是对哲学之树的有用性的最有说服力的辩护，但它也不无好处，因为它表明，我们必须重新考虑我们对“什么算‘有用’”的通常假设。

在维特根斯坦看来，哲学只对受到某种“精神痉挛”的折磨的人而言是有用的，而他作为哲学家的任务就是充当“按摩师”，缓解这种痉挛。因为受这种痉挛之苦的主要是（如果不是“只有”的话）哲学家，所以维特根斯坦认为，他的任务是帮助哲学家避免陷入无意义的思考方式。而我们一旦认识到，普通人也容易以无意义的方式运用知识，我们就能更充分地领会学习哲学的用处。

我们无法在器具的意义上使用智慧（例如，我们无法像用刀、叉或筷子吃东西那样使用智慧），其实，正是这一点使智慧成为一切有用的事物的基础。仅仅知道了知识与无知之间的界线，也许并不能让我们造出新式火箭，以更快的速度探索宇宙；它也不能保证，当我们置身道德困境时，会自动做出正确的事情；它似乎也无法使我们变得强大，让两个交战国的领导人讲和。但它会使我们更清楚地看到对各种知识的有意义的运用与无意义的运用之间的区别。因此，我们可以用哲学知识帮助从事上述活动的人，让他们不要以无理性的、破坏性的或自取其败的方式，运用他们的技术窍门、道德理性或政治权力。

21. 因果律与科学的界线

今天，我们将进一步思考科学哲学的一个基本论题：归纳法作为获取知识的工具的可靠性。但首先我想让你们注意一个问题，尽管它跟科学哲学没有直接联系，但我希望你们在接下来的几周中思考它。这个问题是克尔凯郭尔引述的（见 *CUP* 97）的莱辛（Lessing，1729—1781）的话，意译过来是：

> 如果上帝的右手握着全部的真理，
> 左手握着对真理的毕生追寻，
> 你选择哪一只手？

在后面的一讲里，就在我觉得你们已经忘了我要你们思考的这个难题的时候，我会告诉你们，我认为我们应该怎样回应它。

还记得第 11 讲的关于“分析”与“综合”的论证方法的讨论吗？当时我们比较了演绎与归纳这两种论证方法：演绎法从两个或多个前提开始，从中得出一个必然结论；而归纳法通过观察收集事实，然后对事实加以概括，形成一个可能的结论。从科学的发端直至今日，很多科学家都假定：他们的任务对细致观察的要求，要高于对严格论证的要求，因此从事科学的正确途径是沿着归纳的道路前进。它引发的问题是：科学家几乎总是把他们的任务视为寻找事实，而且他们通常假定，某个“事实”一旦被证明了，就可以认为它确实是真的。然而，正如我们在第 11 讲看到的，归纳法总是在某种程度上依赖猜想，因此它无法单独为我们提供确定的知识。解决这个问题对科学哲学至关重要，因为它似乎在质疑我们对科学知识的最基本的信念之一：科学知识是可靠的、值得相信的，因为科学家已经证明它们必定是真的。

大多数对自己所做的事情进行过哲学思考的科学家，都以这种方式解决“归纳法难题”：他们假定，观察到的现象以不为人知的方式通过一种“必然联结”被束缚在一起。这意味着，科学事实的必然性不是来自科学方法的逻辑结构，而是来自现象内部的法则。而最基本的自然法则是：我们在世界上观察到的任何结果，都必然由某个在此之前的原因所决定。这条法则支配着现象间如何相互作用的所有其他的、更具体的法则。要理解这种解决办法，关键是要明白：这里采用的“必然原因律”（the law of necessary causation）是一个哲学的假设，它并不以任何科学证明为基础。其实，我们可以称它为“神话”，大部分现代科学都以它为基础。在20世纪，有些科学家——主要是物理学家——声称拒绝这个神话，理由是：在亚原子层次上，事情“只是发生”。例如，他们相信，电子的路径完全是任意的，因此在任何给定的时点都是不可预见的，所以人们只能预知一个给定路径的“可能性”。而另外一些科学家相信，这样的解释即便只是对亚原子粒子的神秘运动的说明，也等于是在承认，物理学家已经走到了他们的科学的尽头。其实，就好像“他们的头撞上了”科学自身的外部边界。

如果物理学家真的抵达了物理世界的边界，“亚原子事件是无原因的”这个假设，就像传统假设“一切事件都有原因”一样，是一个神话。哪个假设是建立科学的更好的神话？科学家在任何一种情况下都应该认识到，对这个问题的争论首先是哲学的争论，它不是一个仅凭科学观察就能回答的问题。因此，现在我想向你们介绍哲学家处理“必然联结”（人们通常相信，是“必然联结”赋予归纳性知识以可靠性）问题的两种方式。一种方式来自大卫·休谟提出的怀疑论，另一种方式来自康德对休谟立场的强有力的反驳。

休谟是苏格兰的一位哲学家，他毫无保留地支持一种叫作“怀疑主义”的哲学方法。怀疑论者质疑我们（在科学、道德、美学或人们声称拥有知识的任何其他领域）的知识的可靠性，他们通常采用的方法是：证明这些知识的基础（或根基）要么不充分，要么不存在。休谟质疑很多种知识，用一些很有说服力的论证支持自己的怀疑主义论点。他的所有论证的基础，是假定真理只能通过两种合法的方式获得（参看图 IV.4）：数学推理（即演绎法，由此方法产生的知识后来被康德称为“验前分析知识”）与经验性观察（即归纳法，产生“验后综合知识”）。这个假设有时被称为“休谟之叉”。休谟力图运用这个假设找出并抛弃一切既不依赖基于逻辑的理念（思想），又不依赖基于感官的印象（感觉）的自命的知识。因此，他在《人类理智研究》（*An Enquiry Concerning Human Understanding*，1748）中得出结论：

> 当我们跑遍图书馆，用这些原则去游说，会带来什么样的浩劫？假定我们随便拿起一本书——例如，关于神学或经院形而上学的书——让我们问：这本书包含着与数量或数字有关的抽象推理吗？没有。这本书包含着与事实和实存有关的实验性推理吗？没有。那么把它交给火焰吧，因为除了诡辩和幻想，它一无所有。（*EHU* § XII，Part III）

论及科学知识时，休谟没有用他的“叉子”否认所有科学的有效性，而是论证说：以为这样的知识能使我们接近必然真理，这是错误的。因为他相信，不可能运用归纳法获得必然性。理由是：他找不到任何根据，让他相信有一个隐藏的“必然联结”法则。我们无法观察到这样的法则，也无法通过演绎推理证明它，所以它一定不是真的！休谟以多种方式表达了这个论点。例如，当他讨论人类的意志使我们接近这样的法则的可能性时，他推导说：

> 为什么意志对舌头和手指有影响，对心脏和肝脏却没有？这个问题从未让我们不安，我们意识到对前者的能力，意识不到对后者的能力。于是我们应该不依赖经验地知觉到，为什么意志对身体器官的控制权被圈定在特定的限制里。在充分了解自己的能力或力量的情况下……我们也应该知道，为什么它的影响恰恰达到这样的界线，而不是更远。（*EHU* § VII，Part I，黑体系本书作者标注）

休谟在这里认识到：对必然联结的寻找就是对界线的寻找，它在普通经验之外，它让我们意识到，事物为何以它们所是的方式联结着。但他接着拒绝了这种可能性，基于如下理由：

> ……意识从不行骗。因此，无论是这种情况，还是那种情况，我们都意识不到任何力（power）。只有通过经验，我们才知道自己的意志的影响。而经验只告诉我们，一个事件如何经常跟着另一个事件，并没有告诉我们那个将它们捆在一起、使它们不可分离的秘密的联结。

休谟在这里的论点是，为了理解人类意志以它的方式起作用的理由，我们必须意识到某种潜藏于经验之下并决定经验的力。而事实上，除了自己的经验，我们意识不到任何东西，我们甚至从未瞥见过这种隐藏的力。我们复制从感官得来的印象，并把既得的理念彼此"联系"起来，于是开始相信这种抽象的理念。举个简单的例子：通过复制既有的对"黄金"和"大山"的合理印象，可以形成幻想的理念："金山"（*EHU* § II）。问题在于，一些我们最相信的信念，其基础也一样不牢靠（ § VII，Part II）：

> 总而言之，我们构想的［必然］联结，在整个自然界看不到一个实例。所有事件看上去完全是松散的、互相分离的。一个事件跟着另一个事件发生，但我们永远无法观察到它们之间的任何纽带。它们看似相结合，但从未相联结。而且，对于既不向外在感官，又不向内在感受显现的事物，我们一无所知，所以，必然的结论看来是：我们对联结或力一无所知，而当我们在哲学推理或日常生活中使用这些词时，它们绝对没有任何意义。

如果必然联结的理念真的“没有任何意义”，这就为“归纳法对于建立科学事实是充分的”这种观点制造了看似无法逾越的难题。把为构建知识而预设的假定的基础破坏掉，是怀疑主义方法的典型做法。

休谟的怀疑论涉及人们的常见理念：原因与结果之间有必然的联结。它暗示了两个挑战，一个更多地指向科学家，另一个更多地指向哲学家。如果休谟是对的，那么他的理念要求科学家必须在这二者之间作出选择：要么找到比归纳法更合适的科学方法，要么不再认为科学能实现“确定性”这一目标。休谟的怀疑论十分清楚地暗示了这种选择，如果我们对图 IV.2（b）做一下改动，把休谟的论点考虑进去，这一点就更明显了，如图 VII.5 所示。

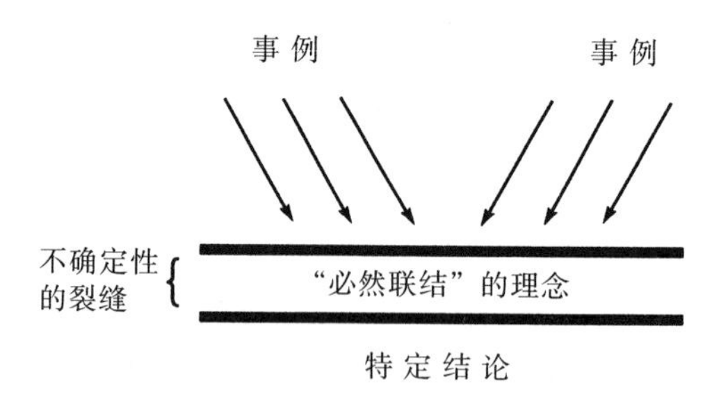

图 VII.5　归纳性知识的不确定性

当然，科学哲学家比科学家更多地回应了这个挑战。一种回应认为休谟对归纳性知识之确定性的否定是正确的，但他们声称：事实上，科学家采用的方法从根本上讲不是归纳，而是演绎。例如，卡尔·波普（Karl Popper）论证说，科学家其实不是从纯粹的观察，而是从一个假设开始的，它的作用就像演绎的前提。科学家先假定这个前提，然后通过用各种试验来“证伪”它，从而检验它。单凭归纳法永远无法使科学家得出事实性的结论，但演绎与归纳合起来却可以。另一种回应完全同意休谟的看法，因此认为科学家不必将自己的任务视为“寻找确定性”。例如，保罗·费耶阿本德（Paul Feyerabend）曾论证说，哲学家和科学家与其寻找一种完美的科学理论，不如鼓励理论的增殖：科学理论之间的差异越大越好——即便它们看上去相互矛盾。为了使科学合理化，哲学家尝试了很多其他方式，对它们的更详细的说明超出了这门课的范围。

休谟的怀疑论提出的更为严峻的哲学挑战是，哲学家要从这样两种方式中选择一种来捍卫归纳法：诉诸不同于“必然联结”的其他法则；或者更直接地反击休谟的论证，并证明“必然联结”理念最终是有意义的。休谟本人实际上选择了类似于前者的方式。他认识到：我们的确预期事物以它们过去发生的方式在将来发生，而哲学家一定要对我们的这种感觉作出某种解释。因此他论证说，这种感觉看似弥合了归纳论证中事例与结论之间的“裂缝”，而实际上只是“惯例”或“习惯”的结果：

> 然而，很多在人们看来完全相似的事件，其实每一个都不相同，它们之间什么关系也没有，除了这一点：相似的事件重复发生后，“习惯”载着我们的头脑运行于一个事件的外表，期待它通常的伴随物的出现，并相信它会存在。因此，我们在头脑中感

觉到的这种联结，这种从一个客体想到它的通常伴随物的习惯性转移，是使“力”或“必然联结”的理念得以形成的感受和印象。无非如此。无论从什么方面思考这个主题，你都找不到那个理念的任何其他来源。（*EHU* § VII，Part II）

换言之，当我们习惯以特定的方式经验客体时，我们会想象这种方式是必然的，于是期待以同样的方式继续经验它们。我们期待甚至感到“确信”：太阳明天将从东方升起——虽然没有任何事实性基础来保证其真正的确定性，有的只是基于习惯的对可能性的判断，而这种习惯是我们从以往的经验中发展出来的。

我们可以用这个例子来支持休谟对自己的挑战的回答：事实上，有些人真的并不预期太阳会从东方升起！例如，在北极或南极，一年中有些时候，太阳从不升起，也从不落下。举例来说，我出生在阿拉斯加东北部的一个小镇的漫长夏日的凌晨。我父亲曾告诉我，他深夜两点钟从医院走回家，看到太阳从北方落下。几小时后它又升起，稍微向东一点，但大致上仍在北方。因而，“太阳从东方升起”这个典型例子也可以表明，看似合理的结论（“太阳永远从东方升起”）事实上可以是这样的：它的基础，只是我们从“自身的以往经验”这个受限的视角出发看世界的习惯。只有当我们惊讶地发现未曾料到的例外时，才会认识到“习惯”对我们信以为真的事物的影响。

然而，休谟对我们感觉到的现象间的必然联结的解释，让康德根本无法满意。因此康德以第二种方式来回应这个挑战。他在这一点上与休谟相一致：将必然联结视为科学能知道的与不能知道的事物之间的界线，这一点非常重要。但他反对休谟所声称的，一切知识必须要么是数学的，要么是可观察的。在康德看来，有第三种知识，叫作“先验的”，它是综合的，但也是验前的，即它通过必然为真的命题来表达，而它的必然性不是单凭逻辑就可以推导出来的（见第 11 讲）。这种知识最终被证明是特别的、哲学类型的知识。任何在最严格的意义上接受休谟之叉的人会发现，它最终把哲学本身也排除在堪称知识的领域之外！然而当我们认识到，休谟之叉的作用相当于他的哲学体系的神话基础时，我们就可以自由地用其他更恰当的神话来替代它，比如，康德的“哥白尼”神话：在对客体进行认知的过程中，心智将特定的验前综合条件置于客体之上。

康德以多种不同的方式回应休谟的怀疑论，其中最有影响的见于他的“纯粹知性法则”理论。他论证说，这些法则存在于我们的心智，决定了我们的经验的特点。康德在这里支持的法则之一，恰恰是被休谟拒绝的“必然联结”观念。休谟认为它只是纯粹的感觉，它的基础是我们解释自己的以往经验的习惯方式。而康德在第一《批判》的题为“第二类比”的章节中为这个法则辩护，把它叫作“按因果律在时间中前后相继法则”[①]（*CPR* 218）。这条法则说：“一切变化的发生都符合因果联结律。”他用一套复杂的、相互关联的论证来支持这条法则——这对我们来说过于复杂，不在这里研究了。但稍后我们可以从他的著作中引述一段并稍加思考，以便对他的论证有一个大概的看法。

康德和休谟都认为我们有经验，他们的分歧在于对这个问题的回答：我们的主观经验意味着客观世界的什么？休谟认为，我们的主观经验只是“一束知觉”，蕴含了极少的客观实在，或者根本没有客观实在；而康德认为，“我们必须从现象的客观的前后相继推导出［我们对事物的］领会的主观的前后相继”，否则就无法解释，我们为什

① 按因果律在时间中前后相继法则：principle of succession in time，in accordance with the law of causality，又译“按照因果律的时间相继的原理”。

么会感知或“领会”到按特定顺序发生的一系列事件或相互区别的一组客体（*CPR* 221）。换言之，我们的主观经验要成为可能，只有假定它被“缚在”某种客观实在上。考虑到这一点，康德构建了以下论证：

> 因此，如果我们经验到某件事情发生了，我们总会在经验的过程中预设：有某事先于它发生，而它按照一条规则跟随着前者。否则我就不应该说到该事件所跟随的客体。因为，如果没有一种规则决定了一个事件与先行事件的前后相继，我领会到的纯粹的前后相继［就像休谟的“习惯”理论里说的］，就不足以让我有充分的理由假设客体中存在着任何前后相继的关系。只有参照这样一个规则，我才使我的领会的主观综合具有客观性：按照这个规则，前后次序中的诸现象，正如它们发生的那样，是由先行状态决定的。对一个事件（即任何正在发生着的事情）的经验本身，只有以这个假设为前提才是可能的。（223）

如果康德的论证是正确的，“因果之间有必然联结”这条法则就必定是真的，即便我们无法用观察或是数学推理来证明它。

这种类型的论证后来被称为“先验论证”。它的一般形式是：

> 为了使经验能够发生，p 必定为真。
> 至少，我有经验。
> 因此，p 必定为真。

休谟无法否认第二个前提，所以他唯一的反驳只能是质疑第一个前提。要使我们的经验成为可能，真的要有必定为真的事物吗？如果是这样，那些真实事物合在一起将确定我们能知道的与不能知道的事物之间的界线。想象这样一种经验:(例如)它不要求我们预设,我们以某种方式被过去发生的某些事情所决定。这是可能的吗?康德相信,在这种情况下,我们无法理由充分地宣称自己有任何“经验”。“经验”在这里指的是对我们的知觉中的“主观的前后相继”的觉知,而且,如果不是也存在着某种“客观的前后相继”,我们就完全失去了领会主观的前后相继的基础。换言之,诉诸“习惯”是不切题的,因为如果没有客观的前后相继为所谓的“习惯”充当基础,我们甚至无法意识到那些习惯。

有些人也许会对此感到相当困惑。这不奇怪,因为我们一直在考虑的,都属于哲学家曾经提出的最难的论点。毕生研究休谟和康德的专业哲学家仍然在争论:如何解释他们两人的观点,以及究竟是谁更好地描述了这个世界实际所是的样子。因此,我们不能指望在入门课上彻底解决这个问题!尽管如此,为了澄清每个立场所包含的意义,也许同时也为了帮助你自己决定哪个立场更接近真理,我愿在这里做个“思想试验”。

假定你跟我一样住在沙田。想象你上完了一天的课,走到最近的车站等下一班车。几分钟后,你平时搭乘的那路巴士开了过来。车上挤满了人,但印象中很友善的那位司机还是把车子停了下来,让你上了车。尽管你在车上仅有的容身之地是紧挨着司机的一个很别扭的位置,但因为你实在太喜欢哲学了,所以一上车你就抽出一本书,开始读起来,那是“推荐读物”目录中的一本书。交通状况不是很糟,一两分钟后,巴士驶进了狮子山隧道,开往沙田。你全神贯注于哲学思考,几乎没有留意它。后来,你突然感到巴士停了。起先,你以为一定是隧道里交通堵塞,于是你继续读你的书。但几分钟之后,你开始纳闷儿巴士为什么还没有动。于是你把目光从书上移开,想看看究竟为什么要耽搁。让你吃惊的是,巴士前面并没有车,而司机仍然待在先前的位置上，手握方向盘，脚踩油门，好像他仍然在开车！

在这种情况下你会怎么办？我猜你会愣上一会儿，然后请司机解释为什么要停车。现在让我们设想，司机回答说："我没有让巴士停下来。"你也许会说："好吧，那你最好请人来帮一下忙，因为一定是引擎出毛病了。"但司机说："不，引擎工作得很好，你听。"千真万确，现在你注意到引擎的隆隆声跟巴士以正常速度驶过隧道时的声音一模一样。我想你会有些不知所措，但过了一会儿，尤其是假如你被耽搁得太晚，赶不上晚餐了，你就会再次提出这类问题："好吧，如果你没有让巴士停下来，那么是谁干的？上帝，还是鬼魂？"如果司机回答："不，当然不是。我告诉过你多少次了，没有人让巴士停下来。"那么我想我们中的大多数人都会说或至少会想："瞧，要么是什么人故意把车子弄停了，要么是引擎出了毛病，因为巴士绝不会无缘无故地停下来！"

我想知道，如果司机这样反驳，你会有什么反应，司机说："哈！你觉得是这样，那只是因为你在香港居住多年发展起来的习惯，习惯于认为巴士不会在污染严重的隧道里无缘无故地停下来。事实上，它们会，而且真的有时无缘无故地停下来。你只是第一次经验到你的习惯性预期的例外。"如果司机随后就转过脸来，重新回到驾驶座上，好像根本没有发生任何异样的事情一样，我想我们中的大部分人都会飞快地从车上逃出去！为什么？因为我们都会认为，他要么是在拿乘客开一个很不恰当的（也许是危险的）玩笑，要么就是疯了！

我们（即便是相信亚原子粒子的运动背后没有原因的物理学家）都正常地假定：日常生活中看到、经验到的任何事情都是由某些事物引起的。即便是奇迹，也是被引发的，因为人们相信它们是由上帝引发的。类似地，生活在原始部落中的人自然而然地假定，一切发生的事情都是被引发的，也许是由某个精灵或神引发。如果不做某种因果假定，我们简直无法在任何人类社会中行事。如果康德的看法是对的，没有因果假定我们甚至无法觉知到自己的主观经验。但我们要明白，康德的法则是先验的，而休谟的“习惯”是经验的。理解这一点很重要。它意味着：倘若我们放弃休谟之叉的狭窄预设，两种看法不一定是不相容的。当休谟说，我们无法观察到理解“必然联结”的方法，也无法计算它，他其实是对的。康德的论证表明，休谟的错误在于他忽略了两者间的先验界线，因为先验界线才是“必然联结”的真正所在，因此它也是科学家可以仰赖的对归纳法的最好辩护。

即便康德的论证或前面的思想试验都无法令你信服，无法让你相信因果法则或“必然联结”是使经验成为可能的先验条件，我也希望你现在会同意：如果只坚持像休谟那样的看法，会从基础上破坏科学的可能性。如果每样事情都取决于我们的主观习惯，就不可能有任何客观事实。我想也许大部分人都会同意，光有习惯当然是不够的。在“因果间的必然联结”这个理念里，有某种绝对的东西，某种看似几乎不容置疑的东西！顺便一提，休谟不同意这一点并不能证明这种理念就是“相对的”；休谟的理论可能是不正确的！

从另一方面讲，如果我们接受康德的论点，认为发生的每件事情都是由在此之前的某些事情决定的，一个新问题就产生了：如何能解释，我们感觉到人类是自由的？如果世界上的每件事情都是被决定的，那么它是否意味着我们必须放弃对人类自由的信念？考虑到自由与智慧的密切联系（见第 19 讲），这将引发一个重要的难题。科学哲学在这里直接撞上了道德哲学的核心问题之一。道德哲学是应用哲学领域里我们将要攀缘的另一个分支，是下一讲的内容。在那里我们将发现，寻找智慧能在多大程度上引导我们既接受科学的决定论，又接受道德行为的自由性。

供深入思考/对话的问题

1. A. 极限（limit）与界线（boundary）有什么不同？

   B. 有可能摆脱一切限制吗？

2. A. 天堂是一个地方吗？

   B. 洞识来自哪里？

3. A. 我们如何能确定自己的不确定性？

   B. 一个形而上学的习惯与日常习惯会有怎样的不同？

4. A. 有主观的事实吗？

   B. 我们能获得无原因事件的知识吗？

推荐读物

1. Richard Bach, *Jonathan Livingston Seagull*（*JLS*）.

理查德·巴赫：《海鸥乔纳森·利文斯顿》（*JLS*）。

2. Daniel N. Robinson, "Wisdom through the Ages", Ch. 2 in Robert J. Sternberg（ed.）*Wisdom: Its Nature, Origin, and Development*（New York: Cambridge University Press, 1990）, pp. 13-24.

R. J. 斯顿伯格（编）:《智慧的本质、起源与发展》, 第2章"穿越年代的智慧"（D. N. 鲁滨逊著）, 13—24页。

3. Jostein Gaarder, *Sophie's World*, tr. P. Møller（New York: Farrar, Strauss & Giroux, Inc., 1994 [1991]）.

J.G. 贾德:《苏菲的世界》。

4. John Losee, *A Historical Introduction to the Philosophy of Science*（Oxford: Oxford University Press, 1980）.

约翰·洛西:《科学哲学历史导论》。

5. David Hume, *An Enquiry Concerning Human Understanding*, § VII, "On the Idea of Necessary Connection"(*EHU* 62-85).

大卫·休谟:《人类理智研究》, § VII:"论必然联结的理念"(*EHU* 62–85)。

6. Immanuel Kant, *Critique of Pure Reason*, "Second Analogy"(*CPR* 218-233).

伊曼纽尔·康德:《纯粹理性批判》之"第二类比"(*CPR* 218–233)。

7. Karl Popper, *The Logic of Scientific Discovery*(London: Hutchinson, 1972).

卡尔·波普:《科学发现的逻辑》。

8. Paul Feyerabend, *Against Method*: *Outline of An Anarchistic Theory of Knowledge*(London: Verso, 1978).

保罗·费耶阿本德:《反对方法:知识的一种建筑体系概要》。

第8周

道德哲学

22. 自由与道德的界线

上一讲将近结束的时候，我把你们留在了一个相当令人不安的位置上。还记得吗？你被卡在狮子山隧道里，待在一辆巴士上，司机声称事物只是“发生”，没有什么原因。在这种情况下你该做什么？先不必直接回答这个问题，我想对这个故事稍作改动。让我们设想，当你问司机为什么停车时，他回答的不是“我没有……”，而是掏出一支枪，让你把所有的钱都交出来后离开巴士，否则他就开枪。你很可能会照他的命令做。但巴士开走后，当你步行穿过隧道时，很可能会因为那个人对你做的事情而感到心烦意乱。事实上，我们中的大部分人都可能会尽快报警，指控那个人做了不正确的事情。

在这个案例里，我们所要求的权利的理性基础是什么？我们为什么会判定那个人的行为在道德上是错的？这类问题在哲学里被称为“伦理”问题。它们是关于我们应该怎样行动、不应该怎样行动的问题。伦理问题有很多很多，多得甚至无法在这堂课上探讨它们的种类，更不必说关系到个别行为的对错的特殊问题了。伦理问题就像树枝末端的很多细小末梢：它们很重要，因为叶子和果子都长在上面；同时它们又太多了，摘掉其中的任何一个都不会明显地改变树的样子或健康。

然而，有一种与之相似的哲学问题，它比伦理问题有分量得多。所有的伦理问题都以特定的基本道德原则（*principles*）为基础，正如所有长着树叶的末梢都被更大的树枝托举着。意识到与这些原则相关的问题，是我们理解哲学之树的基础。“道德哲学”曾被用来指称整根树枝（包括末梢），但这个词现在已经不常用了。为道德行为建立理性基础的整个哲学分支，如今往往只是被称为“伦理学”，并分别用“应用伦理学”和“元伦理学”（meta-ethics）指称末梢和主枝。然而为了避免混淆，我认为最好还是用“伦理学”指称关于道德决断的整个“科学”（在这个词的宽泛意义上），而把“道德哲学”这个词留给最基本的法则。

这样一来，“道德哲学”就是哲学之树的树枝，它以提出最基本的道德问题为起点，比如：人类是自由的吗？我们怎样分辨善与恶？伦理本身如何可能？当然，“道德哲学”这个词指的不是“做哲学的好的方式”，不是坏的、“不道德的”哲学的反义词。而所谓的“道德哲学家”在日常生活中可能跟其他任何人一样不道德！尽管如此，道德哲学的最终目标仍然并非只是理解什么是善，而是要运用它，帮助我们成为更好的人。而且，正如海鸥乔纳森一旦理解了飞行就学会了飞得更快，理解了伦理决断的道德基础，也应该能帮助我们在日常生活中作出更明智的选择。

最有影响的道德哲学之一，是由康德提出的。在这门课的第一部分，康德的第一《批判》帮助我们获得了关于形而上学的本质的一些基本洞识，因此今天这堂课的大部分时间将用于研究他的第二《批判》。他在第二《批判》里提出了一种很有意思的方法，用来应对我们对最终实在的无知。《纯粹理性批判》采取了“理论的”立足点，它向人们证明，空间、时间和范畴如何形成了人类经验的绝对必然的（即验前综合的）界线（从而使我们对现象性客体的经验性知识成为可能）；我们将看到（参看图 III.4、III.6 及 IV.4），《实践理性批判》采取了“实践的”立足点，它向人们证明，自由与道德律如何形成了道德行为的绝对必然的界线（从而使我们对本体性客体的道德判断成为可能）。简而言之，我们可以将二者的区别描述为：康德在这两部著作中发展出两种不同的看待世界的方式（即两个“立足点”）：第一《批判》立足于头部，第二《批判》立足于腹部（参看图 II.8、III.4）。

把两套对立的理念看作两个不同的立足点的体现，往往能帮助我们明白两者如何可以都是真的，即便它们最初显得是矛盾的。一个简单的例子会帮助我们澄清这一点。心理学家使用大量的图片来测试我们的心智感知客体的方式，你们中的大多数人都可能看到过很多这样的图片。一张图片可以表示两个完全不同的客体，这取决于我们怎样感知它。例如，图 VIII.1 给出的图片，如果我们把注意力集中在中央的黑色区域，它看起来像是一只高脚杯；如果我们看边上的部分，就会突然看到两张相向的脸。哪个答案是对的？当然都是对的——以它们各自的方式。哲学也往往如此：对同一个问题有两个看似矛盾的回答，而最终发现，每个回答都在以不同的方式处理问题，或者从不同的视点看待问题。

图 VIII.1　知觉的两种视角——高脚杯还是两张脸？

我们在第9讲看到，康德论证说：在获取理论知识的过程中，任何对自己的经验进行理性思考的人，头脑中都会自然地产生各种“理念”，其中最重要的是关于上帝、自由与不朽的理念（见 *CPR* 29）。但他为这些理念制造了一个难题，因为如果康德是对的，我们对这些理念所指的“实在”必然是无知的。康德认为，这种“本体性”实在超出了我们可能认知的界限。尽管如此，我们还是必须谨慎些，不能像有些阐释者那样，假定康德对这些理念持怀疑看法。相反，他之所以否认我们对这些理念的认知的可能性，理由之一正是为了确保任何人都不可能反驳它们的实在性。没有人能证明我们关于上帝、自由与不朽的理念是纯粹的幻想，因为一个人要想证明这一点，就要拥有关于最终实在的知识，而按照康德的看法，这是不可能的。因而，康德以这种方式来否认“知识”，从而为我们对这些理念的“信仰”打开了空间（29）——尽管，面对理论上的无知，我们仍然要找到很好的理由，说明我们为什么要接受这样的信仰。通过在第二《批判》中考察我们在与自己的欲望（“腹部”）作斗争时，产生一个道德世界所需要的必要条件，康德试图给出这样的理由，其根据是：事实上，这些理念在指引我们超越理论王国，走向实践王国。

道德行为要成为可能的第一个必要条件是自由。康德论证说，“自由”是实践理性的一个，而且是唯一一个“被给定的事实”。通过采取实践的立足点，我们确实可以突破空间与时间的限制（我们的“感知力”的限制），并代之以自由。但这种自由不会让我们迷失在无限混乱的、无界线的世界里；事实上，自由本身构成了一种新的限制。空间与时间是必要的限制，任何我们能知道的事物都必须在这种限制中显现；而自由也是必要的限制，任何道德行为都必须符合它的限制。前者是加诸我们的头部的“世界限制”，使我们能认识真理；后者则是加诸我们的腹部的“自我限制”，使我们能做善的事情。尽管这两个立足点在相反的方向上引导我们，但倘若我们认识到，它们指的是人类生活的根本不同的方面，那么我们就无须再把它们视为不可调和的对立物。

康德从未声称他能证明人类是自由的；相反，他的第一《批判》恰恰证明了这样的证明为什么是不可能的。他的论点是：为了进入道德领域，我们必须预设自由；正如为了进入知识领域，我们必须预设空间与时间。我们在这两种情况下都面临着一个无情的事实，哪怕只是怀疑这个事实，都将从根本上改变（或者也许是破坏掉）人类的经验。尽管康德没有这样表述，但我们可以因此说：对于任何一个想要对自己的认知经验或道德行为经验作出解释的现代人，这些“事实”的作用就像是互补的神话。

如果第二《批判》中的“自由”对应着第一《批判》中的“空间和时间”，那么与“范畴”相对应的是什么？康德把道德界线的逻辑方面称为“道德律”或“定言命令”。所有的守则[①]（即行为的主观规则）一定要符合道德律才有资格成为道德的。康德用“定言”这个词表达的意思是：这个命令提出了无条件的要求。相反，“假言”命令是附加了“如果”的命令。如果我对你说：“当我在房间里时，请保持安静”，我的命令是“假言的”，因为如果我不在房间里，你就不必保持安静。相反，“不要说谎”这样的命令通常被认为是无条件的。我不相信你的母亲会对你说：“不要说谎，除非那让你觉得不错！”这是因为“说真话”这类命令通常被认为是责任。在康德看来，“责任”是出于对道德律的尊重而完成的行为，即服从一个人的良心，而不只是服从腹部的欲望或“倾向”。

康德相信他能确定一套适用于一切道德行为的规则。他最后真的

① 守则：maxim，又译“准则”。

提出了定言命令的三个清晰的标准（或规则）。第一条标准说，只有当一种行为所依照的守则是普遍适用的，这种行为才是道德的："只按照这样的守则行事：你依照它行事的同时，也愿意它成为普遍适用的法则"（*FMM* 421）。这并不意味着每个人都真的愿意同意你的守则，而只是说每个人都应该同意。第二条标准要求我们尊重人类个体："这样待人：无论对己还是对人，都将其作为目的来对待，决不能只是当成手段（429）。"第三条标准要求我们的准则必须是自治的（即自我立法的）：既然"每个理性的造物都［制定］普遍的法则"，那么一个道德的守则必须"符合意志的普遍立法"（431）。让我们把这些必要标准应用到一个事例上，从而检验它们——尤其是第一个标准。

如果我在考试中作了弊，有人问我："你有没有在考试中作弊？"于是我面临着一个道德选择。我可以说谎，并希望没有人发现真相；也可以说出真相、承担后果。尽管在这种情形下，说谎也许会让我更快乐，但康德认为这种选择在道德上是错的，因为它的基础是一条绝不可能成为普遍法则的守则。在前一种选择里，我的守则可以是："如果能让我摆脱困境，说谎是可以接受的"，而在后一种选择里，我的守则是："从不说谎。"康德坦率地承认，希求（即想说）个别的谎言是可能的，但他论证说，希求"说谎的普遍法则"是非理性的：在这种情况下，"我的守则一旦成为普遍法则，必然会毁掉自身"（*FMM* 403）。换言之，让我们想象这样一个世界：只要说谎能让人高兴，每一个人都可以说谎，那么语言的基本功能（即传达真相的能力）就从根本上被破坏了。而且，谎言也打破了第二条与第三条标准：仅仅为了让自己高兴，它利用了别人，无视他人的理性能力。因为说谎要求我们打破一个普遍适用的法则（而且也不尊重人的理性），所以说谎在道德上总是错的，无论谎言会让我们感到多么快乐。

康德给出了另外一些例子，关系到自杀、懒惰和冷漠（见 *FMM*

421–424），但就我们的目标而言，弄清这一点就可以了：康德的道德行为判断标准想要起到的作用是什么？在康德看来，我们不必每遇到一个道德两难处境，都必须有意识地思考定言命令的三条规则；更确切地说，它们的作用是让哲学家找到真正的道德问题，从而在道德的善行与恶行之间确定客观有效的界线。这条界线之所以是客观的，不仅因为它对每个人而言都是真的（即普遍的），还因为它以一种客观实存的实在（即人性）作为判断的基础。

如果道德律告诉我们去做某件事情，我们执行了，只有当我们的选择不是为了同时满足自己的倾向时，即只有当我们做这件事情的理由与满足自己的欲望无关时，我们的行为才是值得称赞的。因而可以这样重述康德的道德哲学：只有当一个人的行为是自由做出的，而且是出于对道德律的尊重，而不是出于满足自己对快乐的欲望的倾向，它才可能成为道德的善行或恶行。康德非常关注“跟随倾向”与“跟随责任”之间的对比。当然，有时一种行为可以既满足道德律，又满足我们要快乐的倾向。但每当它不可能时，我们必须选择对自己的快乐说“不”。因此，我们可以这样表达定言命令的基本指令：“尊重道德律！”或“跟从你的良心如客观原则！”或者简单地说：“尽你的责任！”

这种道德理论有时被称为“道义论”，并在传统上与“功利主义”相对照。后者是英国哲学家穆勒（J. S. Mill，1806—1873）所支持的观点。他论证说，只有使人类的幸福最大化的行为才是善的。康德认为，行为的结果没有执行者的内在动机重要。这就是为什么他曾在一个地方指出：“除了善的意愿”，没有什么事情可以“被无条件地称为善”（*FMM* 392）。这就是说，没有绝对善的行为，但确实有绝对善的意愿，即将守则建基于道德律的意愿。在康德看来，看待道德的正确顺序是自里而外。穆勒却相反，他认为行为的结果比它背后的动机要重要得多：最好的行为就是让最大多数人幸福的行为。这当然意味着穆勒会宽恕说谎的行为，只要它有足够的“效用”（即有用性）：得到帮助的人比受伤害的人要多。像这样，我们也许会发现，那个巴士司机的抢劫行为在道德上是可以接受的，（例如）假如他需要这些钱去喂饱他的饥饿的孩子，而你只是用它们去买几本哲学书来满足你自私的快乐。然而，如果我们相信康德的看法，功利主义的世界将会是一个无理性的世界—— 一个没有任何界线的世界——并终将毁掉自身。与其更深入地研究道义论和功利主义的旷日持久的论争，不如让我们继续探讨康德的道义论，看看它的更深的内涵。

康德认为，为了使道德成为真正有理性的，道德行为必须能够实现它的目标：实现最高的可能的善。然而应该如何定义“至善”（*summum bonum*）？这是哲学家自古以来一直在争论的问题。斯多葛派认为至善就是美德，而且应该去追求有德性的生活，丝毫不考虑幸福。相反，伊壁鸠鲁派认为至善就是满足个人的快乐，因此应该追求幸福。这种差异可以回溯到柏拉图与亚里士多德，前者注重善的理念，后者关心现实的幸福经验。乍看起来，这种差异对应了康德的道义论和穆勒的功利主义。但康德拒绝接受对他的道德哲学内涵的这种解释。

康德论证说，至善的最好的概念必须包含美德与幸福两者。没有美德的幸福是不公正的，而没有幸福的美德是不值得为之努力的。于是，康德将至善解释为一个理想世界的图景，在那里，每个人都因他们（她们）的美德而得到与之相称的幸福的奖励。换言之，在 1—10 的度量标准中，如果你的美德达到了 8，而我只达到 7，那么你应该得到 80% 的幸福奖励，而我应该得到 70% 的幸福奖励。关于道德行为的最终目标的任何其他概念都会使道德变得非理性，因为在其他概念中，道德的目标会低于完美的善与公正。

康德常常因为在后期将幸福引入了自己的理论体系而备受批评：他怎么能在把美德定义为“服从责任胜过幸福”之后，又将幸福包括进至善呢？但这种批评是基于一种误解。康德将幸福包含进至善，不是因为他突然改变了主意，并认为幸福终究可以成为我们的行为动机，而是指我们必须区分作为原始动机的幸福和作为理性希望的幸福。在康德看来，人类生活的现实是：正确的行为往往要求我们去做一些我们明知会使自己的幸福减少的事情（比如，抵制偷窃他人钱财的诱惑，抵制以谎言来保全自己的名誉的诱惑，等等），然而同时，我们的理性告诉我们：选择服从道德律的人，最终比追求幸福本身的人更值得成为幸福的人。

这提出了一个问题。道德要成为理性的，就必须解决这个问题：在我们所知的世界里，有美德的人往往没有得到幸福的奖励。那么，我们怎样才能想象可能存在的至善呢？康德论证说，实践理性要求我们“设定”（即，提出一个必需的假设）死后生活的实在性和上帝的实存。与自由不同，这些设定对于“使某种行为成为道德的”不起任何作用，但它们有助于我们理解道德自身的理性目标。没有对另一种生活的信仰，没有对统辖着那种生活的神圣上帝的信仰，我们也完全可以道德地行事，却无法解释怎样才能实现至善。这就是康德对“上帝实存”的著名的“道德论证”。他从未声称它能给予我们关于上帝实存的真正的知识，但他确实论证说，它给出了信仰上帝的最好的实践性理由。他的论点的本质是：任何一个道德地行事并相信这种行为合乎理性的人，无论他是否真的信仰上帝，他的举动都好像上帝是实存的。换言之，康德声称，我们必须要么信仰上帝，要么拒绝以下命题：（1）道德的行为是善的；（2）道德是理性的；（3）最高之善将美德和与之相称的快乐结合在一起。

除了提出上帝实存的“实践性证明”之外，康德的道德哲学还有其他几个重要贡献。例如，正如我们已经看到的，它在道德行为与非道德行为之间建立了清晰的界线。只有当一种行为是自由地做出的（即，不依赖我们自己的快乐）并且与道德律相一致（即以普遍适用的守则为基础）时，它才是道德的。对于任何希望道德地行事的人而言，它们是必要条件，它们必须是真的。因此，它们为我们的内在动机定义了一套绝对的指导原则，正如空间、时间和范畴为我们理解外部世界定义了一套绝对的指导原则。我们可以画出康德的两个基本立足点之间的对立，如下：

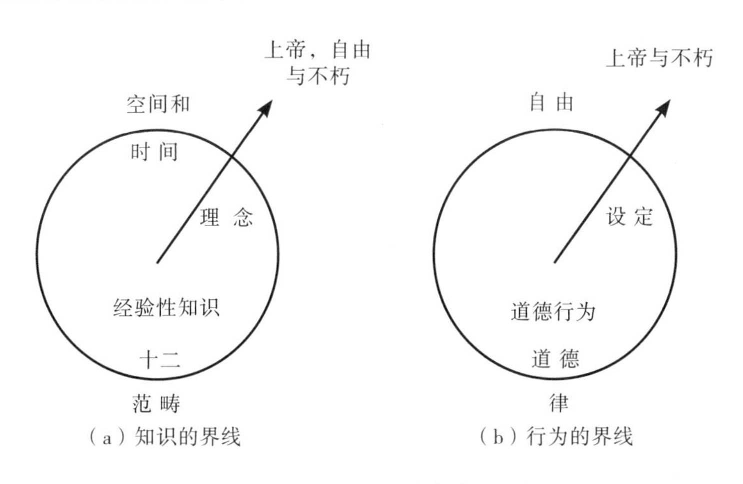

图 VIII.2 理论的和实践的立足点

如果把康德的道德哲学跟他的理论哲学放在一起（如图 VIII.2），就会引出一个潜在的问题，因为它在自由和自然之间造成了看似无法解决的紧张。我们怎么可能在一方面是自由的（当考虑到道德哲学的基础的时候），在另一方面又是被因果律这类法则决定的（当考虑到经验性知识的基础的时候）？康德设法回答这类问题，他的方法是让人们看到：在人类经验的某些方面，自由与自然、实践理性与理论理性之间的对立实际上是如何被克服的。我们将在第四部分研究康德解决这类问题的两个主要途径：第29讲将涉及他在第三《批判》中支持的美的理论；第32、33讲将讨论他提出的超越这种对立的最有效的途径：他的宗教理论——它同时也是他对“我可以希望什么”这个问题（见图III.6）的最好的回答。因为宗教为我们提供了解释“最高之善如何能实现”的唯一途径，康德相信，它是人类经验中最好地体现了自然和自由可以共同为人类之善起作用的领域。

尽管康德的确写了几本书，想要证明，人类经验中有一个综合了自由与自然的领域，但这两个王国之间的严格对立，并没有像搅扰他的批评者那样搅扰着他。因为他自己并不认为，这两个王国摆出了绝对矛盾的姿态，要求通过解释而消除矛盾，相反，他肯定它们的对立，认为那是人之为人的本质特征。他认为那是人类的两种视角之间的对立，是看待同一事物的两种方式（见图VIII.1），它们必然会同时出现，而且在很大程度上依赖对方的存在而存在——正如“热”与“冷”、“大”与“小”之间的对立。只有记住这一点，我们才能充分领会他在第二《批判》的著名“结论”中谈到这种对立时所采用的充满敬意的方式：

> 有两种事物，我们越是经常地、反复地反思它们，它们就越是将常新的、不断增长的赞美与敬畏倾注到我们的心中：我上方的布满星辰的诸天[即自然]，和我心中的道德律[即自由]。我并非只是在推测它们、寻找它们，仿佛它们隐蔽在黑暗中，或是超越了我目力所及的范围：我看到它们就在我面前，我将它们与对我自己的实存的意识直接结合在一起。（*CPrR* 161–162）

23. 价值重估：一个道德突破？

我们在上一讲看到，康德如何通过论证道德的基础是对自由与道德责任的内在感觉，来加强道德行为的理性意义。他相信，我们内心有一个普遍有效的“声音”，告诉每个人对与错的区别。对于完全沉浸在相对主义里的人来说，康德的信念听起来很古怪。相对主义有统治现代西方文化的趋势，在相对主义者看来，对与错之间没有清晰的区分。康德认为道德的目的（或目标）是“客观的”，而通常的看法则认为它们全都是“主观的”。为了突出这两种观点的差异，我用图 VIII.3 中的表格概括了它们之间的一些主要区别，并以此作为对康德的道德哲学的快速回顾。自从康德提出了道德行为立场与经验知识立场的根本区分之后，哲学家一直想以各种各样的方式跨越他提出的限制。（遗憾的是，康德本人为调和这两个领域而做的尝试往往被完全忽略了。）今天这一讲，我们要研究其中一位哲学家的主要观点。这位哲学家预见到 20 世纪发生的思想与行为方式的很多转变，而他本人至少在某些方面要为这些转变负责，因为他好比是发动了西方哲学史的一次新的循环（参看图 VIII.3）。

	主观目的	客观目的
适用性	因人而异（相对的）	对每个人都有效（绝对的）
决定因素	个人的倾向（自己的“欲望”）	人类理性本身(由道德律决定）
参照	潜在的真实事物（“如果……”，值得考虑）	真实事物（命令人尊重）
价值标准	是否满足了欲望（假言的）	与任何欲望无关（直言的）
激励目标	产生快乐	产生美德

图 VIII.3　主观目的与客观目的之对比

弗里德里希·尼采是一位德国的哲学家。他相信，他那个时代的社会传统价值已经把宗教和哲学（其实也包括人类自己）从它们固有的根上砍断了。他看到正在迫近的灾难在地平线上忽隐忽现，因此他呼吁一次彻底的“价值重估”，即，对造就了传统价值的整个哲学与宗教传统进行全面的再思考。他在价值重估的过程中发展起来的理论，设立了某种类似于新神话的东西；他用充满激情的非理性神话，取代了冷静的理性神话，后者是由苏格拉底建立，并由柏拉图加以普及的，而前者的内涵直至今日才开始被人们理解。（顺便一提，尼采声称，他的哲学要在两百年后才能被人充分理解。）要想理解尼采的理念，困难之处在于他有意用不成体系的方式写作，因为在他看来，建立体系也是旧价值的一部分。他有些观点相互矛盾，他的很多著作甚至根本不打算发展出一套单独的、论证充分的思想。更确切地讲，它们是多种思想的集合，往往以“格言”的断片形式表达。好像尼采只是写了一沓洞识论文，只要凑够了一本书的篇幅就把它们拿去发表！尼采更多地视自己为诗人、心理学家，甚至是先知，而不是任何传统意义上的哲学家。尽管如此，他的很多洞识仍然直接涉及哲学问题，因此，对他的主要思想的介绍应该能让我们领会他之于哲学传统的重大意义。

尼采的父亲是一位路德宗的牧师。尼采才智超群，很早就完成了正规教育，年仅 24 岁就成为巴塞尔大学的古典语言学教授。他这一时期的很多思想，都是在他与音乐家瓦格纳（Richard Wagner）短暂而密切的友谊中发展出来的。然而执教十年后，他对学术游戏的幻想破灭了。他退休了，隐居在山中的一个小棚屋里，度过了他一生中又一个十年，撰写着西方哲学史上最富激情与挑战的书。

尼采的价值重估，是可以把他的所有其他思想集结到一起的焦点，其目的是打破传统观念中道德与智力生活的界线对我们的限制，在原来的位置上建立起一套新的、更高的价值。他认为，旧有的价值，尤其是由基督教以及在康德那里达到顶峰的哲学传统所体现出来的旧有的价值，是“否定生命”的，因此它们必须被“肯定生命”的价值所取代。“肯定生命”的范例可以在异教和古希腊哲学中找到。科学以它狭窄的视野将世界的本质解释为“在根本上是无生命的”，但科学不必为这种错误的世界观负全责。因为，为绝大多数西方世界所接受并在康德哲学中得到辩护的、传统的基督教道德，也支持“爱、谦卑和自我牺牲”这类观念；在尼采看来，这样的观念杀死了人类的灵性本身，使我们忘记了如何跳舞。

通过追溯古希腊神话，尼采为两种生活图景选取了两个名字：传统的、否定生命的图景，叫作“阿波罗式的”（取自名叫阿波罗的太阳神）；而他想用来取代前者的、肯定生命的图景，叫作“狄奥尼索斯式的”（取自名叫狄奥尼索斯的酒神）。阿波罗式图景是有意识的、理性的、平静的，而狄奥尼索斯式图景是无意识的、非理性的、有激情的。前者产生“奴隶的道德”，使人具有“畜群心理”，认为自己是由固定好的善恶界线所决定的；这种态度在政治上导致民主制（由大众统治），因而鼓励每个人都平庸地彼此相似。相反，后者产生“主人的道德”，使人采取“英雄心理”，认为自己能自由地打破关于对错的传统解释；这种态度在政治上导致贵族制（由少数人统治），因而鼓励人们表现人类灵性的伟大。

狄奥尼索斯图景以各种各样的方式使人们“超越善与恶”，生活在更高的层面上，其特征被尼采称为“求力的意志”。求力的意志是根本性自由的一种形式。它通过拆毁“自然与自由”的两套界线，来解决康德的“自然与自由”之分引起的问题——“我们必须……假定意志的动因是唯一的动因。”在尼采看来，只有勇敢地握住拒绝被关在任何界线之内的自由，我们才能真正把握自己，因为只有这样，我们才能如生活实际所是的那样肯定生活。按照这些指导原则，我们可以将尼采的价值重估用图 VIII.4 中的映射表示出来。

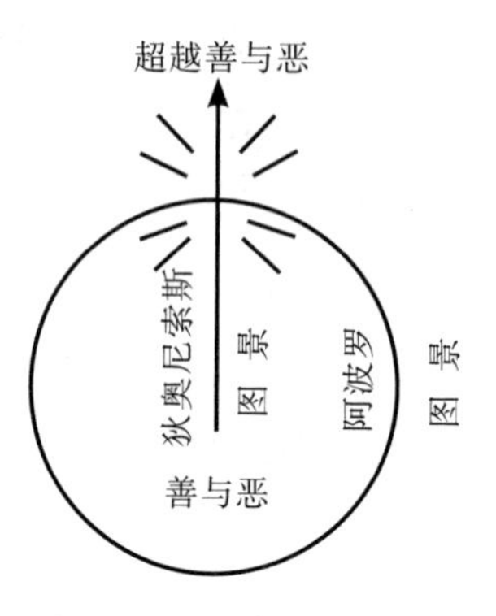

图 VIII.4　尼采的价值重估

尼采面临的难题是，当时的社会完全陷在阿波罗式思维的壕堑中。因此，他试图用狄奥尼索斯式的训谕来平衡阿波罗式思维的努力不可避免地被看作是疯狂的。这至少是尼采的著名故事——“市场上的狂人”——的要点之一：

> 你还没有听说过那个狂人吗？一个明亮的中午，他点燃了一盏灯笼跑出去，来到市场上，一遍又一遍地呼喊：“我找上帝！我找上帝！”——当时那里刚好站着些不信上帝的人，于是那个狂人就成了他们取乐的大好机会。上帝丢了吗？有人问道。要么是他把自己藏起来了？他害怕我们吗？他是不是上船了？他移民了吗？于是他们叫起来，放声大笑。
>
> 而狂人却在一瞥之间洞穿了他们：“上帝去哪儿了？”他喊道，“我就要告诉你们。我们已经杀死了他——你和我！我们都是谋杀他的凶手。但我们是如何得逞的呢？我们如何能使大海枯竭？谁给了我们海绵，抹去了整个的地平线？当我们让地球摆脱太阳的束缚

时，我们在做什么？地球现在要运动到哪里？我们自己要运动到哪里？

“我们不是在无限的虚无中摸索道路吗？我们没有感觉到空洞的空间的呼吸吗？它不是已经变冷了吗？那里难道不是越来越多的黑夜吗？我们如何慰藉自己呵，我们这些弑主的刺客？谁将擦去我们手上的鲜血？难道我们不是一定要自己变成神，以便配得上这样的功绩吗？”（*JW* 125）

这段著名的章节不仅陈述了问题所在——我们的无生命的阿波罗式人格杀死了上帝，也给出了尼采解决这个问题的线索。能杀死上帝的存在者（beings）只会是那些能自己变成上帝的人。由此产生了尼采的超人理论。

当尼采谈论那些超越了自身而成为“超人”（*übermensch*，通常译为“superman”，超人，但有时也译作“overman”，头人）的人时，他想到的不是那个身披红色斗篷、以“比子弹还要快的速度”四处飞行、与罪恶势力作斗争、捍卫美国理念的奇特的人！相反，来自氪星球的虚构英雄是在尼采死后不久才出现的，而且跟尼采的理想人物之间少有共同之处。尼采宣称，超人的到来之所以无比重要，是因为他正是大地的目的。因此，“人类未来的希望”完全仰赖于这个来自现代社会的、强有力的人的出现，否则现代社会就会陷入无望的迷失状态：普通人都像“被污染的小溪”，而“我们需要成为海洋”。为了产生超人的狄奥尼索斯图景，我们必须做很多事情，例如：彻底热爱我们的命运（尼采称之为“amor fati”），以至于能够愿意我们生命的每一时刻都在“永恒轮回”的不断循环中被无休止地重复。

尼采对理想超人及其特征的最好描述，见于他的《查拉图斯特拉如是说》（*Thus Spake Zarathustra*，1883—1884）。此书的“序言”讲了一个名叫“查拉图斯特拉”（这其实是波斯拜火教创始人的名字）的人的故事，他独自在山中生活了十年。一天，他遇到了“森林中的老圣人”，并惊讶地发现这个人“还没听说过，上帝死了！”查拉图斯特拉于是走到最近的城镇的集市上。很多人聚在那里看走紧索的人，表演马上要开始了。查拉图斯特拉开始向他们布道，他说：

> 我向你们讲授超人。人是某种要被超越的事物。你们做过什么来超越人吗？……
>
> 猿对人来说是什么？一头可笑的畜生，一个可耻的东西。对超人而言，人也是一样的：一头可笑的畜生，一个可耻的东西。
>
> 你们已经从蠕虫变成了人，而在你们的内部，很大一部分仍是蠕虫……
>
> 看，我向你们讲授超人！
>
> 超人是大地的意义。让你们的意志说：超人将是大地的意义！
>
> 我恳求你们，我的同胞，对大地保持忠实。不要相信那些向你们讲述超越大地的希望的人。他们是下毒的人，无论他们自己是否知道。
>
> 他们是轻视生命的人，他们亲手腐蚀人、毒害人，大地对他们感到厌倦：所以，远离他们！
>
> 亵渎上帝曾经是最大的亵渎，但上帝死了，那些亵渎也随之而去。如今亵渎大地就是最可怕的罪，以及将不可知之物的心看得比大地的意义还要高！……
>
> 真的，被污染的溪流就是人。而人必须是海洋，吸收被污染的溪流而不变脏。
>
> 看，我向你们讲授超人：他就是那个海洋；你最大的耻辱都能在他那里被吞没。（*TSZ* 序 §3）

人群中有些人对查拉图斯特拉的奇谈怪论感到不耐烦了，要求他把这个“绳索上的舞者”（意指超人）展示给大家看。查拉图斯特拉回答说：“人是延伸在动物与超人之间的一道绳索——一道深渊上的绳索。”提出了关于人类的这个隐喻（如图 VIII.5 所示）后，尼采接着讲述道，查拉图斯特拉又说了一番话，然后走紧索的人开始表演了，但绳索上另一个“像小丑一样的”人打扰了他，使他摔到了地上。故事结尾讲述了查拉图斯特拉如何帮助那个受伤将死的人。尽管我们没有时间详细讨论对这个故事的解释，但我至少应该再加上这一点：在这本书的第一部分，尼采讲了一个“三种变形”的故事。故事说，一个精灵变成了一头骆驼，骆驼又变成狮子，狮子最后变成一个孩子。如果我们把这个故事视为人的三个发展阶段的象征，可以用它来证明：对尼采而言，狄奥尼索斯式（“狮子”）图景并不是理想的人的一部分，而只是对当时的阿波罗式（“骆驼”）图景的过于理性的偏见的必要补充。尼采的最终理想，也许是完全超越了阿波罗与狄奥尼索斯之分的人，他既不采取基于仆人角色的骆驼图景，也不采取基于主人角色的狮子图景，而是采取基于本能的孩子的图景。

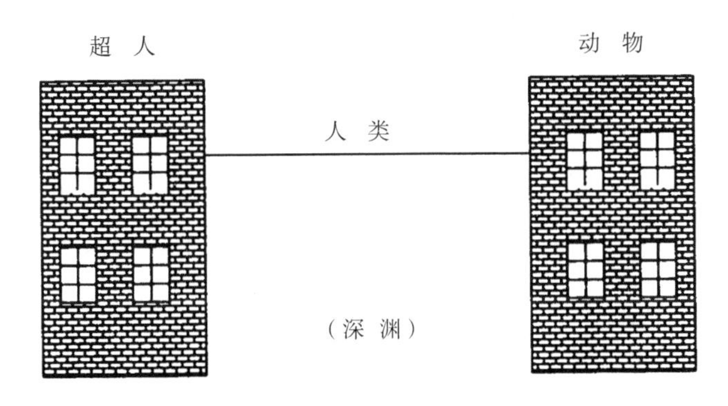

图 VIII.5　尼采的紧索

无论如何，今天我想讲的尼采哲学的最后一个方面是他的视角主义（perspectivism）理论。尼采是第一个把“视角”（perspective）当作哲学术语来使用的哲学家。你们也许已经注意到了，我相信，对于哲学家而言，“视角化”（perspective）可能是最有价值的实践。然而对尼采而言，“我们‘知道’的每样事物都受限于某种视角”这种说法的含义是：实际上没有事实，有的只是解释。其实，他走得非常远，以至于提出：每样事物都是假的；换言之，语言伪造了实在。这种观点在有些方面跟康德和维特根斯坦都很相似，跟另外很多希望在“是什么”和“我们能就‘是什么’说些什么”之间作出区分的哲学家的观点也很相似。与康德不同但与维特根斯坦相似的是，尼采激烈地批评所有的形而上学理论（尤其是二元论）。因为他相信，超越这个世界的“真实世界”的理念，恰恰是一切“否定生命图景”的根基。对一切真理——形而上学的和其他的——的彻底拒绝，是人们常说的“虚无主义”的一个方面。因为，对于真正的虚无主义者而言，没有任何实在的道德限制：一切价值都可以被当成是无意义的而加以拒绝。按照这种理解，由于尼采的最终目标是达到更高的价值（即超人），所以，他究竟应不应该被称为严格意义上的“虚无主义者”，存在着一些争议。

那么，关于尼采的哲学我们能得出什么结论？我们怎样回应他对道德突破的充满激情的吁求？我们怎样应对他对宗教和现代科学世界观的严厉批评？从苏格拉底到康德，几乎所有的哲学家都相信，理性能指引我们超越自身，到达上帝，而人类真的恰恰用这种理性反讽地“杀死了上帝”吗？我们真的能通过自己的意志的力量而成为上帝吗？的确，尼采哲学提出的很多问题都无法在入门课里得到令人满意的回答。然而我想指出的是：尼采的著作首先是有意要激起某种反应。如果他的思想震醒了我们，让我们对整个价值与信仰体系进行再思考，那么他可能会认为他的工作取得了成功。他最不想做的事情就是建立一个新的思想“学派”，叫作“尼采哲学”！

考虑到这些，我对尼采的思想有若干评论。首先，尼采哲学的神话特征应该很明显，因为他拒绝看到或接受任何界线。尼采的世界是无限制的世界——或者至少它的限制是肆意的，而且不能用来决定真理。（这部分是因为他对分析逻辑与综合逻辑的差异缺乏清晰的认识。）这就是我为什么曾提到，可以认为他的哲学发动了西方哲学循环的一次新的轮回（参看图 III.3），取代了柏拉图的苏格拉底，成为人们常说的“后现代主义”哲学新时代的基础。我们将在第 24 讲较为详细地研究这次哲学运动。

另一个有意思的要点是：康德与尼采间的关系，在某些方面跟古中国哲学家孔子与庄子之间的关系有可比性。康德和孔子都围绕内在立法的道德行为法则，发展出宏伟的哲学体系；而尼采和庄子都竭力要打破对那种体系的典型的僵硬解释。后两者都过着散漫的生活，并力劝所有的人都接受富有激情的“道”的引导，在某种意义上，“道”是生命的根本。遗憾的是，我们没有时间在这堂课上沿着这种平行关系继续追踪下去。因此指出这一点就可以了：像尼采一样，庄子对传统价值的根本性破坏也往往使他看起来像个虚无主义者，但记住这一点可以避免这样的误解：“道”是对人类行为的不可言传但又非常真实的限制。

现在我们也许要问：哪种哲学真正否定生活？是尼采对人类的或者纯阿波罗式，或者纯狄奥尼索斯式的解释，还是坦率承认人类本性的这两个方面的不可避免的张力（就像在康德那里）？走过绳索、成功地变成超人（即成为狄奥尼索斯式英雄）的人，跟坐在后面、满足于当一只纯粹的动物（即阿波罗式牧群中的一员）的人一样片面。在任何一种情形下，如果我们试图只按其中的一种来看待生命，必然会以否定生命告终。可以很形象地把它表示出来：如果把图 VIII.5 中支撑着紧索的任何一座建筑拿走，人类这根紧索就会坠到地上。这必然暗示了：唯一真正肯定生命的观点，会认为人类既是阿波罗式的，又是狄奥尼索斯式的。无论是爱与欲望、有意识与无意识、知识与无知之间的张力，还是任何一对尼采式的对立物之间的张力，在每种情况下，都是这样的张力本身使我们活着。其实，这既是人类生活的伟大，同时又是人类生活的悲剧：我们能冒着巨大的风险，追求高远的理想，然而我们又不可能在达到那些理想的同时而不失去我们的生活。而好的人生，就像擅长走紧索的人，是表演出最好的平衡的人生（例如，通过整合对立的事物）。

最后我应该提到，尼采在他生命的最后 11 年里，是一位精神病患者。患病的原因只能靠推测。有些人相信是生理疾病所致。另一些人则把他的遭遇解释成真正的先知的遭遇，就好像他象征性地代表那些看不清人类的自我毁灭趋势的人接受这样的惩罚。还有些人把他的最终命运视为他的哲学图景的自然结果。在他们看来，尼采的例子无疑可以看作一种警告，警告那些想要尝试无根的哲学（它深植于形而上学的自然之根被切断了）的人。但无论怎样，因为尼采患病，他的妹妹最终接管了他的著作的出版事务，并负责推广他的思想。遗憾的是，她曲解了尼采的思想，以至于希特勒得以用貌似尼采思想的东西，作为对法西斯制度的哲学支持。政治哲学将是我们下周课程的焦点。但在今天这一讲结束之前，我要指出：如今人们普遍认为，希特勒（以及其他人）对尼采的利用是对尼采思想的粗糙歪曲。因为尼采绝不是排犹的法西斯主义者，他只是一位真正独立的哲学家，一个新的苏格拉底（或者反苏格拉底）——如果曾经有过一个苏格拉底的话。

24. 视角主义：重建界线

在我以往的学生的洞识论文里，学生们采用的（有时也辅以论证）最常见的神话，也许就是被称作“相对主义”的观点。他们经常声称世界上没有绝对的事物，但很少有人对这种立场的含义进行过深入的思考。他们引用的比较有代表性的理由是：一种行为在这种情况下可能是对的，而在另一种情况下却可能是错的；一个命题在这种语境中是真的，而在另一种语境中却是假的；一种生理特征在这种文化中被认为是美的，而在另一种文化中却被认为是丑的。正如这些例子表明的，相对主义的论题不仅与道德哲学有关，它还涉及应用哲学的几乎所有方面。每当我们不得不划出一条界线，并对落在界内与留在界外的事物作出明智选择时，这样一个问题最终会出现：这条界线是否是“绝对的”（即“固定不变的”，或“在任何方面都是真的，不必考虑背景或个体的差异”）？在日常生活中，大多数界线问题很明显是相对的。例如，没有一条绝对的原则告诉你，是否要在你和你的邻居的房屋之间竖起篱笆，或者把篱笆竖在哪里。这类决定取决于很多“相对”因素，比如，你居住的行政区适用的法律、你同邻居的关系、你对篱笆的态度，等等。

关系到相对主义的哲学问题，并不是“是否有些事情是相对的”，这显然是真的；而是“是否每件事情都是相对的”，或者相反，“是否有些基本原则可以是绝对的”。这个问题在道德哲学中的重要性，超出了它在任何其他领域中的重要性。在本周我们已经看到，20世纪的相对主义倾向在很大程度上源自尼采（或者说至少被尼采预见到了）。但它的根，来自更远的过去。早在1651年，托马斯·霍布斯在《利维坦》的第15章写道：“道德哲学只是人类交往和人类社会中关于什么是善、什么是恶的科学；它随着人的性情、风俗和教义的不同而不同。”善与恶的区别因此被认为是纯粹的社会习惯问题，并非扎根于任何绝对的道德准则。此外，休谟也曾论证说：不能凭“是”（is）的状态来证明“应该”（ought）的状态的合理性（*THN* 469–470）。例如，不能仅仅因为堕胎如今是常见的行为，它就应该被视为“正确的”。“是”与“应该”之间的裂缝，使道德“科学”永远无法达到自然科学致力于获得的客观性水平。事实上，因为缺少对道德信念的任何经验性证明，休谟由此推出，道德信念只是惯例或习惯的问题（参看第21讲）——这是一个会直接导致相对主义的极端形式的观点。

我们一定要将严格的相对主义与“视角主义”清楚地区分开。前者认为，没有一种意见在根本上好于其他意见；而后者，正如我们已经看到的，在尼采那里，它的意思是每样事物都是假的。然而如果真正严格地采取尼采的看法，我们就会只剩下一棵没有根的树——也许甚至没有树干！在这门课上，我始终都在支持另一种完全不同的视角主义。我们不必从“一切知识的视角属性（如康德所证明的）”一直论证到“一切语言的虚假性”，我们可以把每一个界定得十分完备的视角当作获取界线内的真理的一个机会。例如，我曾论证过一种视角哲学，在这种哲学里，真理确实存在，但只有当它处在一个特定视角的界线内部时，才被认为是真理。这样我们就可以说，真理是相对的，而不必说，真理完全等同于个人意见。我们一旦认识到，“爱智慧”要求我们首先（而且也是最重要的）要为“真理”和“善”这样的理念寻找恰当的解释视角，那么此时，也只有在此时，我们就能肯定地说，意见（有时甚至是大多数人的意见）可能是错的！于是我们不必像尼采那样说：对世界的一切解释都是假的，而是可以肯定地说：其中很多解释都可能是真的。其实，如果两个观点假定的是不同的视角，那么即便它们看起来是矛盾的，也可能都是对的。

在当前那些回溯到尼采并将尼采视为“后现代”之父的西方哲学

运动中，“解构主义”是最有影响的学派之一。解构主义的源头，是一种诠释文本的方法（参看第18讲），但如今已经发展为独立的哲学学派，它的基础假定是：这个世界没有“纵深结构”之类的东西，因此，为任何事物寻找基础都必然是徒劳的、适得其反的。我想这次运动将是短命的，因为它像逻辑实证主义一样（参看第16讲），试图完成不可能的任务：培育无根之树。解构主义者虽然正确地宣称，对形而上学基础的信念往往会被用来封闭其他解释的可能性，从而可能被误用为压迫的工具，但他们自己却由于相信“没有供我们所有的人站立的共同地基”，事实上封闭了任何沟通的可能性。因为解构主义者的大部分注意力集中于对过去的经典文本的诠释，所以他们的很多合理洞识可以在更传统的哲学家的著作里找到，后者的形式不像解构主义者那么极端。尽管如此，还是让我们看一下最有影响的解构主义者之一——德里达所持的几个观点。

学者雅克·德里达出生于阿尔及利亚，他的大部分职业生涯在巴黎度过，他在那里生活、写作。他那既富煽动性又有洞察力的写作风格，使他在20世纪的后三分之一的时间里吸引了很多人的注意力。他的最受欢迎的著作《哲学的页边》（*Margins of Philosophy*，1972）对他的哲学新方法——“解构主义”——的主要特征，作了最为详细的辩护与解释。德里达拒绝以往哲学家（尤其是“结构主义者”，他们的观点在20世纪中期的法国极有影响）的很多关键假设，比如：言谈优先于书写；文本有一个客观的结构，它赋予文本一个基本的或最正确的“意思”；相信是作者而不是读者赋予文本真正的意思；等等。德里达用新观点取代了这类看法，他以自己的写作证明：文本有很多层真实的意思，而且读者自己的意思可能跟作者有意要表达的意思同样有效。此外，他还拒绝给予哲学文本相对于其他文本的特权地位：哲学文本只是被解释、被批判地评估的另一种形式的文献。

作为文学批评家，德里达将写作行为评定为：一切哲学的根本范畴，文字沟通的最基本的形式。写作的本质是语言的“自由游戏”，而不是更深的“意思”的沟通。如他所言：“文本之外，别无他物。”诠释者与其把自己的任务视为搜寻捉摸不定的“真实意思”，还不如把它当成：与文本游戏，直到新洞识作为结果出现。德里达以这种方式解构经典文本时使用的一些“窍门”是：找到在文本中占支配地位的隐喻，它引导着关键词的使用方式和对它们的理解方式；回溯所有这些关键词的原初意义或字面意义；关注文本的“明显”意思与其他隐含意思之间的差异；探索不同类型的差异（包括发声差异、拼写差异等）之间相互作用的方式。他生造了一个术语“延异”（différance），用来指称“不同的差异之间的相互影响”。他强调我们一次只能研究一种差异：在任一时刻，当我们的注意力被一种差异给抓住了，其他类型的差异就必须被“推迟”。为了确定文本里现有的或潜在的隐喻、意思、差异——诸如此类的趋别——德里达经常采用深层心理学的概念，他论证说，文本中包藏着无意识的连接。他这么做，更多的不是为了否定对文本的“传统”诠释，而是为了在广阔的其他诠释之间嬉戏，即便它们也许只是似是而非的诠释。

德里达认为：要对文本作出恰当的诠释，我们必须始终坚持“开放”的、非结构化的提问。他如此确信这一点，以至于声称：一本书的页边与印在书上的文字同样重要。页边以及字与字之间的全部空隙，构成了使阅读成为可能的最初的延异。一方面，页边代表着没有被写下的事物，它告诉我们的与文本有关的意思，与那些写出来的一样多。另一方面，当读者在页边写下自己的评论时，这些评论就像作者头脑中的意思一样，也成为文本意思的一部分。

尽管解构主义涉及的范围并不仅限于与道德哲学问题相关的文本，但这个哲学运动最应该放在本周来讨论，因为它容易导致将文本的意思完全相对化的观点。这种完全相对化所隐含的意义，对伦理学的影响超出了它对任何其他领域的影响。德里达与其他解构主义者走得很远，以至于声称：任何想要坚持“真正”意思的努力，或任何想要把某个原则当作绝对真实的尝试，都是“压迫”不同意见者的政治手段。这样一来，整个运动带着与尼采并无不同的说教腔调，按照他们的主张，任何支持传统观念的努力都要遭到鄙弃。事实上，我曾在一次学术会议上听到一位解构主义者论证说，甚至是像“不矛盾律”这么单纯的逻辑法则都只是压迫工具，因此应该被拒绝！另一位有影响力的解构主义者米歇尔·福柯（Michel Foucault，1926—1984）将这类观点更细致地运用于道德论题，尤其是与性和精神疾病有关的论题。但在这里我们不研究他或其他人的观点了，让我们返回到康德，以便得出关于这个主题的一些结论：对道德智慧而言，一种健康的视角主义的内涵。

按照人们对康德哲学的标准解释，正如尼采假定的，康德认为，定言命令，也许还包括由它所支持的个别守则（比如“决不说谎”），是绝对的道德法则。然而，不必如此僵化地解释康德的道德理论。因为，正如康德认为的，在空间和时间中（即在世界中）显现的每样事物都是偶然的，因而是相对的，而只有我们的心智先验地置于世界之上的东西（即作为世界的界线）才是必然的或绝对的；他同样也认为，行为的道德价值并非来自它在外部的客体世界中的结果，而是来自行动者内部的动机世界的源头。因此，康德的道德理论至少在以下这种意义上是相对的：如果背后的动机不同，同一种行为可能在一种情况下是对的，而在另一种情况下却是错的。康德在道德理论和其他哲学领域里与严格的相对主义者分道扬镳的地方在于，他相信：在所有这些“相对”决断的下面，有绝对的原则在充当它们的基础。这些原则，只有在“它们限定了个别的视角”这个意义上，才是绝对的，但我们可以自由地选取不同的视角来解释任何给定的情境。这样，康德的立场既超越了天真地把传统的道德守则当作绝对事物加以支持的基础主义[1]，又超越了抹杀一切界线的相对主义者的反基础主义。事实上，康德哲学的视角主义认为，界线是“相对固定的”，即只有关系到限定每个视角的原则时，它才是固定的。没有什么原则从每个视角看出去都是真的，因此，我们知道的事物都不是“绝对绝对的”。

康德确实认识到了某个层次的“实在”，它超越了他的视角主义的相对绝对的原则。但正如我们在第8讲看到的，他把这个绝对的或“最终的”实在，这个“自在之物”的王国，视作不可知的。康德的视角主义不像尼采宣称的那样，只是在捍卫“旧”道德，而是为我们提供了第三种选择。传统道德活在这样一个神话里：这套特殊的道德准则（例如《圣经》中的）对任何人、在任何时候都是绝对真实的。相对主义者要打破这个神话，他们论证说：没有什么是绝对的，因此任何事情都可能是真的或对的。“文化相对主义”是较为具体的观点，它认为：每种文化都会设定自己的界线，而对与错事实上只是文化的标准。但如果情况真的如此，就没有哪种文化会是错的，我们就很难想象一种文化如何或者为何会改变它们的道德标准。尼采的相对主义不是文化相对主义，因为他明确指责有些文化（即阿波罗式文化）是道德败坏的。称他的观点为“绝对相对主义”也许更恰当，因为他论证说，唯一健康的道德理论就是打破一切界线的道德理论，无论是文化界线还是其他界线。而康德的立场超越了相对主义：他鼓励我们返回道德的界线，即便我们在任何时候都不能确切地知道自己对道德律的遵循究竟有多充分。在康德看来，我们要相信，有绝对的事物，即便我们不能确切地知道它是什么；只有当我们谦恭地把这不可知的绝

① 基础主义：foundationalism，又译“基础论”。

对事物当作定义界线的“实在”接受下来时，我们才可能作出道德决断，它们是真正的我们的决断（即自由的），也是真正的道德的决断。

即便在某种意义上，“道德的绝对事物”处在我们的行动世界之外，但它的在场对于我们如何对待不同意见者也有重要的含义。相对主义者通常鼓励我们对他人的观点保持宽容。一般而言，宽容当然是很好的。它是对旧有的看世界的方式的反作用。旧有的方式认为：世界充满了绝对的、非黑即白的区分，应该严格强迫所有的人遵守。在历史上，以绝对的真与善的名义，很多人被攻击、流放、斩首、在木桩上烧死，仅仅因为他们持有的意见不同于政治上更有权势的人。尽管如此，相对主义仍然是危险的，因为它最终导致知识与道德的毁坏。它混淆了真与假、对与错的区分，使今天的人们相信，我们可以忽略理性赋予我们的、决定真与善的内在指导法则。我们一定要像常言说的“把婴儿与洗澡水一起倒掉”吗？康德会说：“不！”我们要宽容到一定的程度，但不能以否定人类生活的两个最高价值为代价。康德的视角主义提出了相对主义之外的选择，他主张：存在着有理性的绝对事物；而且，尽管这些绝对事物在客观上是不可知的，但实践理性本身把它们告诉给每一个人——只要我们愿意聆听它的声音。因为，善与真的绝对基础并不在世间可寻的行为与客体中，而在于每个个体内部的理性声音中，所以，尽管仍然可以反对不宽容，但不能一概而论地反对，以至于毁掉知识与道德的可能性。

事实上，康德叙述道德的基本原则时采用的关键词“respect”（尊重），与“perspective”（视角）的整个概念在语源学上有显著的关联（至少在英语中如此）。“re-spect”某人就是“再看一次”他与他的情境——在根据自己的倾向作出判断或行动之前想两次。“*per*-spect”某种情境，就是“通过（或借助）”给定的预设“看”所考虑的各种细节。有趣的是，至少有一位译者曾经用“ perspect”来翻译康德的术语“*einsehen*”，它的字面意思是“在……里看”，用作名词时，意思是“理解”或“洞识”。这精确地反映了我们在这门课上一直看到的、发生在“视角”与“洞识”之间的紧密的关系。因此我们可以说，就像“*re*specting”（尊重）对应着道德一样，“*per*specting”（视角）对应着洞识，因而也在整体上对应着哲学。

在这一讲结束之前，我想提一下，你们中仍然有些人会在写洞识论文时陷入自指的陷阱（the self-reference trap）（见第10讲）。现在我们更深地理解了视角，以及视角关系到神话时是如何作用的，我希望你们能更熟练地做到更谨慎地陈述你们的论证。考虑到这一点，现在让我给出另一个例子，说明如何在处理哲学问题时不至于陷入这个谬误。我曾读到一篇论文，它认为“真理总是伤害人的”；还有一篇与之相似，认为“我们能确认‘什么是真’的唯一时刻，就是当它带给我们痛苦的时刻”。这两种说法也许都是真的，在很多人类处境中甚至可以说是明智的。但如果将这样的洞识当成普遍原则提出来，那么它显然无法通过自指检验。因为如果一个人只是相信“真理总是伤害人的”，这个相信行为本身并不给相信这句话的人带来任何痛苦。如果这条原则是真的，那么至少存在着一条不伤害人的真理！

按照我的诠释，康德的视角主义是独一无二的，而且超过了我们考虑过的任何其他理念，因为它认为：应用哲学的每个领域都确有其恰当的界线；但如果应用于所有的情境，没有哪种界线是绝对的。相反，这一次我们可以为某种情境选择这一套界线，把它当作科学框架中的一个被决定的事件，下一次我们可以为同一种情境选择另一套界线，从而把它当成一个道德情境。尼采的视角主义像解构主义一样，认为一切知识的视角本质几乎取消了真理的概念；而康德的视角主义却把视角当作定义真理的界线（或在道德哲学中，将视角当作定义善的界线），从而重建被相对化了的事物。“一种行为的好坏只是相对于它的道德立足点”，这样的说法不是将道德缩减为文化标准或个人偏好，而是将道德提升到哲学上合理的信念的地位。

供深入思考 / 对话的问题

1. A. 某个行为可能同时既是自由的，又是被决定的吗？

   B. 有绝对的（即，不可更改的）界线吗？

2. A. 一个价值判断可能会是错误的吗？

   B. 两种真正的责任会互相矛盾吗？

3. A. “否定生命”的行为会是道德上正确的行为吗？

   B. 一个人能杀死上帝吗？

4. A. “突破”永远都是好的吗？

   B. 没有理性的哲学最终真的可能吗？

推荐读物

1. Immanuel Kant, *Foundation of the Metaphysics of Morals*, Second Section, “Transition From the Popular Moral Philosophy to the Metaphysics of Morals”（*FMM* 405-445）.

伊曼纽尔·康德：《道德形而上学原理》，第二部分“从大众道德哲学过渡到道德形而上学”（*FMM* 405–445）。

2. Immanuel Kant, *Critique of Practical Reason*, Book II, “Dialectic of Pure Practical Reason”（*CPrR* 106-148）.

伊曼纽尔·康德：《实践理性批判》，第二卷“纯粹实践理性的辩证论”

(*CPrR* 106–148)。

3. J.S. Mill,*Utilitarianism*, ed. Oskar Piest (Indianapolis: Bobbs-Merrill,1957).

J.S. 穆勒:《功利主义》(Oskar Piest 编)。

4. G. E. Moore ,*Ethics* (New York: Oxford University Press ,1965 [1912]).

G. E. 摩尔:《伦理学》。

5. Friedrich Nietzsche, *The Joyful Wisdom*, § 125 (*JW*).

弗里德里希・尼采:《快乐的智慧》, § 125 (*JW*)。

6. Friedrich Nietzsche, *Thus Spake Zarathustra*, Prologue (*TSZ*).

弗里德里希・尼采:《查拉图斯特拉如是说》, 序言 (*TSZ*)。

7. Friedrich Nietzsche, *Beyond Good and Evil*: *Prelude to a philosophy of the future*, tr. R. J. Hollingdale (Harmondsworth: Penguin Books, 1973).

弗里德里希・尼采:《超越善与恶》。

8. Jacques Derrida, "Différance", *Margins of Philosophy*, tr. A. Bass (Chicago: University of Chicago Press, 1982), pp .1-27.

雅克・德里达:《哲学的页边》之"延异", 1—27 页。

第9周

政治哲学

25. 权力与政治的界线

在这门课的第三部分里，我们已经知道，哲学处理的不只是与形而上学、认识论、逻辑和语言有关的抽象的理论问题，它还涉及更具体的实践问题，比如，跟科学和道德有关的问题。科学哲学与道德哲学都是哲学的主要枝条：它们为我们将哲学应用于与特定科学或特定伦理学有关的实践性论题提供了基础。在这一讲和下一讲里，我想让大家考虑哲学之树的另一个分支：政治哲学。其实，如果我们有时间，哲学研究的很多其他领域都可以包括进第三部分。但就我们的目标而言，对政治哲学的讨论足以让我们学会如何在寻求智慧的过程中运用哲学思考。

我们研究过的大多数哲学家，都对政治哲学发表过很多看法。例如，柏拉图的篇幅最长、最系统化的著作——《理想国》，其主旨就是为理想的政治体系提出理性的规划。然而在现代读者看来，他的提议在很多方面都太不现实、（或者）太过时了，不必认真考虑。例如：他提议，哲学家应该被培养成国王。这个观点很少（如果曾有过的话）被付诸实践。柏拉图的政治哲学跟我们今天对政治学的思考方式看上去相去甚远，造成这种情况的原因之一是，现代的政治学思想在很大程度上植根于完全不同的理念，这些理念是由柏拉图的杰出的学生——亚里士多德提出来的。亚里士多德的《政治学》也列举了一些例子，它们的适用性仅限于古希腊城邦（那里的政治体系是现代民主政体的先驱），但这本书提出的主要论题却超越了它们最初适用的历史背景，成为人们永远感兴趣的主题。所以，今天我们要仔细看一下这部政治哲学的经典著作。

亚里士多德认为，政治哲学并不只是哲学探索中的"选修"领域，而是每一位哲学家的根本任务，因为"人生来是政治的动物"（*AP* 1253a［37］)。在《政治学》里，亚里士多德想判定"是什么构成了'最好的'城邦"。（顺便一提，希腊语的"城邦"一词是*polis*，我们的"politics"［政治］就来自这个词。）这要求他不仅要讨论最好的城邦的特点是什么，而且还要分析城邦的一般性质以及管理城邦的不同的政治体系（*politeiai*）。而政治体系不仅包括特定的政府结构，还包括一般的"城邦的生活方式"（1295a［133］)。尽管亚里士多德的分析绝非关于这个主题的定论，然而，为可能的政治体系划出限定它的界线，存在着很多种方法，研究亚氏的理念可以为我们提供一个这样的范例。

亚里士多德的政治研究一开始就宣称："每个城邦都是合作关系的某种形式……是为了某种益处而合作"，政治哲学家的任务就是"研究城邦是由什么组成的"（AP 1252a［35］)。他随即指出，家庭与商业关系也是合作关系，它们在较低的层次上显示出类似政治的东西。几个家庭之间的合作产生了村庄，几个村庄之间的合作产生了城邦，由此，"为了使生活尽可能好"，城邦之间的合作关系要求在"相似的人"之间达成某种一致（1328a［209］)。亚里士多德从未提出，这样的合作者必须在每个方面都是相似的，而是说，合作者之间必须在不同方面存在着统一性与多样性："城邦往往在众人形成的合作关系达到自足时产生。”（1261a–b［55–57］）因而城邦的目的：

> 并不［是］某地的合作关系，也不是为了避免对彼此行不义之事，也不是为了商业往来的缘故。如果要有一个城邦，这些都是必需的，但即使它们都齐备了，它也不是一个城邦；［城邦是］家族以及家庭，为了完整而自足的生活而产生的合作关系。（1280b［99］）

任何一个能主动参与缔造城邦的政治合作关系的人，都是合格的“公民”。因此，亚里士多德将公民定义为能担任政府职务的人：“任何一个有资格参与有审议权或决议权的政府机构的人，都是城邦的公民；城邦就是公民人数足以维持自足生活的集合体。”（*AP* 1275a–b［87］）分享城邦的政治合作关系，要求公民不仅是一个有能力作出决议的人，还是一个愿意遵守他人作出的决议的人。因为亚里士多德强调（1277b［92］），“好公民应该知道并能够既被统治，又行使统治，这恰恰是公民的美德——知道从两个［视点］对自由人进行统治”。

在这个意义上，仅由一人统治的君主制（monarchy）里没有公民；事实上，那里没有政治学术语意义上的城邦，也没有政治，因为那里没有平等的人之间的、以统治与被统治为目的的合作关系。这就是为什么亚里士多德有时会将君主制与我们所说的“共和制”（即非君主制）政体相对照：只有后者才在严格意义上算作政治体系（尽管有时他也用这个词宽泛地指称君主制），因此，《政治学》的注意力主要集中于共和政体。

亚里士多德的政治哲学最有意思的方面之一，是他在讨论过程中发展出的一套系统的框架，它由六种可能的政治体系组成。权威与权力的不同来源使它们具有不同的特征。他断言，在任何一个政治体系里，“有权威的那部分人”必定“要么是一个人，要么是少数人，要么是很多人”。然后他揭示了“正确”政体与它们的“背离”政体之间的差异（*AP* 1279a [96]）：“当一个人，或少数人，或很多人以普遍利益为出发点进行统治时，必然是正确的政体；而当他们以私利为出发点进行统治时，是背离政体。”

亚里士多德为这六种政体分别指定的名称如下。君主制（monarchy）的正确形式是“王政”（kingship）。（古希腊语中 *monos* 的意思是“独自”或“单个”；*archos* 的意思是“统治者”。后缀“*-cracy*”来自“*kratos*”，意思是“权力”。）“少数人进行统治”的正确形式是“贵族政体”（aristocracy），意思是权力由最好的（*aristos*）人掌握。多数人进行统治的正确形式是“公民政体”（polity）[①]——尽管亚里士多德也用“polity”（政体）一般地指称所有的政治体系。因为他有时将政体与君主制相对照，所以在这里他很可能有意在狭窄的意义上使用政体这个词；同样，他也宣称所有的非君主政体（即所有的共和政体）都可以被称为“polity”（政体）。在《尼各马科伦理学》里（*NE* 1160a），为了不使“政体”的词义含混不清，他将第三种正确政体称作“产权政体”（timocracy），意思是权力掌握在拥有财产（*timema*）的人手里。而且他还明确地说，他更喜欢用这个术语，而不是“polity”，尽管后者更有普遍性。然而，根据他对“产权政体”的简短说明，我们很难将它与寡头政体（见后）区分开来，因此，我将采用《政治学》中的用法，尽管这也许会引起语义模糊。

亚里士多德还描述了对三种基本政体的正面形式的背离形式：

① 在这里，多数人进行统治的正确政体的名称和“政体”对应着同一个英语单词：“polity”。为了在汉语里区别这两个概念，一般将前者译为“公民政体”。而在英语中，这两个概念都用同一个单词表示，所以容易引起混淆。这一段接下来的内容就是作者为区分这两种用法而作的解释。

> 对上述三种政体的背离形式是：暴政[1]（tyranny）是对王政的背离，寡头政体（oligarchy）是对贵族政体的背离，民主政体（democracy）是对公民政体的背离。专制是从君主利益出发的君主制，寡头政体按富有的人的利益［实行统治］，民主政体按穷人的利益［实行统治］；它们都不按照普遍利益。（*AP* 1279b［96］）

现在让我们更详细地研究这六种政体。

亚里士多德在讨论王政时谨慎地指出，有几种不同的王政，它们最主要的区别在于，有些国王的权威超越了法律，而有些国王自己也要遵守法律。"所谓的国王……按照法律"进行统治的政体，不是真正的王政，这样的国王更像是一位"永远的将军"（*AP* 1287a［113］）。真正意义上的王政是"绝对的王政"，"个人拥有超越一切事物的权威……部署得像是家族的管理"（1285b［110–111］）。王政中，"最好的政体并不以书面的（准则）和法律为基础"，因为一位好国王能根据每个特殊的情境作出公正的判断，他以法律的总原则为指导，尽管他的判断不必由这些原则决定（1286a［111］）。正如亚里士多德在*AP* 1284a［106–107］中所说："如果一个或一些人由于非凡的美德而格外杰出，那么不能再将这样的人视为城邦的一部分……［因为］他们本身就是法律。"他接着指出，"在背离政体里……放逐"是这类人不可避免的命运（1284b［108］），尽管在"最好的政体里……他们将成为城邦的永远的国王"。

尽管在理论上，王政是最好的政体，但亚里士多德却因为某些原因而更喜欢贵族政体。一人独揽大权总是存在着腐败的危险，因此最好的政体就会蜕变为最差的（即暴政）。阻止掌权者屈服于私欲的唯一

①tyranny，又译"僭主制"。

屏障，是让他接受法律的规范，因此，“应该成为权威的是法律——被正确执行的法律”，而不是人（*AP* 1282a–b［103］）。法律的本质是使人们远离被自己的欲望败坏的恒在的危险，因为，正如亚里士多德所阐释的（1287a［114］）：“寻求法治的人……就是在要求只有神与智性参与的统治，而寻求人治的人则是加上了兽的统治。欲望就是这类东西，而且，生命激情会使统治者与最好的人行为颠倒。因而法律是无欲望的智性。”

亚里士多德考虑到的王政的另一个问题是，大多数城邦也许都有不止一位有美德的人，因此，那些未被允许成为统治者的优秀的人也许会因为自己与国王之间的不平等而感到不满。这种不公平的情形几乎不可避免地导致王政被贵族政体所取代。在贵族政体里，所有的统治者都是优秀的男人（*AP* 1286b［112］）。（他们不可能是优秀的女人，因为亚里士多德甚至不允许女人成为公民！）因而亚里士多德提出：反讽的是，国王的权力越少（即，他越是不像一位真正的国王），越能长久地维持统治（1313a［1731］）。

“贵族政体……在某种意义上是寡头政体（oligarchy）”（*oligos* 的意思是“少数”），因为在这两种政体中，“统治者都是少数人”（*AP* 1306b［159］）。它们的区别在于：典型的（即背离形式的）寡头政体仅仅“以财富为基础”挑选统治者；贵族政体却“按照美德”的标准挑选统治者（1273a［82］）。（在寡头政体里，当财产所有权是挑选统治者的主要标准之一时（见 1279b［96］），这种政体也可以称为“产权政体”。“寡头政体”与“产权政体”有可能混淆，区分它们的一种解释是：如果成为公民所需的财产数额很低，产权政体就是公民政体；如果很高，就是寡头政体，因为只有少数人才足够富有，得以成为公民。）寡头政体对城邦通常是不利的，因为统治者的富有并不能保证他们有美德（例如，关心穷人福利的美德）。相反，在贵族政体

（在亚里士多德赋予这个词的意义上）里，被赋予权力与权威的少数人都是有美德的，他们愿意关心非统治阶层的人的利益。

亚里士多德在《政治学》中最关心的差别，是非君主制政体的两种最极端的形式之间的差别：寡头政体与民主政体。这也许是因为它们是历史上实际存在的城邦中最常见的两种政体，无论是在古希腊还是在现代。例如，他说："法律可以是寡头政体的，也可以是民主政体的"（*AP* 1281a［100］），他是在这种意义上说这句话的："在民主政体中，人民拥有权威；相反，寡头政体中，少数人拥有权威。"（1278b［94］）他在 *AP* 1279b–1280a［96–97］中解释说：

> 寡头政体就是富有的人在政治体系中拥有权威，民主政体正相反，没有数量［可观的］财产的穷人拥有权威……使民主政体与寡头政体不同的是贫富：只要有人因为富有而进行统治，无论这些人是少数还是多数，都必定是寡头政体；只要统治者是穷人，就是民主政体。然而事实表明……前者是少数人统治，后者是很多人统治……

界定"贵族政体的原则是美德"，界定"寡头政体的是财富"，而界定民主政体的原则是"多数人［即穷人］拥有权威"（1310a［167］）。

民主政体，是一种由"普通人"（*dēmos*）之间的合作关系来决定权力与权威如何在城邦中分配的政治体系。因而它以"轮流地统治与被统治"的"自由"为特征（*AP* 1317a–b［183］）。平等人之间这种轮换统治的安排，"是法律"（1287a［113］）。像对其他大部分政体的讨论一样，亚里士多德也讨论了民主政体的几种不同类型，其中包括"人民变成君主"，意思是"很多人拥有［超越法律的］权威，［尽管］不是个人拥有，而是集体拥有"（1292a［125–126］）。按照狭义的政治体系（即不含君主制）的概念，“这种类型的民主政体不是政治体系。因为，不以法律进行统治的地方，没有政治体系”。

亚里士多德警告人们，对一个特定的城邦，我们无法事先决定哪种政治体系是最好的：考虑到具体情境，任何一种体系（除了暴政）都可能是最合适的。例如，尽管一般而言，“由法律来统治要优于由一位公民来统治”（*AP*1288a［115–116］），但他也承认，有时王政对一个城邦而言是最好的。公民政体是贵族政体与民主政体的中间类型，亚里士多德认为它在大多数情况下是首选政体。然而，即便是公民政体，他也承认“没有什么能确保并无其他政体比它更有利于特定的城邦”（1296b［136］）。

公民政体是基于“中庸之道”建立起来的政治制度（例如，见 *NE* 1106a–1109b［65–75］），亚里士多德的著名法则告诉我们，始终要避免极端；它在这个例子里告诉我们：无论是对城邦，还是对个人，“中间类型的生活是最好的”（*AP* 1295a［133］）。换言之，公民政体是“中产阶级”（按照我们今天的称呼）形成了民众的大多数的政体，他们拥有权力与权威，其统治方式混合了其他三种共和政体的元素。亚里士多德心目中的这种混合体，把民主政体和寡头政体（两种极端形式）结合在一起，使它们的极端元素能相互抵消：公民政体要求“富人与穷人……相混合”（1293b–1294b［129–132］）。然而，当公民政体要求“法律［像贵族政体那样］以美德为基础，将职位［像寡头政体那样］分配给富有的人”时（1288a［116］），它可能也混合了贵族政体与寡头政体的元素。当我们读到亚里士多德说，最好的寡头政体“与所谓的公民政体最接近”（1320b［190］）时，我们必须假定：这里的好的寡头政体实际上是贵族政体。因为贵族政体和公民政体是位于寡头政体和民主政体这两种坏的“极端”类型之间的好的“中间”类型。

想到这一点，我们可以将四种共和（非君主制）政体之间的关系映射到一个简单的线性图上（如图 IX.1a）；或者基于以下两个问题，将其映射到 2LAR 十字上（如图 IX.1b）：（1）统治者是少数人吗？（2）这个体制是好的（即“正确的”）吗？这两个映射有助于我们理解，为什么亚里士多德有时将公民政体与贵族政体几乎等同起来（例如，*AP* 1286b [112]）：它们是“中间”类型，对大多数城邦而言是好的；而民主政体和寡头政体是“极端”类型，是坏的。

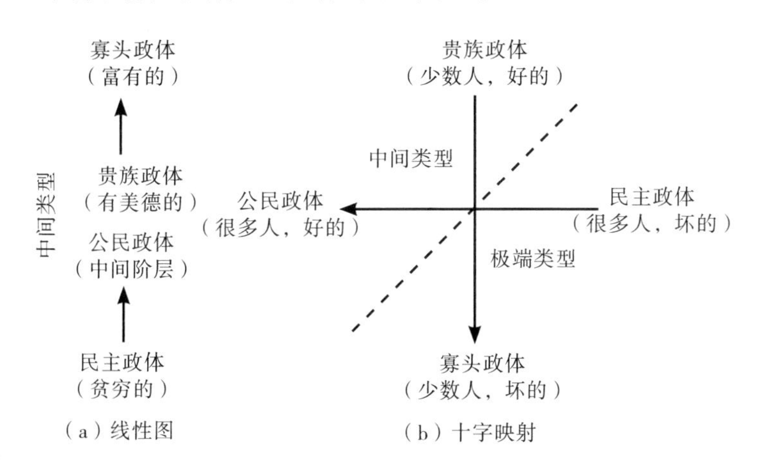

图 IX.1　共和政体的四种形式

在亚里士多德的框架中，还剩下一种政治体系——“暴政”。理论上，它是王政的对立面（即背离于王政），但亚里士多德也把它叫作“民主政体的极端形式”，并补充说，寡头政体与民主政体的某些形式也属于“暴政”——在很多人之间分配的暴政（*AP* 1312b [172]）。他解释了暴政与其他两种背离形式的政体之间的关系，如下：

> 王政与贵族政体相一致，而暴政由寡头政体和民主政体的最终类型组成——因而是由两种最坏的政治体系组成的，包含了两

者的背离与错误……

……将财富当作目标，这是来自寡头政体……而且像寡头政体一样不信任大多数……对显赫的人发动攻击，这是来自民主政体……（1310b–1311a［168–169］）

然后他解释为什么王政不值得冒暴政的危险：

如今不再有王政出现了。如果真的产生了君主制，它倾向于成为暴政。这是因为王政是自发的统治……而［如今］很多人都是相似的，没有谁的德性卓越到能施行王政的程度，并能宣称自己配得上这样的职位。（1313a［173］）

现在，如果将君主制的两种形式与共和政体的四种形式加在一起，我们可以将这六种体系放在一个循环流程图里，使整个框架一目了然。

亚里士多德在讨论政治变革时论证说，尽管每种政体都可能转变为几乎任何其他政体，它们往往“更容易向自己的对立面转变，而不是转变为邻国的政体”（*AP* 1316a–b［179–180］）。换言之，变革似乎更容易受到不同政体之间的内在的逻辑关系的影响，而相邻城邦的政

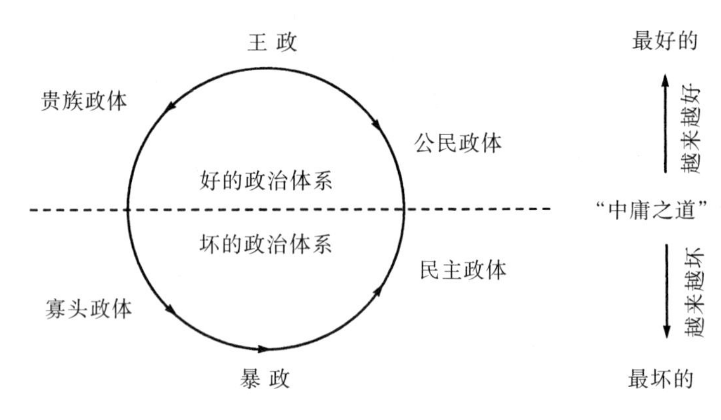

图 IX.2 亚里士多德的政治体系的六种形式

体的经验性因素对变革的影响比较小。

亚里士多德在 *AP* 1286b［112］中更充分地描述了这些政治体系的演变（如图 IX.2 中的箭头所示），它在真实的历史情境中自动展现出这样的典型过程：政治体系通常以王政开始，经过贵族政体或公民政体之后，蜕变为寡头政体，落入暴政的掌控，最后由民主政体将其从压迫中解放出来。尽管从贵族政体演变为民主政体“于政治体系有害”（1270b［76］），但亚里士多德认为，民主政体几乎是不可避免的政治体系，因为它是对暴政的最好防范。不过他仍然希望理性会战胜这一历史因素，从而真正的好政体的最不极端的形式——公民政体——能够成为现实，尽管这在过去很罕见。这种演变也可以映射到一个 6CR 星上（附加了几个箭头），如图 IX.3 所示，将三种“好”政体放在向上的三角形上，三种“差”政体放在向下的三角形上。指向公民政体的是虚线，表示向这一理想政体的转变是很困难的。

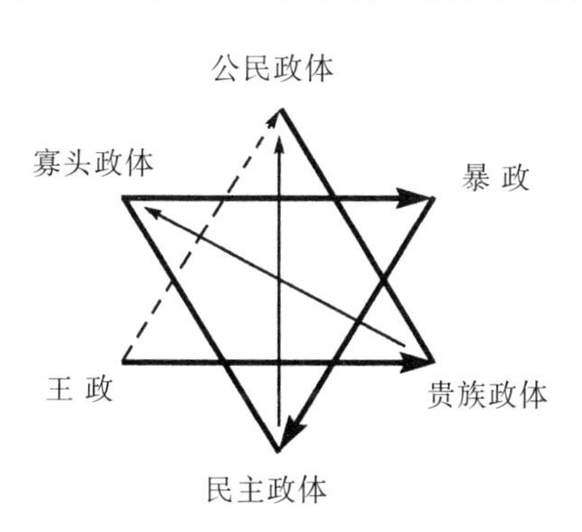

图 IX.3　以 6CR 表示的亚里士多德的政治体系框架

亚里士多德在《尼各马科伦理学》第八卷第 10 章里对他的政治体系框架作了有益的概括，补充了几个要点，值得在我们的结论里提及。在这里，王政被视为最好的选择，因为真正的好国王总想着臣民的最高利益。既然他拥有超出所有人的权力与权威，那么就没有人能阻止他将好的意志付诸实践。尽管贵族政府由“最好”的人组成，但它不如王政，因为很可能会有一些坏人渗入贵族政体中，破坏好统治者的意图。而且，当所有拥有财产的人都可以影响到法律的形成方式以及权利在公民之间的分配方式时，这样的破坏更有可能发生。

亚里士多德将三种好政体中的公民与城邦之间的关系，比作三种家庭关系。王政中，国王像父亲，公民像儿子；贵族政体中，统治阶层像丈夫，而其他公民像妻子；产权政体（或公民政体）中，财产拥有者之间的关系像是兄弟姐妹。然而正如家庭关系并不总是和睦的，每一种政治体系都可能被歪曲，于是分别产生了暴政、寡头政体和民主政体。

正如我们已经看到的，王政是最冒险的选择，因为“最差的政体与最好的政体相对”。因此，我们选择政体时一定要记住：当我们致力于建立特定的政体时，也许会以走向它的反面而告终。这就是为什么（正如我们已经看到的）亚里士多德在另外一处支持公民政体（即产权政体），认为它是最安全的选择：即便滑入民主政体，它对普通公民的负面影响也能保持在最低的限度，因为民主政体是三种坏政体中“最不坏的”。在“多数人统治”的体系里，多数人的意志，容易受到任何社会都有的很多恶人的自私动机的负面影响，尽管在有些情况下，这些动机会被有美德的人的良好动机所抵消。下一讲，我要提出一种相当令人惊奇的方式，来打破亚里士多德体系所规定的政治的界线。然后，我们将以思考以下这个问题来结束第三部分：当我们步入第三个千年之际，哪种类型的政治体系对于现代西方社会是最明智的？

26. 神权政体：最终的突破

如今我们听到太多关于民主政体如何美妙的话，以至于当你们在上一讲得知，像亚里士多德这样伟大的哲学家居然将民主政体当作坏政体时，很可能会大吃一惊！人们为什么相信民主政体那么好？你们中的大部分人也许会想："因为它赋予我们最大的自由。"但这个神话相当可疑。民主政体赋予公民以选举官员与制定法律的权力与权威。如果亚里士多德是对的，那么它的净结果可能是不好的，因为好人也许只占少数。在这种情况下，好人不会获得足够的控制权，从而不能贯彻对城邦而言真正明智的政策。苏格拉底与耶稣的故事就是例证，它们充分说明了，大多数人会倾向于作出错误的决定，因为对他们二人的死刑判决，都是与民主投票相类似的制度的直接结果。尽管这两个事件之间有很多不同之处（比如，苏格拉底为自己进行了充分的辩护，而耶稣在他的指控者面前保持沉默），但它们有着基本的相似性：被允许发表意见的人当中的大多数，认为处死他们对城邦是有好处的。

想到这一点，让我们再进一步研究亚里士多德的三对政治体系，看看它们为公民提供的自由程度有何不同。人们常说，没有无限制的自由——其实，规定自由通常要诉诸某些限制。比如，有些人自愿承担的忠于某个权威或服从法律的限制。因此这里的问题是，各种类型的政体怎样设立界线，来规定公民的自由？国王要求臣民对他保持高度的忠诚，以至于根本无法再将臣民恰当地称作"公民"，但作为回报，一位好国王会给臣民高度的自由。他们只要保持对国王的忠诚，在日常生活里就不必再负担额外的法令。贵族政体中的统治阶层要求适度的尊重与忠诚，相应地也只提供适度的自由。他们需要更多的法律将较低的阶层置于控制之下，而且这些法律限制所有公民的自由。最后，在公民政体（或产权政体）里，公民的自由程度实际上处于相当低的水平，而在民主政体里更是如此——尽管这与人们通常的信念相抵触。为什么呢？因为在这些政体中，公民对同伴只需（或不需）

有一点忠诚或尊重，因此，必须建立复杂的法律网络，以便防止强大的公民粗暴地对待弱小公民。

在公民政体或民主政体中，法律取消了自由而代之以权利。亚里士多德的政治体系框架清晰地揭示了：牺牲掉的自由，是希望将暴政风险最小化的人必须支付的代价。因为，鼓吹有更高的自由的政体，可能会迅速变成它的对立面，只给公民很少的自由，或者没有自由，而加剧不公正与压迫，这类情况似乎不大可能在民主政体中发生。（自由与风险的互逆关系，是图 IX.6 中的表格的关键成分，该表格概括了亚里士多德的六种基本政体，外加我们今天要研究的两种新的极端类型。）正如我们将在第 27 讲看到的，亚里士多德的术语今天已经有些过时了。尽管如此，他为我们理解政治体系如何运作（无论我们怎样称呼它们！）提供了一个清晰的框架，这个框架向人们说明：对掌权者的忠诚如何形成了界线，以促成该政体使公民的自由成为可能。

悖论的是，只有将越来越多的权利献给更高的权威，才可能有更高程度的自由。这个悖论与另一个问题有着密切的联系——那其实是政治哲学家关心的一个相当常见的主题。其实，很多哲学入门课都会将政治哲学的大部分或全部课时用来讨论这“另一个”问题，即自由与平等的矛盾。典型的看法是：以自由与平等作为理想，应该是一个好（如今的“好”通常意味着“民主”）政体的特征。然而，如果每个人都完全自由地做他们喜欢做的，就会有大量的不平等：容易导致强者压倒弱者、富人掠夺穷人、有权者不顾无权者，等等。这种没有统治者（也没有规则）的极端状态，被称为“无政府状态”。相反，只有剥夺所有参与者的自由，人与人之间完全平等的状态才能来到。斯金纳（B. F. Skinner）在他的著名小说《瓦尔登第二》[1] 里给出了这样

[1] *Walden Two*，又译《桃源二村》。

的范例。在他构想的理想社会里，用心理训练来决定每个人之间的关系，因此人们生活在和睦平等的状态里，即便没有一点自由。

针对自由与平等之间的矛盾问题，有两种根本不同的回应方式。第一种是试图折中，这是民主政体（用亚里士多德术语来说就是“共和制”[见图 IX.1]）的选择。当然，对于怎样才能最好地折中，有很多不同的构想。例如，社会主义者通过加强政府对经济的控制来实现折中，通过降低自由的水准来降低不平等的程度，而自由主义者则放松政府的控制，相信经济的自发力量，认为它会调节自由与平等的水平。

对这个问题的第二种回应方式是拒绝折中，理由是：真正需要的是突破。例如，共产主义政体声称：个人同时享有高度的自由与平等的社会是可能的。卡尔·马克思相信，劳动是使个人生活有意义的最重要的因素，因为我们就是我们所做的。马克思在他那个时代看到，在资本主义社会里，贪婪的工厂主将工人当作物来使用，当作赚钱的工具，使大多数工人异化于他们的劳动产品。马克思宣称，只要人们站起来反抗资本主义的罪恶，就会带来一个新社会。马克思想象的社会，是人与人之间结成完美的团体的社会，人们“根据个人的能力”分配工作，并“根据需求”取用劳动产品。

类似的社会模型还有很多，但今天我想特别关注一种不同于共产主义的选择，人们很少认为它是可行的政治体系，甚至连信仰它的人都不这么看。这种乌托邦构想与马克思的共产主义国家或尼采的超人非常不同，因为这种构想是：尘世的目的不是靠人类突破否定生命之图景的异化限制来决定和控制的，而是靠上帝突破人心的坚硬外壳来决定和控制的。大多数有宗教信仰的人不仅相信上帝实存，相信我们能以某种方式与上帝沟通，而且还相信上帝对这个世界有一种设计——它的最终完成不会因人类这方的任何反对而受阻。有些教徒相信，这个设计被限制在“灵性”领域，而在“物质”领域（例如，经济和政治），人类体系的运作可以与这种神性设计完全分离。然而，最深刻的（而且最具哲学意识的）宗教思想者总是断言，这种人为的区分是不合理的。如果有一位对世界有所设计的上帝，那么他的设计与整个社会的政治活动的关系，恰恰像它与社会中任何个体的私人活动的关系一样密切。

有种观念认为，上帝的统治不仅适用于神性力量在人心中的运转，也适用于它在法庭与集市上的运转。这种观念的最好的名称是"神权政体"（theocracy，*theos* 的意思是"神"，*kratos* 的意思是"权力"）。遗憾的是，过去人们常用这个词指称一种与之相似的有欺骗性的观念，这种观念事实上与神权统治的纯粹形式完全相反。传统上，"神权政体"指的是这样一种政治体系：一个宗教团体（比如一个教会）认为自己是上帝在尘世的代言人，从而无论它的领袖发布什么政策，都必须被当作直接来自上帝的命令而接受。为了将这种传统用法与我相信的"神权政体"的正确意思相区别，我生造了"教权政体"（ecclesiocracy）这个术语，用它来指称任何由宗教"集体"（*ekklesia*）的领袖操控权力的政体。教权政体的典型例子是以斯拉与尼希米之后（即从巴比伦流放返回之后）的以色列国、神圣罗马帝国时期的南欧的大部分地区以及加尔文后半生时期的日内瓦。

将教权政体与真正的神权政体区分开来是非常重要的，因为，后者是对"尘世的上帝之国"的真正构想，有宗教信仰的人应该将其视为所有可能的政治体系中最好的，但前者却是对这个最终理想的歪曲，愚弄了很多虔诚的信徒。而且，正如我们从亚里士多德那里了解到的，对根本上好的体系的歪曲将导致根本上坏的体系。教权政体用以人为基础的宗教形式的政治体系取代了上帝在每个人心中的自治，从而歪曲了神权政体。这意味着，宗教集体中的某个或多个人利用上帝的名义做担保，最终掌控了统治普通成员的权力。然而这是人类信仰的悲剧：很多试图领导他人走向上帝的教徒最终却阻挡了他人，使人恰恰无法获得他们自以为在推动的灵性力量。其实，每当一个人将一套标准强加于他人，声称上帝只以这种方式行事，因而任何与这种“上帝方式”不相符的人都将被上帝所拒绝时，上面提到的信仰悲剧就会发生。

对宗教信仰的这种极常见的态度带来了很多问题，其中之一是假定我们人类可以真正把握上帝；相反，神权政体却假定，一个人要遵循上帝的设计，必须愿意被上帝把握。而这通常意味着，我们对上帝的方式一无所知，直到它真正在你心中显现的那一刻。我相信，神权政体的这种“纯粹”形式在整部《圣经》中（以及在很多其他世界的宗教典籍中，尽管不是以这么纯粹的形式）都是作为实际的政治体系来表述的。神权政体与其他所有的政治体系（包括教权政体）的不同恰恰在于，只有它放弃了人类统治自身的一切权利，承认上帝是唯一真正的主宰。在这个意义上，神权政体可以被称为“非政治的政治体系”——只要我们明白，这个短语必须用综合逻辑来解释。政治哲学所说的“无政府状态”（即“无统治者”）在这一点上其实与神权政体相同，它们都认为：当人们力图用法律统治自己的时候，只会使非正义永远存在下去。然而，既然神权政体拒绝所有的统治，那么将它称为政治体系就是不恰当的。从不信仰上帝的人的视角看，很难将神权政体与无政府状态区分开。而区别当然是有的，神权主义者相信，共同的指导法则将每个人从内部联合在一起；而无政府主义者什么也没留下，只有无穷的多样性以及对立的意志之间的无法解决的斗争。

在《圣经》以及其他宗教文本中，上帝之国都被表述为突然来临的事物，以神性的正义侵入到人类正义的领域，神的正义既不可预期，也无法在人类的范畴内被理解。这种神性的入侵首先直接指向人的内心，然而，正如《新约》以多种方式所阐明的，个体对这种转变的反应不应该仅仅是内在的，而应该扭转个人生活的每个方面。在特别意义上，耶稣的受难应该被视为完全的政治受难，他的受难与他从根本上弃绝人类获取世间正义的任何手段有直接的联系。十字架与复活的启示，是神权政体的启示：只有当我们弃绝人类统治自身的方式时，才能让上帝用新的生命渗入我们，神性的正义是这种新生命的特征。这种概念与尼采的超人概念之间的对比提示我们，对人类不正义问题的这种解决途径可以被称作"上帝的价值重估"。上帝的正义打破了一切形式的人类的正义（包括教权政体的支持者所把持的形式），赋予"平等""权利"以新的含义，如图 IX.4 所示。

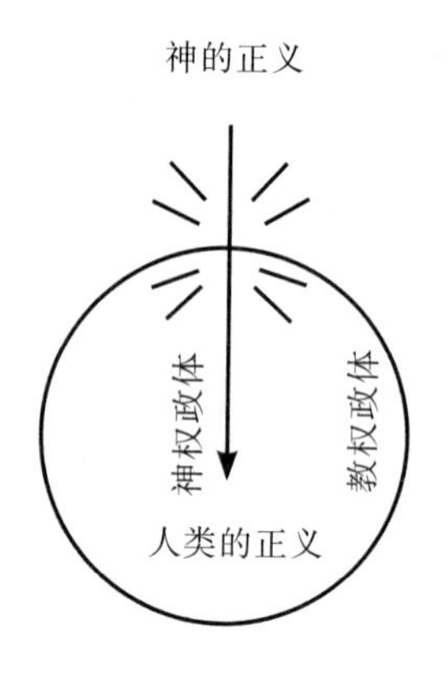

图 IX.4 上帝的价值重估

神权政体作为一种政治体系，它的很多内涵在这里讨论起来都太复杂了。然而我要提到，它的最为深远的内涵之一是，它拒绝在现代西方文化中往往被视为当然的理念：我们拥有权利，比如，对"生命、自由与幸福"的权利。神权政体放弃了这些假设，取而代之的是宣称人类的权利只应该被视为来自上帝的礼物。只有当我们认识到我们没有属于自己的权利，因而只应怀有对上帝的绝对忠诚时，我们才能被赋予绝对的自由。在《圣经》中，自由不仅是灵性的，也完全是政治的。因此，神权政体与民主政体直接对立，因为后者强调人类的权利，以此来回报它对我们的自由的严格限制。然而，神权政体并不要求破坏其他政体。相反，它可以与亚里士多德的六种体系中的任何一种（甚至是民主政体）共存。因为它给予的自由始于人们内心，它解开了我们对所有控制我们的生活的、有限的人为政体的依附。

在《圣经》中，描绘神权政体的最常用的词是王国，这一事实暗示我们，将神权政体视为君主制政体而不是共和制政体是最恰当的。其实，如果将神权政体及其被曲解的形式即教权政体，与亚里士多德的君主制的两种形式——王政与暴政——合在一起，它们之间的关系就可以被描述为一个完美的2LAR，它们是由这两个问题产生的：（1）该体系是宗教性的吗？（2）该体系是好的（或“正确的”）吗？正如神权政体是宗教形式的王政（将上帝当作国王），教权政体也是宗教形式的暴政。图IX.1中描述四种共和政体之间关系的两个映射，同样可以映射四种君主政体之间的关系：

图IX.5a表明，就像寡头政体是贵族政体的极端形式一样，教权政体也是神权政体的极端形式。另外，就像王政蜕变为暴政一样，

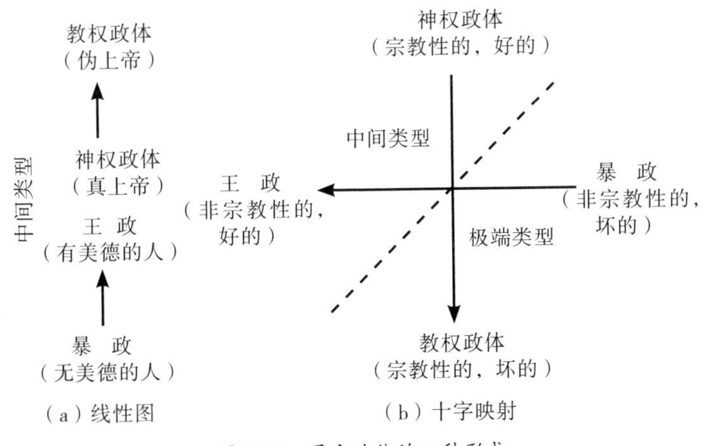

图IX.5 君主政体的四种形式

当只有对神性存在者（a divine being）才适合的角色被人类（human beings）篡夺时，神权政体就蜕变为教权政体。在这个意义上，教权政体是所有暴政的最彻底的形式，因为它的压迫不仅是身体性的，而且是灵性的。

将图 IX.5b 中的 2LAR 十字与图 IX.1b 中的共和政体的十字映射合起来，就能建立起一个完美的 3LAR。这套完整的八种可能政体来自这三个问题：（1）该体系是君主制的吗？（2）该体系是宗教性的，或者是由少数人统治的吗？（3）该体系是好的（或“正确的”）吗？这八种体系可以映射到双十字上（即一对同心的十字，相互偏离 45° 角）。但我不打算在这里画这么复杂的图形，我列出了一个表格（见图 IX.6），较为详细地概括了这八种体系之间的关系。它依次列出了政治体系的八种类型——从最好的到最坏的，并标明了与之相应的 3LAR 成分。第二栏简单描述了每种政体的名称的希腊语词源，这些关键词指出了政治权力的来源。第三、第四栏比较了每个体系给出的风险、自由与权力的水平。第五栏概括并拓展了亚里士多德就“公民—国家”关系与家庭成员关系所作的类比。

四种“好体系”

政体类型（逻辑类型）	“权力”［*kratos*］与“统治”［*arche*］的权威所在	风险与自由的水平	权利的水平	家庭关系的类比（公民 / 国家）
神权政体（+++）	每个人对“上帝”［*theos*］的经验	绝对的	无	个人 / 自身（健康的）
王　政（+−+）	一个有德性的人	高	低	儿子 / 好父亲
贵族政体（−++）	“最好的”［*aristos*］人组成的精英阶层	中等	中等	妻子 / 好丈夫
产权政体或公民政体（−−+）	所有拥有“财产”［*timema*］的人或中间阶层	低	高	弟弟 / 兄长

（续表）

四种“坏体系”					
	民主政体 （---）	所有的普通[*demos*]公民[*polites*]	低	高	孪生兄弟
	寡头政体 （-+-）	“少数”[*oligos*]富有的人	较低	中等	妻子/坏丈夫
	暴政 （+--）	一个没有德性的人	很低	低	儿子/坏父亲
	教权政体 （++-）	宗教信徒的一个集合体[*ekklesia*]	最低	很低 （或无）	个人/自身 （不健康的）

表IX.6 政治体系的八种基本类型

神权政体的真假不是可以用哲学或科学来证明的。更恰当地讲，它必须被当作“神话”（按第3讲所介绍的“神话”的特别意义）、当作真理来接受，它是那么真实，以至于那些靠它的光芒的指引而生活的人，甚至不可能怀疑它。这并不意味着，对神权政体的信仰是毫无理由的。相反，一个人只要一走进神话，就会发现上帝就在真切的经验中闯入自己的生活，很难怀疑它的有效性。但正是基于这个原因——对神权政体的证实，不能凭借科学和对智慧的爱，而只能通过经验与静默的惊奇——我暂且不在这里对这个宗教观点做进一步的讨论，而是把它放到第11周，到那时我们将再次回到宗教经验这个主题。

27. 置身界线的智慧：理念（ideas）vs. 意识形态（ideology）

假如我们现在后退一步，看看为找到最好的政治体系而考虑过的各种解决办法，也许很容易觉得气馁。其实，我们讨论过的大部分主题都会让人感到气馁，尤其是在第三部分。毫无疑问，我在学生的洞识论文中最常遇到的看法就是认为哲学问题“没有确定的答案”，而且这常常被当作论据，证明这类问题所指涉的“实在”要么是不存在的，要么是与现实生活不相干的。而如今我已经证明了，这两种看法都是不正确的。我们考虑的问题远远不是没有确定的答案，而是通常能找到很多确定的答案！因为好哲学家像自然科学家一样寻求确定的答案，当然，问题是哲学家之间无法达成自然科学家所能达成的一致，因为哲学问题关系到理念，而不仅仅是经验性客体。换言之，与我们必然一无所知的实在直面相对，由这种经验引发的问题，通常不是无话可说，而是有很多看似相互冲突的东西要讲。因此，哲学家的任务就是将谜题的各个部分恰当地组合起来，使每个答案的正确部分都能被如实地认识。将“爱智慧”视为根本任务的哲学家从不满足于单一的、以为可以囊括一切的答案，这并不是因为他们怀疑这种答案的存在，而是因为他们瞥见了它那令人敬畏的实在！

在我们的知识和我们所认识到的无知之间的“界线上”爱智慧，与此不同的做法是，单独选取一种或一套理念，将其提高到绝对真理的水平。当后一种情况发生时，那些声称拥有这种绝对“真理”的人通常会认为，与仍处在黑暗中的人分享这个福音（即“绝对真理是可知的”这个“好消息”）是自己的责任。遗憾的是，这种目标往往被推向极端，强迫他人“赞同”被奉为绝对真理的唯一的确定答案。结果，一套也许能给我们带来丰富洞识的哲学思想变成了政治意识形态，这恰恰是好哲学的对立面。“意识形态”（ideology）——正如我对这个术语的用法所表明的——是任何一套这样的理念（如果不考虑它们的政治应用［误用］，客观地看，它们往往是很有洞识的理念）：它的“信奉者”认为自己垄断了真理，并以相应的方式表达它。就是说，如果一个人在起点上拒绝承认其他合理视角的可能性，意识形态必定在起作用。一种意识形态是一套发展完备的思想体系，那些“住在其中”的人不仅将它当作神话，还要把它强加于不愿接受这个神话的人。

20世纪可以被恰当地称为“意识形态的世纪”。政治上的意识形态导致了东西方的分裂，并在冷战期间达到顶点。那时，“马克思主义”和“资本主义”这两个字眼，在敌对方看来几乎就意味着“邪恶”。在道德领域，世界各地突然涌现出来的各种各样的宗教基要主义（religious fundamentalism），最突出地表明了意识形态的危险。当人们宁可杀死不同意见者也不愿意同他们对话时，意识形态一定是在起作用。意识形态在科学领域的运转尽管不那么明显，但其实也一样强大，尤其是在社会科学领域。例如，行为主义者与深层心理学家之间的分歧往往如此之大，以至于任何对话都不可能进行。被意识形态主宰的人，做不到在任何可能的地方寻找真正的洞识，他们甚至不愿考虑一下，通向他们的领域的其他道路也许是合理的。即便是自然科学领域的科学家，对意识形态的威力也不是完全免疫的，尽管他们往往用“范式”（paradigms）这类术语来解决他们之间不可调和的分歧，从而放过自己。这里的要点是：如果我们从20世纪得出了什么教训的话，那就是意识形态的逆火（backfires）。用《圣经》最后一篇的话来说就是：“用剑者死于剑下。”（《启示录》（13：10）

考虑到这一点，我想提醒大家：不要将神权政体变成意识形态，变成可以最终解决人类一切问题的一种“主义”。品尝过神权统治的自由的人，如果因为认识到并非每个人都接受神权政体的构想而拒绝返回政治现实的界线，那么他（或她）就有将一个潜在的、富有洞识的体系转变为令人恐惧的意识形态的危险：神权政体会蜕变为教权政体。在这第三部分的最后一讲，我想让我们一起来探索这个挑战：如何在现实世界里明智地生活？我相信，这样做才是关键：满怀信心地坚持把我们的理念当作我们赖以生活的理想（*ideals*），但又满怀谦卑地抵制将其转变为意识形态（*ideology*）的诱惑。

在第三部分对应用哲学的多个分支的讨论中，我们最先虑了科学哲学提出的因果关系问题。休谟的“习惯”观，是一个确定的答案，它确定了休谟的理念：我们怎样感觉到客体与事件是由必然联结的力量所支配的。而康德认为，要使经验成为可能，“因果律”是必需的。这是针对同一个问题的另一个确定的答案。这些互相矛盾的理念并不是仅仅作为意见被提出的，就好像休谟说他更喜欢住在英格兰而不是苏格兰，而康德却回应说他更喜欢苏格兰，因为他的祖父曾经住在那里；相反，这两个人是在表达他们所确信的观点，他们相信，每一个希望进行哲学思考的人都应该断定这些观点是真的。在这个例子里，对同一个问题的两个确定答案显得是相互矛盾的，尽管也许以某种方式看，它们都是对的。例如，我们可以认为，休谟的回答正确地描述了我们通过把自己限制在经验视角中时所发现的东西，而康德的回答描述了我们通过采取先验视角时所发现的东西。

接下来我们考虑了道德哲学与正确行为的问题。我们再一次看到，康德、穆勒和尼采，每个人都对这个问题做出了确定的回答，然而他们的回答显示出非常不同的面貌。同样，当我们在这个星期考虑政治哲学和正确政体的本质时，我们看到，亚里士多德有六个确定的答案，而后来的哲学家又提出了亚里士多德从未想到过的其他可供选择的政体。当各种思想不可避免的冲突出现在不同的哲学家之间时，我们不应就此得出结论，说这样的问题其实根本没有答案。相反，我们应该把这当成一个挑战，我们应当决定，在这些确定答案中，哪个是最充分的，并且（或者）提出理由说明，为什么其中两个或更多的答案可能以它们自己的方式同时为真。当我们这么做时，我们不仅会建立起一套合理的视角，知识（即科学）可以从中产生出来，我们也将实践爱智慧的艺术，并因此防范了将这类理念误用为意识形态的危险。

有这样两种行为：一种是明智地尊重一切有洞察力的理念的视角基础，另一种是愚蠢地将一套理念上升到意识形态的绝对地位。在这一讲剩下的时间里，让我们根据这两者的区别，研究一下这个问题：在公元第三个千年的黎明，什么样的政治哲学最适合现存的现实世界？无疑，在20世纪的意识形态之战中“获胜的”是民主政体的政治意识形态。尽管从亚里士多德到尼采，民主政体遭到很多哲学家的非议，但在今天的西方社会中，几乎每个人都认为它就是那个“正确的”政体——这也许是我们的文化中最不被怀疑的神话。

康德常常被认为是现代自由民主意识形态的奠基人之一。他的著作——《道德形而上学》（*Metaphysics of Morals*，1797）的一半内容，以及他去世前几年写的几篇有影响的文章，都在支持一个普遍的人权体系，它由一个“国际联盟”强制推行——该理念对西方政体后来的发展产生了重大的影响，包括我们今天所说的“联合国”。然而康德所说的“权利”的意义，与今天我们使用这个词时所指的意义非常不同。在他看来，我们的“权利”必须来自“正确行为”的概念[1]：

> 如果一种行为本身或者它所遵循的守则，在执行过程中能够按照普遍的法则与每个人的意志的自由共存，那么它就是正确的。（*SR* 45）

就是说，一种外在的行为（正如政治领域辖下的行为），只有当它能与所有其他个体的自由的（正确的）行为共存时，才可能是权利。这条原则不仅是康德的权利理论的基础，也是神权政体的基础！遗憾的是，康德对人权的理解往往被断章取义地采用，往往被用来把基于

① 英语中，“正确的”和“权利”是同一个词：“right”。

权利的民主政体转变为政治意识形态。

如果我们以康德和其他有影响的现代哲学家的思想为基础，建立最新形式的亚里士多德政治体系框架，它看起来会大不相同。新框架的主要区分将是“民主”政体与“极权”（totalitarian）政体之分（取代了以往的“共和”与“君主”之分）；社会主义者与自由意志论者代表了民主政体的“极端”形式，而自由主义者与保守主义者代表了“中间”形式（参看图 IX.1 与 IX.5）。这个体系里的“民主政体”的含义比亚里士多德的“民主政体”要复杂得多。但我们的“民主政体”与亚里士多德的“共和政体”，指的都是联盟体系，在这类政体中，人们同意（至少是默认）服从特定的政治架构，以期在不剥夺最基本的权利的同时，使彼此的自由最大化。相似并与之相对照的是，我们所指的“极权制”与亚里士多德的“君主制”，都类似于封建体系，在这类体系中，地方与（或）国家的土地垄断者处理政治事务，政治决策中不允许有广泛的参与。

一般认为，是哲学家约翰·罗尔斯（John Rawls，1921—2002）为现代的自由民主政体提出了最为有力的辩护。他在其经典著作《正义论》（*A Theory of Justice*，1971）中提出了两个原则作为理论基础，它们在本质上都是康德主义的：

> 第一，每个人都平等地享有得到最广泛的基本自由的权利，这种基本自由与其他人的类似的自由是相容的。
>
> 第二，处理社会与经济的不平等，以便：（a）使人们可以合理地期望这种不平等有益于每个人的利益；（b）使能造成不平等的职位和公职对每个人都是开放的。（*TJ* 60）

这些原则分别保证了所有公民的平等权利与平等机会。政府应该以第一个原则为指导，设定一套基本权利，比如，“生存、自由、追求幸福”的权利（如美国的《权利法案》中列举的）是每个人都应享有的，无论其种族、宗教、性别等。罗尔斯自己列举的这类权利还包括投票权、财产拥有权、言论自由权等。类似地，第二条原则要求政府确保，像政府官员这样的职位以及报酬丰厚的工作（或任何有报酬的雇佣岗位）对所有的人开放，不应以是否符合该职位的要求以外的原因而加以歧视。尽管存在着经济与社会的不平等，第二条原则尝试通过将“非正义”定义为“并非有益于每个人的相应利益的不平等”，来维护某种意义上的正义。

罗尔斯这部著作相当大的一部分都是在澄清和证明“正义”的这两个基本原则。其诸多要点的核心是：不能用基本的政治权利去换取社会或经济上的好处；给一个人（或一个群体）造成了不幸，不能因另一个人（或另一个群体）获得了幸福而被原谅（如同功利主义政治观念可能会允许的那样）；适用于建构各种机构的原则，不必适用于我们对待现实生活中的具体的人的方式；政策制定者们不仅要考虑现在这代人的权利和机会，还必须考虑过去和将来的人的权利和机会。总而言之，罗尔斯将正义定义为“公平”（fairness），论证说，政府要负责照顾社会中较为不幸的成员。他的立场引起了极大的争议。在这样的入门课上，我们甚至无法开始考虑支持和反对他的理由，只能说一下他的主要反对者的立场：自由意志论者（如罗伯特·诺齐克[Robert Nozick]）认为，政府的干预剥夺了人民的基本自由；而社群主义者（如A.麦金太尔[Alasdair MacIntyre]）认为，不同的团体会产生不同的正义原则，因此不可能那么整齐地统一起来。

从康德哲学的视角来看，想要为自由民主政体的社会主义观点进行辩护的人，其主要问题在于，他们倾向于假定：是“社会”（即政府）将权利和机会赋予人民。而康德却支持更具个人主义的观点，认为是每个人自己（以“本体自身”的形式）将那些权利（连同相应的义务）赋予了自己或者没有赋予自己。罗尔斯本人也承认这种区别（*TJ* 257）。这之所以成为一个问题，是因为前者倾向于将责任从个人转移到机构那里，从而容易使个体觉得自己像是社会“机器”上的无关紧要的“齿轮”。事实上，现在有很多政治理论家认为，赋予权利与保护权利的职责应该由国际政治实体——联合国——来承担。很明显，对民主政体的这种辩护方式在本质上是意识形态的方式，因为它的大部分支持者的最终目标，是建立世界统一政府。康德本人认为，在人类政治史的发展过程中，这是一个必要的阶段，但前提是，那些当权者仍然很清楚，权力不存在于机构，而存在于人民自身，没有人民，就没有权利可供赋予。

几乎所有支持民主政体、认为它是世界统一政府的前奏的人，都令人遗憾地容易忽略康德理论中对他的总构想而言至关重要的一个方面：在人类的政治演进的长期发展过程中，民主政体只是一个阶段。我们应当明白，在康德看来，所有政治架构都指向一个理想的目标，那是与我所说的“神权政体”非常相似的东西。康德期待着会有那么一天，人们加诸彼此的、所有的外在形式的控制（即所有的“强制”，无论是政治的、宗教的，还是其他形式的意识形态的），统统让位于一个人人依照其对内在的道德律的觉知，自由而负责地生活的世界。当然，只有当人们最终懂得了下面这一点时，这个世界才可能实现，即生命中最重要的美德——哲学意义上的真、善、美的美德——不可能靠命令加诸他人；我们应该鼓励每个人运用自己的理性决定什么是真、善、美。他认为，这在本质上是一种宗教性的构想，但它是一种没有任何外在的、意识形态形式的宗教，而一旦具有意识形态的形式，就会使它与其他意识形态相冲突。这种道德宗教的概念，这种经验生活的意义，却不将意识形态强加于可能拒绝它的人的方式，只有当宗教与政治相融合时才可能出现。康德在他的道德理论中称这种融合为“目的王国”，在他的宗教理论中则称其为“尘世的上帝之国”。后者是康德哲学中举足轻重的部分（也是往往遭到极大误解的部分），我将在第 11 周用两讲来讨论这个主题。

如果将康德关于政治构想的更宽广的语境考虑在内，就会发现，从民主政体再向前走，就是开始放弃“可以为道德立法”这个常用假设。民主政体越是能走向无政府状态（即更少的法律，并最终没有法律），我们的状况就会越好。首先，它会让人们有机会变得真正有道德，而不只是“政治正确”。如今在大部分西方国家里，大多数人并不十分关心自己是否有道德，因为他们相信政府已经为道德立了法。这就导致了神话式的信心：只要我是“守法公民”，我在道德上就是善的。但康德的论证表明，合法的（外在的）善并不必然与道德的（内在的）善相一致。反讽的是，法律体系力图强制执行所谓的“道德的”法律，最终却剥夺了公民的良好行为背后的值得嘉许的东西。

人类已经发展到“所有外在的政治形式在不远的将来都可以完全消失”的阶段了吗？显然没有！那应该是我们的最终目标。然而，如果试图在短期内实现这样的政治，那么它导致的将不是人类政治发展的进步，而是巨大的后退。我们不应该通过意识形态的高压强行实现目标（“尘世的和平”），而应该寻找并建立起具有内在的自我否定形式的政治架构，即任何想将该架构上升为意识形态的人，都会被架构本身的特性所抑制。越是实现了这种架构，人类就越是能够学会相信自己内在的原则胜于相信靠外在手段决定对错的、脆弱的政治努力。也许我们从第三部分的对智慧的研究中能够学到的最重要的一课就是：人类和平地生活在没有外在政治架构的世界里，这样的时刻还没有到来；在等待中，我们必须欢迎不同的意见，而不是拒绝它们。我们越是能将“反对是真正的友谊”（opposition is true friendship）这一观念融入我们对政治现实的理解，就越能带领全人类接近对置身界线的智慧的深刻觉知。

供深入思考/对话的问题

1. A. 什么是权力？

   B. 法律从何而来？

2. A. 无政府状态（“没有统治者”）是一种政治体系吗？

   B. 绝对的自由是可能的吗？

3. A. 上帝怎会有一个在尘世的“王国”？

   B. 哲学家会成为好国王吗？

4. A. 人类有任何与生俱来的权利吗？

   B. 世界上有真正公平的事情吗？

推荐读物

1. Aristotle, *The Politics*, Book 4, Ch. 2（*AP* 1289a-b）.

亚里士多德：《政治学》，第四卷第二章（*AP* 1289a–b）。

2. Aristotle, *Nicomachean Ethics*, Book VIll, Ch. 10（*NE* 1160a-1161a）.

亚里士多德：《尼各马科伦理学》，第八卷第十章（*NE* 1160a–1161a）。

3. Niccolo Machiavelli, *The Prince*, tr. G. Bull（Harmondsworth, Middlesex：Penguin Books, 1961）.

尼科尔·马基雅维利：《君主论》。

4. Antoine de Saint-Exupéry, *The Little Prince*, tr. Katherine Woods

New York：Harcourt Brace Jovanovich，1943）.

圣-艾克苏贝里：《小王子》。

5. Stephen Palmquist, *Biblical Theocracy: A Vision of the Biblical Foundations for a Christian Political Philosophy*（Hong Kong：Philopsychy Press，1993）.

庞思奋：《〈圣经〉的神权政体：对基督教政治哲学之〈圣经〉基础的一种识见》。

6. Karl Marx and Friedrich Engels, *Manifesto of the Communist Party*, tr. Samuel Moore（Moscow：Progress Press, 1952［1888］）.

卡尔·马克思、弗里德里希·恩格斯：《共产党宣言》。

7. John Rawls, *A Theory of Justice*, §11, "Two Principles of Justice"（*TJ* 60-65）.

约翰·罗尔斯：《正义论》，§11："正义的两个原则"（*TJ* 60–65）。

8. Stephen Palmquist, "'The Kingdom of God is at Hand！'（*Did Kant really say that？*）", *History of Philosophy Quarterly* 11（1994）, pp. 421-437.

庞思奋：《"上帝之国即将来临！"（康德真的这样说了吗？）》，见《哲学史季刊》第11期（1994），421—437页。

第四部分　树叶

存在论与静默的惊奇

第10周

多样的经验：感到统一

28. 什么是静默？

我们在这门课的前三部分见到了大量不同的哲学理论，它们是哲学家为了解决众多的问题而提出来的。正是问题的多样性与我们的解答的多样性结合在一起，构成了对哲学之树的健康的最大威胁。人类的经验自然而然地具有多样性，我们对经验的反映也具有多样性，如果没有什么能将这种多样性统一起来，我们也许就有遭逢与尼采相同的命运的危险。正如我们在第23讲看到的，尼采拔掉了哲学之树的根，试图唤醒在苏格拉底哲学之树的荫庇下心满意足地酣睡的现代人。然而，正如一株被连根拔起的植物，正在到来的死亡的第一征兆，是它的叶子开始卷曲；因此，当尼采自己的经验在永不停息的疯狂的噪音中卷曲时，他那试图不以最终实在为推理基础来"做哲学"的努力，也走到了终点。

寻求智慧的人最后竟变得疯狂，完全接触不到使他的寻求有意义的"实在"。幸运的是，这种悲剧命运不是无法避免的，只要我们学会不以噪音，而是以静默（silence）来应对思想与生活的多样性；噪音来自我们面临的几乎无穷无尽的选择，而静默能给支离破碎的经验以统一和目标。因此，我想请你们就"什么是静默"给出一些答案，以此开始学习这门课的最后一部分。

当你们思考这个问题时，让我提醒你们：是哲学之树的叶子，最好地体现了我们对思想上的统一性原则和生活中的统一性力量的需求。因为当我们看到一棵没有叶子的树时，它的枝条之间的区别清晰地凸显出来；而同样是这棵树，当它长满叶子时，那些枝条看上去像是联结在一起的，仿佛叶子以更高的统一把树枝抱在一起，消解了它们之间的张力。一棵树的叶子，比树的其他部分更能给人以树是一个单一体的印象：尤其是从远处看，众多的叶子失去了区别，模糊了彼此的界线。而且，如果一棵树没有叶子，往往不容易将它与其他种类的树区分开来。因为植物学家通常用叶子来识别一棵树，并按叶子给它分类，使它与其他树种区别开。

这个类比提示了我们将在第四部分讨论的重要原则之一：正如叶子既赋予树以区别，又赋予树以统一，我们要研究的哲学之树的这一部分，也是按照“多样中的统一”原则进行的。既然“统一”与“多样”是对立的，那么这条原则清楚地要求我们：如果想从其中获取任何意义，一定要用综合逻辑去思考。然而，在我们研究这个原则如何运作的实例之前，有谁知道怎样定义静默吗？

学生V：静默指的是没有声音的环境——或者至少只有很少一点声音。

我正希望有人给出这类回答，因为它使我有机会澄清我真正在问的问题。你的回答就其本身而言是正确的，但它只是用一种浅层的方式定义了静默。表面上，静默的确只是声音的缺失。例如：当我开始讲课时，假如有几个人在说话，我可能会说：“请安静！”这句话的意思是说：“请别再发出那种声音！”然而，“静默”通常暗示了更多的东西。因为，不是有一些声音并不扰乱我们的静默吗？那支吟唱“静默之声”的歌又说明了什么？如果静默就是声音的缺失，那么静默本身怎么会有声音？无论如何，谁能给出一个建议，告诉我们，怎样才能更深入地理解静默的含义？什么是静默？

学生 W：没有噪音。

这是一个更有帮助的定义，尤其是如果我们将“噪音”定义为“令人不安的扰乱的声音”。因此我们能明白，为什么有些声音实际上会加强静默，而不是扰乱它。例如，教室窗外树上的那些小鸟发出的声音，也许比课堂上两三个同学的窃窃私语的声音更大。但我想，没有人会说那些小鸟在制造噪音，除非它们在跟我争夺你们的注意力。同样，电影的背景音乐制造了很多音响，但如果运用得当，它实际上会加强电影中某种意义上的静默。但如果音乐分散了我们对银幕上发生的事情的注意力，它的作用就更像是噪音。类似地，音乐可以促进一群朋友的交谈，但如果同时其中有一个人在给吉他调音，那么同样的音乐也会变得更像是噪音。关于静默，这些例子告诉了我们什么？

学生 X：静默是非常主观的。对我而言是静默的，对你来说却可能是噪音。

这取决于你所说的“主观”的意思。所以让我们把你的看法推进一步。当你说“主观”时，你只是在说，不同的人以不同的方式经验静默（一个相当明显的要点），还是同时也在告诉我们，静默实际所在的位置？换言之，在特定的情境中，如果一个人能经验到静默，而另一个人却不能，那么是什么造成了这种差异？

学生 X：一定是内在于一个人的某种东西。是的，我想这就是我所说的“主观”的意思！真正的静默是内在的静默。

好！这恰恰是我的问题的本意：什么是内在的静默？我们能做些什么，才能在内心培养成一种性情（disposition），当其他人被周围的声音打扰时，我们却能经验到静默？怎样才能做到，对其他人而言是噪音的东西，在我们的耳朵听来却是音乐？这只是不同的人的个性之间的基本差异吗？还是我们能做些什么，来提高我们倾听静默之声的能力？

学生Y：我发现，离开所有的人独处一会儿，往往能带给我内在的宁静，有助于解决我在与他人的关系中产生的烦恼。

人们有时将你所说的经验称作“孤独”（solitude）。有时我也喜欢独处，而且我也同意它可以培养内在的静默感。而奇怪的是，有些人不喜欢它；他们很害怕变得孤单。那么“独自一人”（being alone）与“孤单”（being lonely）有什么不同？

学生Z：有些人可以长期独自一人，根本不觉得孤单，而另一些人即便跟一群朋友待在一起，也觉得孤单。

那么，是什么使这两类人如此不同？

学生Z：孤单的人看上去好像丢失了某种内在的东西。我们能把它叫作静默吗？

这个提法很好，但应该意识到，现在我们正在做循环推理：孤独帮助我们发展内在的静默；内在的静默帮助我们经验孤独而不感到孤单。所以，如果我们现在刚好是孤单的，而且（或者）缺少内在的静默，那么现有的说法全都无济于事。尽管如此，这仍不失为一个好建议，因为它强调了孤独与静默的紧密联系。孤独与静默通常相伴而行：我们要么同时拥有两者，要么一个也没有。事实上，经验到其中一个却经验不到另一个，这往往是心智与（或）灵性崩溃的征兆：没有孤独的静默会滋生恐惧，没有静默的孤独则导致疯狂。我们将在第34讲更详细地研究这些可以从人类司空见惯的经验中获得的悖论式洞识。

在孤独与静默中度过大量时光的那些人，有时被人们称为“冥想者”。几乎每种主要宗教传统中的冥想者，都曾竭力解释过什么是静默与孤独，以及我们如何为这类经验培养相应的潜能。在古代中国，老子是这种冥想者的典范。他对如何追随“不可言传”的“道”的诗意的解释，充满了实践性建议（尽管往往用综合逻辑表达），它们告诉我们，如何才能在表面上忙忙碌碌的日常生活里，也可以过着谦卑、孤独而又静默的生活。当然，佛陀是另一个范例。而且，印度教、伊斯兰教以及其他各种宗教中，也能举出很多例子。

在犹太教与基督教传统中，也有这类冥想者的长长的队伍。20 世纪最有影响的基督教冥想者是托马斯·默顿（Thomas Merton），他的著作激励很多人去深化自己的内在经验。下面这一大段文字引自他的小册子《孤独中的沉思》（*Thoughts in Solitude*），它能帮助我们理解，在我们对被教徒称为“上帝”的实在（reality）的经验中，孤独与静默如何共同起作用：

> 每当你真正独自一人时，你与上帝在一起。
>
> 有些人为上帝而活，有些人与上帝活在一起，有些人活在上帝之中。
>
> 为上帝而活的人，与其他人活在一起，并活在他所在的团体的活动中。他的生活是他所做的。
>
> 与上帝活在一起的人，也为上帝而活，但他并不活在他为上帝所做的事情中，他活在他在上帝面前之所是中。他的生活是去反映上帝——以他自身的朴素，以上帝在他的贫困中的完美反映。
>
> 活在上帝之中的人，不与其他人活在一起，也不活在自身中，甚至更少地活在他所做的事情中，因为上帝在他之中做了一切。
>
> 坐在这棵树下，我可以为上帝活，或者与上帝活在一起，或者活在上帝之中……
>
> 与上帝活在一起，必须不断地克制言谈，并且平息与人交流的渴望，即便是关于上帝的交流。

然而，与他人、与上帝交流，并不十分困难，只要我们在上帝之中发现他们。

孤独的生活——本质上最朴素的生活。共同的生活不断为它做准备，直到我们在共同生活的朴素中找到上帝——然后，我们在孤独的更朴素的朴素中，更深入地寻求上帝，更好地发现上帝。

然而，如果我们的团体生活极度混乱（因为我们自己的过失），那么当我们置身孤独中时，恐怕会变得更加混乱。

不要从团体逃向孤独。先要在团体中发现上帝，然后他会引你走向孤独。

一个人不可能理解静默的真正价值，除非他真正尊重语言的有效性：因为语言所表达的实在，可以在静默中找到——面对面地，没有任何中介。我们无法在实在本身中发现实在，就是说，我们无法在实在本身的静默中发现它，除非我们先被语言带到那里。

最后一段话让人想起维特根斯坦的观点，即语言是“梯子”，当我们开始看到事物向我们“显现自身”时，语言必须被扔掉（见图 VI.1）。类似地，这段话也解释了，在能够从独处中获益之前，我们必须先学会跟他人待在一起。那种将我们的生活的多样性以潜在的统一聚拢到一起的实在，只有当我们已经与它相遇时，静默与孤独对我们才是有益的。

来自基督教传统的另一个例子，出现在理查德·福斯特（Richard Foster）撰写的通俗著作《对戒律的礼赞》（*Celebration of Discipline*）里。这本书是为普通的基督徒写的，因此有些话在非基督徒看来可能很难理解，尽管如此，我相信它仍然包含了对任何人都有益的洞识。书中描述了 12 条不同的“戒律”（很明显是以完美的 12CR 组织起来的），每条戒律都与其他戒律一起，促进我们今天一直在讨论的内在性情的养成。该书第 7 章论述了孤独与静默的密切关系，它与我们今天的讨论尤其相关。福斯特在这一章对孤独（solitude）与孤单（loneliness 作了有益的区分（*CD* 84）："孤单是内在的空虚，孤独是内在的满足。孤独首先不是一个地点，而是头脑与内心的状态。"我们可以用同样的方式加以补充："噪音"是"内在的混乱"，"静默"是"内在的安宁"。但这种内在的安宁与满足，仅凭与它们的对立面（噪音与孤单）作斗争还无法获得。福斯特论证说，更确切地讲，它们发展缓慢，是持续自律的结果。于是，引述了古谚"言多者目盲"（The man who opens his mouth, closes his eyes）之后，他解释说（86）："静默与孤独的目的，是为了能看到、能听见。静默的关键是控制，而不是无噪音。"

注重用冥想来控制我们的内在性情的人，有时被称为"神秘主义者"。神秘主义者是经验到将日常经验的多样性统一起来的力量的人，作为对这种经验的回应，他们相应地改变自己的生活方式。对神秘主义者而言，静默并不只是用来减轻繁重的生活压力的便利工具，也不只是被用来提高获得洞识的技能；确切地说，在最深的意义上，它是一种生活方式。因此，神秘主义者的"识见"（vision）是将所有的生命视作"至高的礼物，对待它的最适宜的姿态，是给予感激……承认生命是至高的礼物，就意味着，潜在的神秘事物……无论如何都是仁慈的。将它作为神秘事物接受下来，就是尊重它的动人（pathos）之美"（*SF* 9）。我们没有权利占有礼物，我们必须耐心地等待它被给予，然后当它到来时，接受它或者拒绝它。神秘的生活方式的戒律，是有意让我们做准备，准备接受静默和孤独的神秘礼物——当它们真正到来时。

神秘主义者的这种"识见"还能帮助我们理解洞识的本质。我们可以为接受洞识做准备，但无法确切地控制它们何时来到、如何来到。

我们能做的只是坐着，仿佛在一棵大树下面，等待果实落入我们张开的手掌——正如本书最后一页上画的那位圣人所做的。灵性戒律所产生的控制，并不是要控制那给予洞识的神秘实在；而是要控制我们自己的双手（和心智）——当洞识被给予时，我们的双手往往太忙碌了（塞满了“噪音”），无暇接住它们。《给予树》这首诗也讲了同一个要点：那个男孩的双手总是塞满了自己的私利，因此无法收到那棵树给予他的爱与欢乐。这就是为什么我曾要求你们，在正式撰写洞识论文之前，花一些时间安静地沉思。在这段静默的时间里，我们使自己的头脑（还有我们的心）做好接受洞识的准备。最重要的洞识也许不是在静默的时候出现的，但如果没有这段准备时间，我们的注意力就会被其他思虑搅乱，无法接受任何真正的洞识。

当一个洞识“来到”我们这里时，当然不应该只是让它待在那里落上灰尘。正如第 18 讲提到的，正确的反应是批判它。这种批判不要求我们拒绝最初的洞识的有效性（尽管有时这样的拒绝可能是恰当的），但它始终应该帮助我们，将可以知其为真的事物与虚假的或不可知的事物区分开。好哲学家总是努力平衡洞察与批判这两项任务，以便让它们共同起作用：当新洞识打破旧有的思考方式时，我们不应简单地拒绝旧有的方式，而应努力将新、旧两者综合起来，形成一个一致的整体。最好的洞识论文，总是运用了这两种互补的方法的论文，如图 VI.5 的映射所提示的那样。

将该映射与图 VIII.4 和 IX.4 给出的映射相比较，我们发现，其实有两种截然不同的哲学“突破”。第一种是我在前面描述过的：神秘事物通过某种洞识显现自身（见图 X.1a）。但只有当我们努力用批判的力量去理解它时，洞识的神秘来源才会充分地显露出来。第二种突破可以以尼采的“价值重估”为例：我们通过运用自己的理性和（或）意志的力量，突破界线，触及超验实在（见图 X.1b）。但这么做会产生悖论式的陈述，会打碎我们惯用的、分析性的思维方式。因而，当我们的综合性力量使我们经验到对静默的惊奇时，“神秘”是描述正在发生的事情的最好的词；而当我们运用分析性力量去理解那种神秘事物时，“悖论”是描述正在发生的事情的最好的词。这两种突破像是同一片叶子的两面，紧密缠结在我们的经验中，就像分析逻辑与综合逻辑紧密缠结在我们的思维中一样：它们共同起作用，是同一个过程的两个互补的方面。获得洞识的过程，往往以静默的直觉（a silent intuition）突然闯入我们的思想为开端；它始终保持着神秘，除非我们对它进行批判。当经过批判的洞识被确立为传统时，我们持续不断的好奇可以产生推理，这种推理会导致更深的、悖论式的洞识。如果我们在静默中仅仅持有这个悖论，那么整个过程又重新开始了！在剩下的三周里，我将人为地把这个过程分开：先关注“悖论”，然后是“神秘”。在这么做时，我们一定不能忘记：相反的突破方式一直都在以隐蔽的、循环的方式运转着。

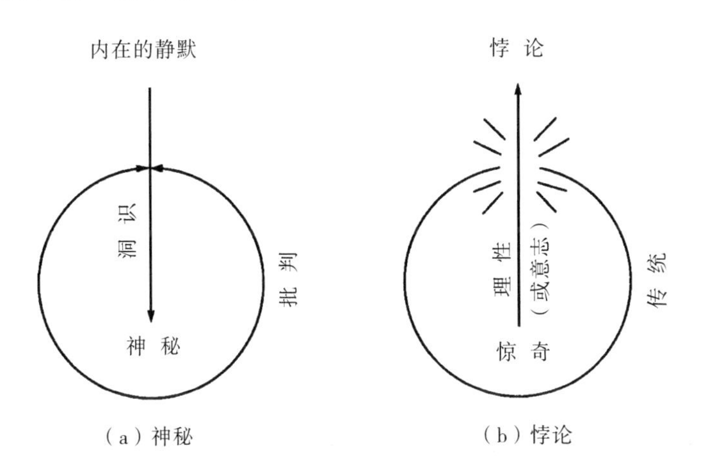

图 X.1　两种突破

“神秘”“悖论”这样的词会给人造成一种印象：这类突破产生

的洞识是不清晰的。我在初学哲学的学生中多次听到过这种抱怨。当然，我的解释不够清晰，或某个学生对解释得很清楚的观点的理解可能因为多种原因而模糊不清，这都是完全可能的。尽管如此，我们还是应该注意，不要认为哲学观念本身必然是不清晰的。相反，一旦认识到两种清晰性之间的区别，我们就会看到：哲学观念是所有观念中最清晰的！

想一想阴天与晴天的区别。阴天时，阳光被云层阻隔，因此外面的事物看起来不像它们在晴天时那么分明。即便你从未注意到事物在阴天时看起来都“比较黯淡”，我也敢肯定，你一定注意到了：阴天时事物的影子（如果有影子的话）不是那么清晰可见的；而太阳出来时，它们是那么清晰而鲜明。这是一种类型的清晰。我们直视太阳的能力又怎样呢？天气晴朗时，我们很难直视太阳——事实上，如果长久地注视着太阳，我们会变成瞎子！而在多云天，我们可以毫不费劲地直视太阳很长时间。这是不同于第一种清晰的第二种清晰：事物越清晰，我们就越难看见它！换言之，晴朗的时候，我们无法去看光源，因为它太清晰了，然而我们可以更清楚地看到被它照亮的事物。

哲学上的清晰，往往不像太阳让我们看到的那些事物，而更像太阳本身。因为最深入、最深刻的洞识是那些显得最清晰的洞识，因而它们的确定性是我们最不会怀疑的。但如果要用词语表达这样的洞识，我们往往很难做到。因为事实上，当深刻的洞识在我们的脑海中还不是很清晰的时候，描述起来反而更容易。因此，对一个深刻洞识的清晰性的真正检验，不在于我们能多好地表达它，而在于我们能多好地运用它，用它照亮我们的思想和经验的其他方面。以“认识无知是所有哲学的起点”这个观念为例。我希望，在学习这门课的第一部分的过程中，你会在某个时刻突然被这个观念的真理性击中：在上这门课之前，你可能并不理解它；而如今（假定它对你而言真的变成了洞识）你确信它可以照亮你对“什么是哲学”的理解。然而，如果此时有人让你解释，怎样才可能认识你的无知，你也许会哑口无言。一方面，你能清晰地看到洞识的结果；而另一方面，你无法确切地表达是什么使你获得了这种“识见”的礼物。我在这里的要点是，一般说来，这对哲学观念而言是很典型的：它们太清晰了，以至于它们的光芒让直视它们的人无力承受。

29. 终极与美的悖论

在这堂课的开始，先让我与你们分享一段难忘的经历。那时我住在英格兰。在一个干冷的冬天的清晨，即将破晓的时候，我的小女儿醒过来哭了。轮到我做“晚间值日”，于是我把自己从床上拽起来，竭力安抚她。没过多久，她重新安静下来，很快就入睡了。我在这种情形下通常会觉得很疲倦，一完成任务就会毫无困难地再次睡着。然而，这一次我却留在房间里，觉得完全清醒了。尽管天仍然很黑，但

我还是决定留在起居室里，没有回到床上去。从舒适的公寓的窗子望出去，可以看到黑暗的天空，东方正在开始微微变亮。屋内屋外，一切都悄无声息。三层楼下面，就在枝条几乎触到我们的窗户的那棵树的另一侧，通往市中心的主干道还没有被平日里嘈杂的交通所填塞。展现在我眼前的景色的美，实在令人难忘。越过没有叶子的树枝和街对面的屋顶望去，天空现出了深紫色的光，渐渐将黑暗推向它西边的故乡。不久，紫色褪成深红，然后明亮起来，变成柔和的橙色。当整个天空在红色、橙色和黄色的奇异混合中燃烧时，一条明亮的蓝色带子开始升起，仿佛来自大海的深处。那是惊心动魄的一幕。我几乎无法移动，更无法思考或说话。

我在静默中坐着，在夜晚与白昼的交界线上，时间本身似乎静静地伫立于展现在我面前的、不变的变化中。回想起来，我猜我看到的转变过程有一个小时，或者更长，尽管在我看来好像还不到 15 分钟。我终于回过神来，决定趁着为时未晚把这个“瞬间”捕捉下来，这样也许能让当时正在睡觉的人稍后分享我所目睹的令人敬畏的景象。一架照相机在一位艺术家手里，如果他能用它以特定的方式歪曲自然，从而揭示出裸眼看不到的潜在的美，那么相机可以成为有效的工具。然而，当我们用同样的器械，希望复制已经显现在我们眼前的自然景色的美时，结果往往走到艺术之美的反面。遗憾的是，我那天早上拍下的照片可能更多地体现了后一个规律。（对自然的简单复制已经很糟了，而对复制品的复制只会更糟。尽管如此，我还是把它重制成黑白照片，放在上一页上，希望能激起读者的想象，自己填上失去的色彩。）

让我们假想这张照片真的足够好，能让你们触到我在那天清晨经历的“界线经验”（boundary-experience）之美。我们为什么将这样的景色判断为美的？当我们在“日出是美的”这个命题中使用“美”这个词时，它意味着什么？对美的判断和其他类型的判断是怎样联系起来的？在哲学领域，对这类问题的回答被称为“美学”（aesthetics，来自希腊单词“*aisthetikos*”，意思是“感性知觉”）。长在哲学之树的枝条上的经验的叶子是那么繁盛，我们对它们那么熟悉，因此最好用存在论（对“存在”[being]的研究）而不是用科学来处理这类问题。换言之，尽管我们永远也无法获得足够的知识去建立关于美的科学，但我们可以有足够多的经验去建立关于美的存在论（an ontology of beauty）。事实上，这正是很多哲学家处理美学问题时的做法。

在学生的洞识论文中，最常提到的美学问题一般是像这样的：有关于美的客观标准吗？或者，是否有一套固定不变的指导原则，我们可以用它来检验这样的判断是对的还是错的？学生们对这些问题的回答几乎总是否定的。而哲学家——尤其是好的哲学家，不会那么迅速地做出假定：除了个人意见，审美判断没有任何其他基础。任何想要建立关于美的存在论的人，都会假定美确实是某种东西，而且都会首先（也是最重要的）去发现它隐含的本质。因此让我们看一个例子，看看哲学家是如何回答这类问题的。

既然在前面几讲里我已经把康德的理念当作“好”哲学的典范，那么我将再次以他的方法为例，来说明如何回答美学问题。尽管很多其他哲学家的美学观也值得在这里考虑，但康德的美学观，正如哲学研究的很多其他领域一样，代表了美学史上的一个重要的转折点，而且他为之努力的论题与当代的美学论题至今仍有关联。此外，研究康德的美学观会让我们更加完整地理解他的整个的批判哲学体系。我们在第 8 讲看到，康德的第一《批判》如何定义了理论的立足点，它由“认识”（或认知）的“能力”（即心智的力量）来支配。我们在第 22 讲看到，康德的第二《批判》如何定义了区别于前者的实践的立足点，它由“愿望”（或意志）的力量来支配。现在让我们研究康德的第三本，也是最后一本《批判》——《判断力批判》(*Critique of Judgement*, 1790)，它定义了由情感的力量来支配的新的立足点。

因为前两种力量采取了理论与实践的相互对立的立足点，康德认为，需要有第三个立足点在两者之间架起一座桥梁。这个立足点必须既是自由的（正如我们的道德判断），又是以可感的客体为基础的（正如我们的认识判断）。在最一般的意义上，康德体系的这个“第三种事物”总是由经验本身组成，但因为康德在第三《批判》里特别关注判断的特殊类型，所以我将这居中的、第三个立足点称为“判断的”。判断的立足点关注的，是对我们无法直接用科学知识或道德实践来解释的经验的判断——特别是由我们对“快乐与痛苦”的感受能力而形成的判断。因此，如果我们认为，康德的前两本《批判》分别是从头部和腹部的视角出发去看待经验，那么他的第三本《批判》则是从心（这个通常与我们的感觉联系在一起的生理器官）的视角出发去看待经验。在康德看来，正如道德判断对应着腹部（见第22讲），美学判断也总是非认知性的，即它们与逻辑（即理论的）判断不同，它们不产生知识（参看 *CJ* 228 中的例子）。在逻辑判断里，我们的思维控制着想象力去揭示真；而在美学判断里，我们的想象力控制着思维去揭示美。现在，我们可以用这种对康德的三大系统的关系的说明，构建出比图 II.8 和 III.4 更详细的综合关系：

统领着康德的第三《批判》的主要概念是“终极”(finality)或“合目的性”(purposiveness)（德语单词“*endlichkeit*”的两种译法）。这个词指的是我们的一种感觉：某个偶在的客体或事件必然地指向一个目标或终点——它们为了实现其实存的最终理由而必须完成的、固有的目标。该书的前半部分处理的，是每当我们判断某物为“美”或“崇高”时，我们经验到的“主观的”终极；后半部分处理的，是每当我们判定某个自然物有其目标或设计时，经验到的“客观的”终极。今天我们只来得及研究康德为主观终极列举的两个例子中的第一个。

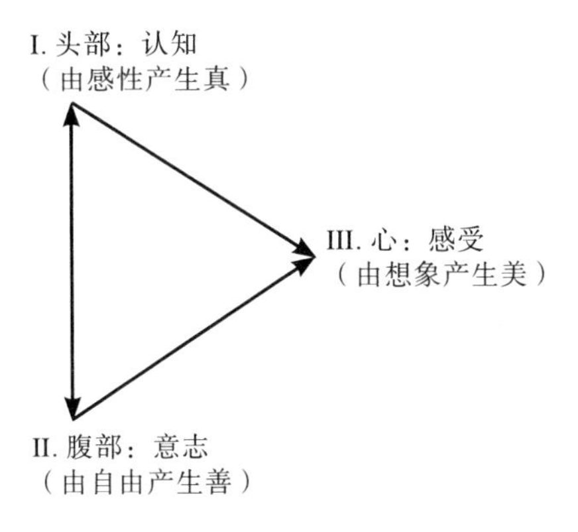

图 X.2　情感：认知与意志之间的康德之桥

康德的美学判断理论以一个完美的 2LAR 为基础，区分了对可感客体感到“愉悦”的四种方式。每种方式都形成一种鲜明的美学判断类型：“客体可以被认为是惬意的[①]（agreeable）、美的（beautiful）、崇高的（sublime）或（绝对的）善的（good）。”（*CJ* 266）康德看到了这种区分中的直接的一致性，看到了范畴的四分（见图 III.9）以及心智的四种能力（感受、知性、判断与推理）：“惬意的”事物是“直接让人快乐”的事物（208），而且主要与判断的量有关，它充分地被感觉所揭示；“美的”事物必须有“可以被理解”的“质”；“崇高的”事物在“可感事物”与人类判断中的知性的“可能的超感性使用”之间放置了一种“关系”；“善的”事物由“必然性的模态”组成，要求每个人都赞同某个“纯粹理智的判断”（266—267，字体区别格式为本书作者所加）。惬意与美，都是“鉴赏判断”的结果；而崇高与善，都来自“更高的、理智的感受”（192）。用这种区分来定义 2LAR 的每

① 惬意的：agreeable，邓晓芒翻译的《判断力批判》中，该术语译为“快适的”。

个成分的第二项，用“这种形式的愉悦是普遍的吗？”这个问题来定义每个成分的第一项，可以建立如图 X.3 所示的映射。

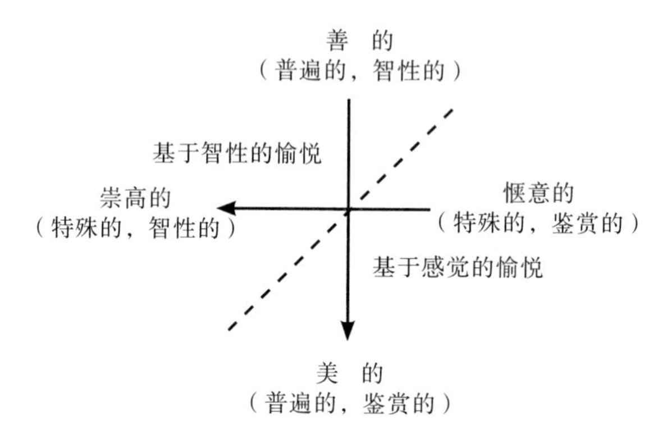

图 X.3 康德的审美判断的四种形式

为了解释我们对美的判断（the judgement of beauty）的独特性，以及是什么使它们不同于我们作出的其他类型的判断，康德在每种鉴赏判断中区分了四个“契机”（或本质元素）。它们同样对应着由他那套特别的四范畴决定的模型。但由于美本身最像是质的范畴，所以他以“质的契机”（*CJ* 203）这种描述展开了美的存在论；它规定，我们在客体中经验到的愉悦如果被判断为美的，这种愉悦必须是无利益[①]的。“利益”是“与客体的实存的表象联系在一起的[任何]一种愉悦”（204）。断定某个客体为“惬意的”或“善的”，这样的判断“总是与客体中的利益结合在一起的”（209）：前者有赖于“感官在感觉中找到的令人快乐的”东西的实存（205），而后者有赖于“由于其纯粹的概念……而受理性推重”的东西的实存（207）。相反，对美的判断是纯粹的鉴赏判断，“不依赖任何利害”（205 页注释）：作出这种判断的人，应该对“事物的实存”“毫不关心”（205）。否则，康德提醒我们，

① 利益：interest，又译“利害”。

我们的鉴赏判断将“偏向”于自己的利益，而不去评估我们对客体的感受是否真的达到了可以将“美”归于客体的程度。

举个例子应该能帮助我们澄清这第一个（也许是康德的四个要点中最重要的）要点。让我们想象一个人说太阳“美”时的三种可能的情形。第一种，假如今天上午天气非常好，于是你决定逃学，到海边去待上一天。如果是这样，那么此刻你正与最亲密的朋友躺在沙滩上，沐浴着温暖的阳光。如果你向你的朋友转过身，说：“此时的太阳感觉真美”，那么在康德看来，你误用了“美”这个词。你的愉悦感直接来自你在“太阳的实存”中获得的利益，它是由你的感觉引发的，你在自己的身体上感觉到它的温暖。因此，在这种情形下最好说：太阳让人觉得“惬意”（或“不错”）。第二种情形，想象你此时正与地理老师走在路上，谈论着地球上各种形式的生命。突然，你意识到阳光在你周围明亮地闪耀，于是你惊呼：“太阳不是很美吗？它支撑着地球上的生命！”这也是对“美”的误用。因为，你的愉悦感又一次直接来自你在“太阳的实存”中获得的利益；尽管这次你的利益是由你对太阳的“善”的智性把握所唤醒的。第三种情形是我在这一讲开头描述的那种情形。我坐在那里凝视着日出，只有当我心中涌起的欢乐与太阳的客观实存毫无关系时，只有当我的判断既不是基于惬意的感觉（其实当时我很冷），也不是基于我对太阳的有用性的感激时（我太累了，根本无法想得那么清楚），我惊呼“日出很美！”才是恰当的。然而，如果我的判断不是基于我在客体中的利益，它的基础又是什么？康德在他对美的判断的其他三个本质特征的讨论中，回答了这个问题。

尽管对美的判断永远是主观的，因而它“在客体上没有支撑”（*CJ* 215），但康德论证说，这种判断的“质”要求客体能“普遍地引起愉悦”（219）。因此，对美的判断的第二个特征是一种特殊的主观的普遍性。相反，对惬意的判断表达的愉悦是主观的，但不是普遍的；对善的判断表达的愉悦是普遍的，但是客观的。“主观的普遍性”标准意味着，一个人必须认为，因客体而产生的愉悦“驻留在某种东西上，而他可以预设其他任何人都有这种东西，所以他一定相信，他有理由要求每个人都有类似的愉悦。因此，当他说起美的事物时，仿佛美是客体的质，仿佛这个判断是逻辑判断［尽管它不是］……”（211）与真正的逻辑判断不同，鉴赏判断“并不假定每个人的赞同……它只是向每个人要求这种赞同”（216）。我们假定每个人都会赞成太阳是善的，因为它支撑着生命，但我们不会假定每个人都会赞同日光浴是一种惬意的经验。这两类判断是非常直接的。而当我们判断某物是美的，我们会觉得，假如被放在同样的位置上，任何一个人都应该作出同样的判断，因为我们采取了这样的“理念”：“如果这是一个客观的判断”，那么它可以“毫无保留地”扩展到“所有的主体”（285），尽管我们也许很清楚，事实上并不是每个人都赞同。

对美的判断的第三个特征，涉及与“终点”（ends）的关系（*CJ* 219）：这类判断的客体除了要有“终点［即目的］的表象”，还必须显示出“终极［即合目的性］的形式”（236）。这个悖论要求：当我们判断某个客体是美的，我们会认为它为某个理由而存在，因为我们感知到了内在的合目的性，但我们无法找到外在的目的。在康德看来，这不是幻想，而是使事物能被称为“美的”东西的一部分：判断某物是美的，意味着判断出它指向自身，而不是指向惬意的感觉，或外在于客体的事件的善的状态。既然这样的判断的“决定性根据”“只是形式的终极”（223），那么我们在美的事物中感到的愉悦，其唯一基础是，深信“表象自身的状态”具有内在的值得留存性（222）。相反，我们经验惬意的或善的事物时所感到的愉悦，是由该事物指向的外在目标所决定的，比如，品尝烹饪得十分精美的食物时的愉快感觉或食物的充饥功能。换言之，美带来的愉悦意味着某种我们不想消费、只想保存的东西带来的愉悦，正如我在这一讲开头描述的“无时间的瞬间”。

第四个也是最后一个特征，也即任何对美的判断的模态的最后一个“契机”，是那种经验必须产生“必然的愉悦”（*CJ* 240）。康德很仔细地区分了经验性认知的“理论的客观必然性”、道德行为的“实践的必然性”和审美判断的“示范的必然性”（236–237）。只有当我们预设“存在着共通感觉”（common sense）（即我们感知世界的共有的方式）时，美的客体带来的愉悦的经验，才能被当作必然的范例（238）。共通感觉对应着使我们能就认知判断达成一致的“共通知性”。（顺便一提，“共通知性”比“共通感觉”更接近“common sense”的原义[①]。）除了极端的怀疑主义者，所有的人都假定“共通感觉”是“使我们的知识能够普遍交流的必要条件”，因此它也可以充当一个“理想标准”，形成审美判断的必然性基础（239）。康德也以类似的方式提到过一种内在的“鉴赏原型”，它为审美判断充当“最高的模式”，但他提醒我们，人们接近“鉴赏原型”的能力差异很大；“每个人都必须在自己的意识里形成［这个原型］”（232），因为它是我们必须获得的技能。康德相信，我们每个人都可以接近的是“一个普遍的声音”，它告诉我们：“对每个人都……有效的，只是审美判断的可能性。”（216）

我们已经研究了康德就“对美的判断的存在论本质的四个根本原则”作出的解释，它们往往是悖论式的。现在我们可以用下面的图示概括他的理论（注意，位于水平轴上的两个特征都是用综合逻辑表达的，而垂直轴上的两个特征都符合分析逻辑）：

① “common sense”原义是“常识”，因此说“共通知性”与它的原义更接近。

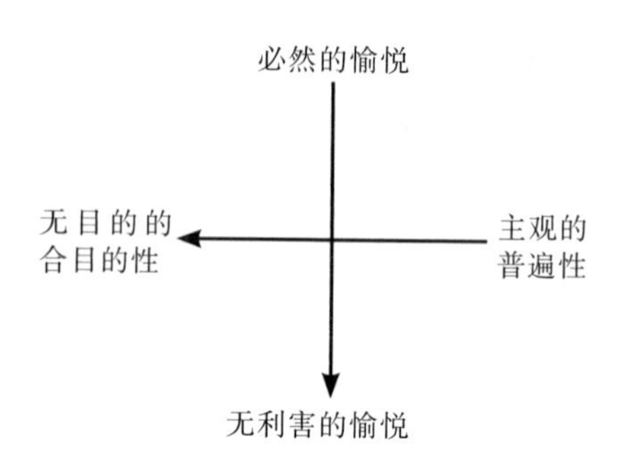

图 X.4　对美的判断的四个契机

合起来看，对美的一切判断的四个特征提示我们：这类判断并不指向看得见的目标，而是指向隐藏在我们的经验对象深处的神秘事物：我们的审美理念“在竭力争取经验限制之外的东西”（*CJ* 314）。除了用“终极”（或合目的性）来描述这种神秘事物之外，康德还声称：最终，“美是道德之‘善’的象征”（353）。他这么说并不意味着，对美的经验无论如何都依赖于对“善”的经验，而只是在说，正如对道德律的尊重让道德之善在意志中有了立足之地，美与道德之间的“类比”也让道德在自然中有了立足之地。如此一来，这种经验解决了我们的理论立足点与实践立足点之间的张力（参看图 VIII.2 与 X.2）。

现在让我们从康德的理论后退一步，让我们问：这些基本特征建立了关于美的客观标准吗？既是，又不是！一方面，它们确实证明了：当我们使用“美”这个词时，我们的举动就仿佛每个人都应该赞同。这意味着，对美的判断要求我们采取“共通感觉”的普遍的立足点——或者称之为“统一的立足点”，通过它，日常经验的多样性由共通的、本能层次的感觉聚拢到一起。而另一方面，康德充分认识到，这种感觉是主观的，因此，对于什么事物应该被认为是美的，人们注定不会达成一致（239）。他就这种情形论证说，如果双方都是真正的审美判断，那么“他们都……会正确地判断”（231）。这是可能的——

当然我们只能用综合逻辑来解释这类经验。因此，如果我们说的“客观标准”是一套可以从外部强加给所有可能的客体的普遍标准，那么我们不能说，康德关于对美的判断的四种基本元素的解释为我们提供了一套客观的标准，然而，他确实在这样的意义上给了我们一套普遍的标准：该标准内在地适用于希望经验到“美”的所有的可能主体。这可是个不小的成就！

这意味着，我们对美的经验能力不仅取决于我们每天遇到的客体的客观性质，更取决于，当适宜的情境展现自身时，我们是否有能力采取上述的立足点。换言之，就像我们要在第四部分研究的所有的统合经验（unifying experiences）一样，似乎只有当我们有了接收这种神秘礼物的内在准备之后，对美的经验才会“击中”我们。因此，那个英格兰的寒冷的早晨，住在我附近的人完全有可能跟我同时醒来，向窗外望出去，注意不到任何美的东西。如果我遇到他们，我会强烈地觉得他们**应该**已经注意到，而且**会**注意到日出的美，如果他们充分培养了使我们能鉴赏美的“共通感觉”的话，然而，我不能做任何事情强迫他们同意我的判断。

因此，康德的美的存在论让人想起那句古老的谚语——“美在观看者眼中”，它在一定程度上是对的。但是，如果我们把它跟相对主义的说法联系起来，就大大误解了它。比如，相对主义者会说“不同的民族敲不同的钟”，意思是说“不同的人对什么是美、什么不是美的看法，是无关紧要的，因为美对每个人来说都是不同的”。有人接受这样的假定，“美不是科学，因此必定只是幻象”，这种司空见惯的观点取消了使美成之为美的那种悖论。因为，正如康德向我们表明的，这类判断的主观特征（即它们主要依赖于我们自己的眼睛这一事实）并不意味着我们对美的经验纯粹是相对的；相反，这类经验让我们与某种绝对的实在相接触，那是一种神秘事物，我们可以凭借想象力瞥见它，却无法凭借思考充分地理解它。美在某个特定的时刻不在我眼中，并不意味着它不在那里等待着被看到、被体会——只要我愿意去感受它的在场。

30. 再统一与爱的神秘

什么是爱？

这个问题是（或至少应该是）每个人都感兴趣的，即便是对哲学一无所知的人。因为我们每个人都曾经在很多时刻经验过爱，虽然无可否认，我们对爱的意识有很大差异。有些人觉得自己在这里或那里经验到的，都只是对爱的惊鸿一瞥；而另一些人却感到不得不克制住自己的爱，否则它会像狂怒的洪水一样奔涌，把爱的对象卷走。几乎每个人都同意，爱是人类生活的不可缺少的方面，没有爱，我们很难（如果不是不可能的话）过上有意义的生活。所以，毫不奇怪，“爱”通常是学生们在洞识论文里最常讨论的主题（还有真理、美、死亡和人生的意义这些主题）。

当学生们写到爱时，通常倾向于强调浪漫之爱，并因此认为爱主要是一种感受，排他地指向被当作“爱人”的那个完美的人。但正如人们经常指出的那样，有很多种不同的爱。有些爱如果用“允诺”（commitment）来描述会更恰当，它们不排他地指向很多不完美的人。对“爱的本质”这个问题的最常见的回答，是承认自己不知道它是什么，理由是没有人可以定义爱，或者说每个人都有自己的定义，因而没有单一的、囊括一切的定义。就某方面而言，这无疑是对的：在人类所有的经验中，爱确实是最神秘的经验之一，而且因为我们每个人都必须首先仰赖自己的经验，所以，事实上，关于爱的观念几乎跟给予爱、接受爱的人一样多。

这让哲学家置身何处？是不是不可能给出关于爱的真正的哲学解释？所谓哲学解释，就是描述出爱的所有类型之间的潜在的相似性，以及所有可接受的定义中包含的共同因素。从某种意义上讲，这样的解释是给不出来的。因为我们已经多次看到，有些经验根本无法被充分地描述出来，尤其是仅凭分析逻辑。在这种情况下，我们竟然发现：有时我们在静默中要比在言谈中更能理解自己的经验。然而从另一种意义上讲，哲学家从不满足于完全的静默，他们总是怀着一线希望，希望语言能以某种方式表达不能表达的东西。这是象征式语言的目标（我们将在第 31 讲更充分地研究它），而综合逻辑使象征式语言的目标成为可能。假如我们并不指望完全地把握爱，仿佛可以把爱缩减为纯粹的公式，而只是想懂得“被爱把握”意味着什么，那么我看不出有什么理由不去寻求爱的哲学，它会让我们把人类经验的多样性看作一个统一整体的一部分。

事实上，从柏拉图和亚里士多德的时代直到今天，已经有很多哲学家发展出了关于爱的理论。既然我们没有时间研究整部爱的哲学史，就让我们更详细地看一位相当晚近的哲学家的观点。这位哲学家对爱的意义的追求引导他得出了一些很有意思的结论。我想到的这位哲学家是保罗·蒂里希，我们将在第 31 讲研究他用终极关怀的象征表达的、关于信仰的观念。他在他富有洞识的小册子《爱、力量与正义》（*Love, Power, and Justice*，1954）的第一章里，用了大部分篇幅解释“爱的存在论”。“存在论”（ontology）可以非常简单地解释为“对存在（*being*）的研究”。然而还是让我们简要地看一下，蒂里希在论述爱的那一章的开头，对这个词的意义作出的更深入的解释。

首先，蒂里希提出，希腊语中的“存在论”最好译为：“‘如实把握了存在[on]’的‘理性的语言’[*logos*]。”（*LPJ* 18）为了把握这种“语言”，他悖论地说：“存在论问的是既简单又无比困难的问题：存在（*to be*）意味着什么？每个参与了存在（being）的……事物的共同结构［或“特征”］是什么？”（19）。存在论认识到存在（being）的“多样性”，但力图通过描述“存在本身的纹理”来统合这种多样性（20）。每个有知识的人都参与了存在论，因为“认知的意思是：如事物存在的那样去认识事物”。他以如下方式将存在论与形而上学区分开：

> ……存在论是形而上学的基础，但不是形而上学本身。存在论问的是关于存在（being）的问题，即每时每刻呈现于每个人面前的事物的问题……存在论是描述性的，不是推理性的。它力图找出存在的基础结构是什么。存在被给予了每一个存在着并因此而参与了“存在本身”的人。在这个意义上，存在论是分析性的，它分析我们遇到的实在，力图找到使一个存在者（a being）能参与存在（being）的结构性因素。（23）

这段文字清楚地表明，存在论既是分析的，又是验后的（见图IV.4）（尽管蒂里希本人从未明确地这么说）：存在论像逻辑一样，是“分析性的”；但它又不同于逻辑，它是“描述性的”（即它验后地关注“是什么”，而不是“我们想什么”）。相反，形而上学是综合的，而且是验前的（至少在康德看来如此）：它问的问题是，在我们经验“是什么”之前，什么是必需的；但它要求我们走出分析性概念。与其说存在论是形而上学的“基础”，不如说它们是截然对立的两种东西，但它们又相互依存，正如对立的“– –”与“+ +”相互依存，又如一棵树的根和叶子。

蒂里希描述爱的存在论的段落其实十分简洁。它从描述爱与生命的关系开始（*LPJ* 25）：“生命是现实中的存在（being），而爱是推动生命的力量。”换言之，当存在（being）不再只是可能的，而是变成了现实的，我们就可以说它“活着”；而那推动存在者（beings）进入生命并度过一生的力量，叫作“爱”。意思是说：存在需要爱，以便成为“现实的”；通过爱，我们懂得生命真正是什么。当然，这个描述太宽泛了，以至于几乎囊括了所有的东西！因此，蒂里希直接借用柏拉图的《会饮篇》（*Symposium*）中的思想，缩小了他的描述范围：

> 爱是将分散的东西驱向统一的驱动力。再统一预设了根本上合一的事物的分离。……［但］分离预设了原初的统一。……不可能将根本上分散的事物统一起来。……因此，不能将爱描述成陌异的事物的统一，而应描述成一度疏远了的事物的再统一。“疏远”预设了原初的一体性。

如果把这段话的关键理念图示在一对 1LSR 三角上（见图 V.7，并参看图 III.7），我们就能很有效地理解它的基本含义。我们最终得到图 X.5 中的映射，它形象地说明了，为什么在爱的过程中“疏远”是必要的一步。在爱的过程中，两个曾在神秘的原初统一（0）中保持在一起的、“疏远了的”对立物，在“再统一”（1）中被带回来，重新合到一起。

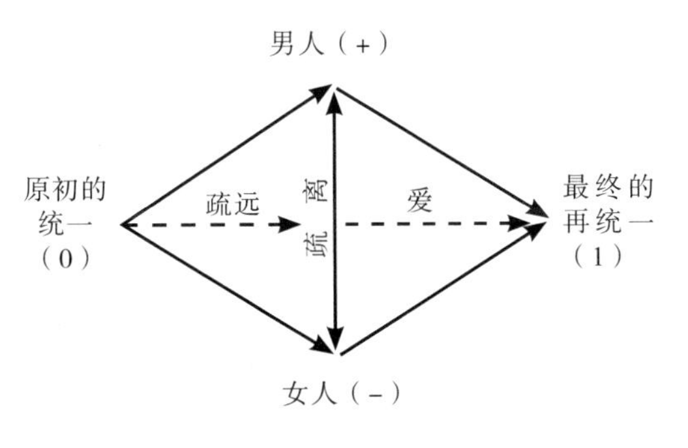

图 X.5　蒂里希的爱的存在论

几乎任何一对对立物都可以成为这个过程的例子。但一个明显的例子发生在男人（+）与女人（-）相爱的时候。当两位恋人注视着对方的眼睛时，他们想不断接近，直到（如果可能）融为一体（1）。每当他们在一起时，都会觉得仿佛回到了丢失已久的家（0），但似乎总有一些障碍，使他们最终变得疏远。因此，蒂里希的讨论中不可或缺的一点是，再统一本身并不是爱，而是爱驶向的目标。爱本身，爱的存在（being），是向着再统一的驱动力。这意味着，把爱当成目标是错误的；爱是一种关系的统一的力量，它使两个存在者（beings）驶向一个更高的目标。

我们通常把爱跟感情（emotion）联系在一起，而蒂里希警告读者，不要错把对爱之本质的这种抽象的、存在论的描述，与这种感情混淆起来。这里的爱，没有任何感情伴随也可以发生。然而，当感情确实伴随着爱而发生时，蒂里希认为，爱的存在论有助于我们解释为什么会出现这种情况。既然爱是向着再统一的驱动力，那么一个人很可能会爱另一个人却不太考虑再统一的终结状态会怎样。如果这种情况发生了，就意味着没有或者只有极少的感情跟爱联系在一起，因为“作为感情的爱是对再统一的预期”（*LPJ* 26）。这意味着，与前面的情况相反，如果一个人经常想象与另一个人更高地统一在一起的将来状态，那么他（她）会感到有很多感情伴随着驶向再统一的（即爱的）经验。

一旦认识到这一点，当论及“当我们经验到爱的完成时，发生了什么”时，一个有趣的悖论就产生了：“爱的完成是极度的幸福，同时也是幸福的结束。分离被克服了。但没有分离就没有爱，也没有生命。”（*LPJ* 27）蒂里希在这里的要点是，我们对目标的期望的本质是：达到目标的时刻，就是最强烈的满足的时刻，同时也是面对不再有奋斗目标的前景、开始感到空虚的时刻。这使我们能够理解，为什么浪漫地强调爱是一种感受会造成很大的误导。感受当然重要，因为它是由我们对再统一的期望引起的，而且如果我们从不期望这个目标，我们的爱也就不大容易发展到恰当的终点。但如果爱不是更根本地以意志的允诺为基础的，当“幸福的终点”到来时——正如它不可避免的那样——我们会毫无防备地被抓住，也许甚至认为我们的爱死了，而原因仅仅是旧有的感受消失了。

这一点揭示了应该如何看待婚姻的一个很有实践性的洞识。将婚姻视为他们的关系的最终目标的情侣们，一旦认识到（通常是在婚礼后不久）婚姻并不全是令人愉快的感受时，往往会非常震惊：曾被视为理想爱人的那个人不可避免地“变成”了一个普通的、不完美的人。这就是为什么典型的好莱坞爱情故事那么误导人：我敢肯定，你们都看过很多这样的电影，而且（或者）读过很多这样的小说——男人和女人坠入情网，为实现他们的爱，他们努力克服了无数障碍，最终结为夫妇，在影片的结尾向着落日骑马而去，“从此以后幸福地生活着”。当这样的故事结束时，我们中的大多数人都在希望：“假如那是我……”但要小心：那是一个不可能实现的梦，因为电影结束的地方，正是生活的真正的斗争开始的地方！

它教给了我们重要的一课：要在爱的关系里设定很高的目标（事实上，也许甚至是绝对的目标），因而在这条路上每前进一小步（可以说是每一次“小小的再统一”），都能带来极度的快乐，而且当我们在这一小步中经验到的快乐结束时，不会毁坏爱的关系的基础。换言之，任何关系都总是有成长为更深的爱的空间：我们必须从不指望达到“真爱”，因为真爱是达到最终目标的过程。目标的完成就是爱的终点，因此它只能在生命的终点（或之后）来到。这就是为什么（正如我们将在第 12 周看到的）死亡是存在论中非常重要的主题。但同时我们必须认识到，仅仅理解了爱的存在论本质，还不能解决我们的问题；相反，对爱的存在（*being*）的理解过程，就像存在论本身，是“永无终点的任务”（*LPJ* 20）。

描述了爱的本质之后，蒂里希继续解释爱的四种不同的显现方式。爱本身是存在（being）的“一种”形式（*LPJ* 27）：它总是分离的事物趋向再统一的驱动力。但这种驱动力显现为很多不同的形式，蒂里希讨论的四种形式可以被视为一个完美的2LAR，它们是由这样两个问题建立起来的：（1）这种爱的形式是个人的吗？（2）它是不对等的（不是相互的）吗？这样，我们可以把它们以如下方式图示到十字上：

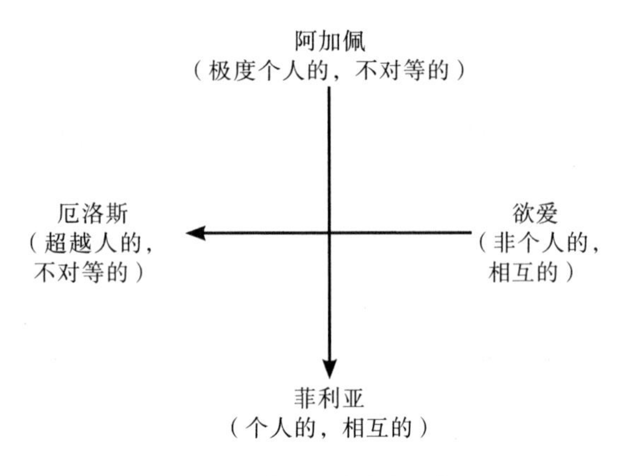

图 X.6　爱的四种基本形式

这个图示表明，欲爱（*epithymia*）和菲利亚（*philia*）在这一点上是相似的：它们都要求爱的主体与被爱的对象共同参与爱的关系。而厄洛斯（*eros*）和阿加佩（*agape*）却要求，爱的双方的角色是不对等的。同样，它还表明：厄洛斯和欲爱的相似在于，它们基本上是非个人的，而阿加佩和菲利亚的相似在于它们都是个人的。“超越个人的”爱是非个人的爱的特殊形式，“极度个人的”爱是个人的爱的特殊形式。它们的意思，等我们更详细地看完蒂里希对这个问题——每种类型的爱如何说明了他对爱的本质的定义——的解释后，会变得很清楚。

在蒂里希看来，希腊语的“*epithymia*”（意思是欲爱）与拉丁语的“力比多”（*libido*）（弗洛伊德让这个词普及化了，见 *DW* 56–61）的意思大致相同。它们指的是最基本的本能的欲望，尤其是性的驱动力，它是所有动物的特征。欲望本身（将它与人类心中经常伴随着它的其他类型的爱分开来看），就其根本而言是非个人的。例如，理论上讲，一个人的性欲几乎可以被任何人满足，无论对方的个性是什么，正如饥饿可以用任何食物来消除，无论它多难吃。在这种相遇中，双方通常渴望相互满足对方的欲望。这样，在将两个分离的存在者驱进肉体的再统一过程中，欲爱带来了感官的愉悦。但蒂里希认为，对欲爱的恰当表述是：“它不是渴望得到的愉悦，而是伴随着愉悦的、使渴望得到满足的统一。”就是说，两个爱人渴望再统一，而这种再统一产生了愉悦。因此这种基本的动物性渴望有充分的理由被称为“爱”，尽管它只是代表了爱的基本类型中“最低的”一类。

当欲望超越了纯粹的性统一的表达，并升华为“向着有自然与文化形式的统一”的驱动力（*LPJ* 30），将它称作“厄洛斯”更为恰当。柏拉图和其他古希腊哲学家用这个词（将它与英语单词“erotic”［色欲的］联系起来是很大的误导）来描述为了与理念（尤其是“真”“善”“美”这样的理念）相统一而做的哲学探求。这样一来，厄洛斯指的是爱的超越个人的形式，它“为与具有价值的事物相统一而斗争”。与欲望不同，这种非个人的爱的更高形式，基本上是单方的或不对等的：“爱者”努力趋向某种事物，而这种事物并不必然以相应的、朝向它自身的统一的驱动力来回应“爱者”。当我们努力领会“真、善、美”时，它们往往不与我们合作。你是否曾突然认识到：你从前以为是真实的东西，实际上却是假的？你是否曾竭力做正确的事情，结果却发现做错了？或者，你是否曾因为衣着或其他关系到鉴赏判断的事情而遭人嘲笑？如果你有过这样的经验，那么你已经体验过了在厄洛斯的驱使之下，斗争朝向着与不服从的、有价值的对象的再统一。

蒂里希将厄洛斯与菲利亚（希腊语的“友谊”）的相互依赖关系称作“极性”（polar）关系（*LPJ* 31）。这一点在图 X.6 中表现为，它们都出现在十字映射的“不纯的”（+-，与-+）位置上（尽管我更愿意称它们的关系为：相互依赖的“矛盾”形式）。作为真正的“个人的”爱，菲利亚是厄洛斯的先决条件，因为一个人只有获得了自己的个体性，才可能从非个人的状态过渡到超越个人的状态。同样，菲利亚指的不只是通常说所的友谊，它还意味着朝向这样一种统一的相互的驱动力：这种统一是家庭关系的特征，也是普通群体中个体间的所有其他关系的特征。正如蒂里希所言（32）：“作为菲利亚的爱，预设了对爱的客体的某种程度的熟悉。因此，亚里士多德断言：菲利亚只有在平等的个体间才是可能的。”

前三种爱都与人类的经验密切相关。蒂里希认为，第四种爱——“阿加佩”（《新约》中主要用来指称“爱”的希腊单词）——与前三种有根本的区别：

> 人们可以将阿加佩称作“爱的深处”，或“关系到生命的基础［即上帝］的爱”。一个人可以说，在阿加佩中，最终实在显现自身，并转化生命与爱。阿加佩是切入（cut into）爱的爱，正如启示是切入理性的理性……（*LPJ* 33）

厄洛斯通过趋向超越个体性的更高统一而超越了菲利亚，阿加佩却通过趋向个体性内部的更高统一而超越了菲利亚。阿加佩通过反转厄洛斯的目标，获得了极度个人的爱。阿加佩与厄洛斯只在这一点上相像：它们都预设，爱与爱的对象之间的关系在根本上是不对等的——厄洛斯是驱使缺少价值的人谋求与自身有价值的对象相统一的力，而阿加佩是驱使有价值的人谋求与对自己而言无价值的对象相统一的力。这种爱是基督徒相信的上帝对人类的爱；而且，对我们无法自然而然地爱的人，我们也应该抱有这样的爱。从存在论的观点看，这是爱的最深刻的类型，尤其因为它与存在论本身一样，都是分析的、验后的(参看图 I.1 与 X.7)。用耶稣的训诫中的综合逻辑来表达，就是：我们应该爱我们的敌人。

总结一下我们这一周对“感觉到统一”的多种方式的研究。让我们用蒂里希的爱的存在论，尤其是用他对阿加佩与厄洛斯的区分，改述一下我在第 22 讲开头（通过克尔凯郭尔）引述的莱辛的问题。还记得那个问题吗？如果忘了，我希望你们翻回去重读一遍；在再次忘记它之前，花点时间想一想：你会怎样回应它。莱辛与柏拉图以及任何注重追求“属天的”（heavenly）理念的人都选择了毕生的探寻。你觉得蒂里希会选哪一个？一旦认识到，“毕生的探寻”紧紧对应着厄洛斯，而获得“所有的真理”对应着阿加佩，我们就会知道，蒂里希显然会认为两者是互补的。如果这样，我们必须从中选取一个的看法就是错的，因为它们在生活中都有合适的位置。

将“阿加佩和厄洛斯”与“美和崇高”联系起来，可以恰当地说明两种形式的突破（见图 X.1）。每当真理突然闯进我们的日常思维方式，并使我们置身于与“生命的神秘”的沟通中时，我们经验到阿加佩。综合逻辑以非同一律的切实的例子突入我们日常的分析性思维方式的时刻，就是阿加佩开始的时刻：它教给我们，要把我们曾认为无论在自己眼中，还是在他人眼中很丑的事物，当作美的事物来接受；并且（或者）将我们曾认为很美的事物，当作丑的来接受（A=-A）。

相反，我们通过积极地、不断地追求打破界限——这些界线按照传统将我们固定在一个位置上的方法而经验到厄洛斯。厄洛斯以假定分析逻辑为起点，但我们一旦完成突破就会认识到，只能用矛盾律的悖论式语言来谈论这个突破：它教给我们，追求真理（Truth）要求这样的崇高性的认识——真理（truth）不是真理（Truth）（$A \neq A$）；除非我们认识到，对字面真理的寻求，是对象征式真理的崇高追求的一部分，否则我们无法前进。因此我们可以将厄洛斯、阿加佩、美以及崇高之间的互补关系画出来，如下：

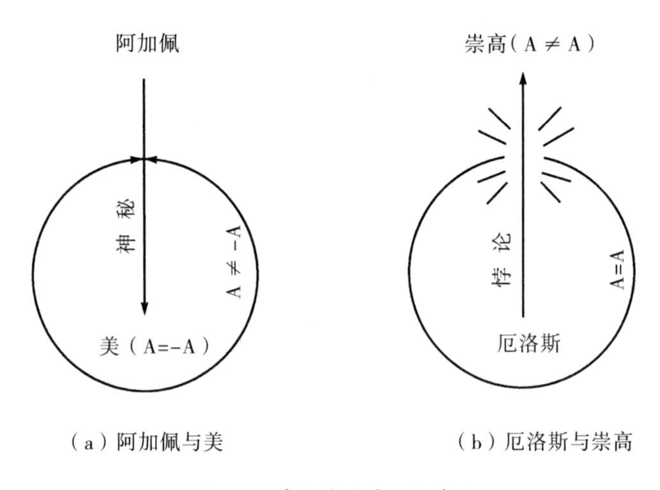

（a）阿加佩与美　　（b）厄洛斯与崇高

图 X.7　爱与美的神秘与悖论

我们这一周对美与爱的研究已经以实例说明了，我们所有的人如何经验“感觉到统一”的悖论与神秘。下周我们将看一些例子，它们说明了：“成为宗教性的”如何也会导致悖论与神秘。现在，让我重申我们在蒂里希这里学到的最重要的课程之一：统一与多样，对神秘的、“属天的”真理的信仰与对它的毕生追求，都必须共存，以便让爱在它最充分的显现中继续生长、繁盛。因此应该很清楚，莱辛的问题没有直截了当的答案，因为它悖论地提示了：比起认为其中一个是对的并把它当成排他的正确答案，不断提问更为重要。

供深入思考 / 对话的问题

1. A. 静默有声音吗？

   B. 洞识可以被控制吗？

2. A. 说“统一存在于‘多样’中”是什么意思？

   B. 拥有了“所有真理”的人仍然可能寻求真理吗？

3. A. 美仅仅与感官知觉的客体有关吗？

   B. 我们如何能知道某个客体是美的？

4. A. 有关于恨的存在论吗？

   B. 如果爱的目标永远无法达到，那么爱有什么用？

推荐读物

1. Richard Foster, *Celebration of Discipline*, Ch. 7, “The Discipline of Solitude” (*CD* 84-95).

理查德·福斯特：《对戒律的赞美》，第 7 章“静默的原则”（*CD* 84–95）。

2. James P. Carse, *The Silence of God: Meditations on Prayer* (New York: Macmillan, 1985).

J. P. 卡斯：《上帝的静默：关于祈祷的沉思》。

3. Max Picard, *The World of Silence* (South Bend: Gateway Editions, 1952).

马克斯·皮卡德：《静默的世界》。

4. Immanuel Kant, *Critique of Judgement*, Part I, Critique of Aesthetic Judgement, §§1-22, "Analytic of the Beautiful" (*CJ* 203-244).

伊曼纽尔·康德：《判断力批判》，第一部分“审美判断批判”，§§1–22“美的分析论”（*CJ* 203–244）。

5. Erazim Kohák, *The Embers and the Stars: A Philosophical Inquiry into the Moral Sense of Nature* (Chicago: University of Chicago Press, 1984).

E. 克哈克：《灰烬与繁星》。

6. Paul Tillich, *Love, Power, and Justice*, Ch.II, "Being and Love" (*LPJ* 18-34).

保罗·蒂里希：《爱、力量与正义》，第2章“存在与爱”（*LPJ* 18–34）。

7. Erich Fromm, *The Art of Loving* (London: George Allen & Unwin, 1957), especially Chapters I-II, "Is Love an Art?" and "The Theory of Love", pp. 9-61.

E. 弗罗姆：《爱的艺术》，尤其是第1章“爱是一种艺术吗？”与第2章“爱的理论”，9—61页。

8. Stephen Palmquist, *Dreams of Wholeness*, Ch. X, "Psychology of Love (*DW* 211-235).

庞思奋：《完整之梦》，第10章“爱的心理学”（*DW* 211–235）。

第11周

象征化的惊奇：怀有宗教信仰

31. 超自然及其象征

哲学始于惊奇（wonder）。柏拉图在《泰阿泰德篇》（*Theaetetus*, *CDP* 155d）中表达了这个观点，并在后世的许多哲学家那里得到回应。这里的惊奇并不是无所用心的好奇，而是对未知事物的激情，它驱使我们去寻找隐藏在生活的多样性背后的意义，迫使我们不断获得更深的洞识，达到更高的理解。在这门课上，我没有从"惊奇"入手向你们介绍哲学，而是选择了它的反面——无知。这是因为，哲学之树的各个部分间的逻辑进程，与我们"做哲学"的正常的时序进程是相反的。通过这些课程，我希望我对哲学的解释方式能达到这样的效果：当这门课完成时，你们能开始自己的哲学之旅。意思是说，尽管学哲学的最好途径，是从形而上学开始、经由逻辑与科学到达存在论，但做哲学的最好方式，则是从惊奇开始，经由智慧和理解，达到对自己的无知的更充分的认识。

惊奇的发生，主要与我们对人类经验的巨大多样性的惊讶（amazement）联系在一起，尤其是这一类经验：它提出的问题无法仅凭逻辑推理来解答，我们只能通过活生生的经验本身来回答它们。最基本的哲学惊奇，是对人生意义的惊奇。我们无法仅凭发展形而上学理论并使我们的逻辑思维更加敏锐来满足它，也无法通过扩展知识的深度与广度来满足它。相反，人生的意义，在我们向着第四部分讨论的“令人惊奇的”经验开放的意愿中逐渐显露出来。尽管我们对这些经验的讨论像前面的讨论一样依赖语言，但一定要记住，我们对惊奇的最深的经验，是在静默中。第四部分提出的各种问题，只有当我们经验到对静默的惊奇时，才会得到真正的答案，而被我们当成可能“答案”来加以研究的所有理论，在它面前全都黯然失色。因为静默的惊奇胜过无数语言，它把对我们自己的实在的真实感觉印在我们身上，并迫使我们去达到某个水平的整体性，那是仅凭语言永远也无法表达的整体性，它赋予语言的多样性以最终的意义。

因为你们一直在学着做哲学，我希望你们已经经验到这种哲学式的惊奇。其实，从“无知”入手讲授这门课的另一个理由是，我发现，对持有现代科学世界观的人而言，这是在他们当中唤醒惊奇的最好的办法。现代的科学世界观容易使人们与很多经验相分离，在技术统治人类社会之前，那些经验曾是每个人生活的自然组成部分。我曾考虑以相反的顺序讲授这门课：以死亡开始，以神话结束。尽管这也许会让它的开头变得更有趣，因而会更快地吸引你们进入对哲学的严肃研究，但这样做有个危险：它会使我们过于科学化地解释这里要讨论的经验，认识不到这些经验所指示的、令人惊奇的神秘。在今天，当美往往被锁进博物馆的围墙，当宗教经验往往被等同于做“圣事”，当死亡往往在医院的病房里不为人知地发生，我们很容易以为我们真正经验到了人生的神秘，而事实上我们所做的一切都通过技术的陷阱使我们自己与真实的事物相分离。我希望，认识到我们对最终实在的无知，已经将你们从杀死我们的惊奇本能的、普遍的心满意足中撼醒。

哲学家布莱兹·帕斯卡尔（Blaise Pascal，1623—1662）是最好的典范之一，他领会到，“认识人类的无知”具有震撼价值，他也领会到这种认识与哲学式惊奇之间的联系。《思想录》(*Pensées*) 收入了他的很多洞识，其中充满了表达人类生存中的张力的段落，比如：

> 那么，人是怎样一个客迈拉！[1]一个新奇的事物！一头怪兽，多么混乱，多么矛盾，多么天才！判断一切事物，地球上低能的蠕虫；真理的保管员，不确定性与错误的蓄水池；宇宙的骄傲与废品！
>
> ……那么，傲慢的人，要知道，你对你自己来说，是怎样一个悖论！贬抑自己、削弱理性吧；静默吧，愚蠢的本性；要学会无限地超越人，并从你的主宰那里了解你的真实处境，你对其一无所知的处境。要倾听上帝……
>
> 由此看来，上帝要使我们生存的艰难成为对我们来说不可理解的东西，他把那个结藏得那么高，或者更确切地说，那么低，以至于我们根本无法达到它。因此，不是通过我们的理性的傲慢努力，而是通过理性的完全屈服，我们才能真正认识自己。(*PP* 434)

帕斯卡尔的悖论指引我们超越看待世界的普通方式，让我们面对一个超验的实在，它的神秘在我们内心深处激起静默的惊奇。

今天我想介绍经验“静默的惊奇”的最常见，也是最深刻的方式，即一种规训，它把被大多数人称为“上帝”的最终实在当作其经验的客体。如我们上周看到的，人类以各种方式经验到实存事物的“多样中的统一”，理解这些经验方式是哲学的一项任务，它的传统名字之

[1] 客迈拉：古希腊神话中的吐火的雌性怪物，有着狮子的头、山羊的身体和蛇的尾巴。

一叫作“存在论”，即“对存在的研究”。存在论是对“是什么”的研究，是哲学家用来解决由哲学推理引起的各种张力的一种方法。例如，康德不仅认识到自由与命运之间的张力（如我们在第22讲看到的），他还论证说，为了领会人类知识与经验的“整体性”，人类有解决这种张力的“实践需要”。我们在第29讲看到，在对“美与目的”在自然中的角色进行解释时，康德如何率先力图通过采取某种类似于存在论的视点来解决这种张力。本周，我们将在第32、33讲研究康德的另一个例子，它最突出地说明了，理论与实践之间的张力如何在经验中得到了解决。

以存在论的方式研究人类对超验事物（即上帝）的经验，往往被认为是应用哲学的一个分支——“宗教哲学”——的任务。但应该把这门学科的范围，限制在与我们的知识有更直接的联系的论题上。比如：上帝是否实存，宗教语言与信仰的本质及其可靠性，以及关于邪恶的问题。什么样的经验是典型的“宗教经验”？对这个问题的理解，只有当我们讨论“这样的经验是否能给我们关于上帝的知识”时，它才属于哲学之树的树枝。而对经验本身的研究，更应该属于哲学之树的叶子。常用术语“宗教经验”会产生误导，因为人们会以为这类经验只能发生在某一类人身上，他们归属于某种已确立的宗教。而实际上，很多不具有任何传统意义上的“宗教性”的人，也会在人生的某些时刻经验到它们。这意味着，在我们研究这类经验的存在论特征时，需要用一个新名字来指称它们。

鲁道夫·奥托（Rudolf Otto，1869—1937）是德国的一位神学家，他采用了康德的框架，希望建立对宗教和宗教经验的完备解释。他注重发现宗教经验的经验性显现的本质，这与康德大不相同，后者注重宗教经验的理性基础。尽管如此，奥托相信他的理念可以成为康德理念的有益补充。在研究了多种不同传统中的人的宗教经验（尤其是通常所说的“神秘经验”）的相似性之后，奥托写了一本书，名叫《论神圣》（*The Idea of the Holy*，1917），对这类经验的基本特征作了著名的描述。今天让我们看一下他的主要思想——仅限于其中一部分。

因为并非所有的宗教传统都使用“上帝”这个词，而且即便所指的最终实在确实是“上帝”的那些宗教传统，也不可避免地对上帝有不同的称谓和（或）描述，所以奥托决定尽可能避免使用“上帝”这个词。而且，当我们研究经验的赤裸的现象时（即当我们只关注我们能观察到的事物时），事实上我们发现的不是那样一位上帝，而是各种类型的经验。因此，奥托生造了两个词：“超自然”（numen）与“超自然的”（numinous），用来指称任何引发深度的宗教经验的客体，这种经验有时被称为上帝的“在场”。（回忆一下，康德曾以相似的方式区分了“现象的”与“本体的”［见图 III.5］。）当然，大多数人会把这种客体称为“上帝”。但奥托的目标不是要提出一套关于能引起这类经验的客体的理论（即它是否真的是上帝，或者是自然，或者只是我们用来当午餐的东西）；他只想对发生的事情给出现象学的描述。顺便一提，这是存在论采用的典型方法。因此，存在论与“现象学”——对我们所经验的现象的本质特征进行描述——总是倾向于成为密切相关的学科。

在奥托看来，感觉到自己置身于超自然（一种超验的实在，它是“全然的他者”，而不是我自己）的在场中，这是人类的基本经验，它应该成为任何关于宗教经验的存在论的起点。对超自然之在场的经验的结果，是深深感觉到自身对它的依赖。这引发了奥托所说的“受造感”（a creature feeling）。奥托提醒人们，不要将这种“依赖感”（feeling of dependence）（正如施莱尔马赫对它的称呼）当作最基本的实在，并以为我们从中推导出了对某种潜在事物的信仰。相反，奥托认为，首先是事物神秘地向我们显现自身，随之而来的神秘感只是它的结果。无论我们有什么关于上帝的信仰，这种超自然的在场，都将显示为某种可以诉诸“神圣”理念来描述的事物。

为了解释我们对超自然的经验的本质，奥托付出了巨大的努力。他论证说，“神圣”事物，是“无理性”（nonrational）、“无道德”（nonmoral）的。但这并不意味着它是不理性（irrational）、不道德的（immoral），他只是要表明，那么深的经验所引起的感觉，与理性和道德问题无关。奥托将这种感觉进一步命名为“神秘的战栗”（*mysterium tremendum*），并论证说，它包含了五种不同的“因素”：敬畏、威严、催迫、神秘（或“他性”）以及迷醉。敬畏感指的是：当某种神秘事物出场时，人们感觉到的异样的惊恐或畏惧（一种战栗）。（我们将在第 34 讲更为详细地研究这种感受。）认识到超自然事物的威严，会在我们心中引起自我贬抑（或“受造物身份”）的感觉。它并非只是抽象的哲学理论，而是对活生生的事物的真实经验，这一事实由我们在这类经验中感觉到的“能量”或“催迫”传达出来。这种催迫有时会加强我们的畏惧，正如当它以“上帝的愤怒”的形式到来的时候；但它也使人认识到，这个事物是“全然的他者”（即神秘的）。到此为止，这些感受都是相当负面的，而且如果只有它们，我们就会逃离这种超自然事物；但它们被迷醉感所平衡，迷醉感使我们对这种经验和这个未知事物保持着强烈的兴趣。有了对奥托理论的简要描述，我们可以将图 X.1 中的两个映射结合起来，形成图 XI.1 中的映射，以此来概括奥托的理论。

值得一提的是，康德本人深刻地觉知到这种超自然的经验。例如，他在第二《批判》的结语中（我在第 22 讲的结尾引用过），将“我上方的布满星辰的诸天”和“我心中的道德律”指认为基本的经验（“我看到它们就在我面前”），它们引起了“赞美与敬畏”感，还有神秘的催迫感与依赖感（“我将它们与对我自己的存在的意识直接结合在一

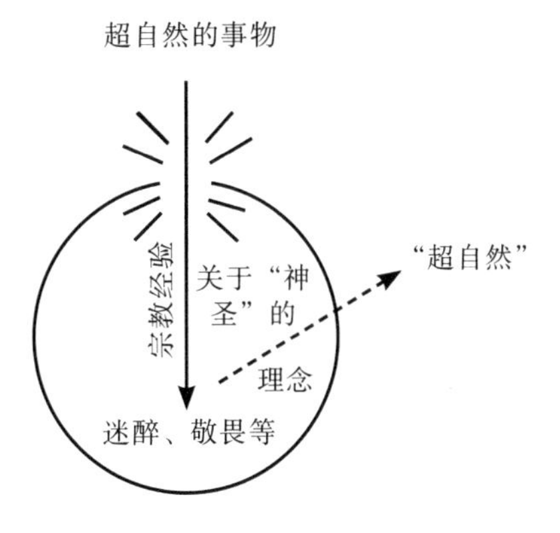

图 XI.1　超自然的突破与神圣理念

起”)：它体现了奥托对宗教经验的存在论描述，我们很难找出比这更好的例子！此外，康德曾在别处用自然中的“上帝之手”和我们心中的“上帝的声音”这样的话，描述了同样的经验。在康德看来，理性向人类显现自身的这两种方式是自我确证的，因为它们分别代表了我们的科学知识与道德之善的源头。同样，它们也统合了我们对真与善的实际经验的一贯特征——无尽的多样性。事实上，这就是为什么逻辑理性的源头本身不可能是逻辑的，道德律的源头本身也不可能是道德的。康德认识到（尽管他令人遗憾地没有强调这个事实），“布满星辰的诸天”（自然）和“道德律”（自由）像是界线，如果试图穿越它们，就会撞到脑袋。因为，正如奥托所声称的，这些界线的源头本身必须是无理性、无道德的，从而能将理性与道德经验的多样性统一起来。

任何有过对超自然的经验的人，都会对尼采或是任何想论证“上帝死了”的人立即做出反应。尼采宣布的“上帝之死”是千真万确的，但那是一个伪上帝的死，一个不是由神性启示，而是由人类理性发明出来的上帝之死。那些经验过上帝的人会知道，我们不可能迫使上帝居住在任何人类体系的界线内。正如尼采正确地宣称的，想这样做就是杀死上帝；而唯一恰当的回应是打破那个模子冲出去，从而重获经验生活——将实在赋予其本身——的可能性。但这引发了一个至关重要的问题：我们一旦经验到超自然，如何才能描述它或理解它，而不迫使它进入一个不自然的模子？

20 世纪的很多学者求助于象征的力量来解决这个问题。在这一讲剩下的时间里，我要讨论存在主义思想家——保罗·蒂里希——的观点，我们已经在第 6 周和第 10 周提到过他，下周还将提到他。在蒂里希众多的有趣洞识中，他就信仰的本质和信仰与象征的关系做出的解释是最重要的洞识之一。在他看来，每个人都有信仰，因为每个人都有某种“终极关怀”，即便是对此无所觉知的人。我们的终极关怀，是我们生命中的所有能量所指向的物、人或目标；它是我们的一切决断的最终决定因素。对很多学生而言，“在大学里做得好”是他们的终极关怀——它在大多数时候决定了他们做什么、什么时候做。然而蒂里希认为，有些事情不配得此殊荣，因为“向并非真正终极的关怀屈服”是“偶像崇拜”，因而是“破坏性的”（*DF* 16，35）：“终极关怀能毁灭我们，一如它能治愈我们。但我们绝不能没有它。”不恰当的终极关怀是危险的，因为信仰并不只是信任或理性的信念。蒂里希在《存在的勇气》（*The Courage to Be*）中写道（*CB* 168）：

> 信仰不是对某种不确定的事物在理论上的肯定，而是对超越日常经验的事物的生存性接受。信仰不是一种意见，而是一种状态。它是被存在（being）的力量抓住的状态，这个存在超越了任何“在着”的事物，而且任何“在着”的事物都参与了它。被这种力量抓住的人能够肯定自己，因为他知道自己被“存在本身”的力量所肯定。在这一点上，神秘经验与个人遭遇是同一的。在这两者当中，信仰是“存在的勇气”的基础。

我们将在第 34 讲更详细地思考蒂里希的“勇气”概念。而现在的问题是：信仰的正确对象就是被奥托称为“超自然”的事物，换言之，就是被我们深深经验到却又无法说清楚的神秘事物，那么，如果信仰的对象是神秘的，信仰又如何能存在？蒂里希的回答是，不神秘的客体可以将我们引向神秘的事物。我们把前者叫作“象征”（symbols）。因此，蒂里希把特殊的、宗教形式的信仰定义为：“对一些象征的接受，这些象征表达了我们对神圣之活动的终极关怀。”（*DF* 48）

蒂里希仔细区分了“象征”与“标志”（signs）。标志是可知的客体，它只是超越自身、指向另外一个可知客体；象征也是可知的客体，但它超越自身、指向隐藏的实在，并同时参与它所指向的神秘事物。路标指引我们到达我们要去的地方，当我们抵达目的地时就会看到，目的地本身与我们一路上跟随的路标没有任何关系。就像维特根斯坦的“梯子”（见图 V.1），标志一旦完成了工作，我们就可以将它丢弃。相反，象征密切地关系到我们对“超自然”实在的经验能力。没有象征，我们无法经验到被象征的事物。同样，蒂里希论证说：“象征式语言可以独自表达最终事物……信仰的语言是象征式语言（*DF* 41，45）。”事实上，标志与象征之间的差异，跟分析逻辑与综合逻辑之间的差异相平行。我们可以用图 XI.2 中的映射将这种差异图示出来，图中两端都带有箭头的线（它将图 X.1 中的两种箭头结合在一起）代表了参与。

“标志—象征”关系与“分析逻辑—综合逻辑”关系的相关性不是偶然的。因为象征式语言以综合逻辑为基础，而我们平时在字面意义上使用语言（作为标志）时，以分析逻辑为基础。因此，在蒂里希看来，正如象征语言与信仰语言相关，日常语言也与知识语言相关。如我们在这门课的第二部分看到的，对语言的字面意义的使用，要求“A”保持不变，从而“A”与“-A”始终是相反的。因此，任何不同于“A”的“B”，必定属于“-A”的一部分。（顺便一提，这往往被

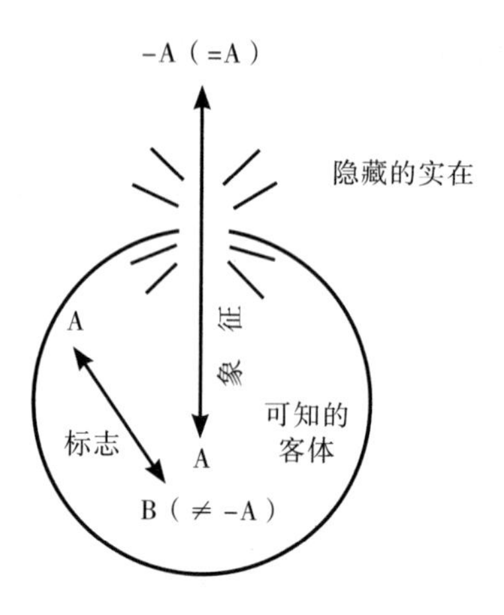

图 XI.2　标志与象征的逻辑

认为是分析逻辑的第三条法则，叫作“排中律”：B=A 或 –A。）标志总是以这样的方式引导我们周游已知与可知世界。但每当我们以象征的方式运用语言时，原来的象征（“A”）就会将一个隐藏的、我们可以实际经验到的实在（“–A”）呈现给我们，因为这个“A”参与了“–A”，反之亦然。（显然，综合逻辑因此不接受排中律。）象征使客体悖谬地成为对我们而言的某种事物，某种它所不是的事物，因此有些哲学家将“悖论律”或“参与律”（见第 12 讲）当作象征式语言的基础，我们不应对此感到奇怪。

让我举个简单的例子：我的结婚戒指。如果我只是把它当成表明我的已婚状态的标志，那么作为一个客体，它本身对我来说不是很重要。我会更在意它戴在我手上的样子，而不是它对我的意义。如果我把它弄丢了，我觉得沮丧主要是因为它的货币价值，它是黄金做的。但丢了它不会对我的婚姻有任何影响，既然我可以再买只新的，它会同样有效地向人们指示我的已婚状态。然而，因为我把它视为象征，象征着我对我妻子的终生的爱的允诺，所以戒指本身实际上参与了我的婚姻。失去它甚至决定不佩戴它，都会是一个悲剧，因为我的婚姻的一部分将因此而丢失。我当然可以买一只新的代替它，但那要经过很长时间，新的客体才会变得跟我原来的那只一样，深深地成为爱之神秘的象征。因为，正如我们上周看到的，“爱”是要求我们将客体解释为象征的最常见的经验之一。

既然这一讲涉及的主要是“宗教经验”，那么让我们用基督教的圣餐仪式来充当另一个例子，帮助我们弄清楚象征是如何起作用的。当基督徒分享主的晚餐时，每个参与者通常都会吃一小片面包、喝一点葡萄酒或葡萄汁。这个仪式的意义的差别可以非常大，它取决于人们将这些普通的“可知”客体当成标志还是当成象征。如果当成标志，那么面包和酒指示的是另外的某种可知的实在，比如：历史上名叫耶稣基督的那个人的真实的身体和血（如果参加仪式的人是天主教徒，相信“圣餐化体”的教义），或者对这个人和他所做的事情的记忆（就像典型的新教的解释）。在这两种情况下，我们一旦将原来的客体理解为它们所指示的东西，它们就失去了其作为面包和酒的重要性。然而，如果将它们当成象征，同样的客体就不再与魔法或记忆有关，人们认为它们就是它们（即面包和酒），但人们相信它们参与了“道成肉身”的神秘。因此，吃掉它们是深刻的个人意愿的表达，表达了他（或她）想要参与这一神秘的意愿。象征式地经验圣餐仪式，参加仪式的人被这些普通的客体转移到与一个神秘实在的深深的沟通中，一个永远不可能被理解的神秘实在——也许除非在不可理解的静默的惊奇中。

让我们用蒂里希对信仰的定义对形而上学和存在论作出区分，并以之结束我们对蒂里希的观点的简要了解。形而上学（metaphysics）和存在论（ontology）很容易被混淆，甚至有些哲学家也会混淆它们。形而上学研究的是关于最终实在（ultimate reality）的知识，存在论研究的是对终极关怀（ultimate concern）的经验。因此，当我们在第四部分研究各种形式的存在论时，一定要意识到：我们在经验中遇到的各种象征指示给我们的那个“终极事物”，更多的是终极的生活态度或生活方式，而不是终极客体或终极教条。完全不应该认为，这类象征会给予我们关于最终实在的形而上学知识，它们只是在我们内心点燃静默之火——关心人生的终极方向与意义的静默之火。我们将在这一周剩下的两讲中再次回到康德。希望他的批判哲学能给我们更深的洞识，让我们深入洞察：“以这种方式成为宗教性的”意味着什么。

32. 恶与恩典的悖论

从第8讲开始，我对康德的强调超过了其他任何一位哲学家——就入门课而言，我对他的强调确实远远超出了人们通常以为的适宜的程度。康德的术语非常复杂，理论极其深奥，而他的论点又那么有争议性，因此大多数教入门课的老师都只会提到康德的道德理论的基本特征，或许也会简单地提及他的认识论，除此之外，不敢涉及更多的内容。但我们这门课不仅涵盖了上述领域（第22讲和第8讲），还涉及了他的严格意义上的形而上学观（第9讲）、他的基本的逻辑区分（第11讲）、他对科学的因果律的辩护（第21讲）、他的政治理论（第27讲）以及关于美的理论（第29讲）。把这么多注意力集中在这位哲学家身上，我有两个理由。首先，我对康德理论的熟悉程度超过了我对其他任何哲学家的理论的熟悉，所以我更有信心对康德的理论作出既准确又有意义的诠释。而第二个理由更加重要：我相信，在对哲学论题的整个领域进行平衡而系统的处理这一点上，康德超过了所有其他哲学家。另外，他的处理几乎总是富有洞识的，而且也通常是正确的！

康德研究哲学论题的方法，总体上给我留下了正面的印象，但当我第一次读他的《单纯理性限度内的宗教》(*Religion within the Bounds of Bare Reason*, 1793)时，出现了一个例外。当时，我正在发展自己对康德哲学的其他领域的诠释，而且处于早期阶段。我希望成为名副其实的基督徒，但不想牺牲对某些传统教条进行提问、怀疑和(或)再诠释的自由。我愉快地接受了康德的形而上学的谦卑：《圣经》警告人们不可试图用人类的知识去征服天堂，而康德很有说服力地证明了，上帝的实存不可能从理论上证明(我们没有时间在这门课上详细研究这个论点)，这像是对《圣经》的警告的深刻的哲学确认。他的道德理论与基督教思想的相容性更加明显：耶稣主张伦理规范内在化，而自由与道德律双原则像是对这一主张的美妙重述，我被它们深深地击中。而且，康德的道德论似乎最恰当地表达了有道德的人所确信的：上帝一定实存，尽管我们无法证明。甚至他在第三《批判》中对美与自然目标作出的解释，似乎也像是有意要发展以上帝为中心的哲学——也就是这样的哲学：它指引读者不断深入地意识到，上帝是“万物之王”(《哥林多前书》15：28)。但当我第一次读到康德的《单纯理性限度内的宗教》(以下简称《宗教》)时，我的心沉了下去：他似乎在把丰富的宗教经验缩减为乔装打扮起来的道德！

值得庆幸的是，几年后，当我对康德体系的视角化诠释发展得更为完备时，我决定重读这本书。读着读着，我觉得诠释的障碍终于从我视野中消失了：对康德力图完成的东西的全新理解变得清晰起来。第一次读康德的《宗教》时，我让自己落入了传统诠释，即康德根本没想真正诚恳地为宗教辩护，更不必说基督教，他只想让具有宗教意识的人皈依康德式的宗教替代品。而当我第二次读这本书时，我认识到：它不像我们今天通常以为的那样，是一本关于“宗教的哲学”的书，而是关于“宗教的存在(*being*)”的书，它是对“有宗教信仰意味着什么”的诠释。另外我还认识到，康德没有把宗教缩减为纯粹的道德，而是把道德（它本身只是一个没有希望的理想）上升到更高的（也是更实在的）宗教的水平！因为这个原因，同时也因为我对这本书的研究比我对康德的其他著作的研究都更加详尽，所以我将用这两讲的大部分时间解释它的内容。

“有宗教信仰”意味着什么？“有宗教信仰”是一切人类的必然经验吗？或者它仅仅是某些人的选择（例如，当他们害怕死后发生的事情的时候）？如果有宗教，哪种宗教是我们要追随的最好的宗教？康德的《宗教》是对这类问题进行回答的一次系统化尝试，它以康德此前的那些系统化著作为基础。几乎可以预见到，康德将这本书分为四个部分，每个部分代表了对“是什么使宗教成为宗教”的解释过程的一个阶段。我们将在这一讲研究前两个阶段，把后两个阶段留到下一讲。但我要先总体介绍一下这四个阶段，以便于你们知道我们进行到哪里了。第一卷提出“人类本性是善还是恶”这个问题，并用一个有趣的、两面的回答对两个选择都进行了辩护，其中使用了扎根于我们的本性中的“根本恶”（radical evil）这样的概念。第二卷考虑的是，我们怎样才能克服由于这类恶在世界中的存在而产生的问题。他论证说，必须预先假定，有来自一位仁慈的上帝的无法理解的援助。第三卷和第四卷处理的，是善良的人聚集成社会群体时产生的新问题。第三卷主张，只有当人们在宗教团体（即“教会”）中结合在一起时，才可能实现对恶的最终“胜利”。第四卷区分了在教会中侍奉上帝的真方式与伪方式。

在康德看来，恶是引发人们的宗教需要的基本的限制条件。他相信，“世界上有恶”是不容怀疑的论题。哲学的任务是识别“恶是什么”“它为什么在这儿”以及“它来自哪里”（即它如何产生）。他在讨论过程中完全忽略了所谓的“恶的难题”，它指的是：如何解释一位善良而全能的上帝会允许不应遭受的苦难与恶存在。该论题如今被认为是宗教哲学家关心的主要领域之一。想要在“恶”面前证明上帝的正当性，这被称为“神正论”（theodicy）。康德在《宗教》中全然忽略这个问题，也许部分是因为，他在写《宗教》之前不久，曾就这个主题单独写过一篇论文，题目是：《论所有神正论哲学论文的失败》（1791）。文章论证说，以这样的方式为上帝进行辩护，注定要失败。他直接诉诸《圣经》中的约伯（《旧约》中的人物，上帝让他遭受可怕的痛苦，只是为了试探他的信仰）的故事，研究了九种不同类型的神正论，证明了它们为什么一定会失败。想为“上帝决定让恶存在”编造理性借口的任何努力都是在误导，因为对这种神秘事物的认知超出了人类知性的限度。相反，正是这个问题的不可解答性迫使每个人只能凭信仰接受或拒绝上帝，从而提高了恶对于人类的生存性意义。

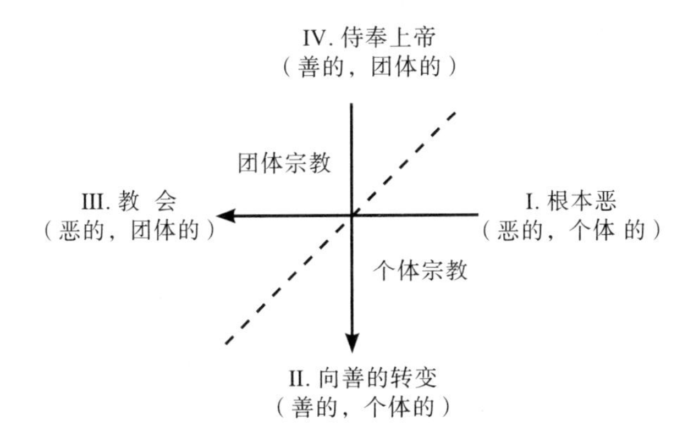

图 XI.3　康德的宗教体系的四个阶段

《宗教》的第一卷以询问“人类的本性是善还是恶”开始。首先，康德排除了“我们既善又恶”的可能性；“既善又恶”可以是我们的经验性特征（因为行为的后果可能是部分的善、部分的恶），但行为背后的动机必定要么是善的，要么是恶的。康德随后区分了“禀赋”（predisposition）（所有人类个体生来具有的普遍趋向，它在任何道德行为完成之前就有了)、“意念”(disposition)(基本的主观基础，它在我们的性格深处，决定了我们在任何给定时刻怎样选择自己的行为)与“倾向”(propensity)(一个人或事实上整个人类共有的趋向)。他接着论证说，我们的禀赋是善的，因为我们的动物性、人性和人格都包含了清晰的向善的特征；在任何给定时刻，我们的意念可能是善的，也可能是恶的，因为它不可能同时既是善的，又是恶的；我们的倾向却总是朝向恶，因为我们的禀赋不知为何被败坏了。这种败坏是如何发生的？康德认为，人类理性无力回答这个问题。但为了提醒我们败坏已经发生，康德采用了“根本恶”(radical evil)这个术语，从而表明：人的意志(或意念)在发端上(“根本”[radical]的意思是“在根上”)已经被不属于我们的原初本性(禀赋)的、无法解释的恶的力量给败坏了。

恶究竟是什么？康德将恶定义为：对决定守则的“动机的道德秩序”的颠倒(*RBBR* 31)。回想一下第22讲的内容，在康德看来，每当我们服从心中的道德律的声音时，我们的选择就堪称“道德之善”，而作出这种选择的人，如果他(或她)为了做正确的事情而牺牲了个人幸福(或“自爱”)，那么他(或她)是值得称赞的。因此，恶就是人的某种决定，它让自爱变得比良心的命令更重要。康德论证说，仅凭经验性事例就足以证明，任何人的道德生活都始于以自爱为基础的选择，而不是始于以道德律为基础的选择。他还想发展一种先验的论证，但其细节在书中一直很模糊。我重建了这个论证，如下：一个人不可能作出真正的道德选择，除非他(或她)不仅知道善包含着什么，还知道恶包含着什么；我们的禀赋是善的，因此我们通过倾听良心的声音，本能地知道什么是善；然而，在我们真正作出恶的选择之前，我们不能认为自己已经获得了真正的自由，因为在此之前我们不会真正理解什么叫“雷池”；因此，每个人的第一次真正自由的(即道德的)

行为，必须是选择去作恶。

一本关于“理性的宗教”的书，为什么居然在开篇就主张：我们每个人都首先要毁掉自己过没有污点的道德生活的机会，以此来开始我们的道德生活？这难道不让人怀疑努力遵守道德律的合理性？——康德曾在他的第二《批判》中，那么坚定地强调了这种努力的重要性。是的，它确实让人怀疑！而且它绊住了康德的大多数哲学同行。这些人接受了启蒙思想对人类理性力量的绝对信仰，并以为康德也是如此。例如，歌德曾惊呼：康德用“根本恶”学说，“将口水滴到了他的哲学大氅上”（见 *KCR* 129 注）。但康德本人不会放弃他的主张，因为他知道自己在做什么。对恶的经验，我们无力解释它的理性起源，而只能承认它的神秘（“它的根本性”），这些事实让我们充满了生存性的惊奇，这种惊奇迫使我们信仰宗教。康德在第一卷的意图，其实是想提出使宗教成为可能的先验条件——宗教只有在这样的世界里才是可能的：理性的存在者（beings）想要成为善的，却无力完成这个生存性目标。而这正是我们生活在其中的世界。

《宗教》的第二卷做出了有些令人惊讶的转向。康德先是论证，由于根本恶的负面影响，人类不可避免地以恶的意念开始；然后他接着宣称，善的禀赋（前意念）的在场给了我们一线希望：也许有一种方式能将恶的意念转变为善的。但这种转变如何才能发生？康德提出，首先，对于相信“道德是值得追求的目标”的人而言，他（或她）的唯一希望是相信有这样一位上帝：他以某种方式为我们提供克服恶的意念所需要的援助。传统的基督教神学将这种援助称作“神恩”（grace）。第二卷的主要问题是：人类希望上帝会提供这样的援助，这种希望的理性基础是什么？具体来说，我们必须要做某些事情使自己配得上神性的恩典吗？或者，神恩是来自高处的、无偿的、人类不配领受的礼物？康德对这个问题的解答往往因其悖论性（因而也是不清晰的）而备受批评。但我相信这种悖论是有意的：因为在康德的批判哲学的语境中，任何想要解释上帝（超验实在）如何能援助人类（生活在现象世界里）的尝试，都必定是悖论的。康德会这样为自己的解释辩护：它只是对悖论处境的准确反映。

康德在第二卷开头引入了所谓完美人类的“原型”（*RBBR* 54），然后用人们熟悉的《圣经》中的形象描述了它的本质。这个原型有神性的起源，但它“从天堂落入我们中间”，驻留在每个人内心（54–55）。它使我们有能力做到本来不可能做到的事：背离恶的意念（康德也将它称作恶的“心”），并开始以新的原则生活。但为了让向着“善心”的转变发生，我们必须对原型有“实践性信仰”。意思是说，我们必须相信：如果我们全力以赴地服从道德律，上帝会提供我们缺少的那一部分。基于此，很多诠释者指责康德，认为他在捍卫某种形式的“因努力而称义”的理念，即我们必须努力获得自己的拯救。但康德本人并没有这样描述自己的立场。确切地说，他坚持认为，这种神性援助是人类完全不配领受的，而且在任何情况下，它都不可能由我们做过或是没有做过的事情来控制或决定。事实上，他甚至提醒人们，我们无法清晰地看到任何人的意念（甚至是我们自己的），不能肯定地知道它是善的还是恶的。他认为，上帝通过那个意念来判断我们；但因为在任何给定时刻，我们对它的真正本性都是无知的，所以我们判断自己当前状态的唯一基础，是评价自身行为的道德性。如果我们看到了道德进步的证据，就标志着我们的意念可能是善的。然而，因为我们全都以恶的意念开始，所以我们的处境是无望的，除非相信上帝会弥补我们的缺陷。然而为了使宗教合乎理性，上帝必须以某种东西为基础，从而决定援助谁、不援助谁。因此，康德的要点并不是我们能使自己值得被上帝（它要求完美）接受，而是我们能使自己值得让上帝使我们值得被他接受。

因为“原型”在康德的理性宗教体系中起到的作用相当于耶稣在基督教中的作用，所以《宗教》的第二卷处理了大量与耶稣的本性与状态有关的神学论题，包括耶稣的神性、人性、贞女所生、从死亡中复活、他作为道德示范的状态以及各种更广泛的教义，比如：成圣①、永生的确据以及蒙恩称义。很多诠释者认为，康德的用意是否定大多数（如果不是所有的话）传统教义的一切真实价值。然而，这种诠释是基于对康德著作的粗心阅读。因为在任何一种情况下，康德的真正的立论策略都是论证这一点：如果这些教义是为“帮助信徒更始终如一地遵循道德律”这个实践性目标服务的，它们就可以有合法的理性意义。在每种情况下他都提醒人们：要警惕容易造就道德上的懒惰个体的任何诠释。被很多诠释者忽略的是，康德也提醒人们注意另一种危险：仅仅因为有些教义无法从理论上证明，就教条地断言它们不可能是真的。他提醒人们，即便是“贞女所生”这样的教义都不能遭到绝对的否定，因为奇迹的可能性是超出了人类理性的界线的论题。正如我在最近出版的《康德的批判宗教》（*Kant's Critical Religion*，2000）一书中所作的详细解释，康德的论证的真正意图，是想向我们说明：一个人如果想相信那些教义（例如“耶稣是上帝化身为人”），必须对它们进行诠释，以便使它们能更加支持而不是阻碍个人信仰的真正的宗教性核心。康德本人当然没有建议我们作为哲学家而采取这样的教义，他也没有声称，我们必须相信它们以便被上帝接受。但他确实证明了：我们可以相信它们而不牺牲自己的理性，而且这么做有时可以大大巩固我们的宗教信仰。

① 成圣（Sanctification），其希伯来文为 *qadas*，而希腊文为 *hagias*，译作分别、分离、供献或成圣。在基督教传统中，成圣的概念指的是圣灵将圣洁的品质与力量扩展到信徒身上，帮助信徒走向道德与灵性的成熟。它始于灵性的重生。——王凌云注

有那么多诠释者误解了康德在《宗教》中的意图，其中一个主要的原因，是这本书的标准英译本（它在20世纪的大部分时间里为人们所接受）的书名对人们产生了很大的误导。格林和哈德森将书名（*Die Religion Innerhalb Der Grenzen Der Blossen Vernunft*）译作 *Religion within the Limits of Reason Alone*。而康德曾经在别处澄清过，*Grenzen* 指的是界线（*boundaries*），它将一个区域与环绕着它的地域分开，不是不可逾越的、绝对的限制（*limits*）。（对于后者，康德用的是 *Schranken*。）另外，"*blossen*"的意思不是"独自的"，而是"赤裸的"或"无遮蔽的"。这两处误译给读者造成了这样的第一印象：康德的这本书想要迫使宗教完全进入理性的严格的限制。但正如我们已经看到的，他并没有这样做。确切地说，他在每一卷采取的论证策略都是作出这样的区分：关于我们的宗教冲动，理性能告诉我们什么、不能告诉我们什么。

我们从第一卷了解到，理性可以告诉我们什么是恶，以及我们全都不可避免地被恶的欲望诱捕，但理性无法告诉我们这种神秘现象的根源，它只能说，恶并不根植于人的基本定义。我们从第二卷了解到，理性可以告诉我们转变是怎样进行的，以及我们必须做什么才能使我们的希望——"上帝会拯救我们"——获得理性基础，但理性无法告诉我们，谁是真正善的，也无法给我们关于"谁会收到上帝的恩典"的确定知识。康德不是在推行片面的宗教观，将宗教仅仅视为伪装过的道德理性，而是在描绘一切真正宗教的两个方面：理性的（因而是普遍的）内核与历史的（因而不可避免地是非普遍的）外壳。我们会在下一讲看到，记住这一点是多么重要。我们还将看到，宗教的这两个方面必须共同起作用，以便使我们的宗教经验成为真正的宗教经验。

当我们思索人类的处境时，恶与神恩共同代表了引起惊奇的双重基础。特殊的神恩不是我们可以希望仅凭理性就能理解的——除非我们真正经验过它。好的哲学优于传统神学，这完全是因为它不声称自己能理解本质上不能被理解的东西。它只是希望，并为这样的希望提供理性基础。但它这么做不是在毁坏宗教，而是让我们做准备，准备去经验由这种希望产生的果实。在第 33 讲我们将研究，康德如何认为他的理论的前两个阶段可以作为基础，通过形成致力于侍奉上帝的团体，引发宗教经验的产生。

33.　团体与礼拜的神秘

你们也许在上一讲已经注意到了，康德对“有宗教信仰意味着什么”的解释，与《圣经·创世记》（1–3）中亚当的堕落以及《福音书》中耶稣的拯救故事惊人地相似。相互平行的两者如此接近，以至于有些评论家指责康德只是在把基督教理念翻译成理性术语。因此，在继续我们对《宗教》的研究之前，必须考虑一下，怎样才能最好地解释这种平行。事实上，它们是康德的论证策略的一个关键的组成部分。因为，康德在该书的第二版序言中解释说，这本书进行了两个试验：第一个试验想要研究哲学可以在多大程度上揭示所有真正宗教的理性因素；第二个试验是想研究特定的“历史信仰”的信念与实践在多大程度上与这种理性理想相一致。第二个试验中，康德选择了基督教这个“现成的”传统（*RBBR* 11，123）。明白了这一点，我们就不应该把这种平行性解释成康德理论的弱点；相反，它们越接近，康德就越成功地证明了基督教与理性宗教的高度兼容性。因为，他始终都以不依赖于基督教传统的论据，来证明理性宗教的各个因素的正当性。

康德在《宗教》的第一、第二卷确立了使宗教成为全人类的必然关怀的理性因素。每个人最初都带有成为“善”的潜力（基于他们的禀赋），但都不可避免地让这最初的纯真随着恶的选择而败坏。因此每个人都面临着如何将“恶的心”转变为“善心”的挑战—— 只有当人们相信，在他们内心以完美“原型”的形式显现的神性力量会援助他们时，这种转变才可能发生。第三、第四卷不再关注个体的拯救，而是转向另一种研究：经验过这种内在转变的个体如何才能形成“善心人”的团体，以便通过他们的行为来取悦上帝。“全人类都取悦上帝”这一概念，是所有真正宗教的最终目标。而问题是，正如康德在第三卷开头指出的：每当个体——即便是善心的个体——在群体中相互关联时，就会不可避免地彼此败坏。

> 只要他置身众人之中，嫉妒、权力欲、贪婪以及与之相伴的有恶意的倾向，就会围困他的本性，使它自满。甚至不必假定，是陷入邪恶中的人和坏榜样使他误入歧途；我们完全可以说，使他走上歧途的人是现成的，他们包围着他，他们是人，因为他们相互败坏彼此的禀赋，并使一个又一个人变成恶的。（*RBBR* 85）

解决这个问题的办法是形成一个以鼓励每个人行善为目的的团体。康德称这样的团体为“伦理共同体”。它与“政治共同体”的不同之处在于，后者以外在的法律手段（“强制的法律”）将人们联合起来，而前者必须只使用内在的法律（“美德的法律”）。有些基督徒读者曾抱怨说，真正的宗教团体必须远远不只是为了做善事而聚集起来的一群人：扶轮国际分社这样的社会组织也符合这个标准，但它无须是宗教性的！康德其实已经认识到这个问题。因为第三卷的第二步论证是，一个伦理共同体如果没有将自身确认为神性指导下的“上帝的臣民”，那么它为鼓励道德之善而付出的努力，注定要失败。因为，如果不以这样的视角看待伦理共同体，我们对“是什么构成了‘有德性的生活'"这个问题的不同观点（见第 24 讲）就不可能一致地为"普遍的善"服务，除非诉诸外力。

康德用以支持这个关键步骤的论证非常简洁，但以往所有的诠释者几乎都忽略了它。因此让我们更详细地看一下他的论证。康德在 *RBBR* 89 的一个简单段落中陈述的论证，可以用逻辑上更精确的形式表达如下：

1. 至善：人类尘世生活的真正**目标**是实现至善。人们不断追求，通过遵守道德律使自己配得上享受幸福，从而实现这个目标。向着这个目标努力是人类的责任。
2. 根本恶：由于每个个体心中的根本的败坏，人类靠自身似乎无法达到至善。我们最多可以说，"我们不知道它是否……存在于我们的力量中"。
3. 伦理共同体：任何以**外在**法律为基础的组织（即"**政治**共同体"），都无法达到这个目标，因为道德律只能从**内部**立法，即通过"**伦理**共同体"。
4. "应该"意味着"能"：理性让我们去做的任何事情（即人类的任何责任）都必定是可能的；如果它看上去不可能，那么正确的做法是：我们要做出能让我们设想它的可能性的假定。
5. 神性的援助：能成功地成为伦理共同体（即将至善作为"社会目标"来推动的共同体）的人类组织，设想它可能成立的唯一途径，是预先假定有来自"更高的道德**存在**（Being）"的援助。"这个更高的**存在**（Being）普遍分发给分散的个体的力量，就其自身而言是不足的，但它们为一个共同的目标联合在一起。"这个**存在**（Being）在所有个体的**内部**

为道德律立法，从而确保了他们的不同行为之间的和谐。

6. 上帝实存：因此，为了实现至善，我们必须预设上帝作为悲悯的道德立法者而实存，而且遵守道德律就是取悦上帝。就是说，伦理共同体只有采取宗教的形式才可能成功。（*KCR* 167–168）

我将这称为康德对上帝实存的“宗教性论证”。一言以蔽之，它阐明了，信任一位道德的上帝，为我们相信“人类的责任是可以完成的”提供了唯一的理性基础。

康德在第三卷中用“会众”（church）来指称“上帝的臣民”。他的要点是：不要把教会当作人类组织起来的、纯粹物理空间上的实体，而要把它当作看不见的灵性实在，其基础是经理性证明了的原则。其实，康德按照四大范畴的模型（见图 III.9）提出了组织“真正的教会”的四个基本原则（*RBBR* 92–93）：（1）它的“量”是“普遍的，因此，就它的基本意图而言……它的数目是‘一’”；（2）它的“质”是“纯粹的，促使这个联盟产生的，仅仅是道德的力量”；（3）它的“关系”，无论是“成员间的关系，还是……教会与政治力量间的关系”，都由“自由原则”决定；（4）它的“模态”是“其宪章的不可变性”，即一些特定的“固定原则”仿佛“存在于法典之外，它们是指导”。因此我们可以将真正的（普遍的）教会图示到十字图上，如下：

构成这个 2LAR 的两个 1LAR，可以凭这样的区别将它们识别出来：一个 1LAR 考虑的特征是，“法律”（+）还是“自由”（–）；另一个 1LAR 考虑的特征是，“外在”（+）体现还是“内在”（–）体现。

第三卷的目标是想表明，一个在上帝的指引下并以上述原则为基础建立起来的伦理共同体，怎样才能在尘世实现“上帝之国”。因此康

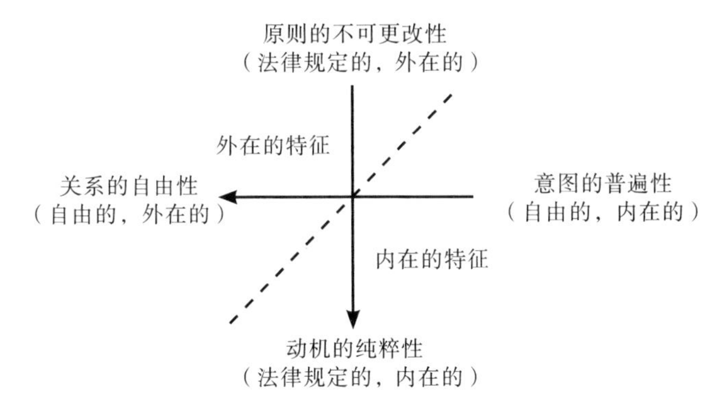

图 XI.4　看不见的教会的原型特征

德将第三卷的大部分篇幅用于讨论，教会怎样才能更有效地实现这个目标。他认为，首要的是，教会参与者必须将个别的历史 / 教会传统（康德称之为：他们的“信仰”[faith]）与居于核心的理性的道德原则（康德称之为：严格意义上的“宗教”[religion]）区分开。想到这种区分，康德主张（*RBBR* 98）：“（真正的）宗教只有一种，但信仰可以有很多种。”问题在于，教徒往往认为自己的信仰是拯救的唯一源泉，有时甚至否认它与道德之善（康德心目中的“纯粹宗教”的核心）有任何关联。这种倾向往往导致他们把经典当作告诉他们相信什么、做什么的绝对真理，而不考虑它的内容。实际上，康德承认，所有的信仰都需要启示。有些经典保存了这样的启示，其中最好的是《圣经》。因为仅凭理智（如我们已经看到的）不可能回答我们所有的问题。然而他认为，为教会诠释经典的人应该以道德为指导原则。为了说明如何才能做到这一点，康德对大量基督教教义和惯例提出了象征化的诠释，他向人们表明：超出故事的字面意义、指向隐含的道德意义的诠释，如何既能保留基督启示的最本质的东西，又能保护它，使它不被歪曲成仪式的宣传。

这里的关键问题是："上帝希望以什么样的方式被尊崇？"（*RBBR* 95）信徒们倾向于以两种方式回答这个问题。一种是，上帝要我们成为善的，对它的崇拜只是附加的选择；另一种是，上帝要我们崇拜它，而道德之善是不重要的，甚至是不可能的。康德论证说，真正的宗教会采取前者的立场，而伪宗教采取后者。后者是假的，这是因为它的教义要求把信仰当成责任，而我们不能通过纯粹理性知道这些教义是否是真的。它声称，只要盲目地相信它，就会获得道德之善的礼物，根本不需要真正去做善事。相反，真正的宗教正确地认识到行善是人类的普遍责任（取悦上帝的唯一方式）；它还认为，我们的不可避免的道德缺陷可以通过这样的信仰来克服：上帝的恩典会为我们送来辅助的礼物，以弥补我们无力完成的责任。第四卷相当详细地发展了这个主题，区分了对上帝的"真侍奉"与"伪侍奉。"

让我们举例说明真侍奉与伪侍奉之间的区别。让我们想象，我们在自己最喜欢的餐馆就餐。服务生 A 把我们要的菜端了上来，但他从来也不笑，也不跟你友好地聊天。而服务生 B 总是面带微笑，跟你谈天说地，最后让菜都凉了，还把别人点的菜错拿到你的桌子上。友好的态度显然是出色服务让人欢迎的补充，但仅凭它本身是不能让人满意的。在这个例子里，服务生 A 尽管不友好，但他完成了"真正的服务"；B 则上演了"虚假的服务"，因为他让补充物（友好的态度）占据了"完成出色的服务"（将烧热的食物拿到正确的餐桌上）的位置。看来康德想到了同样的情形，他将对上帝的伪侍奉定义为：

> 这样的教义：可以用实际上阻挠被侍奉者的目标实现的行为，去侍奉那位被侍奉者。它发生……在这种情形下：某种东西只有**间接**价值，只是服从更高者的意志的手段，但人们却宣称，这种东西是使我们能**直接地**、很好地取悦于更高者的东西，并且用它

代替了后者。（*RBBR* 141）

康德定义的“在真正的宗教中侍奉上帝”的概念，是否为礼拜、祈祷以及其他想在日常生活中经验上帝的尝试留下了合法的位置？对康德的传统诠释认为，康德全然拒绝所有这些惯例，认为它们只是一些假象，导致了“伪侍奉”。但这种看法忽略了第四卷的最重要的区分之一：侍奉上帝的“直接”与“间接”方式之分。每当我们履行道德责任时，我们直接地侍奉上帝，但有些事情可以加强我们对什么是责任的觉知，或者鼓励我们履行责任；每当我们做这类事情时，我们间接地侍奉上帝。沿着这样的思路，康德明确承认，祈祷、礼拜、洗礼以及圣餐仪式等宗教惯例，都可以在真正的宗教生活中扮演举足轻重的角色：它们激起我们的道德感，并使我们更敏锐地意识到我们该做什么。康德对这些惯例的否定说法，针对的只是对它们的意义的错误诠释。比如：为陷入财务困境的邻居祈祷，却从未考虑过帮助他，有人认为这样的祈祷也算履行了宗教责任；或者，认为加入教会就等于取悦上帝，即便我们根本不知道如何过更善的生活；或者，将洗礼视为迫使上帝接受人们进天堂的途径；再或者，认为圣餐仪式是把坏人变成好人的魔术。对这些惯例的正确诠释必须是象征式的：只有当这些宗教惯例超出自身、指向道德意义时，它们才属于真正的宗教。

你们中有些人也许会倾向于得出这样的结论：传统的诠释是对的，康德确实想把宗教缩减为道德。我们可以通过研究康德对宗教的定义，彻底解决这个问题。康德在第四卷的第一部分的开头将宗教定义为：“对一切责任都是神的命令的认识。”（*RBBR* 142）持“缩减论”的诠释者将这句话解读为：“成为宗教性的，就是道德地行事。”但康德并没有这样写！确切地说，他的全部要点是：宗教求告上帝帮助我们完成没有其援助就不可能完成的任务，因而超越了自足的道德。

他随后区分了“自然宗教”（可以通过纯粹的理性而被普遍认识的宗教）与“启示宗教”（要求接近特定的历史信仰的宗教）。对哲学家而言，自然宗教必须优先于启示宗教，因为它以我们能知道的事物为基础（即人类的责任）；但为了实现宗教的最终目标，并真正地取悦上帝，自然宗教必须以启示宗教为补充。要检验某种自称为“启示性”的信仰的真伪，是看它是否鼓励信仰者履行他们的责任。但这不是缩减论，确切地讲，这是合乎理性的尝试，它想确保：宗教信仰扎根于可以被全人类共同分享的理性内核。

尽管我至今尚未强调康德的宗教体系的建筑模式，但你们也许已经注意到了，这四个阶段的每个阶段都可以表达为“三步论证”。因此，将所有这些论证步骤映射到一个 12CR 上（参看图 III.9），可以概括出康德的宗教体系，如图 XI.5 所示。

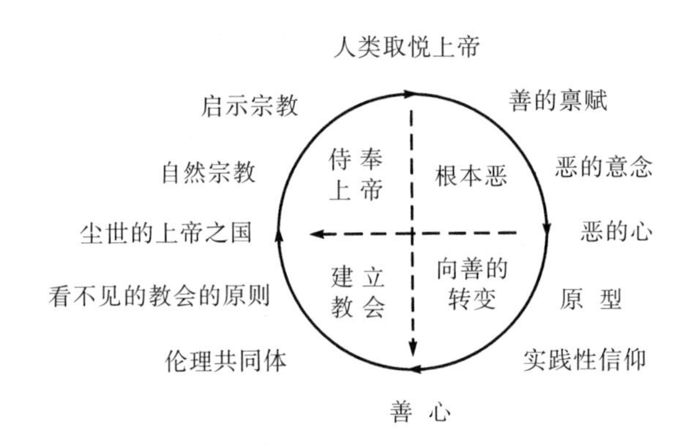

图 XI.5 康德的宗教体系的十二个步骤

这个映射概括了康德对他的第一个试验的解决办法。他认为这十二个因素描述了“有宗教信仰”的含义——无论一个人属于哪种宗教传统。那么剩下的问题是：基督教在多大程度上符合这个模式？

康德在《宗教》的第一版序言里区分了哲学神学与圣经神学的不同

立场：前者只以理性为向导，后者则以《圣经》为第一权威。这样一来，他为基督徒（或其他宗教的信徒）留出了空间，使他们能为他们信仰中的，也许并不具有直接的道德内容的方面进行辩护。如我们已经看到的，康德所提出的要求只是：信徒的信仰一定不能与道德相矛盾。康德从未否定过基督教的单一立场的合理性（也从未否定过任何其他宗教信仰），他只是在表明，如何才能确保我们的信仰保持真正的宗教性，而不蜕化为纯粹的迷信与狂热。康德的第二个试验的结论是令人惊讶地肯定性的：他反复指明，基督教是唯一真正的道德信仰，他甚至在某处提出，基督教也许注定要成为"人类的普遍信仰"（*RBBR* 143，145–151）。

我希望我在这一讲和上一讲已经清楚解释了：康德的宗教理论不是"宗教哲学"，不太涉及我们如今往往希望在"宗教哲学"类的书籍中看到的主题；他的宗教理论是"哲学化的神学"，其首要目标是澄清"有宗教信仰"意味着什么，第二个目标是想论证，所有这类信仰中，基督教信仰最有可能促进具有纯粹道德内核的普世宗教。康德当时正在写一本关于宗教经验的书（尽管他的评论者倾向于相信事实是另外一种情况）。看待这件事的最好方式，也许是研究这样一个事实：康德的整个哲学，是力图构建被我称为"批判神秘主义"的体系，即对"我们如何才能在经验超验实在（即上帝）的同时，不必以超出批判哲学的界线的方式解释这种经验"这个问题的一种理解途径。

康德在发展他的批判哲学之前出版的最后一本书，叫作《通灵者之梦：以形而上学之梦来阐明》（*Dreams of a Spirit-Seer, Illustrated by Dreams of Metaphysics*，1766）。他在书中研究并诠释了瑞典预言家伊曼纽尔·斯威登堡（Emanuel Swedenborg，1688—1772）的神秘经验。康德对这类经验的本质给出了正反两方面的评价，然后站在中间立场上：对最终实在的形而上学玄思之于思考，正如神秘识见之于感觉；在这两种情况下，我们都必须首先确定我们能知道的事物的限度，在这个限度之外，我们应该只肯定那些促进道德之善的神秘事物。康德在其著作里给出的大量线索明显地表明，他本人对超验实在有很深的经验。但我们没有时间在这里考虑它们了。下周第一讲，我将介绍一位公开地作为基督徒的哲学家，他总体上深受康德哲学的影响，特别是康德的宗教哲学。

供深入思考 / 对话的问题

1. A. 可能经验到对噪音的惊奇吗？

   B. 惊奇与无知的关系是什么？

2. A. “存在论”的反面是什么？

   B. 有可能经验到不神圣的象征吗？

3. A. 人的本性可能是“部分的”善加“部分的”恶吗？

   B. 一个人在被上帝接受之前，必须在道德上是善的吗？

4. A. 可能有不止一个“看不见的教会”吗？

   B. 一个人可能真正听到上帝的声音吗？

推荐读物

1．Rudolf Otto，*The Idea of the Holy*：*An Inquiry into the Non-rational Factor in the Idea of the Divine and Its Relation to the Rational* 2，tr. J. W. Harvey（New York： Oxford University Press，1977［ 1923 ］)，Chs.III-VI，pp. 8-40.

鲁道夫·奥托：《论“神圣”》第 2 版，第 3—4 章，8—40 页。

2．Paul Tillich，*Dynamics of Faith*，Ch. 3，“Symbols of Faith “（*DF*

41-54）.

保罗·蒂里希：《信仰之动力》，第 3 章“信仰的象征”（*DF* 41–54）。

3．John Hick，*An Interpretation of Religion*（Houndmills，Hampshire：Macmillan Press，1989），Ch.10，“Religious Meaning and Experience”，pp.153-171.

约翰·希克：《宗教之解释》，第 10 章“宗教意义与经验”，153—171 页。

4．Immanuel Kant，*Religion within the Limits of Reason Alone*，Book One and “General Observation” to Book Four（*RBBR* 15-39，179-190）.

伊曼纽尔·康德：《单纯理性限度内的宗教》，第一卷，第四卷的“总的附释”（*RBBR*15–39，179–190）。

5．Stephen Palmquist，“Immanuel Kant：A Christian Philosopher？”，*Faith and Philosophy* 6：1（January 1989），pp. 65-75.

庞思奋：《康德：一位基督教哲学家？》，见《信仰与哲学》6：1（1989 年 1 月号），65—75 页。

6．Stephen Palmquist，*Kant's System of Perspectives*，Ch. X，“Religion and God in Perspective”（*KSP* 313-323）.

庞思奋：《康德的视角体系》，第 10 章“视角中的宗教与上帝”（*KSP* 313–323）。

7．Christopher L. Firestone，“Kant and Religion：Conflict or Compromise？”，*Religious Studies* 35（1999），pp. 151-171.

C. L. 费尔斯通：《康德与宗教：冲突还是妥协？》，见《宗教研究》第 35 期（1999 年），151—171 页。

8．Adina Davidovich，*Religion as A Province of Meaning：The Kantian Foundations of Modern Theology*（Minneapolis Mn.：Fortress Press，1993）.

A. 达维多威克：《作为意义领域的宗教：现代神学的康德哲学基础》。

第12周

意义：为死亡做准备

34. 忧惧与勇气的悖论

一切存在论的最基本的问题是：为什么是有（或存在［*being*］），而不是无（或不存在［*non-being*］）？这个问题是一切生存性惊奇的最根本的基础。由“世界为什么在此？”直接引出了另一个问题：“我为什么在此？”，并由此引发了大量关于人生意义的问题。后者是我在学生的洞识论文中最常见到的主题之一，尤其当我们认识到，关于死亡的问题其实也是（至少间接是）关于人生意义的问题时，情况就更是如此了。因为，对“不存在”（non-being）的觉知首先带来了对存在（being）的追问，同样，对死亡的觉知也首先带来了对人生意义的追问。我们将在第35讲研究，不可避免的死亡如何影响了在我们寻找人生意义的过程中产生的神秘事物。但现在让我们先来关注一个与之密切相关的悖论。每当我们在死面前选择生时，这个悖论就会在我们心中产生。

在大多数存在主义者看来，每当我们面对自身的“不存在”的可能性时（例如，当我们反思最终的死亡时），就会有一种自然的“生存性反应”，它包含了一种非常特殊的恐惧。德国存在主义哲学家马丁·海德格尔与维特根斯坦一起，被公认为20世纪最有影响的两位哲学家（见第6周）。海德格尔将这种特殊的生存性恐惧与普通恐惧作了区分。普通恐惧是人们对世界内部的、具有威胁性的客体的经验性反应：它通常要求我们，要么为了压倒这种威胁而与客体作斗争，要么为了躲避威胁而逃离客体。在这两种情况下，我们都可以说，那个人害怕世界中的某种事物，他（或她）的反应是试图把某种东西——要么是那个骇人的客体，要么是他（或她）自己——推出这个世界（见图XII.1a）。相反，生存性恐惧是一个人的存在深处对人类的一般处境的反应，尤其是当这种处境以某种方式在我们心中揭示出“不存在”或“虚无”的在场时。人类的自然反应是逃离这种威胁，因为与“无”作斗争似乎是不可能的！但在这种情况下，我们逃离的方式不是躲避这个世界，而是将自己更充分地沉浸在日常经验的经验性客体中（见图XII.1b）。我们可以通过很多途径做到这一点，比如，培养业余爱好、看电视、成为热情的体育迷，甚至成为学者，使自己沉浸在书本里。海德格尔的要点：是躲避“不存在”的威胁的通常（不健康的）做法，是让自己沉浸在存在中，假装“不存在”不在场。

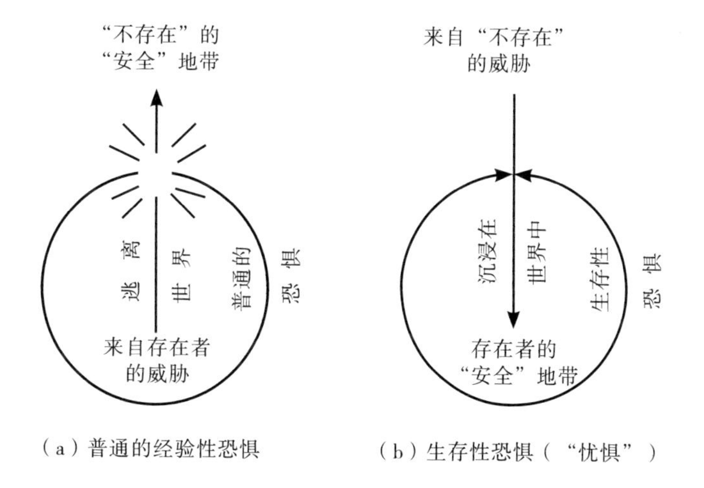

（a）普通的经验性恐惧　（b）生存性恐惧（“忧惧”）

图XII.1　对两种恐惧的不恰当反应

现在，让我们以海德格尔对两种恐惧的区分做引子，回头看一位年代较早的哲学家的观点，他对生存性恐惧的本质和作用也有很多论述。索伦·克尔凯郭尔通常被认为是有神论存在主义之父（与无神论存在主义之父尼采相对）。克尔凯郭尔（读作“Keerkagore”，意思是“墓地”）是一位孤独的丹麦哲学家，他在短短的十二年中写了二十一本书（另外还有 8000 多页未出版的论文），但他的思想在他有生之年从未被很好地接受。他在一系列著作中详细阐释了他的主要哲学思想（有些论点是互相对立的），署以不同的笔名。但他在生命的最后几年里写的大量著作，都署以自己的名字，主要是抨击他当时觉察到的、基督教的败坏。他有很多有趣的观点，但我们只有时间研究其中的一个：“ angst”（忧惧）。“ angst”是丹麦语，他用它指称我前面提到的“生存性恐惧”。

尽管忧惧（angst）有时翻译成“害怕”（dread）或“焦虑”（anxiety），但这两个词都无法充分表达克尔凯郭尔想要表达的对“不存在”的生存性恐惧的深度。与“害怕”联系在一起的，往往是当我们想到要面对某种经验性威胁时，感觉到的极度的不快与担心，就像当我说“我害怕去看牙医”时，我所感觉到的。类似地，“焦虑”通常与普通的“压力”联系在一起，比如，学生们会说：他们为自己通过考试的能力感到焦虑。为了抵制将“忧惧”与普通的经验性恐惧过于紧密地联系起来的诱惑，很多学者习惯于直接使用这个丹麦单词，今天我也将沿用这种做法。当然，当我有时指的确实是“害怕”或“焦虑”时，我们也应该将它们与“忧惧”统一起来，因为它们指的都不是经验性恐惧。

克尔凯郭尔在他的第一本著作《或此或彼》（*Either-Or*，1843）中区分了两种基本的生活方式：审美方式与伦理方式。前者以感觉为基础，并专注于享受人生的欢愉；后者以责任为基础，并专注于善行。于是，这种区分与我们在第 22 讲讨论的功利主义与道义论的区分对应了起来。最初读到这本书的人曾相互争论：这两种对立的观点，作者实际上想支持哪一个？但克尔凯郭尔的真正意图是想证明：其中任何一个，就其本身而言都跟另一个一样荒谬、不完善。因为他后来又出版了另一本书——《人生道路的各个阶段》（*Stages on Life's Way*，1845），他在书中指出：审美阶段与伦理阶段都要超越自身，指向第三个阶段——宗教阶段，它综合并超越了前两个早期阶段（见图XII.2）。他将宗教的生活方式界定为“内向性”态度，它超越了理论推理与科学知识所要求的“外向性”态度。

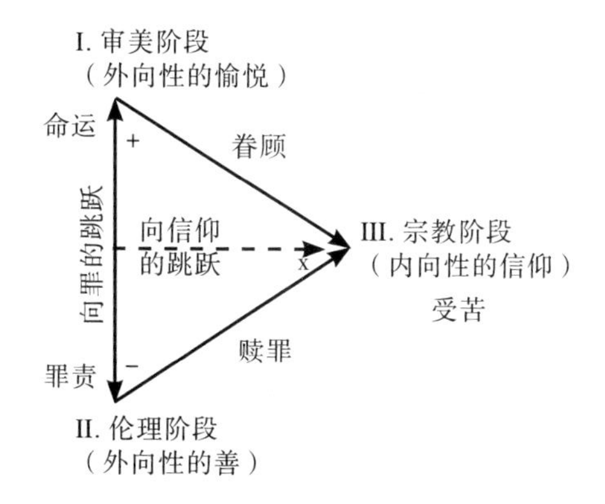

图 XII.2 克尔凯郭尔关于“三个人生阶段”与“两次跳跃”的思想

在《焦虑的概念》（*The Concept of Anxiety*，1844）一书中，克尔凯郭尔通过分析基督教的“罪”的概念，发展了自己的忧惧概念。他认为，忧惧是一种心理状态，它自然而然地产生于人类最根本的、本体论意义上的本性：我们的自由给予了我们将来的无限可能性；然而我们处在时间中，这使我们既有限又无知。换言之，忧惧来自身体的知觉性（扎根于时间）与灵魂的自由性（扎根于永恒）之间的张力。我们的无知，注定了我们对未来的选择最终会将我们投入罪中，因而“忧惧”被经验为“缠结的自由”（*CA* 320）——就是说，无限在有限中缠结。因此，“罪”作为人类灵性的正常状态（见图 XII.3），是我们必须完成的两次“质的跳跃”中的第一次跳跃，为了走过图 XII.2 展示的人生的各个阶段，我们必须完成这两次跳跃。完成了从无罪到罪的跳跃后（就像亚当和夏娃的故事），第二次跳跃是从罪到信仰的跳跃（就像亚伯拉罕的故事）。第一次跳跃对应着从审美阶段到伦理阶段的转变（或者相反），而第二次跳跃对应着从审美 / 伦理选择到宗教性的转变。异教扎根于审美阶段，向罪的跳跃被经验为命运，向信仰的跳跃被经验为神的眷顾；相反，犹太教扎根于伦理阶段，向罪的跳跃被经验为罪责，向信仰的跳跃被经验为赎罪。而基督教超越了两者，它真正扎根于完全的宗教阶段：绝对信仰上帝的阶段。

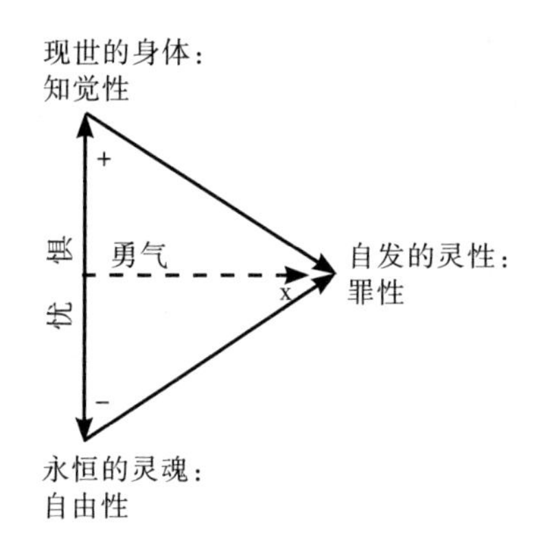

图 XII.3 忧惧与罪的存在论根源

克尔凯郭尔对忧惧和罪的分析提示人们，缺少忧惧是最糟糕的心理状态，因为如果没有忧惧，我们永远也无法前进到灵性阶段。在最初的无罪状态中，忧惧的产生是对未来的“无”（即那个人的无知）的反应：“焦虑是自由作为可能性之可能性的实情。”（*CA* 313）忽略这种自由，会使处于审美阶段的人紧紧抓住“纯洁”“安宁”“幸福”“美”等，仿佛它们的“善”是自足自因的，这其实是偶像崇拜。因为，忽略这种自由就是将一个人与他（或她）自己的人性的灵性深度相分离：“躲避灵性考验的最有效的方式，就是变得没有灵性。”（385）而人一旦运用这种自由，对罪的觉知就会产生，这带来一种新的忧惧，其形式是“对恶的焦虑”（381–386）。它以三种形式出现：（1）对返回无罪状态的渴望；（2）陷入更深的罪的威胁；（3）希望仅凭悔改就可以赎罪。遗憾的是，很多信徒都试图通过外在的善来克服这种焦虑，而这种做法只会以“对善的焦虑”的形式带来更多的忧惧（386–420）。

真正信教的人从审美与伦理目标转移，以便成为内向的。“内向性”指的是个体行为中的直接的自我理解（*CA* 408），它要求个体向着他（或她）自身中的永恒开放。因此，以这种方式转向自身与转向上帝是同一的。结果，它总是以提高一个人的罪责意识为开端：

> 当［宗教性的“天才”］转向自身时，他自动转向了上帝，而且……当有限的灵看见上帝时，它必定始于有罪的状态。当他转向自身时，他发现了罪责。他越是天才，他就越深刻地发现罪责……
>
> 转向内部时，他发现了自由……
>
> 他发现的自由的程度，等于他在可能性的状态中承受的对罪的焦虑程度……（376–377）

这样的人随即会认识到，焦虑真正超越了自身，指向信仰：

> 面对罪的诡辩，唯有信仰能真正解除它的武装；只有信仰能让人勇敢地相信，［罪的］状态本身是一种新的罪；只有信仰能让人勇敢地、无焦虑地断绝焦虑。信仰并非因此而消灭了焦虑，而是……将自身从焦虑消失的那一刻起解救出来。（385）

换言之，对焦虑的恰当反应是停止对焦虑的焦虑，相信它是为更高的目标而存在的，从而接受它。异教徒将焦虑最深刻地表达为命运，犹太教徒将焦虑表达为罪责，而真正的基督徒（克尔凯郭尔认为他们践行的是最高形式的宗教）则以受苦的形式来表达焦虑（见图XII.2）。

克尔凯郭尔论证说，解决忧惧问题的关键是学会带着矛盾的感受（“包含着同情的反感”与“包含着反感的同情”）勇敢地面对它（*CA* 313）。任何“学会了以正确方式焦虑的人，学到了最根本的东西”（421）。因为“焦虑是抵达信仰的绝对必需的教育，因为它耗尽了所有有限的目标”（422）。尽管忧惧表现出消极性，但忧惧引起的受苦是灵性成长的最根本的因素：“他身处的焦虑越深，他就越伟大。”（421）克尔凯郭尔有大量其他的哲学洞识，除了人类的忧惧经验，还涉及其他主题，比如：历史（有限）与主观（无限）的悖论关系，要求人们具有赴死的主观意愿的基督教信仰的真正本质，等等。但我们无法在这里讨论这些有意思的主题了。

我想指出的是，按照克尔凯郭尔对忧惧的分析，怕与死亡的关系类似于爱与生命的关系：正如爱是生命的推动力，怕也是死亡的推动力。前者是“存在”的力量，将我们驱向对立物的统一，后者则是“不存在”的力量，将我们驱向对立物的多样性。换言之，怕是“疏远”背后的驱动力，蒂里希认为疏远是爱的必要的前提（见图X.5）。事实上，正是这两种力量间的斗争使我们活着，并同时让我们在自己的有限中瞥见自己的永恒。换言之，尽管“怕”首先是一种负面经验，但它提醒了我们：我们具有自我超越的能力。总而言之，爱与怕的力量提醒我们：一方面，我们在这个世界上不是在家；而另一方面，我们也不是完全的异乡人。认识这个悖论有助于我们以合乎人生的永恒维度的方式，对真正的忧惧经验作出反应。

如果无法在生活中平衡永恒（爱）与短暂（怕）的力量，往往会导致某种类型的心理紊乱，并最终可能导致精神错乱。精神错乱的原因，不是对人类经验的悖论的过度关注，相反，它往往是由于人们试图逃离这些悖论引起的：逃向要么只有无限，要么只有有限的安全地带。只要这两种力量在我们内部进行着斗争，我们就能保持心智健康。无论失去哪一种力量，都会使人精神错乱：失去了永恒的力量，我们就会被限制在分析逻辑的运用里，会将世界视为支离破碎的断片的、不可忍受的多样状态；而失去了暂时的力量，我们就会被限制在综合逻辑的运用里，会将世界视为压倒一切的统一体，没有离散的、可以理解的部分。前者描绘的，是由于过分强调理性胜于想象而导致的精神错乱，就像是妄想型精神分裂症患者在一套狭窄的限制中解释自己的经验（例如，“每个人都反对我”）；后者描绘的，是由于过分强调想象胜于理性而导致的精神错乱，就像是老年人在他们老迈的无限制中迷失了自己。

蒂里希论证说，我们都因为在某种程度上失去了自身的永恒性而感到负罪。当我们诚实地思考自己的死亡时，我们感觉到忧惧，蒂里希认为，对这种感觉的最好的解释是：我们都在内心深处知道，我们该死，因为我们以虚假的方式活着。人们对这一罪责的反应往往只是逃向安全的地方：对“不朽”的哲学论证，或是对“永生”的宗教希望。但前者只会增加哲学家对逻辑推理的过度依赖，而后者只会增加信徒对宗教想象的过度依赖。换言之，尽管这些常见的“解决办法”本身并不是错的，但有时会适得其反，因为它们会由于否定悖论的某一方面而加剧永恒的丧失。

我们的“生存性恐惧”的经验揭示出我们丧失了永恒性。在蒂里希看来，对这一丧失的恰当反应，是以带有生存性勇气的存在去面对“不存在”的威胁。他在《存在的勇气》（*The Courage to Be*，1952）中描述了这种反应：

> 勇气就是：尽管有“不存在”这一事实，“存在”仍然进行自我肯定。这是个体通过肯定自身而承担起对“不存在”的焦虑的行为。……勇气总是包含着冒险，它总是受到“不存在”的威胁。……勇气需要“存在”的力量，那是超越“不存在”的力量。我们在对命运与死亡的焦虑中，对虚空与无意义的焦虑中……［以及］对罪责与判罪的焦虑中，经验到“不存在”。敢于承受这三重焦虑的勇气，必定扎根于“存在”的力量，这力量比他本人和他的世界的力量更强大。……这个规则没有例外；而这意味着，每种存在的勇气都或明或暗地有着宗教性根基。因为，宗教就是被存在本身的力量抓住的状态。（*CB* 152–153）

因此，蒂里希像克尔凯郭尔一样，将“不存在”的威胁视为生存性问题，唯一适当的解决途径从根本上讲是宗教性的。不应将“宗教性的”误解为指称宗教活动，比如：上教堂、唱赞美诗等。因为正如我们在第 33 讲看到的，这些事情可能被误用，使我们远离真正的宗教性勇气。相反，这里的要点是：“信教”意味着要向着对**存在**（Being）的经验开放，**存在**可以通过超越“存在”与“不存在”的差异，独自给我们存在的勇气。

在蒂里希看来，收到“存在的勇气”这件礼物的基本经验，既与参与上帝的神秘经验密切相关，又与人和上帝之间的更普通的个人遭遇的经验密切相关。这类经验根植于这样的认识：“不存在”在我们内部的在场，使我们疏远了我们的真正本性，而只有当我们愿意被“存在本身的力量抓住”时，这个问题才可能解决（*CB* 153）。因为只有当我们“参与了某种超越自身的事物”时（161），我们才会准备好，以“接受接受的勇气”（courage to accept acceptance）的形式，去经验“存在的勇气”的最深刻的显现（159–166）。这种勇敢的自我肯定并非只是“成为你自己的存在主义式的勇气。它是悖论式的行为，个体在这一行为中被无限超越个体自身的事物所接受”。这最终的接受并不要求我们否认自己的罪责，因为“并不是善的、明智的或虔诚的人有权被授予‘接受接受的勇气’，而是缺少这些品质并意识到自己不能被接受的人有这样的资格（160–161）”。

在接受接受的过程之初，我们经验到的“存在的勇气”是赤裸裸的“对绝望［忧惧］的勇气”（*CB* 170）：

> 对绝望的接受本身，是站在“存在的勇气”的界线上的信仰。在这种情形下，人生的意义被缩减为对人生意义的绝望。但只要这种绝望是生命的行为，它在消极中也是积极的。

在存在的勇气的悖论式力量中度过一生，我们最终会做好准备欢迎死亡，我们不再将死亡视为对忧惧的可悲的确认，而是将它视为整个生命过程的最后一步。沿着这样的思路，蒂里希声称：柏拉图对灵魂不朽的证明是在“试图解释苏格拉底的勇气”，苏格拉底已经清楚地认识到，“赴死的勇气是对存在的勇气的检验”（164）。我们将在下一讲较充分地研究对死亡的经验。但现在，让我们先用下面的映射概括一下蒂里希的勇气论：

面对死亡勇敢地接受生命，面对可怕的“不存在”的前景勇敢地接受“存在”，这种行为的宗教基础清楚地反映在“对上帝的恐惧”这个《圣经》概念里。《旧约》中说的“畏惧上帝”的意义往往被冲淡，只剩下“小心翼翼地服从法律以免受罚”的意义。但实际上它的含义要深刻得多：《旧约》中的上帝作为主宰万物的**存在**，是生与死的最

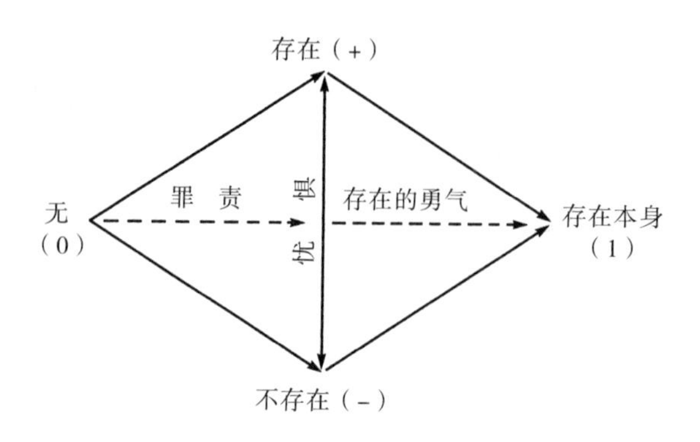

图 XII.4 面对“不存在”的勇气

终源头，因此，任何有足够的勇气接近**存在**的人，都必须满怀尊崇与敬畏。正如米歇尔所言：“对上帝的恐惧就是处在敬畏里，觉知到上帝那令人震撼的、静默的在场。”（*IPW* 75）——这段评论让我们回忆起奥托所说的“超自然的在场引起的敬畏”（见第31讲）。在整部《圣经》里，这种对异己世界的基本的恐惧被描述为对人类处境的生存性反应，如果我们接受这种处境，它会给予我们力量（没有它的给予，这种力量是不可获得的），去应对日常世界中出现的令人恐惧的情境。其实我们可以认为这是《诗篇》和《箴言》的基本启示：“敬畏耶和华是智慧的开端”（《诗篇》111：10，《箴言》1：7），意思是说，只有当我们勇敢地回应了来自世界外部的威胁时，才能最充分地懂得如何回应世界内部的威胁。换言之，我们最好将忧惧与智慧悖论地视为同一枚硬币的两面。

如果我们不想忽略这一讲开头提出的基本的存在论问题，那么我们似乎有两种可能的回答：要么，世界的实存是无意义的，而且存在的勇气是没有基础的；要么，有一位上帝，他悖论地超越了有无之分，为“存在”与“不存在”赋予了意义，从而形成了信仰的最终基础，也是存在的勇气的基础。但正如康德、克尔凯郭尔、蒂里希以及其他具有宗教意识的哲学家指出的：这位上帝不可能仅仅以成为教义（宗教团体用社会压力强加给人的教义）的方式给予人们意义；正确的做法是，我们必须将上帝作为实在来经验，这种实在给予我们应对生命中的悖论的力量，给予我们直面怀疑的信仰，直面混乱的安宁，直面罪责的接受和直面畏惧的勇气。

35. 死与生的神秘

我的一位学生曾将静默定义为：不再需要提问的状态。这是在说，哲学的最终目标是经验内在的静默。它提出了一个有趣的悖论，因为哲学家的主要任务之一是提出问题，而那些问题的答案通常不是显而易见的。然而，我觉得这个说法表达了对做哲学的本质与目标的深刻洞识。如果静默确实是不提问的状态，那么我们在第四部分、在整个这门课上提出了那么多难解的哲学问题，岂不是在浪费时间？根本不是！我们必须要提出这些问题，否则永远也享受不到更深的静默：因为这些问题在我们心中激起惊奇，而惊奇牵引着我们超越世界的噪音，与世界的意义相遇。维特根斯坦将这个基本的悖论表达为：生命的意义只能在生命之外找到。这就是为什么他不相信我们能谈论生命的意义。对于大多数哲学问题，我们都无法给出能被科学证实的回答，但这并不意味着这些问题（或我们努力作出的回答）没有意义。因为它们的最终目标不是要我们用语言回答它们（这也许做得到，也许做不到），而是要帮助我们，让我们在它们时常会引发的静默中，发现生命与世界的意义。

我们在上一讲学习了勇气的悖论，这里的勇气是面对我们对“不存在”的恐惧的勇气。它将我们直接引向最终的哲学问题，因为我们自身的不可避免的“不存在”（即我们自身的死亡）提出了“生命的意义”这个问题，而这个问题将我们的注意力引向超越生命的最终的静默。仅从我们观察到的人的死亡来判断，可以认为：死标志着我们使用语言的能力的结束，从此进入与我们一生中经验过的任何事物都不相同的静默中。死后发生的事情（如果真的有）的神秘，是我们每个人时常感觉到的“忧惧”的主要来源之一——如我们已经看到的，这是存在主义哲学家关心的主要问题之一。于是这种忧惧驱使普通人——甚至是对哲学一无所知的人——提出了各种各样的关于死后发生的事情的看法。

死后还有生命吗？如果有，会像什么？对这类问题的回答有四种基本方式，其中每一种都有很多变化的形式。我们可以这样分析：对“死后”经验的四种设想来自两个问题：（1）我们对自身的同一性的意识在死后还会继续存在吗？（2）现在的身体死去后，我们会获得一个新的身体吗？有了这两个问题，我们可以将四种传统回答映射到 2LAR 十字上，如图 XII.5 所示。这也许不是一个“完美的”2LAR，因为，如果说四种可能的回答全部合起来刚好描述了死后实际发生的事情，这似乎太不可能了。尽管这四种回答里，可能会有两三种观点以不同的方式同时为真，但大多数人还是会觉得不得不只选其中一种

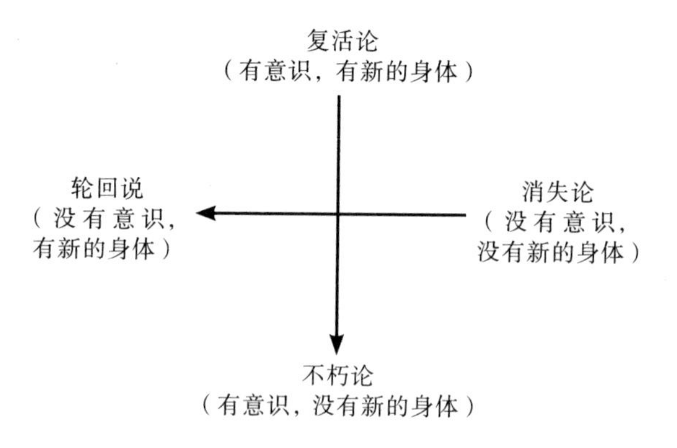

图 XII.5　设想死后生活的四种基本方式

作为最好的假设。那么让我们更为详细地比较一下这四种可能性。

消失论与轮回说都认为，使我能记住自己是谁的那一部分（通常被称为“心智”或“灵魂”）不会在死亡中幸存下来。但它们在另一个问题上有分歧：我是否能获得一个新的身体？

如果没有，我就完全停止存在（--）：我的个体性将完全停止——尽管有些消失论的观点认为（比如，对亚里士多德的“神性之火”理论的神秘应用，见第6讲，尤其是图II.9），某种不同于身体与心智的东西会继续存在。相反，如果我真的获得了新的身体，我将作为另一个人再次出现（-+），他的记忆与我现在的记忆之间是不连续的。相信轮回的人经常会说，我们可以学会意识到“前世”的记忆。我们只有通过“学习”才能重获前世的记忆，这完全是因为我们的不同轮回之间通常没有意识的连续性，即便也许有某种更深的灵性“核心”联结着这些看上去不同的人的生命。

那些像柏拉图一样相信灵魂不朽的人，其实更接近消失论，而不是轮回说。因为，尽管不朽论认为我们有一个灵魂（即连续的、有意识的记忆能力），它可以在身体死后依然活着（+-），就这一点而言不朽论不同于前两者；然而它却跟消失论一样，认为死去的身体不会被新的身体代替，而轮回说却不这么认为。这也许让人觉得很惊讶，尤其当他们将柏拉图对灵魂不朽的信仰视为基督教对死后生活信仰的“古希腊对等物”。然而，督教对死后生活的信仰的基础，不是对灵魂不朽的必然性的任何逻辑论证，而是宗教性希望，希望通过神性的介入，人们会以复活的形式从消失中得到解救。

我们必须将复活论与其他三种理论中的每一种都清晰地区分开。消失是复活的直接对立面，相信复活论的人完全相信，假如复活不发生，消失就是我们的自然命运。相反，其他两种理论与复活论都有共同的因素，这些共同因素有时掩盖了它们的不同之处。像不朽论一样，复活论假定人的意识能力会在死后延续，或多或少不会中断；像轮回说一样，复活论假定，现在的身体死后，我们会有一个新的身体。与柏拉图相反的是，复活论从根本上关注身体，它像亚里士多德一样假定：没有再生的身体，灵魂本身也将死亡。而与轮回说不同的是，复活论将新的身体视作另一种类型的身体，而不是同种类型的另一个身体。宗教文学作品的一些插图，画着人的身体从坟墓中飘出来、升向天空，它们错误地表达了复活的真正含义。因为《新约》中说，相对于我们死后被赋予的完全成熟的“灵性身体”而言，现世的身体只是一颗“种子”（见《哥林多前书》15：35–44）。就是说，存在于我们现在的身体中的、有意识的生命，将通过无法理解的途径，以连续的方式与新的灵性身体结合起来（++），于是我们此生无法实现的所有潜能，会在即将到来的生命中开花、结果。

尽管无法从我们现有的生命中真正经验自己的死亡，但我们确实经验到他人的死亡，就我们所知，那是他们的生命的终点。因此，谁也不可能在死前确知，究竟哪种理论最确切地描述了在“另一边”等待着我们的东西。也许这就是为什么哲学家对由死亡引起的“可能的死后生命”的问题，不像对由死亡引起的生命本身的问题那么有兴趣。例如，柏拉图坚持认为，对死亡的恐惧只应该发生在仍然被捆在“洞穴”里的人身上（参看图 II.7）。通过“学习如何赴死”而超越这种恐惧，是任何好哲学家必须完成的基本任务。我相信，柏拉图在这里指的是：学习如何与未知事物的黑暗一起生活是我们毕生的任务，即便在临终之时；因为当我们这么做时，我们会发现，这个绝对真实的神秘事物悖论地向我们解释应该如何生活。换言之，通过提出生命意义的问题，死亡直接指引我们走向过真实可信的生活（存在主义者的术语）的需要。

心理学家亚伯拉罕·马斯洛（Abraham Maslow）认为，可信的或真正的人的生活是获得“自我实现”（self-actualization）的生活。这个现在很常用的词往往遭到错误的批评，人们认为它促进了自私的、“自行其是”的生活方式，允许一个人忽略他人的需要。但这完全是误解。因为马斯洛和其他很多人都曾慎重地指出，自我实现的人的内向关注并不意味着他们只关心自我本位的（egotistical）利益；相反，他们是自我超越（self-*transcending*）的人，他们对自身的理解引导他们在爱与同情中向他人伸出手。有意思的是，这些术语遭到误解的原因之一，是自我实现的生活本身的、根本的悖论性。马斯洛对自我实现的人研究得越多，就越是认识到，他们都是能在自己内部解决悖论的人：他们并非自私或者不自私，而是令人费解地既自私又不自私（例见 *TPB* 139）。苏格拉底的名言——“认识你自己”——在本质上传达了同样的启示：我们认识自己并不是为了变成自我封闭的诡辩家，而是为了成为自我给予的圣徒。我们越是认识自己（即我们越是显得自私），就越能够认识他人（即我们越能够不自私。）

学会以这种方式超越自身，将会使我们做好准备，像接受礼物一样张开双臂接受死亡。因为，只有当我们学会在我们活着时就与死亡生活在一起时（就是说，通过自我超越的行为与自己的“不存在”生活在一起），我们才可能将死亡视为最终的礼物。正如我们在上一讲看到的，存在主义者有一个关键洞识：所有的“存在者”中都有“不存在”的在场，认识到这一点非常重要。古中国哲学家庄子表达了类似的洞识，他认为，“不存在”其实比“存在”更有用（*TTC* 11）。例如：窗框之间如果不留出空间，窗子就不能用来让人通过它看东西；一只杯子如果不是中空的，就不能用来盛液体。这类例子说明，如果不利用不存在的东西，存在的东西往往不能完成它的功能。同样，人们应该将死亡视为生命过程的一个自然部分。

对超验实在的两种描述——“存在本身”或“无”（见图 VI.2），

相应地暗示了看待生与死的“自然”关系的两种方式。我猜，几乎所有的人都更倾向于在两者中选择一种。在老子看来，一个将死亡看作生命的自然部分的人，不再需要去寻找“无限”或“永恒的生命”。他将死亡视为一切生命的终点。他相信，那样的追求注定要失败，它只会带来焦虑（见图 XII.6a）。然而，假如我们将死亡视作界线，在它的另一边有我们追寻的目标或意义，那么我们面对死亡前景时所感到的焦虑，不一定会使我们放弃对无限的寻找（见图 XII.6b）。只有在这种意义上，将死亡视作礼物才是有意义的，才能真正肯定它是生命的自然部分。如果生命之后空无一物，只有死亡与消失，将死亡视作生命的自然部分就是无意义的，这无异于将墙壁视作窗户的一部分，将杯子之外的空间视作杯子的一部分。界线是它所限定的事物的一部分，但界线之外的空间是全然的他者。

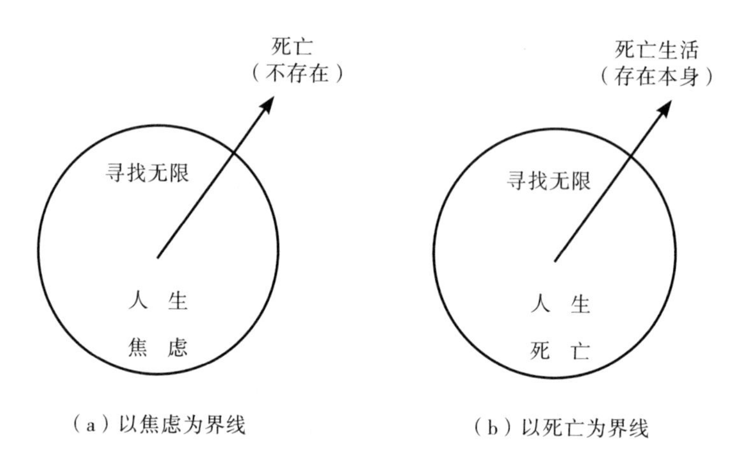

（a）以焦虑为界线　　（b）以死亡为界线

图 XII.6　两种生死观

无论哪种生死观是正确的，老子提出的论点强调了生命本身的核心悖论：人类任务的本质部分是追求无限，但它注定要失败，因为死亡使生命本身成为有限的。然而，只有当成功与否是以分析逻辑为基础来判断时，这种追求才被认为是“失败的”。如果我们肯定这个悖论，如果我们（与老子一起）肯定“不存在”在一切“存在”中的在场，如果我们（与存在主义者一起）在寻找无限的过程中肯定自己的有限，那么我们有理由希望，意义会在我们的奋斗中凸显。即便这样的突显只有在死后才会发生，它也使此生的追求具有了合理性。其实，老子的真正要点不是说追求本身是错的，而是说，不应该期待我们会发现能在此生把握的无限。

因此我们必须时刻小心，不要以为：让小于无限的事物充当生命意义的源泉，这样我们就能解决生命的悖论。例如，有不计其数的学生在洞识论文里说，“幸福”，或者说“满足”，应该成为人们的生活目标。但正如我们在第 30 讲从蒂里希那里学到的，这种看法带来的问题是：幸福一旦实现，它就结束了。为实现自身欲望而生活的人将不可避免地以空虚和无意义感而告终，即便他们幸运地实现了那些欲望。满足不是最终的满足。因此，如果我们将生活引向有限的目标，悖论就会被加强到荒谬的程度。老子借一个人之口给出了一个建议，他的基本意思是：我们必须生活在神秘的（即无限的）“道”的在场中。我们不应该认为这暗示了没有值得追寻的无限事物；事实上，它意味着，追寻无限的最终目标是教我们认识到，无限此时此刻就出现在我们的有限中，因此我们可以放弃追求，以便在它的在场中歇息。

换言之，通过面对死亡的悖论，我们懂得，一定要在认识到生命的有限（如我们所知的）这个背景下追求无限。我们既要认识到人类的有限，又要认识到超越人类生命的永恒的背景，这是大多数宗教所具有的洞识。例如，《圣经》以多种方式表达了这一悖论，《以赛亚书》的 40：6–8 正是其中之一：

……一切肉体都是野草，

它所有的美丽都像田野中的花朵。
野草枯萎，花朵凋谢，
当主的呼吸吹拂其上，
人类当然是野草。
野草枯萎，花朵凋谢，
而主的言矗立，永恒不变。

这里的“言”（word）跟约翰在其福音书的开头谈到的是同一个词；而悖论的是，这是一个只能在静默深处听到的词：“‘太初有道（Word）……’，此‘道’没有进入存在，但它确实存在。它没有打破静默，但它比静默更古老，静默由它而生成。”（*HMD* 90–91）

后面这段引文提示我们，生命之于死亡，犹如语言之于静默。类似地，正如生命终结于死亡，但又从死亡遮盖的神秘中引出自己的意义，哲学问题也终结于不再需要提问的静默——正如我在这一讲开始时提到的。其实生命充满了这样的神秘与悖论。我们在这门课的第四部分涉及的少许内容只说出了冰山一角。例如，我们的梦会使我们触及一个巨大的、充满了神秘与悖论的领域。如果有更多的时间，我们可以更详细地研究我们生命中既黑暗又有趣的其他方面。其实，我为梦的解释与自我认知的无意识方面开设了完全独立的一门课（见 *DW*）。所以我们不在这里深入展开这个主题了。我们要在最后一讲返回这门课开始时提出的那个问题，以便研究：它如何揭示了位于人类经验核心的、悖论式的神秘。

36. 什么是哲学？

这门课始于对这个问题的讨论：“什么是哲学？”有些人提出了

一些很有意思的看法，这表明，你们在上这门课之前就已经有了关于哲学的一些很好的见解。这也许是因为每个有思维能力的人都会形成这样或那样的哲学，尽管很多人从未费心将它精确地完成。但问题是大多数人一直都没有超出“我的哲学”的阶段。就是说，尽管很多人（如果不是大多数人的话）都为自己建立了特定的哲学视点，但很少有人认真将个人视点加以扩展，使其具有超越个人意见的、合理的应用范围。但如果我们真正理解了哲学是什么，就会知道这是至关重要的一步。我的哲学必须超越“我的哲学”的阶段，并且必须成为哲学，我才能恰当地说：“我是哲学家。”我希望，你们在学习这门课的过程中已经迈出了这关键的一步。

在第 1 讲我曾经说，我希望当这门课结束时，关于哲学你们知道得比一开始还要少。有些人觉得这个说法很好笑，有些人显得很困惑，还有些人觉得是我糊涂了。也许大多数人都觉得这只是个玩笑，但其实我很认真。我曾在讲课中多次反对“天真的相对主义”，根据是：有些特定的界线确实是绝对的。更恰当的相对主义总是会认识到，“相对”的可能性恰恰依赖于（比较而言）“绝对”的事物。例如，在物理学里，只有当物理学家同意将光速视为“常量”（即绝对事物）时，相对论才能确认“时—空”中的事件的相对特征。现在我想补充说，一切哲学研究的最终目标就是提高对这类绝对事物的觉知；因为我们越是这么做，就越能充分领会到我们的第四部分一直在谈论的“神秘”的美。其实，最终的本体论悖论是，这个神秘事物一开始让人以为它是“我的哲学”，但它逐渐向我们揭示出，它是哲学本身的源头。换言之，它是绝对的，但又是一切相对性之源。

为了解释事情为什么会这样，我愿意把哲学比作一颗有很多切割面的巨大钻石。起初，我意识到的全部事实是：在我自己的视角上，我看得最清楚的那个切割面是真的。当我后退一步，我认识到钻石的其他面——其他的合法视角——跟刚才那面一样真。这也许像是对相对主义的证明：你的面对你来说是真的，我的面对我来说是真的。然而，当我退得足够远、看到了整颗钻石时，我突然认识到有一个模式：尽管有不同单个面的巨大多样性，但每个面都以某种方式相联系，使钻石的整体呈现出一种绝对的（固定的）设计。那些仍然认为哲学完全是主观意见的人，看不到哲学将我们带往客观真理的潜力，这只是因为他们将自己捆绑在钻石的个别面上，很像柏拉图的洞穴中的囚徒，除了局部墙面上的影子，他们什么也看不到。但如果你已经开始从适合你自己的哲学走向对每个人都真实的哲学，我想你至少要懂得认识自己的无知的重要性：无论我们退后多远，都不可能一次看到钻石的所有面！当你懂得区分“我的哲学”与“哲学”，而且已经开始将前者转变为后者时，你就已经准备好了，可以着手为“什么是哲学”建立一个真正的、哲学式的回答。

你们也许已经注意到了，整个这门课在很大程度上都是在努力回答这个基本问题。鉴于此，让我提出最后一种回答。当我们思考哲学如何与其他学科相区别时，它对自定义（self-definition）的近乎无止境的关切便凸显出来，这提示我们，哲学可以被定义为“以定义自身为目标的学科”——或更简单地说：“哲学是一门自定义的学科”。因为每当一门学科问及自身的本质时，它便步入了哲学的领域。当一位历史老师让学生反思历史的本质时，他（或她）是在做哲学，而不是在研究历史。但综观这门课，我们发现大多数（如果不是全部的话）好的哲学家关注的焦点恰恰是这个问题：当我做哲学时，我在做什么？当然，将哲学定义为自定义的学科，这只关系到它的形式；它的内容（即哲学如何定义自身的具体细节）是整个这门课的主题。

我一直设法以特定的方式引导你们走向哲学，使你们能开始参与它的自定义，现在我要将哲学之树的神话与第四部分对神秘的解释联系起来，对这门课做一个总结。在一开始，我们把形而上学当作哲学之树的根，于是我们在第一部分发现，为了能研究树根而不杀死这棵树，我们不得不认识到自己的无知。如果不建立必然无知的领域，一切事物都会被当作“可知的客体”，没有什么事物是神秘的。没有隐藏的事物。没有根。在这样的情况下，我们会以为我们理解自己所用的词语，实际上却不可避免地会犯这样两个错误：要么得出结论，认为所有的神秘事物都是无意义的（正如怀疑主义者所认为的）；要么认为我们真的可以获得（或者已经获得了）关于神秘事物的知识（正如独断论者所认为的）。

怀疑主义和独断论都是对哲学之树的树干（逻辑）和树枝（科学）缺少正确理解的结果。因为正如我们在第二部分学到的，逻辑教给我们，不要把神秘事物当作无意义的或不可知的东西而放弃，神秘事物有它自身的逻辑。在区分了知识与无知之后，我们学会了如何用分析逻辑理解描述前者的语言，以及如何用综合逻辑理解描述后者的语言。以这种方式，我们清晰地定义了知识与无知之间的界线。正如一棵树的枝条显示给我们的，它们似乎是树干的自然目标或延伸，因此，如果我们不运用逻辑去获得知识（“科学”），逻辑就是抽象的、无意义的；当我们运用逻辑获取知识时，正如我们在第三部分认识到的，我们可以发现神秘事物对非神秘事物的某些含义。非神秘事物是智慧的任务，但只有当我们知道在何处为不同种类的知识放置界线，并且知道什么时候可以突破这些界线时，我们才能完成智慧的任务。换言之，只有通过学习爱智慧，我们才能尊重神秘事物之所是，而且同时让它照亮那些不必保持神秘的事物。

最后，在第四部分，我们将充满意义的经验当作哲学之树的叶子，并借此学会：我们怎样才能向着经验静默的惊奇敞开自己，从而亲自熟悉神秘事物。要允许神秘事物侵入我们，而不是我们通过袭击而拿到它；要允许它抓住我们、占有我们，而不是我们抓住它、占有它。这样，我们的知识的多样性就能被神秘事物的力量统一起来。于是生命的悖论不再那么让人烦忧。它们依然是悖论，因为我们的无知并没有消失，反而由于我们对神秘事物的经验而被加强。区别在于我们现在有了内在的终极关怀，它使我们能应对“有些事物我们永远也不可能知道”这一事实。康德恰当地表达了这种应对无知的能力，他写道（*CPrR* 148）：“我们赖以生存的不可思议的智慧，因为它拒绝给予我们的事物而应该受到的尊崇，一点不亚于因为它给予我们的事物而受到的尊崇。”

尽管无知（或者恰恰因为无知），却仍然会感到惊奇，这种惊奇的能力其实是区分好哲学家与坏哲学家的主要特征之一。惊奇是孩子气的，也许正是由于这个原因，有些想显得“成熟”的哲学家会避开惊奇的诱惑。也正因为如此，孩子们常常会说一些哲学式的深刻的话。一个孩子和一位完全成熟的、孩子般的哲学家的区别在于，后者在原初的惊奇本能的基础上多了自我意识。问题在于，自我意识倾向于否定惊奇本能：自我意识在寻求“我”的统一的过程中忍受无知，而惊奇想要获取知识，来应对它对世界的多样性的忧惧。如我们已经看到的，坏哲学家会把哲学的任务限定为这两个对立目标中的一个。相反，好哲学家不断地寻找解决（或至少是应对）这两种力量间的张力的最好途径。我相信，最好的途径之一，是将自我意识（self - consciousness）引向自我理解（self-understanding）这个更高的目标。因为，“认识你自己”这个永无止境的任务——苏格拉底将它正确地视为哲学的最终目标——要求我们达到不断上升的自我意识水平与惊奇水平。

想到这些，我希望我们一起思考从一本书中摘录下来的一段话，它鼓励我们穿越日常生活的忙碌，倾听静默的惊奇。林德伯格（Anne

Morrow Lindbergh）在《来自海的礼物》这本小册子里，记录了她在一个海岛的海滩上度假时的一系列沉思，焦点主要集中在拾贝壳的象征意义上。下文概述了她对自己回家时的情景的思考。思考这段文字时，让我们把“海岛”视作对哲学研究的隐喻，把“贝壳”视作对洞识的隐喻。

当林德伯格收起行囊准备离开海岛时，她问自己，她从沉思中获得了什么：“我为自己的生活找到了什么答案或解决办法呢？我的口袋里有几只贝壳，一点线索——只有一点。”她回忆起自己初来岛上的那几天，意识到自己开始收集贝壳时是多么贪婪：“湿漉漉的贝壳把口袋塞得鼓鼓的……沙滩上铺满了美丽的贝壳，我不能让任何一只不经意地溜走。我甚至不能抬着头走路，不能眺望大海，因为害怕错过脚下珍贵的东西。”这种拾贝壳（或获取洞识）的方式的问题在于，“获取的本能与对美的真正欣赏是不相容的”。当她所有的口袋都被潮湿的贝壳撑起，最后达到极限时，她觉得自己不应该那么贪得无厌：“我开始放弃我占有的贝壳，开始挑选。”于是她认识到，她不可能搜集完她看到的所有美丽的贝壳：“一个人只能收集一点，而且如果只有一点，它们就更加美丽。”这样的话也适用于哲学洞识吗？也许是的。因为林德伯格将她学到的东西做了推广：“只有在空间中，美才绽放。只有在空间中，事件、客体和人才是独特的、有意义的——因而才是美的。”

美要求空间与遴选，这个洞识促使林德伯格重新思索，为什么她在家里的生活缺少意义与美的品质，而这两者恰恰是她的岛上时光的特点。也许生活看起来没有意义并不是因为它太空洞了，而是因为它太满了：“只有很少的空间。……却有太多值得做的事情、有价值的事物、有趣的人。……当只需一两只贝壳就会很有意义的时候，我们的贝壳可能太多了。”相反，待在海岛上使她有了以新方式看待生活的空间与时间——我希望这门哲学课对你们也起了这样的作用。“悖谬的是……这里把空间强加于我。……这里有时间，有安静的时间，无压力地工作的时间，思考的时间。……有看星星的时间……甚至有，不说话的时间。”什么对她是有意义的，海岛为她作出的选择（正如这一讲也许已经为你作出的）在很多方面都“优于我在家中自己作出的选择”。于是她问自己：“等我回去后，我会再度被淹没吗？……［在那里］衡量价值依据的是数量而不是质量，是速度而不是静止，是噪音而不是静默，是言辞而不是思考，是占有而不是美。我怎样才能抵挡这些冲击？”她的回答是，没有了海岛的自然选择，取而代之的应该是采取“以另一套价值为基础的有意识的选择——我在这里更清楚地觉知到的价值感。……简朴的生活……为意义与美留出的空间。为孤独留出时间……分享……几只贝壳”。

最后，林德伯格放弃了假期里在岛上收集的大部分贝壳，只带走了最特别的几只。她解释说，她可以把岛上的经验带回家作为“透镜”，以便更有效地研究自己的生活：“我必须记住用海岛的眼睛观看。那些贝壳会提醒我；它们必须成为我的海岛的眼睛。”同样，我希望这门课也给了你们看自己、看世界的新的方式。因为大学要求你们上哲学课的真正原因，不是为了训练你们去参加对技术问题的学术争论，而是要加强你们对生命的统一之美的经验能力——就是说，使你们能“以海岛的眼睛观看”——即便是在考试结束之后，当你回到自己的家中，回到充满了无穷无尽的个人思虑的日常世界的时候。

在谢尔·希尔弗斯坦（Shel Silverstein）的故事《给予树》里，那个小男孩直到生命的终点才懂得这个道理。他忘记了童年时的无忧无虑的日子，那时那棵树几乎像是他自己的一部分。他忘记了这一切，独自离开，去寻找幸福和财富。当那棵树任凭自己被男孩的自私欲望撕成碎片时，那个孩子完全没有听到树的无声的嘶喊。只有当男孩变成老人时，他才再一次坐下来，与树一起歇息，与她分享静默的惊奇。在一定程度上，离开树只身去冒险、最终又回到树前的过程，描述了我们每个人在寻找适当的生活哲学时，必须经历的悖论式台阶。而这个故事的悲剧在于，与《海鸥乔纳森·利文斯顿》不同，它的主人公在寻找有意义的生活的过程中，几乎毁掉了自己的智慧之源，最终只剩下一截树桩。而我希望这门课能带给你们“一些贝壳”，帮助你们避免这样的命运。握着这几只贝壳，我希望你们每一个人，即便是再也不会正式研究哲学的人，都能在生活中不断地、静默地觉知到哲学之树的神秘，并始终谦恭地等待着，等待从她那里接受她必定会给予的无尽的礼物。

供深入思考/对话的问题

1. A. 可不可能既选择审美的生活方式，同时又选择伦理的生活方式？

   B. 人类必然有罪吗？

2. A. 忧惧真的会帮助我们应对日常的经验性恐惧吗？

   B. 复活与转世可不可能都是真的？

3. A. “灵性身体”会是什么样的？

   B. 不幸福的人有可能过着有意义的生活吗？

4. A. 哲学如何像一棵树？

   B. 什么是哲学？

推荐读物

1. Søren Kierkegaard, *The Concept of Anxiety*, §5, "The Concept of Anxiety" (*CA* 313-316).

索伦·克尔凯郭尔：《焦虑的概念》，§5："焦虑的概念"（*CA* 313–316）。

2. Paul Tillich, *The Courage to Be*, Ch.VI, "Courage and Transcendence" (*CB* 152-183).

保罗·蒂里希：《存在的勇气》，第6章"勇气与超越"（*CB* 152–183）。

3. Abraham H. Maslow, Toward a Psychology of Being 2, Ch. 10, "Creativity in Self-Actualizing People" (*TPB* 135-145).

A. H. 马斯洛：《存在心理学探索》第2版，第10章"自我实现的人的创造性"（*TPB* 135–145）。

4. Lao Tzu, *Tao Te Ching*.

老子：《道德经》。

5. Plato, *Phaedo* and Book X *of Republic* (*CDP* 40-98, 819-844).

柏拉图：《斐多》与《共和国》第十卷（*CDP* 40–98，819–844）。

6. John Hick, *The Fifth Dimension*: *An exploration of the spiritual realm* (Oxford: Oneworld Publications, 1999), Ch. 26, "Death and Beyond", pp. 241-252.

约翰·希克：《第五维》，第26章"死亡与超越"，241—252页。

7. Shel Silverstein, *The Giving Tree* (New York: Harper & Row, 1964).

谢尔·希尔弗斯坦：《给予树》。

参考书目

以下是正文中提及的著作，左侧列出的是每一本书的书名缩写。除非在下文另有说明，一般正文引述时标注的数字，指的均为该书的页码。有些著作在课文或“推荐读物”中只提到了一次，并未使用缩写，因此没有包含在本目录里。

BWA → *The Basic Works of Aristotle*. Tr. And ed. R. McKeon. New York: Random House, 1941. Marginal (Greek) pagination used.

《亚里士多德文集》

AC → Aristotle. *Categoriae*(Categories). Tr.E. M. Edghill in BWA 3-37.

亚里士多德:《范畴篇》

DA → Aristotle. *De Anima* (On the Soul) . Tr. J. A. Smith in BWA 533 - 603.

亚里士多德:《论灵魂》

AM → Aristotle. *Metaphysica* (Metaphysics) .Tr. W. D. Ross in BWA 681 - 926.

亚里士多德:《形而上学》

AP → Aristotle. *The Politics*. Tr. Carnes Lord. Chicago: Chicago

University Press，1984. Marginal（Greek）pagination used.

亚里士多德：《政治学》

NE → Aristotle. *Nicomachean Ethics*，Tr. J. A. K. Thomson in *The Ethics of Aristotle*. Harmondsworth，Middlesex：Penguin Books，1953. Marginal（Greek）pagination used.

亚里士多德：《尼各马科伦理学》

LTL → Alfred Jules Ayer. *Language，Truth and Logic* 2. New York：Dover Publications，1952（1938）.

A. J. 艾耶尔：《语言、真理与逻辑》第 2 版

JLS → Richard Bach. *Jonathan Livingston Seagull*. New York:Avon Books，1970.

理查德·巴赫：《海鸥乔纳森·利文斯顿》

SF → Walter Holden Capps and Wendy M. Wright. *Silent Fire:An invitation to western mysticism*. New York： Harper & Row，1978.

W. H. 凯普斯与 W. M. 莱特：《静默之火：西方神秘主义研究》

CO → G. K. Chesterton. *Orthodoxy*. London： Hodder and Stoughton，1996（1908）.

G. K. 切斯特顿：《正统》

CTBW → Chuang Tzu. *Basic Writings*. Tr. Burton Watson. New York：Columbia University Press，1964.

庄子：《庄子文集》

LT → Edward de Bono. *The Use of Lateral Thinking*. Harmondsworth：Penguin Books，1967.

E. 波诺：《水平思维法》

PO → Edward de Bono. *Po*: *Beyond Yes and No* 2. Harmondsworth: Penguin, 1973 (1972).
E. 波诺:《Po: 超越是与否》第 2 版

MT → Dionysius the Areopagite (Pseudo-Dionysius). *The Divine Names and The Mystical Theology*. Tr. C.E. Rolt. London: S.P. C. K., 1920. Reference is to Chapter number.
狄奥尼修斯:《圣名与神秘神学》

CD → Richard Foster. *Celebration of Discipline*. New York: Harper & Row, 1978.
理查德·福斯特:《对戒律的礼赞》

MM → Sigmund Freud. *Moses and Monotheism*. Tr. K. Jones. New York: Vintage Books, 1967 (1939).
西格蒙德·弗洛伊德:《摩西与一神教》

TM → Hans Georg Gadamer. *Truth and Method* 2. Tr. G.Barden and J. Cumming. London : Sheed & Ward, 1975 (1965).
汉斯·乔治·伽达默尔:《真理与方法》第 2 版

EHU → David Hume. *An Enquiry Concerning Human Understanding*. Chicago: Henry Regnery Company, 1956[1748]. References are to Section and Part numbers.
大卫·休谟:《人类理解研究》

BM → Julian Jaynes. *The Origins of Consciousness in the Breakdown of the Bicameral Mind*. Boston: Houghton Mifflin, 1990.
朱利安·杰尼兹:《心智两分过程中的意识的起源》

PSA → Carl G. Jung. *Psychology and Alchemy* 2. Tr. R. F. C.Hull. London: Routledge, 1968 (1953).
C. G. 荣格:《心理学与炼金术》第 2 版

CPR → Immanuel Kant. *Critique of Pure Reason*.Tr. Norman Kemp Smith. London: Macmillan, 1929.

伊曼纽尔·康德：《纯粹理性批判》

CPrR → Immanuel Kant. *Critique of Practical Reason*. Tr. Lewis White Beck. Indianapolis: Bobbs - Merrill, 1956. Marginal (German) pagination used.

伊曼纽尔·康德：《实践理性批判》

FMM → Immanuel Kant. *Foundation of the Metaphysics of Morals*. Tr. Lewis White Beck. Indianapolis: Bobbs - Merrill, 1959. Marginal (German) pagination used.

伊曼纽尔·康德：《道德形而上学原理》

CJ → Immanuel Kant. *Critique of Judgement*. Tr. James Creed Meredith. Oxford: Clarendon Press, 1952. Marginal (German) pagination used.

伊曼纽尔·康德：《判断力批判》

OST → Immanuel Kant. *On a Newly Arisen Superior Tone in Philosophy*. Tr.Peter Fenves in Raising the Tone of Philosophy: Late essays by Immanuel Kant, transformative critique by Jacques Derrida. Baltimore: Johns Hopkins University Press, 1993.

伊曼纽尔·康德：《论哲学中新出现的高音》，见《提高哲学的音调——康德后期论文》

SR → Immanuel Kant. *Metaphysics of Morals*, Part Two. Tr.W. Hastie as *The Metaphysical Principles of the Science of Right in The Philosophy of Law*. Edinburgh: T. & T. Clark, 1974 (1887).

伊曼纽尔·康德：《道德形而上学》，第二部分

RBBR → Immanuel Kant. *Religion within the Limits of Reason Alone* 2. Tr.

T. M. Green and H. H. Hudson. New York：Harper & Row，1960 (1934).

伊曼纽尔·康德：《单纯理性限度内的宗教》

CUP → Søren Kierkegaard. *Concluding Unscientfic Postscript*.Tr. D.F. Swenson and W. Lowrie. Princeton：Princeton University Press，1941.

索伦·克尔凯郭尔：《非科学的最后附言》

CA → Søren Kierkegaard. *The Concept of Anxiety*：*A simple psychologically orienting deliberation on the dogmatic issue of hereditary sin*. Tr. Reidar Thomte and Albert B. Anderson. Princeton：Princeton University Press，1980. Marginal (Danish) pagination used.

索伦·克尔凯郭尔：《焦虑的概念》

TTC → Lao Tzu. *Tao Te Ching*. Reference is to section number.

老子：《道德经》，引述时标记的数字指的是每一节的编号

GS → Anne Morrow Lindbergh. *Gift from the Sea* 2. New York: Pantheon Books，1975 (1955).

A. M. 林德伯格：《来自海的礼物》第 2 版

PCT → John Macquarrie. *Principles of Christian Theology* 2. New York：Charles Scribner's Sons，1977 (1966).

约翰·麦奎利：《基督教神学原理》第 2 版

TPB → Abraham H. Maslow. *Toward a Psychology of Being* 2. New York：D. Van Nostrand，1968 (1962).

A. H. 马斯洛：《存在心理学探索》第 2 版

TS → Thomas Merton. *Thoughts in Solitude*. New York：Dell Publishing，1956.

托马斯・默顿：《孤独中的沉思》

IPW → Joan Mitchell. *In Pursuit of Wonder*. Minneapolis：Winston Press, 1977.

约翰・米歇尔：《追求惊奇》

HMD → N. Scott Momaday. *House Made of Dawn*. New York：Harper & Row，1966.

N. S. 莫马迪：《黎明筑成的房屋》

JW → Friedrich Nietzsche. *The Joyful Wisdom*. Tr. Thomas Common. London：George Allen and Unwin，1910. References are to section numbers.

弗里德里希・尼采：《快乐的智慧》，引述时标记的数字指的是每一节的编号

TSZ → Friedrich Nietzsche. *Thus Spake Zarathustra*.Tr. Thomas Common. London：George Allen and Unwin，1909. References are to section numbers.

弗里德里希・尼采：《查拉图斯特拉如是说》，引述时标记的数字指的是每一节的编号

APK → Stephen Palmquist. "A Priori Knowledge in Perspective：（II）Naming，Necessity，and the Analytic A Posteriori" .*The Review of Metaphysics* 41. 2（December 1987），pp.255-282.

庞思奋：《视角中的验前知识：（Ⅱ）命名、必然性与验后分析》，见《形而上学评论》41，2（1987 年 12 月号），255—282 页

KSP → Stephen Palmquist. *Kant's* System of Perspectives：An architectonic interpretation of Kant's Critical philosophy. Lanham： University Press of America，1993.

庞思奋:《康德的视角体系:对康德的批判哲学的建筑性诠释》

DW → Stephen Palmquist. *Dreams of Wholeness: A course of introductory lectures on religion, psychology, and personal growth*. Hong Kong: Philopsychy Press, 1997.

庞思奋:《完整之梦:关于宗教、心理学与个人成长的入门教程》

KCR → Stephen Palmquist. *Kant's Critical Religion : Volume two of Kant's System of Perspectives*. London: Ashgate 2000.

庞思奋:《康德的批判宗教:康德的视角体系第二卷》

PP → Blaise Pascal. *Pensées: Thoughts on religion and other subjects*. Tr. William Finlayson Trotter. New York: Washington Square Press, 1965. Reference is to section number.

布莱兹·帕斯卡尔:《思想录》

CDP → *The Collected Dialogues of Plato*. Tr. E. Hamilton and H. Cairns. Princeton: Princeton University Press, 1961. Marginal (Greek) pagination used.

《柏拉图对话全集》

PA → Plato. *Apology*. CDP 3 - 26.

柏拉图:《申辩篇》

PR → Plato. Republic. *CDP* 747 - 772.

柏拉图:《理想国》

TJ → John Rawls. *A Theory of Justice*. Oxford: Oxford University Press, 1971.

约翰·罗尔斯:《正义论》

LPJ → Paul Tillich. *Love, Power, and Justice: Ontological analyses and ethical applications*.New York：Oxford University Press, 1954.

保罗·蒂里希：《爱、力量与正义》

DF → Paul Tillich. *Dynamics of Faith*. New York：Harper & Row, 1957.

保罗·蒂里希：《信仰之动力》

CF → Paul Tillich. *The Courage to Be*. London：Collins，1952.

保罗·蒂里希：《存在的勇气》

术语表

本术语表简要地定义了《哲学之树》使用的最重要的术语。定义末尾的括号里给出的，是与该术语相关的词或它的反义词。本术语表有两个部分，在这里有定义的词（包括它的变体），无论在哪个部分，当它在其他词的定义中第一次出现时，皆显示为楷体。任何显示为楷体的词，如果标有星号（*），表明它的定义在本表的另一个部分。本表的第一部分定义了主要由康德使用的术语。第二部分定义了本书使用的其他术语，均与它们在课文中的用法相一致；通常我会指出以特定方式使用该术语的哲学家的名字。

I. 康德的术语

1. **验后**（***a posteriori***）：获取知识的一种方式，它诉诸某种（些）特殊的经验。康德用这种方法建立经验的和假设的真理*。（参见：验前）

2. **验前**（***a priori***）：获取知识的一种方式，它不诉诸任何特殊的经验。康德用这种方法建立先验的和逻辑的真理*。（参见：验后）

3. **审美的**（***aesthetic***）：与“感性知觉”有关。康德在第一《批判》里用这个词指称作为感性知觉的必要条件的空间与时间。而在第三《批判》的前半部分，为了建立审美判断的体系，他研究了我们在美的或崇高的客体中感知到的主观的有目的性。例如，他用四个基本原则来界定美*：主观的普遍性、无利益的愉悦、合目的的目的性以及必然的愉悦。（参见：目的论的）

4. **分析**（***analysis***）：将一个表象分成两个对立的表象的行为，以便使原来的表象清晰化。作为形而上学的哲学*，更多地使用分析，而不是综合。（参见：综合）

5. **分析（性）的**（***analytic***）：一个陈述或一项知识。它之所以是真的，完全是由于它符合某些逻辑法则。“所有的单身汉都是未婚的”是典型的分析性命题*。（参见：综合性的）

6. **无政府状态**（***anarchy***）：一种“不存在统治权力”（希腊语中的“an”与“arche”）的政治体系，是多种形式的乌托邦构想的基础。

7. **表面现象**（***appearance***）：从先验的视角来看，它是经验的客体。尽管它经常被用作现象的同义词，但在技术上，它的用法是这样的：当我们把一个客体当作以空间和时间为条件，而不是以范畴为条件的客体加以考虑时，我们称它为“表面现象”。另见，表面现象*。（参见：自在之物）

8. **建筑性的**（***architectonic***）：理性给出的逻辑结构（尤其是通过二分法或三分法）。哲学家应该把它当成一种设计，用它对任何体系的内容加以组织。

9. **自治**（***autonomy***）：自我立法原则。按照这个原则，主体通过将道德律强加给自己的意志，自由地选择他（或她）的目标。一种行为要成为道德的，必须是自治的。（参见：他治）

10. **信念**（***belief***）：尽管缺少客观的确定性，但仍然以主观的确定性为基础，把某件事情当作真实的。另见，信仰。（参见：知识）

11. **定言命令**（***categorical imperative***）：一个命令，它表达了道

德律的普遍的、不可回避的要求。它的三条规则体现了可普遍化、尊重和自治的要求。它们共同确立了这样的原则：一种行为只有符合以下三点，才能被恰当地称为“道德上善的”*：（1）我们愿意所有的人都这么做，（2）它使我们把他人当成目的，而不只是满足我们的自私目的的手段，（3）它让我们将他人视为理想的“目的王国”中的对等的立法者。

12. **范畴**（***categories***）：最一般的概念。我们必须以这些最一般的概念看待每一个客体，这样它才能成为经验性认知[①]的客体。四个主范畴（量、质、关系和模态）每一个都有三个亚范畴，形成十二重建筑性模式的典范。（参见：空间与时间）

13. **概念**（***concept***）：主动类型的表象，我们的知性借助它们使我们能够思考。通过要求知觉与范畴相一致，概念起到“规则”的作用，使我们能感知表象之间的一般关系。（参见：直观）

14. **良心**（***conscience***）：人类主体的一种能力，它让个体在每种情境中觉知到什么是对的，什么是错的，从而以特殊的方式将道德律强加给个体。

15. **“哥白尼革命”**（***Copernican revolution***）：在天文学中，指的地球围绕太阳旋转的学说。在哲学*中，指的是与前者有可比性的理论：认知的主体不是静止不动的，而是围绕着客体旋转（即主动地决定着客体的特定方面）。因此，经验性世界的形式特征（即空间、时间以及范畴）之所以存在，只是因为主体的心智先验地将它们放置在那里。

16. **批判的**（***Critical***）：康德的哲学*方法，它区分不同的视角，

① 本术语表中的“认知”与“知识”对应着同一个英文词“knowledge”。请参考“知识”词条。

并用这种区分来解决争论，否则这些争论就无法解决。批判的方法在根本上不是消极的方法，而是想解决争议：它让人们看到，如果正确地理解双方的视角，就会发现它们都有一定程度的有效性。康德的批判哲学体系研究的是理性自身的结构和限度，目的是为形而上学准备一个安全可靠的基础。

17. **批判**（***Critique***）：使用批判的方法做哲学＊的行为。它出现在康德的批判哲学的三本主要著作的标题里，这三本著作分别采用了理论的、实践的和判断的立足点。

18. **意念**（***disposition***）：人在任何给定情境中行善＊或行恶（即服从或违反道德律）的趋向。（参见：禀赋）

19. **责任**（***duty***）：我们出于对道德律的尊重而有义务完成的行为。

20. **经验（性）的**（***empirical***）：康德的四个主要视角之一，旨在建立综合的、验后的知识。我们通过日常经验或科学＊获得的大部分知识，都是经验性的。“这张桌子是棕色的”是典型的经验性陈述。（参见：先验的）

21. **经验**（***experience***）：以判断的形式出现的直观与概念的结合。“经验”在这种（调和的）意义上是“经验性知识”的同义词。“可能的经验”指的是一种表象，它通过直观呈现给我们的感性，但我们还不认识它，因为它还没有通过概念呈现给我们的知性。“经验”在这种（直接的）意义上，是“知识”的反义词。

22. **能力**（***faculty***）：人类主体做事情或行使理性功能的基本的力量。

23. **信仰**（***faith***）：在第一《批判》里，这是信念的同义词。康德鼓励人们采取更谦卑的方法做哲学＊：他认为，为了给信仰留出空间，我们应该拒绝认知。即区分我们能经验地加以认知的事物和只有通过信仰才能接近的超验事物。“实践性信仰”指的是，确信上帝会奖励那些采取善的 * 意念的人。“理性的信仰”是康德用来指称纯粹的（道德的）宗教的术语，它与“历史的信仰”形成对照，后者指过于理性的传统，它试图解释我们不可能单凭理性理解的事物。

24. **形式的**（***formal***）：事物的主动的或主观的方面，即基于主体的有理性的活动的那个方面。（参见：物质的）

25. **他治**（***heteronomy***）：一种原则，它让非道德律的东西来决定一个人应该做什么。它用实践理性之外的东西（如个人的倾向）取代了自由。这类行为本身是无道德性的，即既非道德的，也非不道德的——但如果它们阻止一个人去履行自己的责任，就是不道德的。（参见：自治）

26. **假设的**（***hypothetical***）：康德的四个主要视角之一，旨在建立分析的、验后的知识——尽管康德本人错把它当作综合的、验前的知识。这是看待大部分形而上学理念的恰当视角，而传统形而上学的玄思的视角是不恰当的。（参见：逻辑的）

27. **理念**（***ideas***）：引起形而上学信念的那类表象。理念是概念的特殊类型，它来自我们对经验性世界的认知，但它显得像是超越了自然世界，指向某个超验的王国。三个最重要的形而上学理念是：上帝、自由与不朽。

28. **意识形态**（***ideology***）：一种理念或理念体系 *，有人把它当作赖以生活的神话，并经常把它强加给也许并不愿意把它当作真理来接受的人。

29. **想象力**（***imagination***）：一种能力。在知性的支配下，它从直观中形成概念，并将直观与概念相综合，从而产生可以接受判断的客体。相反，在审美判断中，想象力取代思考的能力而获得支配权。另见，想象力 *。

30. 倾向（***inclination***）：一种能力或客体，它促使个人以他治的方式行事。跟随倾向，这既不是道德上善的*，也不是道德上恶的，除非它直接阻止一个人按照责任行事，即除非选择服从倾向会导致不服从道德律。

31. 直观（***intuition***）：被动类型的表象，我们的感性凭借它可以获得感觉。它的前提是表面现象必须在空间与时间中被给出；它使我们能感知到表象之间的特殊关系，从而将经验性知识限制在可感的领域里。（参见：概念）

32. 判断（***judgment***）：在第一《批判》里，它是知性的运用。通过运用知性，我们将直观与概念相综合，从而断定某个客体是经验性实在的。第三《批判》（采取判断的立足点）研究了我们对快乐与不快的感受形式，目的是为了在美学证明和目的论证明中，建立以判断的能力为基础的体系。

33. 判断的（***judicial***）：康德的三个主要立足点之一，主要与经验（即我们感觉到的东西，它们与我们知道的或想要做的事情相对）有关。判断的理性几乎是"批判"的同义词，并关系到我们经验世界的最深入的方式。为这种经验的两个例子寻找根源，是第三《批判》的任务。（参见：理论的与实践的）

34. 知识（***knowledge***）：知性将直观与概念相结合的最终目标。知识如果是纯粹的，就是先验的；如果是不纯粹的，就是经验性的。知识产生的确定性必须既是客观的，又是主观的。从更宽泛的意义上讲，"知识"也可以指来自任何合理视角的看法。（参见：信念）

35. 逻辑的（***logical***）：康德的四个主要视角之一，旨在建立验前的、分析性的知识。它只涉及概念之间的关系。不矛盾律（$A \neq -A$）是传统的亚里士多德逻辑*（或分析逻辑）的基础法则。综合逻辑*的基础是与之相反的矛盾律（$A=-A$）。（参见：假设的）

36. 物质的（*material*）（或质料的、具体的）：事物的被动的或客观的方面，即该方面的基础是主体的经验或在这样的经验中被给出的客体。（参见：形式的）

37. 守则（*maxim*）：指导一个人在特定情形下该做什么的具体规定或原则（例如，“我永远也不应该说谎”）。因此它在一个人的内在意念与外在行为之间架起了一座桥梁。

38. 形而上学（*metaphysics*）：哲学 * 的最高层面，它想要获得关于理念的知识。由于传统的玄思的视角没有完成这个任务，康德提出了新的假设的视角。形而上学只有以批判为先导，才可能取得成功。另见，形而上学 *。

39. 道德律（*moral law*）：实践理性的一个“事实”，它出现在每个有理性的人的心中，尽管有些人对它更有意识。本质上讲，道德律是我们区分善与恶的知识，是我们内心深处对“我们应该做善事”的确信。另见，直言命令。

40. 本体（界）/ 本体的（*noumena/ noumenal*）：被视为具有超验的实在性的客体。也指包含了这类客体的领域。（参见：现象（界）/ 现象的）

41. 客体（*objec*）：以主体的表象为条件的“事物”的总称，因此它是可知的。自在之物是不可能成为人类认知的客体的事物。（参见：主体）

42. 客观的（*objective*）：更多地与客体或知识赖以建立的表象有关，而不是与拥有知识的主体有关。先验地看，客观知识的确定性不如主观知识；经验地看，前者的确定性大于后者。（参见：主观的）

43. 意见（*opinion*）：认为某事物是真的，即便既缺少客观的确定性，又缺少主观的确定性。（参见：无知 *）

44. 视角（*perspective*）：康德本人没有使用这个术语，但他用了很多意思相同的表达，诸如：立足点、思考方式、知性的采用，等等。主要的批判视角是：先验的、经验的、逻辑的与假设的。另见，视角 *。

45. **现象（界）/ 现象的**（***phenomena/ phenomenal***）：经验地看，它们是处于完全可知的状态中（即以空间、时间以及范畴为条件）的认知的客体。也指包含了这类客体的领域。另见，表面现象。（参见：本体 / 本体的）

46. **实践的**（***practical***）：康德的三大立足点之一，在根本上与行动有关，即关系到我们想做的事情，它们与我们所知或所感的事物相对。找到这类行为的根源是第二《批判》的任务。实践理性是意志的同义词，它们都与道德论题有关。（参见：理论的与判断的）

47. **禀赋**（***predisposition***）：一个人所具有的自然倾向，它与任何经验相分离（或在有任何经验之前）；它要么是道德上善的 *，要么是道德上恶的。（参见：意念）

48. **纯粹的**（***pure***）：与任何可感的事物相分离。尽管它的严格意义上的反义词是“不纯粹的”，但康德通常将“纯粹的”和“经验的”对立起来。

49. **理性的**（***rational***）：以理性能力而不是以感性能力为基础的。

50. **实在 / 真实**（***reality/real***）：从经验视角看，它指的是自然的日常世界或日常世界中的客体；从先验视角看，它指的是由本体组成的超验的领域。

51. **理性**（***reason***）：在第一《批判》里，它被认为是人类主体的最高级的能力，其他所有的能力都低于它。它从感性的先决条件中完全抽身出来，并拥有预先确定的建筑性形式。第二《批判》（采取实践的立足点）研究我们的欲望的形式，目的是建立以理性的能力为基础的体系。理性最根本的作用是实践性的，尽管诠释者经常认为它的理论作用是最根本的。而康德认为后者是次要的。

52. **宗教**（***religion***）：一种行为方式或视角，在这种行为方式或视角中，我们将一切责任解释为神的命令。

53. **表象**（***representation***）：指称在任何一个层面被主体所决定的客体的最一般的词，或者指称主体在那个层面上决定客体的行为。表象的主要类型有：直观、概念和理念。

54. **感性**（***sensibility***）：一种能力，关系到被动地接受客体的行为。它通过生理的与心智的感觉完成，它们分别凭借“外感官”与“内感官”。然而，只有当客体是可以被直观的，并且直观力预设空间与时间作为纯粹的形式条件而存在，这样的感觉才可能发生，（参见：知性）

55. **可感的**（***sensible***）：通过感性而呈现给主体的。与“可理解的”相对照，后者大致等同于“超感觉的”和“超验的”。

56. **空间与时间**（***space and time***）：从经验的视角看，它们搭建了客体在我们外部相互作用的环境；从先验的视角看，它们是纯粹的，因此它们存在于我们内部，是认知的条件。（参见：范畴）

57. **玄思的**（***speculative***）：传统形而上学采取的幻影式视角，人们错误地在无望的努力中运用理性，想要获得关于超验事物的知识。有时被宽泛地用作“理论的”的同义词。

58. **立足点**（***standpoint***）：视角的特殊类型，它决定了对某个视角体系的整体的观看点。主要的批判的立足点有：理论的、实践的和判断的。

59. **主体**（***subject***）：对能获取知识的、有理性的人的总称。另见，表象。（参见：客体）

60. **主观的**（***subjective***）：更多地与主体相关，而不是与客体或知识赖以建立的表象相关。先验地看，主观知识比客观知识更确定；经验地看，前者不如后者确定。（参见：客观的）

61. **至善**（***summum bonum***）：拉丁语，意思是最高的善*。它是第二《批判》提出的道德体系的最高目标，包括严格按照每个人的美德给予幸福的理想分配形式。为了构想它的可能性，我们必须设定上帝的实存与人类的不朽，从而使这些理念具有实践性的实在。

62. **超感觉的**（***supersensible***）：见超验的。

63. **综合**（***synthesis***）：为了建立客体的实在的新层次，将两个相反的表象结合成一个新表象的统合行为。批判的哲学*更多地采取综合，而不是分析。第一《批判》中关于综合的运作方式的看法，见想象力。（参见：分析）

64. **综合（性）的**（***synthetic***）：知识的一种陈述或一条知识。我们知道它是真的，因为它与某种直观相联系。“猫在垫子上”是典型的综合性命题*。（参见：分析的）

65. **体系**（***system***）：一套基本的事实或论点（叫作“元素”），它们按照自身的逻辑关系组织起来，由理性的建筑性模式所决定。康德的批判哲学*是由三个亚体系构成的大体系，每个亚体系都由一个不同的立足点界定，并由相同的四个视角构成。大体系的总视角由康德的哥白尼革命所决定。

66. **目的论的**（***teleological***）：与目标或终点有关。为了建立目的论的判断体系，第三《批判》的后半部分研究了我们在自然有机体中感知到的客观的有目的性。（参见：审美的）

67. **理论的**（***theoretical***）：康德的三大立足点之一，在根本上与认识相关，即，关系到我们知道的事情，它们与我们感觉到的或想要做的事情相对。理论理性涉及问题，与我们关于日常世界（科学*想要理解的世界）的知识有关。找到这类知识的根源是第一《批判》的任务，第一《批判》最好冠名以《纯粹理论理性批判》。另见，玄思的。（参见：实践的及批判的）

68. **自在之物**（***thing in itself***）：从先验视角考虑某样客体，将它与使主体能获取关于它的知识的一切条件相分离，在这样的条件下的客体，叫作“自在之物”。因此，它的定义确定了它的不可知性。有时在宽泛的意义上用作“本体”的同义词。（参见：表象）

69. **时间**（***time***）：见空间与时间。

70. **超验的**（***transcendent***）：思想的领域，它存在于可能认知的界线之外，因为它包含的事物无法在我们的直观中显现，即我们不能通过感觉经验到这些事物（有时被称为“本体”）。要想获得超验领域的知识，我们所能做的最多只是通过理念思考它们。“超验的”的对立面是“内在的”。

71. **先验的**（***transcendental***）：康德的四大主要视角之一，旨在建立综合的、验前的知识。它是特殊类型的哲学知识，关系到使经验成为可能的必要条件。然而康德相信，所有的认知主体都会预设特定的先验真理 *，无论他们有没有意识到这一点。先验知识界定了经验性知识与对超验领域的玄思之间的界线。“每件事情都有原因”是典型的先验命题 *。（参见：经验的）

72. **先验论证**（***transcendental argument***）：康德的特殊的论证方法，它诉诸经验的可能性；它认为某事物（例如范畴）必定是真的，因为否则经验本身将是不可能的。

73. **知性**（***understanding***）：一种能力。在第一《批判》的讨论中，它关系到以概念为手段、主动地产生知识的行为。它与我们通常所说的心智非常相似。它产生了逻辑的视角，使我们能在概念之间相互比较；它也产生了经验性视角（在此，它也被称为“判断”），让我们得以把概念与直观结合起来，从而形成经验性知识。为了建立以知性能力为基础的体系，第一《批判》（采取理论的立足点）研究了我们的认识的形式。（参见：感性）

74. **意志**（***will***）：从实践的立足点出发，它是理性的体现。它包括但不仅限于选择的能力。

II.《哲学之树》使用的其他术语

1. **2LAR**：见第二层分析关系。

2. **分析逻辑**（***analytic logic***）：逻辑的一种，以同一律（A=A）和不矛盾律（A ≠ –A）为基础。（参见：综合逻辑）

3. **分析的方法**（***analytic method***）：见演绎。

4. **忧惧**（***angst***）：丹麦语的“焦虑”或“害怕”。克尔凯郭尔用它指称特定的生存性恐惧，它包含了一个人对“不存在”的恐惧。因此它不仅包括对死亡的恐惧，还包括对无意义的生活的恐惧。

5. **表面现象**（***appearance***）：柏拉图用它指称物质世界的客体 * 或事件，这个词表明，它是对型相世界的最终实在 * 的幻影式反映。另见，表面现象 *。

6. **阿波罗式的**（***Apollonian***）：尼采用它指称某种类型的人，这类人为了遵循传统（否定生命的）道德与政治规范，情愿牺牲个人的伟大。他们遵循“奴隶”的道德和牧群心理，在行为上倾向于有意识、有理性、冷静，在政治上倾向于民主政体。（参见：狄奥尼索斯式的）

7. **贵族政体**（***aristocracy***）：亚里士多德用它指称一种政治体系 *，在这种体系里，少数“最好的”（希腊语中的“ aristos”）人拥有统治的权力与权威。（参见：寡头政体）

8. **美**（***beauty***）：如柏拉图和许多后来的哲学家构想的，它是哲学探寻的三个目标之一。它对应着心，并由灵性赋予力量。另见，审美的 *。

9. **存在本身**（***being - itself***）：蒂里希和其他存在主义者使用的术

语，指的是最终实在*，实存的事物从它之中站出来；也指“存在的地基”或“上帝”。

10. **混合关系**（***compound relations***）：庞思奋的逻辑的几何学中的术语，指的是任何将分析*（二重的）与综合*（三重的）关系结合起来的逻辑关系。其中最有意义的类型是十二重混合关系（12CR），它将第二层分析关系与简单的综合关系结合在一起。康德的范畴表是12CR的典型例子。

11. **解构主义**（***deconstructionism***）：20世纪后期，主要由德里达发起的文学和哲学运动，其基础是确信这样的理念：人们所以为的知识*或真理的绝对基础，实际上是压迫工具，因此应该被更具有游戏性的、对口头语言和书面语言的意义的诠释方法所取代。

12. **演绎**（***deduction***）：欧几里得用于论证的分析性方法。它为支持一个预设的结论所采取的方式是：让人们看到，这个结论如何由两个或更多的“前提”（即假定为真的命题）必然地引出。亚里士多德证明，如果前提是可接受的，而且建立演绎的方式是正确的，没有谬误，那么结论是可靠的。（参见：归纳）

13. **民主政体**（***democracy***）：亚里士多德用它指称一种政治体系*，在这种体系里，“普通”（希腊语中的“demos”）人拥有统治的权力与权威。亚氏称其为三种坏政体中“最不坏的”。（参见：政体）

14. **祛神话**（***demythologizing***）：质疑神话的过程，目的是将神话中值得相信的方面与应该被当作无意义的东西而放弃的方面区分开。

15. **对话**（***dialogue***）：柏拉图的哲学方法。采用这种方法，两人或多人就不同的哲学问题展开讨论，以期理性将他们引向真理。

16. **狄奥尼索斯式的**（***Dionysian***）：尼采用它指称某种类型的人，这类人更关心个人的伟大和其他肯定生命的价值观，而不是遵循传统道德与政治规范。他们遵循“主人”的道德与“英雄”心理，在行为

上倾向于无意识、非理性和激情，在政治上倾向于贵族政体。（参见：阿波罗式的）

17. **教权政体**（***ecclesiocracy***）：庞思奋用它指称最坏的政治体系*，在这种体系里，领导者相信上帝只以他们为中介指引人们，而且（或者）教会结构被强行置于世俗的政治领域。遵照这样的体系，人们必须放弃上帝给予的自由，以换取擅自假定的、要求获得拯救的权利。（参见：神权政体）

18. **经验主义**（***empiricism***）：一种哲学方法，它认为感官*经验*与观察是发现哲学真理的基本手段。经验主义者往往不相信完全以逻辑论证为基础的论据。休谟是典型的经验主义者。（参见：理性主义）

19. **认识论**（***epistemology***）：哲学的一个分支，处理的是与知识*的来源与本质有关的问题。它的最基本的问题是："我们如何知道我们本来不知道的事物？"自笛卡尔以来，大多数哲学家认为，一个人的认识论决定了他（或她）的形而上学，而不是相反。

20. **实存**（***existence***）（或生存）：蒂里希用它指称从"存在本身"中"站出来"（拉丁语的"ex-sistere"）的性质。它也是庞思奋使用的术语，他用它指称将形而上学与科学结合起来的共同因素，形而上学通过运用无知与实存相关联，科学则通过运用知识*与实存相关联。（参见：意义）

21. **存在主义**（***existentialism***）：20世纪西方哲学的主要学派，主要由海德格尔发起。它的基础是确信发现人类生存的意义是哲学的主要任务。完成这项任务通常要依靠类比推理的方法，其基础是实存的事物与"存在本身"（和［或］"无"）之间的基本区分。（参见：诠释哲学与语言分析）

22. **谬误**（***fallacy***）：当人们以某些论据为基础得出结论时，在论

证的形式 * 结构中犯的错误。一个有谬误的论证可能显得是在证明实际上不真实的事情。亚里士多德是第一个对各种类型的逻辑 * 谬误进行系统的 * 阐释的人。

23. **逻辑的几何学**（***geometry of logic，the***）：庞思奋将逻辑关系映射到简单的几何图形上的方法。最简单的分析 * 关系是二重的，最简单的综合 * 关系是三重的；最好的映射方式是将前者映射到一条线段的两端，将后者映射到一个三角形的三个顶点上。另见，混合关系与第二层分析关系。

24. **善**（***goodness***）（或好、有德性）：在柏拉图以及后来的很多哲学家看来，这是哲学探寻的三个主要目标之一。它对应着腹部，并以欲望为动力。

25. **诠释哲学**（***hermeneutics***）：20 世纪西方哲学的主要学派，主要由伽达默尔发起。它的基础是确信掌握有意义的诠释的艺术是哲学的主要任务。完成这项任务的途径通常是对文本的本质进行反思，即关注作者的意图与读者的偏见之间的基本的相互作用。（参见：存在主义与语言分析）

26. **理念主义**（***idealism***）（或唯心主义）：主要由柏拉图倡导的一种形而上学立场。其基础是确信：我们在外部世界中感觉到的客体 * 不是最终实在，而是更高或更深邃的实在 * 的影子或表面现象。

27. **无知**（***ignorance***）：形而上学的目标，是通往一切好的哲学思考的大门。康德区分了必然（即不可避免的）无知与经验性 * 无知；对于后者，我们一旦认识到它的存在，就可以将其转变为知识 *。（参见：意见 *）

28. **想象力**（***imagination***）：心智的一种力量，通常在一个人的童年时期最为活跃，神话是它的最高表达形式。另见，想象力 *。

29. **归纳**（***induction***）：欧几里得用于论证的综合方法。它以从

经验 * 中收集的实例为基础，得出结论。休谟论证说，归纳总是包含着某些猜想，因此它永远也不可能充分证明它的结论的绝对可靠性。（参见：演绎）

30. 洞识（*insight*）：哲学之树的“果实”，一个人的脑海中突然出现的，有创造性的新想法，而且往往出人意料。它带给人对某个论题更深的理解 * 或对已经有了答案的老问题的新的回答方式。洞识往往为我们提供新的视角，使我们能打破旧有的、传统的思考方式。为确保这些洞识不只是意见 *，我们应该让它们接受彻底的分析 *。

31. 王政（*kingship*）：亚里士多德用它指称一种政治体系 *，在这种体系里，一个善的人掌握着所有的权力与权威。（参见：专制）

32. 语言游戏（*language - game*）：维特根斯坦使用的术语，指的是在社会中建构起来的不同语境，它为人们在特定情境中运用语言的方式赋予意义。例如“灵性”（spirit）这个词，如果出现在宗教语境中，它有一种意思并伴随着一套规则，而如果出现在两个体育迷对某项赛事的谈论中，就可能完全是另外一种意思，并伴有另外一套规则。

33. 水平思维（*lateral thinking*）：波诺用它指称一种思考方法。它与我们就某个给定问题或情境所采用的普通的或可以接受的（“垂直的”）思考方法相反。通过新视角观察熟悉的情境，可以让我们获得有趣的新洞识，它们能告诉我们如何更好地前进。

34. 语言分析（*linguistic analysis*）：20 世纪西方哲学的主要学派，主要由维特根斯坦发起。它的基础是确信澄清概念 * 是哲学的主要任务。完成这项任务的途径通常是，对关键命题进行逻辑 * 分析 *，或者让人们看到，大多数哲学问题是由于对日常语言中的词语的误用引起的。（参见：存在主义与诠释哲学）

35. 逻辑（*logic*）：对使语言能够被理解的结构的系统化 * 研究。主要的逻辑问题是：“是什么使语言和命题有意义？”另见，逻辑的 *。

36. **意义**（***meaning***）：庞思奋用它指称将逻辑与存在论结合起来的共同因素，前者通过对语言的理解 * 过程而与意义相关，后者则通过静默的惊奇。弗雷格论证说，只有当一个命题既有“含义”，又有所“指称”时，才是有意义的。（参见：实存）

37. **形而上学**（***metaphysics***）：亚里士多德用它指称物理学“之后”或“超越了”物理学的哲学领域。它的最主要的问题是：“什么是最终实在 *？”苏格拉底和康德都认为，研究形而上学的正确结果应该是否定性的：它使我们认知到自己的无知。另见，形而上学 *。

38. **神话**（***myth***）：伊利亚德用它指称被当成绝对真理的信念 *。庞思奋用它指称任何不受质疑的信念，怀有该信念的人对它深信不疑。（参见：科学）

39. **超自然 / 超自然的**（***numen/ numinous***）：奥托用它们指称导致宗教 * 经验 * 发生的神秘实在。他认为，无论一个人属于什么宗教传统，超自然经验都包含五种相同的因素：敬畏、威严、催迫、神秘（或“他性”）和迷醉。

40. **寡头政体**（***oligarchy***）：亚里士多德用它指称一种政治体系 *，在这种体系里，只有“少数”（希腊语中的“ oligos”）富有的人掌握所有的权力与权威。（参见：贵族政体）

41. **存在论**（***ontology***）：对存在的研究，旨在促进对人类生存之神秘的静默的惊奇。它是哲学的四个主要方面之一，研究的是人类各种经验 * 的本质。

42. **悖论**（***paradox***）：一个有意义的矛盾的陈述。有些哲学家（如庄子、黑格尔）有意使用悖论，目的是为了激发对超验 * 实在 * 的各个方面的洞识。综合逻辑也可以被称为“悖论的逻辑”。

43. **视角**（***perspective***）：庞思奋用它指称思考（或处理）一个论题（或问题）的方法，或者是当我们看待某个客体 * 时所采取的一套假设。要了解所假定的视角是什么，这非常重要，因为如果假定不同的视角，相同的问题可以有不同的答案。另见，视角 *。

44. **哲学**（***philosophy***）：希腊语的“对智慧的爱”。它是人类知性 * 的产物，它的四个主要部分是：形而上学、逻辑、科学与存在论。哲学的一个显著特征是，它是自定义的：“这门学科是什么？”这个提问本身构成了该学科的一部分，哲学是唯一一门这样的学科。

45. **诗歌**（***poetry***）：人类富有激情的创造力（或“制造力”）的产物，它为神话的思考方式与哲学的思考方式提供了文化的联结。

46. **公民政体**（***polity***）：亚里士多德用它指称一种政治体系 *，在这种体系里，中间阶层掌握着统治的权力与权威。在“产权政体”这种形式中，只有拥有土地的人才有投票权。（参见：民主政体）

47. **命题**（***proposition***）：表达了有意义的内容的句子或一系列词。

48. **理性主义**（***rationalism***）：一种做哲学的方法。它认为，逻辑与合乎理性的 * 论证是发现哲学真理的基本手段。理性主义者往往不相信完全以感觉 * 为基础的证据。笛卡尔是典型的理性主义者。（参见：经验主义）

49. **实在主义**（***realism***）：主要由亚里士多德最先倡导的形而上学立场。其基础是确信我们在外部世界中感知到的客体 * 是最终实在。

50. **理想国**（***republic***）：柏拉图用它指称一种政治体系 *，在这种体系里，哲学家担任国王，他明智地将权力与权威分配给受到信任的顾问与代表团。

51. **科学**（***science***）：人类的判断力的产物。它在词源上来自拉丁语的“认知”（sciens）。从这种宽泛的意义上看，它是哲学的四个主要方面之一，其目标是在各个领域内决定知识 * 与无知之间的先验 * 界线。从较狭窄的意义上看，作为经验性的 * 科学或自然科学，它是试图忽略一切神话而超越哲学的学科，但最终却悖论地创造了最大的现代神话。

52. **第二层分析关系（2LAR）**（***second - level analytic relation*** （*2 LAR*）：最常见于庞思奋的逻辑的几何学，指的是任何一组可以通过将两对对立的事物联系起来而得到的四个概念 *。尽管可以把一个 2LAR 映射到正方形的四个角上，但最常见的方法是将它映射到十字的四个极点（或四个象限）上。

53. **自指问题**（***self - reference, the problem of***）：由于将特定类型的命题应用于自身而引起的悖论。例如："这个句子是假的"，假如它指的是另外一个命题，它是有意义的，但假如它指的是自身，就会产生逻辑上不可能的情境。

54. **怀疑主义**（***skepticism***）：一种形而上学立场，它怀疑人类获得知识 * 的能力。其最有影响的表达形式来自休谟。

55. **灵性**（***spirit***）：它与心智和身体一起，构成了传统上认为的人类本质的三个方面。克尔凯郭尔认为，无论是对于人类的罪性，还是对于真正的宗教信仰 *，灵性都是悖论式的关键因素。

56. **象征**（***symbol***）：蒂里希用它指称超越自身、指向超验 * 事物的经验性 * 客体 *，而且它以不可理解的方式参与了那个更真实的事物的实在 *。

57. **综合逻辑**（***synthetic logic***）：逻辑的一种类型，其基础是不同一律（A ≠ A）和矛盾律（A=-A）。（参见：分析逻辑）

58. **综合方法**（***synthetic method***）：见归纳。

59. **神权政体**（***theocracy***）：庞思奋用它指称一种非政治的政治体系 *，在这种体系里，人们认为上帝是心灵的绝对统治者，无论现行的是人类的哪种政治体系。遵照这种体系，人们必须放弃一切权利，但它同时以提供绝对的自由作为回报。它可以成为最好的人类领导的样板。（参见：教权政体）

60. **产权政体**（***timocracy***）：见公民政体。

61. **价值重估**（***transvaluation***）：尼采用它指称对传统道德的根本性的再诠释。在这里，我们通常的关于善恶的概念遭到否定，被认为是使人类变得平庸的工具，而真正的价值必须超越 * 善与恶。

62. **真**（***truth***）：在柏拉图以及后来的很多哲学家看来，这是哲学探寻的三个主要目标之一。它对应着头部，并由理性 * 赋予力量。

63. **真值表**（***truth table***）：将特定类型的逻辑 * 命题的真值罗列出来的很多方式中的任何一种。其主要作用之一是防止产生谬误。

64. **专制**（***tyranny***）：亚里士多德用它指称一种政治体系 *，在这种体系里，一个没有德性的人掌握所有的权力与权威。（参见：王政）

65. **证实**（***verification***）：艾耶尔以及其他逻辑 * 实证主义者使用的原则，目的是想建立一门真正具有科学性的哲学。该原则认为，只有当一个命题能够用可经验的 * 状态或情境加以证实时，才能被认为是真的。

66. **智慧**（***wisdom***）：哲学家的爱的理想客体 *（“*sophos*”在希腊语中的意思是“智慧”）。它告诉我们如何最恰当地使用或应用我们的知识 *。在苏格拉底看来，只有神是真正有智慧的；对人类而言，智慧存在于认识到我们对真正的智慧的无知。